V&R

PIETISMUS UND NEUZEIT

EIN JAHRBUCH ZUR GESCHICHTE DES NEUEREN PROTESTANTISMUS

Im Auftrag der Historischen Kommission
zur Erforschung des Pietismus
herausgegeben von Martin Brecht,
Friedrich de Boor, Rudolf Dellsperger,
Ulrich Gäbler, Hartmut Lehmann, Arno Sames,
Hans Schneider und Johannes Wallmann

Band 20 – 1994

VANDENHOECK & RUPRECHT
IN GÖTTINGEN

Geschäftsführender Herausgeber:
Prof. Dr. Ulrich Gäbler, Theologische Fakultät der Universität Basel, Nadelberg 10, CH-4051 Basel. Manuskripte sind an diese Adresse zu senden. – Für die Bibliographie, Besprechungsexemplare und Rezensionen ist Prof. Dr. Udo Sträter, Interdisziplinäres Zentrum für Pietismusforschung, Franckeplatz 1, Haus 26, D-06110 Halle (Saale) zuständig.

Anschriften der Autorinnen und Autoren

Prof. Dr. Martin Brecht, Seminar für Mittlere und Neue Kirchengeschichte, Westfälische Wilhelms-Universität Münster, Universitätsstr. 13–17, D-48149 Münster/Westf.

Pfarrer Reinhard Buschbeck, Guntherstr. 8, D-76185 Karlsruhe

Dr. Christel Butterweck, Interdisziplinäres Zentrum für Pietismusforschung, Franckeplatz 1,Haus 26, D-06110 Halle (Saale)

Dr. Marianne Doerfel, Schulmuseum der Stadt Neustadt a. d. Aisch, Peter-Kolb-Platz 3, D-91406 Neustadt a. d. Aisch

Prof. Dr. Ulrich Gäbler, Theologische Fakultät der Universität Basel, Nadelberg 10, CH-4051 Basel

Dr. Stephan Holthaus, Schiffenberger Weg 111, D-35394 Gießen

Prof. Dr. Udo Kern, Universität Rostock, Universitätsplatz 5, D-18055 Rostock

Prof. Dr. Bálint Keserü, Jozsef Attila Tudományegyetem, I. sz. Magyar Irodalomtörténeti, Tanszék, Egyetem u. 2, H-6722 Szeged

Prof. Dr. Hartmut Lehmann, Max-Planck-Institut für Geschichte, Hermann-Föge-Weg 11, D-37073 Göttingen

Prof. Dr. Theodor Mahlmann, Fachbereich Evangelische Theologie, Philipps-Universität Marburg, Lahntor 3, D-35032 Marburg

Dr. Markus Matthias, Fahrgasse 61, D-63303 Dreieich

Prof. Dr. Arno Sames, Theologische Fakultät der Martin-Luther-Universität Halle-Wittenberg, Universitätsplatz 8/9, D-06108 Halle (Saale)

Prof. Dr. Hans-Jürgen Schrader, Faculté des Lettres, Departement de Langue et Littérature Allemandes, Université de Genève, CH-1211 Genève 4

Privatdozent Dr. Johann Anselm Steiger, Praktisch-Theologisches Seminar, Universität Heidelberg, Karlstr. 16, D-69117 Heidelberg

Prof. Dr. Udo Sträter, Interdisziplinäres Zentrum für Pietismusforschung, Franckeplatz 1,Haus 26, D-06110 Halle (Saale)

Prof. Dr. Johannes Wallmann, Evangelisch-Theologische Fakultät der Ruhr-Universität Bochum, Universitätsstr. 150, D-44801 Bochum

Prof. Dr. Horst Weigelt, Lehrstuhl für Historische und Systematische Theologie, Otto-Friedrich-Universität Bamberg, Markusplatz 3, D-96045 Bamberg

Prof. Dr. Renate Wilson, John-Hopkins University, School of Hygiene and Public Health, 624 N. Broadway, Baltimore, MD 21205–1996, USA

ISBN 3-525-55892-9
ISSN 0172-6943

– Satz und Druck: Gulde-Druck GmbH, Tübingen. – Bindearbeit: Hubert & Co., Göttingen

Inhalt

Rezensionen

Bibliographie

Register

Kurt Aland †

Am 13. April 1994 ist Kurt Aland, emeritierter Professor für Kirchengeschichte an der Universität Münster, unerwartet verstorben. Ein ungewöhnlich reiches und produktives Gelehrtenleben, das sich keineswegs auf die kirchengeschichtliche Disziplin beschränkte, sondern auch große Leistungen in der neutestamentlichen Forschung aufzuweisen hatte, kam damit zu seinem Ende. Die Historische Kommission zur Erforschung des Pietismus verlor mit ihm den letzten ihrer Initiatoren und zugleich einen ihrer aktivsten Mitarbeiter und Organisatoren.

Kurt Aland wurde am 28. März 1915 in Berlin geboren. Über seine Kirchengemeinde und deren Pastor kam er 1933 zum Theologiestudium, währenddessen er alsbald in aktive publizistische Auseinandersetzung mit der nationalsozialistischen Ideologie geriet. In dem Berliner Patristiker und Neutestamentler Hans Lietzmann fand Aland seinen hochverehrten Lehrer, dessen editorische Aktivitäten er nach Lietzmanns Tod 1942 zum Teil fortsetzte und dem er mit der Edition von dessen Briefwechsel ein besonderes Denkmal setzte. 1939 wurde Aland zum Lizentiaten promoviert; trotz Kriegsdienst und Verwundung konnte er sich bereits 1941 habilitieren, wurde aber erst 1946 Professor. Ein Jahr danach erhielt er den Ruf nach Halle, von wo er allerdings den Berliner Lehrauftrag weiterhin wahrnahm. 1950 verlieh ihm Göttingen die theologische Ehrendoktorwürde, 1957 St. Andrews den Grad des Doctors of Divinity; 1971 kam der Doctor of Litterature vom Wartburg College in Waverly (Iowa) hinzu. Von den sonstigen Ehrungen Alands sind wenigstens seine Mitgliedschaften in der Sächsischen, Britischen, Göttinger und Niederländischen Akademie zu nennen. 1958 verlor Aland aus politischen Gründen seine Professur in Halle und fand dann an der Universität Münster ein neues Tätigkeitsfeld, wo er alsbald das Institut für Neutestamentliche Textforschung aufbauen konnte, dessen Editionen wohl den bedeutendsten Teil seiner Lebensarbeit ausmachen. Eine Bibliographie seines literarischen Werks von 1939–1989 findet sich in: Kurt Aland, Supplementa zu den Neutestamentlichen und Kirchengeschichtlichen Entwürfen, Berlin, New York 1990, 487–514.

Obwohl Aland Schüler Lietzmanns war, begann er seine eigene wissenschaftliche Arbeit weder mit der Patristik noch mit dem Neuen Testament, sondern mit dem Pietismus, wie er sich überhaupt und bewußt als Kirchenhistoriker mit fast allen Epochen der Kirchengeschichte produktiv beschäftigt hat. Davon ist im Rahmen dieses Jahrbuchs hauptsächlich die Pietismusforschung zu würdigen. Aus einem anscheinend zufälligen Auftrag erwuchs 1940 erstmals die wissenschaftliche Ausgabe von Speners Pia Desideria in den Kleinen Texten. 1943 konnten die aus der Dissertation erwachsenen Spener-Studien erscheinen, deren Untertitel „Arbeiten zur Geschichte des Pietismus I" bereits das Projekt der späteren Monographienreihe der Pietismuskommission erkennen läßt. Im Vorspann zu den Spener-Studien heißt es: „Mit dieser Veröffentlichung legt die Kommission zur Erforschung der Geschichte des Pietismus die erste der in ihrem Raum entstandenen Arbeiten vor. Verschiedene andere Unternehmungen, darunter eine wissenschaftliche Ausgabe der gedruckten (in Auswahl) und ungedruckten Werke und Briefe Speners, befinden sich in Vorbereitung und werden im Druck erscheinen, sobald dies möglich ist. So wird, wie wir hoffen, ein neuer Anfang gemacht in der bisher weithin vernachlässigten Geschichte des Gesamt-Pietismus." Die Pietismusforschung gehörte also zum ursprünglichen wissenschaftlichen Programm Alands. In den Spener-Studien ist bereits auch zu wesentlichen Teilen seine Auffassung des deutschen lutherischen Pietismus fixiert: Dieser habe mit Spener begonnen, den Hintergrund bilde die Straßburger lutherische Orthodoxie, angebliche Beeinflussungen durch den reformierten Pietismus, vor allem durch de Labadie, wie sie damals K. D. Schmidt behauptet hatte, werden bestritten. Aland hat diese vergleichsweise konservative, aber durchaus begründete Konzeption, die sich kompakt in seinem Artikel Pietismus im Weltkirchenlexikon, Stuttgart 1960, Sp. 1151–1156 findet, auch gegen neue Ansätze bis zum Schluß mit Entschiedenheit und gewichtigen Argumenten vertreten. Auch da, wo die neuere Forschung stärker differenziert, wird sie der Position Alands Rechnung tragen müssen. Das Vorhaben einer großen Spener-Ausgabe wird allenfalls noch in wenigen Teilbänden verwirklicht werden können. Wegen der Vielfalt seiner Projekte ist Aland erst spät an die Verwirklichung dieser Edition gekommen, als bereits eine Reprint-Ausgabe mit ihr konkurrierte und zudem noch Widerspruch gegen das Unternehmen vorgebracht wurde. Für die Pietismusforschung ist dadurch zweifellos eine Beeinträchtigung eingetreten.

Schon die Spener-Studien lassen erkennen, daß für Aland zur historischen Arbeit auch immer die konkrete Recherche vor Ort, hier in den Berliner Archiven, gehörte. An ein weiteres, in die Nachbarschaft des Pietismus gehörendes Themenfeld, nämlich die katholische Allgäuer Erweckungsbewegung, ist er auf eigenartige und zugleich bezeichnende Weise geraten: 1940 nutzte er den Aufenthalt im Lazarett in Konstanz, um dem dortigen Nachlaß von Ignaz Heinrich von Wessenberg, dem letzten Verweser des Bistums Konstanz, nachzugehen. Daraus erwuchs eine eigene Folge von Studien, die später zu der Mitarbeit an der Wessenberg-Ausgabe führte. Im Nachlaß Wessenbergs fand Aland außerdem unbekannte Akten zur Allgäuer Erweckungsbewegung, die über Johannes Evangelista Goßner auch eine Beziehung nach Berlin hatte. Aufgrund seines Materials konnte Aland gegen die herrschende katholische Forschung nachweisen, daß die Allgäuer Erweckungsbewegung im Pietismus wurzelt.

Die Übersiedlung nach Halle brachte Aland mit dem Hallischen Pietismus und seinen Quellenbeständen in Berührung. Daraus sind mehrere gewichtige Aufsätze und Artikel entstanden. Aus dem Archiv der Franckeschen Stiftungen stammte auch hauptsächlich das Material der auf fünf Bände angelegten, nahezu abgeschlossenen „Korrespondenz Heinrich Melchior Mühlenbergs" (1986ff.). Diese Erschließung einer der bedeutendsten Quellen für die Anfänge des deutschen Luthertums in Nordamerika sowie des dortigen lutherischen Pietismus durch Aland und seine Mitarbeiter hat über Deutschland hinaus Anerkennung erfahren. Wie eigentlich kaum anders zu erwarten, hat sich Aland dann auch mit Karl Hildebrand von Canstein, dessen Bibelanstalt und den Bemühungen des Hallischen Pietismus um die Bibel befaßt. Denn hier besteht eine direkte Verbindung zu dem, was wohl das Zentrum von Alands Arbeit ausmachte, die Betreuung des Textes der Bibel, sei es der des griechischen Neuen Testaments oder der Übersetzung der Lutherbibel samt einer Reihe von Hilfsmitteln dazu.

Nicht von ungefähr hat Aland 1951 bei der Berliner Feier zum 100. Geburtstag Adolfs von Harnack dessen Bedeutung als wissenschaftlicher Organisator gewürdigt. Er teilte Harnacks Auffassung, daß Forschung auch im Großen betrieben werden muß und daß es dabei energischer Führung bedarf. In diversen Bereichen hat er sich darum selbst als Wissenschaftsorganisator betätigt. Hier liegen wohl auch seine größten Verdienste um die Pietismusforschung. Wie bereits belegt, stammte das Projekt einer wissenschaftlich aktiven Pietismuskommission von ihm. Er hatte es nie aus den Augen verloren, betrieb es 1960 beim 250jährigen Jubiläum der von Cansteinschen Bibelgesellschaft und 1963 anläßlich des 300. Geburtstags August Hermann Franckes. Er gewann die in der Pietismusforschung tätigen Kollegen Martin Schmidt und Erhard Peschke sowie den Präsidenten der Evangelischen Kirche der Union, Oskar Söhngen. 1964 wurde die Historische Kommission zur Erforschung des Pietismus unter Beteiligung von Wissenschaftlern und Vertretern zahlreicher Landeskirchen aus beiden Teilen des damaligen Deutschland gegründet. Nach außen blieb Aland, schon aus gebotenen politischen Gründen, im Hintergrund. Seiner Tatkraft ist es jedoch mit zu danken, daß die Arbeit der Kommission Resultate zeitigte: Er war einer der Herausgeber der Arbeiten zur Geschichte des Pietismus, der Bibliographien zur Geschichte des Pietismus, der Texte zur Geschichte des Pietismus sowie zeitweilig der Jahrbücher zur Geschichte des Pietismus. Vielfach haben Aland und sein Mitarbeiterstab dabei die editorische Hauptlast getragen. Ohne sein Engagement für eine effektive Forschung wären die beachtlichen Resultate der Kommissionsarbeit schwerlich in gleicher Weise zu erreichen gewesen. Nicht zuletzt in diesem Bereich hinterläßt er eine empfindliche Lücke.

Kurt Aland hat seine theologische Arbeit erklärtermaßen als Dienst verstanden, dem er sich bis zuletzt unermüdlich hingegeben hat. Als Predigttext für seine Trauerfeier hatte er selbst Hebr 4,9 bestimmt: „Es ist noch eine Ruhe vorhanden dem Volke Gottes.“ Im Vertrauen auf diese Hoffnung sei dem Kollegen und Mitarbeiter an der gleichen Sache nachgerufen: Requiescat in pace.

Martin Brecht

Johannes Wallmann

Was ist Pietismus?[1]

I.

Was ist Pietismus? Lassen Sie mich mit einer Geschichte beginnen, einer Geschichte, die schlecht nach Basel, aber gut zu meinem Thema paßt. Otto von Bismarck und Prinz Wilhelm, der spätere Kaiser Wilhelm I., kommen 1853 bei einer Unterhaltung in Ostende auf den General von Gerlach zu sprechen, einen der aus der Erweckungsbewegung bekannten Brüder Gerlach. Wilhelm nennt ihn abschätzig einen „Pietisten". Darauf entspinnt sich folgender Dialog – nachzulesen in Bismarcks „Gedanken und Erinnerungen":

Bismarck: „Was denken Ew. Königliche Hoheit Sich unter einem Pietisten?"

Wilhelm: „Einen Menschen, der in der Religion heuchelt, um Karriere zu machen."

Bismarck: „Das liegt Gerlach fern, was kann der werden? Im heutigen Sprachgebrauch versteht man unter einem Pietisten etwas andres, nämlich einen Menschen, der orthodox an die christliche Offenbarung glaubt und aus seinem Glauben kein Geheimnis macht; und deren gibt es viele, die mit dem Staate gar nichts zu tun haben und an Karriere nicht denken."

Wilhelm: „Was verstehen Sie unter orthodox?"

Bismarck: „Beispielsweise jemanden, der ernstlich daran glaubt, daß Jesus Gottes Sohn und für uns gestorben ist als ein Opfer, zur Vergebung unsrer Sünden. Ich kann es im Augenblick nicht präziser fassen, aber es ist das Wesentliche der Glaubensverschiedenheit."

Wilhelm, hoch errötend: „Wer ist denn so von Gott verlassen, daß er das nicht glaubte!"

Bismarck: „Wenn diese Äußerung öffentlich bekannt würde, so würden Ew. Königliche Hoheit selbst zu den Pietisten gezählt werden."[2]

In diesem Dialog treffen zwei völlig verschiedene Begriffe von Pietismus aufeinander. Im Munde von Prinz Wilhelm das ältere Klischeebild der Aufklärung des 18. Jahrhunderts, wie es etwa von der Leipziger Dichterin

---

[1] Gastvorlesung an der Theologischen Fakultät der Universität Basel am 13. Mai 1992. Zum Druck ergänzt durch Anmerkungen.

[2] *Otto von Bismarck*, Erinnerung und Gedanke: Die Gesammelten Werke, Bd. 15, Berlin 1932, 429f. Ich zitiere nach der orthographisch leicht modernisierten Fassung in: *ders.*, Gedanken und Erinnerungen, Stuttgart und Berlin 1919, 552.

Luise Adelgunde Gottsched in der Komödie „Die Pietisterey im Fischbeinrocke“ verbreitet wurde: Pietisten sind Leute vom Typ des Magister Scheinfromm, der Frömmigkeit heuchelt, um Karriere zu machen. Bismarck dagegen, sich auf den „heutigen Sprachgebrauch“ berufend, teilt das mit der Erweckungsbewegung des frühen 19. Jahrhunderts aufkommende Verständnis von Pietismus, das nichts mehr ahnen läßt von dem ursprünglich scharfen Gegensatz zur Orthodoxie. Pietismus ist hier geradezu synonym mit Orthodoxie.

Begriffe haben ihre Geschichte. Man kann an dem kleinen Dialog lernen, wie sich das Verständnis von Pietismus in der Geschichte wandeln kann. Ich bin als Kirchenhistoriker des 20. Jahrhunderts gefragt. Mich an dem „heutigen Sprachgebrauch“ orientierend, würde ich auf die Frage „Was ist Pietismus?“ folgendermaßen antworten: „Der Pietismus ist eine im 17. Jahrhundert entstehende, im 18. Jahrhundert zu voller Blüte kommende *religiöse Erneuerungsbewegung* im kontinentaleuropäischen Protestantismus, neben dem angelsächsischen Puritanismus die bedeutendste religiöse Bewegung des Protestantismus seit der Reformation. Gleicherweise in der lutherischen wie in der reformierten Kirche entstanden, dringt der Pietismus auf Individualisierung und Verinnerlichung des religiösen Lebens, entwickelt neue Formen persönlicher Frömmigkeit und gemeinschaftlichen Lebens, führt zu tiefgreifenden Reformen in Theologie und Kirche und hinterläßt tiefe Spuren im gesellschaftlichen und kulturellen Leben der von ihm erfaßten Länder.“

Die beiden Sätze sind ein Selbstzitat. Sie stehen am Beginn der Einleitung zu dem Faszikel „Der Pietismus“ im Göttinger Handbuch „Die Kirche in ihrer Geschichte“.[3] Dort ist auf weiteren fünf Seiten versucht worden, noch genauere Antwort auf die Frage „Was ist Pietismus?“ zu geben, unter anderem durch Bestimmung des Verhältnisses des Pietismus zu gleichzeitigen religiösen Bewegungen wie auch zur Aufklärung, durch einen gedrängten Überblick über die Geschichte der Erforschung des Pietismus, zuletzt durch Bestimmung der gegenwärtigen Forschungslage.

Wenn man kurze Zeit, nachdem man auf die Frage „Was ist Pietismus?“ eine gedruckte, also öffentliche Antwort gegeben hat, von der Basler Fakultät die gleiche Frage noch einmal vorgelegt bekommt, so gerät man in Verlegenheit. Hat man sich nicht deutlich und klar genug ausgedrückt? Steckt hinter der Bitte Unzufriedenheit mit der gegebenen Antwort? Ist das, wie ich annehmen möchte, nicht der Fall, wird es noch schwieriger. *Schriftsteller* werden eingeladen, um aus gerade erschienenen Büchern vorzulesen. Vom *Wissenschaftler* erwartet man, daß er die Gelegenheit einer Einladung nutzt, um neuen Wein auszuschenken. Ich will mir deshalb einen neuen Zugang schaffen, um die Frage „Was ist Pietismus?“ zu beantworten. Ich tue das in einem ersten Teil meiner Vorlesung, indem ich zurückgehe auf den

---

[3] *Johannes Wallmann*, Der Pietismus, Göttingen 1990 (KIG 4/O1), 7.

historischen Ursprung des Begriffs und auf die ersten Antworten, die unsere Frage erfahren hat. Wir werden dabei schnell sehen, daß wir über die Aporien und Probleme, die der Begriff bei seinem Aufkommen gezeigt hat, bis heute noch nicht wesentlich hinausgekommen sind. In einem zweiten Teil will ich versuchen, etwas über das Wesen des Pietismus zu sagen und dabei über die bisherigen Wesensbestimmungen, auch über meine eigene, ein Stück hinauszukommen.

II.

Was ist Pietismus? Das Wort ist im letzten Drittel des 17. Jahrhunderts aufgekommen, erstmals um 1674 im Umkreis Philipp Jakob Speners (1635–1705) in Frankfurt am Main. Zum Schlagwort wurde es erst durch die Leipziger Bewegung um August Hermann Francke (1663–1727) und seine Freunde in den Jahren 1689 und 1690. Damals hat der Leipziger Professor der Rhetorik Joachim Feller, ein Freund Franckes, ein Gedicht verfaßt, ein Leichcarmen auf einen Theologiestudenten, in dem es heißt:

„Es ist jetzt stadtbekannt der Nam der Pietisten.
Was ist ein Pietist?
Der Gottes Wort studiert
und nach demselben auch ein heilig Leben führt."

Der Vers von Feller, mehrfach gedruckt, ist sehr schnell in den verschiedensten Teilen Deutschlands bekannt geworden. Schon in Leipzig gab es die Variante „Es ist jetzt *weltbekannt* der Nam der Pietisten". Zwischen 1690 und 1700 erscheint eine Fülle von Flugschriften, Broschüren und Büchern, die sich mit der neuen Bewegung der „Pietisten" und der „Pietisterey", wie man anfangs häufig sagte, beschäftigen. In einer Reihe deutscher Länder erläßt man obrigkeitliche Edikte, in denen die Bewegung der „Pietisten" durch Verbote pietistischer Versammlungen (Konventikel) unterdrückt werden soll. In der Öffentlichkeit gab es ein starkes Interesse, was denn hinter der neuen Bewegung stecke, was denn Pietismus sei. Drei verschiedene Antworten will ich aus der Fülle der damals gegebenen herausgreifen. Sie stammen alle aus dem Jahrzehnt zwischen 1690 und 1700, dem Jahrzehnt der großen Auseinandersetzungen zwischen Pietismus und Orthodoxie.

Die erste Antwort auf unsere Frage stammt von Veit Ludwig Freiherr von Seckendorff (1626–1692), dem lutherischen Historiker und Politiker, Freund Speners und Franckes, dem ersten Kanzler der 1694 gegründeten Universität Halle an der Saale. Seckendorff verfaßte 1692 eine Apologie für die von der lutherischen Orthodoxie angegriffenen Pietisten. Darin heißt es:

„Wunderlich ist es / daß eben umb itzige Zeit fast in allen Ländern neue Nahmen auffkommen / [für] die/so ... wiewohl nach Art einer jeden Nation oder Confession/auff eine Verbesserung dringen / aber auch allenthalben des wegen übel angesehen/... und verfolget werden. In der Päbstlichen Kirche höret man von Quietisten ... Im Niederland und Frankreich nennet man itzt etliche Rigoristen ... In Engelland nennet man etliche Präcisisten / und misset ihnen bey / sie trieben die moralität zu hoch. Bey uns sollen sie nun Pietisten heissen ..."[4]

Seckendorff ordnet hier den Pietismus ein in eine Reihe gleichzeitiger ähnlicher Bewegungen in anderen europäischen Ländern, auch in der römisch-katholischen Kirche. Diesen gleichzeitig aufkommenden neuen Bewegungen ist nach Seckendorff zweierlei gemeinsam: Erstens, daß sie allesamt – freilich mit landes- und konfessionsspezifischen Unterschieden („wiewohl nach Art einer jeden Nation oder Confession") – auf eine „Verbesserung" dringen. Und zweitens, daß diese Reformbewegungen mit den bestehenden herrschenden Mächten in Konflikt geraten („auch allenthalben des wegen übel angesehen ... und verfolget werden").

Seckendorff versteht also den Pietismus als eine landes- und konfessionsspezifische Erscheinung einer gesamteuropäischen Reformbewegung in der Spätphase des konfessionellen Zeitalters am Ende des 17. Jahrhunderts. Wir haben heute Mühe, die von Seckendorff anvisierten Reformbewegungen zu identifizieren. Am ehesten gelingt das beim römisch-katholischen Quietismus. Was Seckendorff mit den in den Niederlanden und in Frankreich begegnenden „Rigoristen" und mit den englischen „Präzisisten" – wir kennen diesen Begriff nur aus der niederländischen Kirchengeschichte – meint, bedarf noch der Aufhellung. Lassen wir es dabei sein Bewenden haben.

Seckendorffs Auffassung, der Pietismus sei Teil einer gesamteuropäischen, konfessionsübergreifenden Reformwelle oder – um es mit einem modernen Begriff auszudrücken – *Modernisierungsbewegung* innerhalb der verfestigten konfessionellen Kirchentümer, dürfte mit der ökumenischen Ausrichtung seines Denkens zusammenhängen, wie sie Ernst Walter Zeeden für Seckendorffs „Historia Lutheranismi" aufgewiesen hat.[5] Diese Auffassung vom Pietismus ist in der protestantischen Kirchengeschichtsschreibung ohne Nachfolge geblieben. Sie dürfte heute, im ökumenischen Zeitalter, durchaus noch oder wieder aktuell sein. Sie findet sich übrigens in der allgemeinen Geschichtswissenschaft, zum Beispiel bei Hartmut Lehmann, wenn er – freilich in einem weiteren Horizont, ohne die enge zeitliche Begrenzung auf eine erst um 1690 einsetzende Bewegung – Jansenismus,

[4] [*Veit Ludwig von Seckendorff*], Bericht und Erinnerung auf eine neulich im Druck lateinisch und deutsch ausgestreute Schrift, in Latein Imago Pietismi, zu deutsch Ebenbild der Pietisterey genannt, o. O. 1692, 14.

[5] *Ernst Walter Zeeden*, Der ökumenische Gedanke in Veit Ludwig von Seckendorffs Historia Lutheranismi: Über die Idee einer religiösen Überwindung des intoleranten Konfessionalismus im späten 17. Jahrhundert, in: Festschrift für Gerhard Ritter zu seinem 60. Geburtstag, hg. v. *Richard Nürnberger*, Tübingen 1950, 256–272 [Wiederabdruck in: *E. W. Zeeden*, Konfessionsbildung: Studien zur Reformation, Gegenreformation und Katholischen Reform, Stuttgart 1985 (Spätmittelalter und Frühe Neuzeit, Bd. 15), 9–24].

Puritanismus und Pietismus als strukturähnliche religiöse Bewegungen darstellt, die gegen das absolutistische Kirchenregiment reagiert haben.[6]

Eine ganz andere Antwort als Seckendorff gibt Johann Melchior Stenger (1638–1710), ein von puritanischen Reformideen erfüllter thüringischer Theologe, der, gleichzeitig mit Speners Reformbemühungen in Frankfurt am Main, um 1670 in Erfurt eine religiöse Reform- und Erweckungsbewegung innerhalb der lutherischen Kirche in Gang zu bringen suchte, jedoch am Widerstand der lutherischen Orthodoxie scheiterte.[7] Von Stenger gibt es – nur handschriftlich in der Göttinger Sammlung „Acta pietistica" überliefert und der Pietismusforschung bisher verborgen geblieben – eine Abhandlung „Von der übern Pietisten entstandenen Kirchen-Unruhe", verfaßt 1694, nur zwei Jahre nach der Apologie Seckendorffs.[8]

Stenger weiß wie Seckendorff, daß der *Name* Pietismus neu aufgekommen ist. Aber er sieht in der *Sache* nichts Neues. Für ihn ist Pietismus etwas, was in verschiedenen Perioden der Kirchengeschichte zu finden ist: „Es hat Gott jederzeit in seiner Kirchen, bey so manchen greulichen mängeln, seinen heiligen Sahmen erhalten; nemblich, es sindt mitten unter denen unschlechtigen argen menschen noch allezeit Christen gewesen, welche ihr licht durch gute wercke haben leuchten lassen."[9] Mag das Wort neu sein, die Sache ist alt. „Man nennets nun Pietismum, sonsten auch Arndianismum, Spenerismum."[10]

Doch auch Arndt und Spener brachten nichts Neues. Überall da, wo ernsthaftes Drängen auf frommes Leben konstatiert werden kann, ist nach Stenger von Pietismus zu reden. „Lutherus selbst hat die Semina des Pietismi hin und her in seinen Tomos" (das heißt in den Bänden seiner Schriften). Bei den nachreformatorischen Theologen findet Stenger sehr früh Pietismus, etwa bei Erasmus Sarcerius (1501–1559). Tilemann Heßhusen (1527–1588) „muß auch pietistisch gepredigt haben". Pietismus ist dabei keineswegs auf die lutherische Konfession eingeschränkt. Die Hauptvertreter des englischen Puritanismus werden dem „Pietismus" zugezählt. William Perkins (1558–1602), der große Cambridger Theologe aus dem späten 16. Jahrhun-

---

6 *Hartmut Lehmann*, Das Zeitalter des Absolutismus: Gottesgnadentum und Kriegsnot, Stuttgart 1980 (Christentum und Gesellschaft 9). Zuvor schon urteilte *Gerhard Kaiser*, Pietismus und Patriotismus im literarischen Deutschland, Wiesbaden 1961, 243: „Der Pietismus ist ... Teilerscheinung innerhalb einer allgemein europäischen Frömmigkeitsbewegung, die im 17. und 18. Jahrhundert unter verschiedenen Namen wie Quietismus, Jansenismus, Quäkertum, Methodismus um sich greift."

7 Vgl. jetzt *Udo Sträter*, Philipp Jakob Spener und der „Stengersche Streit", in: PuN 18, 1992, 40–79; außerdem: *Johannes Wallmann*, Erfurt und der Pietismus im 17. Jahrhundert, in: Erfurt 742–1992: Stadtgeschichte – Universitätsgeschichte, hg. v. *Ulmann Weiß*, Weimar 1992, 403–422: 409–411.

8 Den Hinweis auf dieses Manuskript (vgl. Anm. 9) verdanke ich Gertraud Zaepernick.

9 *Johann Melchior Stenger*, Von der übern Pietisten entstandenen Kirchen-Unruhe, Manuskript in Quart, 36 Seiten, Göttingen, Staats- und Universitätsbibliothek, Acta pietistica VI, Nr. 5, Bl. 1.

10 A. a. O., Bl. 4.

dert, soll nach Stenger der Urheber der pietistischen Konventikel sein. Richard Baxter (1615–1691), Thomas Goodwin (1600–1680), Theodor Undereyck (1635–1693) und Jean de Labadie (1610–1674) waren Pietisten. Johann Amos Comenius (1592–1670), der letzte Bischof der mährischen Brüderkirche, hat in Schlesien „pietistische Collegia" gehalten. Zeitgenössische römisch-katholische Christen führt Stenger nicht auf. Immerhin kennt er Pietisten vor der Reformation: die Waldenser und die Böhmischen Brüder waren Pietisten, weiter Thomas von Kempen, Jan van Ruysbroek und Johann Tauler, „der große Pietist".

Der Begriff Pietismus wird also von Stenger enthistorisiert. Der Pietismus hat keinen Anfang und keinen Verlauf, es gibt keine geschichtliche Entwicklung. Pietismus ist für Stenger ein Begriff wie für uns heute der Begriff „Mystik". Wie es Mystik in allen Jahrhunderten der Kirchengeschichte gibt, so gibt es auch Drängen auf Frömmigkeit, auf Gottseligkeit, also „Pietismus" zu allen Zeiten. Was das 17. Jahrhundert angeht, so kennt Stenger eine Vielzahl von Ursprüngen und Aufbrüchen des Pietismus in allen Teilen Deutschlands und darüber hinaus. Seine knappe Darstellung bringt auf 36 Seiten mehr als zweihundert Namen von Pietisten – einen inneren Zusammenhang unter ihnen kann er nicht knüpfen.

Es ist nun die eigentümliche Leistung Philipp Jakob Speners – und damit komme ich zu der dritten Antwort auf unsere Frage –, in seiner Schrift „Wahrhaftige Erzählung dessen, was wegen des sogenannten Pietismi in Deutschland von einiger Zeit vorgegangen" (Frankfurt am Main 1697) den Pietismus als eine große zusammenhängende historische Bewegung mit einem zeitlichen Anfang und einer inneren Entwicklung begriffen und dargestellt zu haben. Spener geht, so könnte man sagen, einen Mittelweg zwischen Seckendorff, der im Pietismus eine erst um 1700 entstehende Reformwelle erblickt, und Stenger, der den Pietismus als sozusagen ständig wiederkehrendes Grundphänomen der Kirchengeschichte ansieht. Für Spener ist der Pietismus eine zu Beginn des 17. Jahrhunderts bei Johann Arndt (1555–1621) entstehende Reformbewegung innerhalb der lutherischen Kirche, die Fortführung und Vollendung der Reformation, die Ergänzung der durch Luther gebrachten Reformation der Lehre durch die Reformation des Lebens.

Spener hatte anfangs ähnlich wie Seckendorff über den Pietismus geurteilt. Seine erste historische Darstellung des Pietismus, verfaßt als Vorwort zu Seckendorffs Apologie von 1692, verstand unter Pietismus nur die Leipziger pietistische Bewegung. Anlaß, den Begriff weiter zu fassen, gab ihm eine von dem Niederländer Gerhard Croese verfaßte Geschichte der Quäker, die 1696 in Amsterdam in Latein und im gleichen Jahr in Berlin in deutscher Übersetzung erschienen war.[11] Croese hatte seiner Quäkerhistorie einen Anhang „Historia Pietistarum" beigefügt, in der der Pietismus in den

[11] Vgl. *Paul Grünberg*, Philipp Jakob Spener I, Göttingen 1893, 277, Anm. 1.

größeren Zusammenhang der Geschichte der Quäker und des Puritanismus eingeordnet war, letztlich also auf englische Wurzeln zurückgeführt wurde. Für Croese hat der Pietismus nicht mit August Hermann Francke und auch nicht mit seinem Lehrer Philipp Jakob Spener begonnen, sondern mit dem Rostocker Reformtheologen Theophil Großgebauer, Verfasser der weitgehend aus englischen Quellen geschöpften „Wächterstimme aus dem verwüsteten Zion" (1660), einer der radikalsten kirchenkritischen Schriften der lutherischen Orthodoxie.

Spener hat diese über Großgebauer vermittelte Herleitung des Pietismus aus dem englischen Puritanismus mit Entschiedenheit abgelehnt.

> „Wann er [Croese] denn / da er die historie deß so genannten Pietismi außführen will / von Theophilo Großgebauer anfängt / fangt er zu spät an/im fall er unter dem nahmen der Pietisten alle diejenige begreiffen will / welche um des ernstlichen treibens willen auff die gottseligkeit / von andern schmach und widerwärtigkeit außgestanden haben".[12]

Man müsse „biß auff den anfang des nun zu ende lauffenden jahrhundert zurückgehen",[13] wenn man auf den Ursprung des Pietismus kommen wolle. Johann Arndt, der Verfasser der „Vier Bücher vom wahren Christentum" (1605–1610), sei es gewesen, der als erster damit begonnen habe, ernstlich „das Werk der Gottseligkeit zu treiben". Luther habe das Licht des Evangeliums wieder auf den Leuchter gestellt. Aber die Reformation Luthers sei, indem sie den Akzent auf die reine Lehre legte, unvollständig geblieben. Nach der Reformation der Lehre bedurfte es einer zweiten Reformation des Lebens. Die Reformation des Lebens in Gang gebracht zu haben, sei die eigentümliche Leistung von Johann Arndt. Spener hat Johann Arndt einen Platz in der Kirchengeschichte unmittelbar neben Luther zugewiesen. „Daher setze ich ... Lutherum billig fornen an ... aber dieser [Arndt] streicht ihm nahe/und weiß ich nicht/ob er nicht noch in seinen schrifften zu einem nicht geringern werck als Lutherus mag von GOtt bestimmet seyn."[14]

Durch die historische Herleitung des Pietismus aus Johann Arndts Drängen auf „wahres Christentum" weitet Spener, verglichen mit Seckendorff, den Begriff „Pietismus" aus auf eine große, das ganze 17. Jahrhundert durchziehende kirchliche Reformbewegung. Andererseits grenzt Spener gegenüber Stenger – dessen Abhandlung er vielleicht gekannt hat, stand er doch über Jahrzehnte mit Stenger in Briefwechsel – den Pietismusbegriff erheblich ein. Indem er den Pietismus als eine Reformbewegung versteht, die bei Johann Arndt ihren Ursprung und durch den Zusammenhang mit

---

[12] *Philipp Jakob Spener*, Warhafftige Erzehlung/Dessen was wegen des so genannten Pietismi in Teutschland von einiger Zeit vorgegangen/Auß Gelegenheit Hn. Gerhard Craesi seiner Historiae Quackerianae einverleibter Historiae Pietistarum und zu dero Verbesserung Auffgesetzt, Frankfurt a. M. 1697, 33.

[13] *Spener*, Wahrhaftige Erzählung, 5.

[14] *Philipp Jakob Spener*, Theologische Bedenken 3, Frankfurt a. M. 1702, 714; vgl. *Johannnes Wallmann*, Philipp Jakob Spener und die Anfänge des Pietismus, Tübingen ^{2}1986, 115.

ihrem Ursprung ihre innere Konsistenz hat, kann weder Tauler ein Pietist genannt werden, noch kann bei Luther der Same des Pietismus ausgestreut worden sein – mögen immer von Tauler und Luther Anstöße auf den Pietismus ausgegangen sein. Am kräftigsten zieht Spener die Grenzlinie gegenüber Puritanismus und Quäkertum. Spener wehrt sich gegen das Mißverständnis Croeses, als habe er in Frankfurt gegen die Pracht der Kirchengebäude und gegen äußere Zeremonien gepredigt. Die von Verfall bedrohte Frankfurter Katharinenkirche sei unter ihm wieder aufgebaut und „schöner als sie vorhin gewesen ausgezieret worden".[15] Tatsächlich geht der puritanisch schlichte Innenraum, den wir heute in der Frankfurter Katharinenkirche vorfinden, auf den Wiederaufbau und die Umgestaltung nach dem 2. Weltkrieg zurück, bis dahin war die Katharinenkirche reich ausgeschmückt unter anderem mit den noch vom jungen Goethe bewunderten Bildern aus Johann Arndts „Wahrem Christentum", die Spener hatte anfertigen lassen. Nicht gegen die Pracht der Kirchengebäude, sondern gegen das falsche Vertrauen auf äußere Kirchlichkeit, auf Gottesdienstbesuch und bloßen Gebrauch der Sakramente, habe er gepredigt. Auch gehe es den Pietisten um die Besserung ihrer Kirche, nicht um Trennung und Bildung eigener Gemeinschaften wie den Engländern.[16] – Spener will auch innerhalb der lutherischen Konfession nicht alle, die auf Gottseligkeit drängen, zu den Pietisten zählen, zum Beispiel nicht Jakob Böhme und die Anhänger Valentin Weigels. Also diejenigen, die wir heute meist „mystische Spiritualisten" nennen, werden, anders als bei Stenger, nicht zum Pietismus gerechnet.[17] Der Pietismus wird von Spener als eine Reformbewegung innerhalb der evangelischen Kirche verstanden.

Spener hat den Begriff „Pietismus" zu einem – wie es in der Fachterminologie der Historiker heißt – Epochenbegriff umgeprägt. Er hat damit dasjenige Verständnis von Pietismus geschaffen, das heute in den historischen Wissenschaften üblich ist. Anders als bei „Mystik", die man zu allen Zeiten und in allen christlichen Konfessionen, ja auch außerhalb des Christentums antrifft, reden wir von „Pietismus" nur in der nachreformatorischen protestantischen Kirchengeschichte, beginnend im weiteren Sinn, was das pietistische Frömmigkeitsstreben betrifft, bei Johann Arndt, im engeren Sinn, was den Pietismus als eine soziale Bewegung angeht, bei dem von Philipp Jakob Spener 1670 in Frankfurt am Main gegründeten Collegium pietatis. Freilich haben sich inzwischen Erweiterungen des Begriffs ergeben, mit denen wir an einigen Punkten über Spener hinausgehen. Heinrich Heppe und Albrecht Ritschl haben in der zweiten Hälfte des 19. Jahrhunderts den Pietismusbegriff auch auf verwandte Erscheinungen in der reformierten Kirche vor allem in den Niederlanden und in der Schweiz ausgeweitet. Zuweilen wird auch – wie schon von Johann Melchior Stenger – von einem

[15] *Spener*, Wahrhaftige Erzählung, 41.
[16] Ebd., 126.
[17] Ebd., 125.

englischen Pietismus innerhalb des Puritanismus gesprochen (Ernst Troeltsch, Max Weber, neuerdings der Amerikaner Ernest F. Stoeffler), ohne daß sich die Rede von einem englischen Pietismus durchgesetzt hat.[18] Auch die separatistischen und heterodoxen Strömungen werden gegen Speners Intention heute in die Geschichte des Pietismus integriert und als „radikaler Pietismus" gekennzeichnet.

Wir unterscheiden also heute, ähnlich wie wir in der Reformationsgeschichte zwischen der reformatorischen Bewegung und dem linken Flügel der Reformation unterscheiden, zwischen einem *kirchlichen Pietismus* und einem *radikalen Pietismus*. Dabei gebrauchen wir das Substantiv Pietismus eigentlich nur, wenn wir vom Pietismus im engeren Sinn als einer der Orthodoxie gegenüberstehenden, als eigenständige Sozialgestalt faßbaren Bewegung reden, also noch nicht für das Frömmigkeitsstreben Johann Arndts, das wir nur adjektivisch als „pietistisch" bezeichnen. Zum *kirchlichen Pietismus* zählen Philipp Jakob Spener und seine Anhänger, August Hermann Francke und der hallische Pietismus, der württembergische Pietismus mit der Reihe seiner bedeutenden Schwabenväter, voran Johann Albrecht Bengel (1687–1752) und Friedrich Christoph Oetinger (1702–1782), dann der westdeutsche reformierte Pietismus, soweit er in der Nachfolge von Theodor Undereyck (1635–1693) eine kirchliche Reformbewegung blieb oder, wie in der pietistischen Mystik Gerhard Tersteegens (1697–1769), sich gegenüber der Kirche zumindest indifferent verhielt. Zum *radikalen Pietismus* gehören Einzelgestalten mit ihren Anhängern wie Johann Jakob Schütz (1640–1690), Speners engster Gefährte im frühen Frankfurter Pietismus, Johann Wilhelm Petersen (1649–1726) und seine Frau Johanna Eleonora geb. von Merlau (1644–1724), die Futorologen des Pietismus, die die Lehre vom tausendjährigen Reich weiterbildeten zur Lehre von der Allversöhnung, Gottfried Arnold (1666–1714), der Historiker des Urchristentums und Verfasser der „Unparteiischen Kirchen- und Ketzerhistorie", der zumindest in *einer* Phase seines Lebens radikaler kirchenkritischer Pietist war, der Theologe und Arzt Johann Conrad Dippel (1673–1734), der Erweckungsprediger Ernst Christoph Hochmann von Hochenau (1670–1721), dann eine Reihe meist im Raum des reformierten Pietismus angesiedelter radikalpietistischer Gemeinschaftsbildungen, wie die Labadisten, die sexuellen Libertinismus praktizierende sogenannte Buttlarsche Rotte, die Schwarzenauer Neutäufer, die Inspirierten, die Zionsgemeinde in Ronsdorf bei Elberfeld. Schließlich wird auch seit Albrecht Ritschl die Herrnhuter Brüdergemeine des Grafen Zinzendorf (1700–1760) in die Geschichte des Pietismus integriert, gegen das Selbstverständnis Zinzendorfs, der den Pietismus überwunden zu haben meinte.

Soweit eine Antwort auf die Frage „Was ist der Pietismus?", wenn man an den Umfang des historischen Phänomens Pietismus denkt, wie ihn die

---

[18] Vgl. *Johannes Wallmann*, Die Anfänge des Pietismus, in: PuN 4, 1979, 1–53.

Kirchengeschichtswissenschaft heute zum Gegenstand hat. Ich habe dabei ausgespart die schwierige Frage, ob der Pietismus außer einem Anfang auch ein Ende hat. Die Rede vom „Spätpietismus“, die für Einzelgestalten und Strömungen des späten 18. Jahrhunderts heute üblich ist, zeigt an, daß man die historische Epoche des Pietismus meist auf das 17. und 18. Jahrhundert begrenzt. Im 19. Jahrhundert spricht man von der Erweckungsbewegung, im späten 19. Jahrhundert dann vom Neupietismus. Andererseits gibt es, vor allem in Württemberg, aber auch anderswo, durchlaufende Traditionen des Pietismus vom 17. bis zum 20. Jahrhundert.[19] Hier stellen sich Fragen, die von der Forschung noch nicht zureichend beantwortet sind und auf die ich hier auch nicht näher eingehen kann.

III.

Ich komme nun zu einem zweiten Teil meines Vortrags, in dem ich die Frage „Was ist Pietismus“ so beantworten möchte, daß etwas vom *Wesen* des Pietismus deutlich wird. Ich gehe wiederum aus von dem Vers Joachim Fellers „Was ist ein Pietist? Der Gottes Wort studiert und nach demselben auch ein heilig Leben führt“.

Wenn man den Pietismus als Frömmigkeitsbewegung versteht, wird der Blick sofort auf die letzten Worte des Verses gelenkt: Ein Pietist ist jemand, der „ein heilig Leben führt“. Der Pietist will es nicht dabei bewenden lassen, daß ihm – durch die Rechtfertigung – die Sünden vergeben worden sind, er will auch vom Zwang zum Sündigen befreit sein, ein heiliges, Gott wohlgefälliges Leben führen. Neben die Rechtfertigung tritt im Pietismus die Heiligung. Deshalb hatte Spener neben Martin Luther unmittelbar Johann Arndt gestellt. Luther sei die Erkenntnis der Rechtfertigung des Gottlosen allein durch den Glauben zu verdanken. Johann Arndt zeige den Weg zur Heiligung. Er zeige, wie der Gottlose, dem die Sünden vergeben sind, freigemacht wird vom Zwang zum Sündigen, wie er in der Nachfolge des Lebens Christi ein heiliges Leben führen und dadurch in die nähere Gemeinschaft mit Gott kommen kann.

Der Begriff „heiliges Leben“ ist ein Zentralbegriff in Johann Arndts „Wahrem Christentum“. Für Arndt ist ein heiliges Leben ein Leben, das sich nicht bestimmen läßt von den Kräften der von Gott abgefallenen Natur, sondern allein von der Kraft des Heiligen Geistes. Ein heiliges Leben ist ein dem weltlichen Leben schnurstracks entgegenlaufendes Leben. „Gehts der Natur entgegen, so gehts gerad und fein“ – so dichtet Gerhard Tersteegen ganz im Sinne Johann Arndts,[20] und er meint das nicht im Sinne des „Zurück

---

[19] Vgl. *Hartmut Lehmann*, Pietismus und weltliche Ordnung in Württemberg vom 17. bis zum 20. Jahrhundert, Stuttgart 1969.

[20] In dem Lied „Kommt Kinder, laßt uns gehen“, Evangelisches Kirchengesangbuch, Lied 272, Strophe 2.

zur Natur" Jean Jacques Rousseaus, sondern im Sinne der folgenden Worte: „die Fleisch und Sinnen pflegen, noch schlechte Pilger sein". Das natürlich-weltliche Leben wird bestimmt von Fleisch und Sinnen, also den Trieben. Pietistische Frömmigkeit ist asketische Frömmigkeit. Für den älteren Pietismus ist, entgegen einer weitverbreiteten Ansicht, weniger der Sexualtrieb, der Fortpflanzungstrieb, sondern der Ich-Trieb, der Geltungstrieb der vorherrschende Trieb der sündigen Natur. Deshalb steht unter den asketischen Tugenden, die Arndt in seinem „Wahren Christentum" einzuüben Anleitung gibt, an erster Stelle die Demut, die Selbstverleugnung.

Arndt hat auf die mittelalterliche Mystik zurückgegriffen, besonders auf Johann Tauler, den großen Lehrer der Selbstverleugnung. Das pietistische Heiligungsstreben steht von daher in der Kontinuität mit der mystisch-asketischen Frömmigkeit des mittelalterlichen Mönchtums. Albrecht Ritschl, Verfasser einer großen dreibändigen „Geschichte des Pietismus" (1880–86), erblickte im Pietismus den Einbruch der weltabgewandten asketisch-mystischen Frömmigkeit des mittelalterlichen Mönchtums in die Kirchen der Reformation.

Der Religionssoziologe Max Weber, der den Zusammenhängen zwischen protestantischer Ethik und dem Geist des Kapitalismus nachgegangen ist und in diesem Zusammenhang die Frömmigkeit von Puritanismus und Pietismus untersucht hat,[21] hat Ritschls Herleitung pietistischer Frömmigkeit aus der Askese des mittelalterlichen Mönchtums recht gegeben, sie jedoch eingeschränkt durch den Begriff der „innerweltlichen Askese". Weber legte den Ton auf das, was die puritanische und pietistische Askese von der (außerweltlichen) Askese des Mönchtums unterscheidet. Der Mönch löst sich aus den weltlichen Bindungen der Familie und des bürgerlichen Berufslebens, er übt durch die mönchischen Gelübde der Armut, der Keuschheit und des Gehorsams einen absoluten Triebverzicht. Die Puritaner und die Pietisten – auch den Pietismus rechnet Weber zum asketischen Protestantismus, obwohl er seine Frömmigkeit durch Betonung des Gefühlsmoments vom Puritanismus unterschieden sieht – bleiben in der Welt, gründen eine Familie, üben einen bürgerlichen Beruf aus, häufig mit kräftigem wirtschaftlichen Erfolg. Max Weber hat gezeigt, wie die Tugenden des asketischen Protestantismus – Sparsamkeit, Enthaltsamkeit, strenge Zeiteinteilung, Selbstkontrolle – der Entwicklung kapitalistischer Wirtschaftsformen zugute gekommen sind, in Nordamerika durch die innerweltliche Askese der Puritaner, in Deutschland durch den Pietismus.

Auf den Spuren Max Webers hat man, schon in den zwanziger Jahren und verstärkt dann wieder seit dem 2. Weltkrieg, den Pietismus als eine religiös-soziale Reformbewegung verstanden, die mit dem Drängen auf Heiligung und Besserung des individuellen Lebens durchaus auch zur Besserung der

[21] Vgl. *Hartmut Lehmann*, Max Webers Pietismusinterpretation, in: Der Pietismus in seiner europäischen und außereuropäischen Ausstrahlung, hg. v. *Pentti Laasonen* und *Johannes Wallmann*, Helsinki 1992, 161–179.

allgemeinen kirchlichen und gesellschaftlichen Verhältnisse beigetragen habe. „Der hallische Pietismus August Hermann Franckes", so formulierte Carl Hinrichs, die von Weber vorgenommenen Differenzierungen zwischen Puritanismus und Pietismus relativierend, „hatte nichts von jener Gefühlserweichung, die man gewöhnlich mit dem Begriff des Pietismus verbindet, sondern wir haben es hier mit einer nüchternen und harten Reformbewegung zu tun, die in ihrem sozialen und wirtschaftlichen Aktivismus dem Calvinismus durchaus verwandt ist."[22]

Aber nun ist der Pietismus noch sehr unvollständig erfaßt, wenn man ihn nur als Frömmigkeitsbewegung, also als eine Bewegung zur Heiligung des Lebens, als innerweltliche Askese erfaßt. Man begreift ihn dann unter dem heutige Fragestellungen leitenden ethischen Aspekt, aber nicht nach seinem Selbstverständnis und nach der ihn antreibenden inneren Dynamik. In dem zitierten Vers von Joachim Feller wird ja mehr gesagt: „Was ist ein Pietist? Der Gottes Wort studiert und nach demselben auch ein heilig Leben führt." Das Studium des Wortes Gottes, das Lesen der Bibel, häusliche Bibellese des einzelnen oder in der Familie, dazu das gemeinsame Lesen der Bibel in besonderen Erbauungsstunden – das gehört zum Pietismus wesentlich dazu, und dieser zentrale Bezug auf die Bibel darf bei einer Beantwortung der Frage „Was ist Pietismus?" nicht unter den Tisch fallen. Auch wenn die meisten heute gegebenen Antworten auf die Frage „Was ist Pietismus?" an diesem Bezug zur Bibel vorbeigehen, müssen wir ihm Beachtung schenken.

Die Mittelpunktstellung der Bibel, die wir überall im Pietismus finden, geht nicht auf Johann Arndt zurück. Arndt hat zwar in seinem „Wahren Christentum" eine Fülle von Bibelstellen verarbeitet. Jedem der zahlreichen Kapitel des „Wahren Christentums" ist ein Bibelwort vorangestellt. Zum selbständigen Studium der Heiligen Schrift hat Arndt aber keine Anleitung gegeben. Mahnungen zum Bibellesen finden wir bei ihm nicht. Arndt hat neben seinen eigenen Erbauungsbüchern und Predigtbänden für seine Leser die Schriften der mittelalterlichen Mystik herausgegeben: die „Theologia deutsch", die „Nachfolge Christi" des Thomas von Kempen, die Predigten Johann Taulers, um nur einiges zu nennen. In diesen Büchern, in Erbauungsbüchern also, sollten die Christen Anleitung zum heiligen Leben finden. Tatsächlich hat die rasche Verbreitung und Beliebtheit der Arndtschen Schriften das Lesen der Bibel wohl eher behindert als gefördert. Der Straßburger Theologe Johann Conrad Dannhauer warnt mitten im Dreißigjährigen Krieg von der Kanzel des damals noch evangelischen Straßburger Münsters seine Predigthörer, über dem Lesen der Schriften Arndts das Bibellesen nicht zu vergessen.[23]

Die Mahnung zum Bibellesen findet sich erst bei Spener.[24] An die Spitze

[22] *Carl Hinrichs*, Preußen als historisches Problem, Berlin 1964, 53.

[23] *Johannes Wallmann*, Philipp Jakob Spener und die Anfänge des Pietismus, 1986, 123, Anm. 133.

[24] Ich habe in früheren Arbeiten den Gedanken der Sammlung der Frommen und die

des Reformprogramms seiner „Pia Desideria" hat Spener den Vorschlag gesetzt, „das Wort Gottes reichlicher unter uns zu bringen".[25] Spener klagt, daß den meisten Christen der Reichtum der Bibel unbekannt bleibe, da im öffentlichen Gottesdienst nur ein Bruchteil, die Predigtperikopen, gelesen und ausgelegt werde. Die ganze Schrift – tota scriptura, wie es in der lateinischen Ausgabe der „Pia Desideria" heißt[26] – müsse den Christen bekannt werden. Spener fordert häusliche Bibellese der Hausväter, die Einrichtung von Bibellesestunden für das Gesinde und die Analphabeten, schließlich die Einrichtung besonderer Versammlungen neben dem öffentlichen Gottesdienst, in denen unter Anleitung eines Pfarrers auch Laien die Bibel auslegen und sich dadurch gegenseitig erbauen können. In seiner Schrift „Das nötige und nützliche Lesen der Heiligen Schrift" (1695), ursprünglich eine Vorrede zu einer Bibelausgabe, dann separat gedruckt,[27] hat Spener die erste Forderung seiner „Pia Desideria" noch einmal bekräftigt und weitergeführt. Hatte er in den „Pia Desideria" die private Bibellese nur von den Hausvätern gefordert, so dehnt er jetzt die Forderung auf alle Christen aus. Das Lesen der Bibel sei für jeden, der ein wahrer Christ sein wolle, nötig. Die Notwendigkeit des Bibellesens hat Spener eng verknüpft mit dem zweiten Vorschlag seiner „Pia Desideria", der Aufrichtung und Praktizierung des allgemeinen Priestertums der Gläubigen (in Speners Terminologie des „geistlichen Priestertums"). Die Bibel gehöre nicht allein in die Hand der Pfarrer, sondern in die Hand eines jeden Christen.

Spener hat sich für den Vorschlag, das Wort Gottes reichlicher unter uns zu bringen, wie für den Vorschlag der Praktizierung des allgemeinen Priestertums, auf Martin Luther berufen, nicht auf Johann Arndt, den er für die übrigen, auf religiöse Praxis und vorbildhaftes, frommes Leben dringenden Reformvorschläge als Gewährsmann anruft. Offensichtlich hat Spener selbst erkannt, daß er mit den ersten beiden Reformvorschlägen seiner „Pia Desideria" über die Arndtsche Frömmigkeitsbewegung hinausging. Nun ist heute die Vorstellung weitverbreitet, Spener und ihm folgend der Pietismus wollten mit der Forderung nach der Mittelpunktstellung der Bibel in Theologie und Gemeindeleben nur wieder zurück zu Luther. Man unterstellt also,

---

chiliastische Zukunftshoffnung als die beiden Punkte benannt, bei denen Spener Neues in die Arndtsche Frömmigkeitsbewegung einbringt. Ich füge nun als dritten Punkt die Mahnung zum Bibellesen hinzu. Vgl. ausführlicher dazu meinen Beitrag „Vom Katechismuschristentum zum Bibelchristentum. Zum Bibelverständnis des Pietismus" in dem Sammelband: Die Zukunft des Schriftprinzips, hg. v. *Richard Ziegert*, Stuttgart 1994, 30–56.

25 *Philipp Jakob Spener*, Pia Desideria, hg. v. *Kurt Aland*, 53,31 f.

26 *Philipp Jakob Spener*, Pia Desideria necessariae emendationis Evangelicae verae Ecclesiae, Frankfurt a. M. 1678, 93. In der deutschen Fassung der „Pia Desideria" von 1675 spricht Spener noch, Luthers Übersetzung von 2 Tim 3,16 f. folgend, davon, daß „alle Schrifft ohne Außnahm der Gemeinde bekandt solte seyn" (Pia Desideria, hg. v. *K. Aland*, 54,13). Spener hat später die Formel „alle Schrifft" durch die Formel „alle oder gantze Schrifft" bzw. „gantze Schrifft" ersetzt.

27 Grünbergs Spenerbibliographie Nr. 171, wiederabgedruckt in: *Philipp Jakob Spener*, Erste Geistliche Schriften II, Frankfurt a. M. 1699, 285–323.

bereits Luther habe über die Bibel genauso wie der Pietismus gedacht, nur Luthers Nachfolger, die Theologen der lutherischen Orthodoxie des späten 16. und 17. Jahrhunderts, hätten die zentrale Stellung der Bibel in Theologie und Gemeindeleben wieder aufgegeben.

Doch hier muß man vorsichtig sein. Speners Forderung, das Wort Gottes „reichlicher unter uns zu bringen", ist schon mit ihrer quantifizierenden Redeweise vom Worte Gottes im Munde Luthers kaum denkbar. Auch hat Luther, soweit man sehen kann, vom einfachen Christen nicht das Bibellesen gefordert. Nirgendwo in den frühreformatorischen Kirchenordnungen, etwa im „Unterricht der Visitatoren" (1529), wird auf das Bibellesen gedrungen.[28] Luther hat sich, nach der raschen Übersetzung des Neuen Testaments auf der Wartburg, mit der Übersetzung der alttestamentlichen Bücher reichlich Zeit gelassen. Erst 1534 erschien endlich die vollständige Bibelübersetzung in Wittenberg, nachdem andere Bibelübersetzer in Zürich, Straßburg und Worms die Wittenberger längst überholt hatten. Luther hat nichts Erkennbares unternommen, um die Bibel unter das Volk zu bringen. Daß sie zu einem für breite Volksschichten nahezu unerschwinglichen Preis auf den Buchmarkt kam – für 2 Gulden, 8 Groschen, das ist etwa der Preis von 5 Kälbern[29] – hat Luther nicht gestört. Jeder könne jetzt das Neue Testament lesen, sagt Luther im Sendbrief vom Dolmetschen, „wers nicht lesen wil/der las es ligen/ich bitte vnd feyre niemandt drumb."[30] Im übrigen wäre es bei dem Stand der Volksbildung im 16. Jahrhundert völlig unsinnig gewesen, jeden Christen zum Bibellesen anzuhalten.

Den gleichen Ernst, mit dem der Pietismus auf das Bibellesen dringt, findet man bei Luther auch, aber nicht, wenn er von der Bibel, sondern wenn er vom Katechismus redet. In der Vorrede zum „Kleinen Katechismus" mahnt Luther die Pfarrer, sie sollten „den Katechismon in die Leute, sonderlich in das junge Volk bringen",[31] ja sie sollten selbst – so in der Vorrede zum „Großen Katechismus" – „den Katechismon täglich lesen".[32] Er selbst bleibe bis an sein Lebensende ein Schüler des Katechismus, „lese und spreche auch von Wort zu Wort des Morgens, und wenn ich Zeit habe, das Vaterunser, zehen Gepot, Glaube, Psalmen ... und muß ein Kind und Schüler des Katechismus bleiben und bleib's auch gerne".[33] Für Luther ist der Katechismus „der Laien Biblia, darinnen alles begriffen, was in der Heiligen Schrifft weitläufftig gehandelt und einem Christenmenschen zu seiner Seligkeit zu wissen nötig ist".[34] Ähnlich sagt er vom Psalter, er sei

[28] Vgl. *Reinhard Schwarz*, Luther als Erzieher des Volkes, in: LuJ 57, 1990, 114–127, bes. 124.

[29] *Hans Volz*, Deutsche Bibelübersetzungen, in: Die Religion in Geschichte und Gegenwart, Band I, hg. v. *Kurt Galling*, Tübigen ^{3}1957, Sp. 1204.

[30] WA 30 II, 623,23f. = BoA 4, 180,32f.

[31] Die Bekenntnisschriften der Evangelisch-Lutherischen Kirche, Göttingen ^{11}1992, 502,33f.

[32] Ebd., 550,38.

[33] Ebd., 547,35–548,6.

[34] Vgl. die Epitome der Konkordienformel, ebd., 769,7–10.

„eine kleine Biblia ..., darinnen alles aufs schönste und kürzeste, wie in der ganzen Biblia stehet, gefasset ... auf daß, wer die ganze Biblia nicht lesen könnte, hätte hierin doch fast die ganze Summa, verfasset in ein klein Büchlein".[35] Damit steht Luther zur pietistischen Forderung, jeder Christ solle die ganze Bibel lesen, in deutlichem Widerspruch. Übrigens selbst für den kleinen Kreis derer, die mit Ernst Christen sein wollen, hat Luther nicht das Bibellesen vorgeschrieben, sondern – so in der berühmten Vorrede zur „Deutschen Messe" – „einen guten kurtzen Catechismum ... vber den glauben, zehen gebot vnd vater unser".[36]

Von einem bloßen „zurück zu Luther" kann also nicht geredet werden. Speners Forderung, jeder Christ solle die Bibel, die ganze Bibel lesen, ist nicht nur gegenüber der nachreformatorischen Orthodoxie einschließlich der Arndtschen Frömmigkeitsbewegung, sondern auch gegenüber Luther etwas Neues.[37] Keiner der Pietisten hat Luthers Wort vom Katechismus als der Laien-Bibel aufgenommen und wiederholt. Dabei hat der Pietismus den Katechismus nicht geringgeachtet. Viele der bedeutendsten Pietisten, Spener, Francke und Zinzendorf, haben eigene Katechismen oder Katechismuserklärungen verfaßt. Aber sie alle haben den Katechismus als Menschenwort deutlich unter die Bibel gestellt. Ein Wort wie das von Johann Arndt „Im Katechismus redet Gott zu uns wie in der Bibel" ist in pietistischem Mund undenkbar. Der Christ soll vom Lernen des Katechismus zum selbständigen Lesen der Bibel aufsteigen, vom Katechismuschristentum zum Bibelchristentum gelangen. August Hermann Francke hat das Bibellesen schon für die Kindererziehung verlangt. Während Johann Amos Comenius den Kindern nur Auszüge und besondere Bearbeitungen der Bibel in die Hand geben wollte, fordert August Hermann Francke:

> „Die Lesung der heiligen Schrifft ist auch so bald als nur immer möglich vorzunehmen ... Und zwar ist da erstlich vonnöthen/daß man sie die gantze heilige Schrifft von Anfang biß zum Ende selbst lesen lasse/daß sie den Innhalt der gantzen heiligen Schrifft selbst erkennen/und vor Augen sehen/was sie bißanhero aus dem Catechismo und aus mündlicher Unterredung gelernet."[38]

---

35 WA.DB 10 I, 98,24–99,2 (2. Vorrede auf den Psalter 1528), zitiert nach: Luthers Vorreden zur Bibel, hg. v. *Heinrich Bornkamm*, Göttingen ³1989, 65.

36 WA 29,75 = BoA 3,297.

37 Die Frage nach der Herkunft der Spenerschen Forderung führt vermutlich auf reformiert-puritanische Einflüsse. Bereits der junge Spener fand in Lewis Bayly's „Praxis pietatis" die Anweisung zum täglichen Bibellesen. Für den von Spener um 1675 in Frankfurt am Main eingeführten Brauch, die Bibel auf die Kanzel mitzunehmen und während der Predigt gelegentlich Stellen aus ihr vorzulesen, wie auch für seine Aufforderung an die Predigthörer, Bibeln oder Neue Testamente mit in den Gottesdienst zu bringen, hat sich Spener auf Vorbilder in England berufen (vgl. *Johannes Wallmann*, Beziehungen des frühen Pietismus zum Baltikum und zu Finnland, in: Der Pietismus in seiner europäischen und außereuropäischen Ausstrahlung, hg. v. *Pentti Laasonen* und *Johannes Wallmann*, Helsinki 1992, 49–83: 60).

38 *August Hermann Francke*, Kurzer und einfältiger Unterricht, wie die Kinder zur wahren Gottseligkeit und christlichen Klugheit anzuführen sind (1702), in: *ders.*, Werke in Auswahl, hg. v. *Erhard Peschke*, Berlin 1969, 130.

Es ist dem Pietismus zuzuschreiben, wenn in den Schulordnungen des 18. Jahrhunderts das Lesen der Bibel für das wichtigste gehalten und damit der bis dahin an erster Stelle stehende Katechismus stillschweigend entthront wird (zuerst in der Ordnung für die Privatschulen Berlins 1738, dann im Preußischen Schulreglement 1763)[39]. Bedenken gegen den Gebrauch der ganzen Bibel in der Schule, wie sie im 19. Jahrhundert erhoben werden – „die Behandlung des sexuellen Gebiets in der Schrift macht es im höchsten Grade erwünscht, daß die Jugend mit diesen Abschnitten der Schrift nicht bekannt wird“[40] – kennt der Pietismus des 17. und 18. Jahrhunderts nicht. Erst die viktorianische Prüderie des 19. Jahrhunderts hat dazu geführt, von der ganzen Bibel zur Schulbibel überzugehen.

Dem zentralen Bezug des Pietismus zur Bibel könnte nun nach den verschiedensten Seiten hin nachgegangen werden. Etwa nach der Seite, daß der Pietismus – abgesehen von Ausnahmen wie dem Grafen Zinzendorf – nicht zu Luthers Freiheit im Umgang mit dem biblischen Kanon zurückfand, sondern sich streng an die von der lutherischen Orthodoxie entwickelte Lehre von der Verbalinspiration band und deshalb mit der im Aufklärungszeitalter aufkommenden historischen Bibelwissenschaft in Konflikt geraten mußte. Etwa im Blick auf die vielen neuen Bibelübersetzungen, die der Pietismus hervorgebracht hat, und die vielen Anleitungen zum rechten Lesen der Bibel, von denen diejenige August Hermann Franckes in viele Bibelausgaben aufgenommen wurde und dort die allmählich verschwindenden Vorreden Luthers zu den biblischen Büchern ersetzt hat. Etwa im Blick auf die massenhafte Verbreitung der Bibel durch die von August Hermann Francke gegründete Hallesche Bibelanstalt, bekannt als Cansteinsche Bibelanstalt. Die zentrale Stellung, die die Bibel durch die hallische Universitätsreform im theologischen Wissenschaftsbetrieb und im Theologiestudium erlangt hat, wäre zu erwähnen. Erst durch den Pietismus ist es verpflichtend geworden, daß jeder zukünftige Pfarrer die biblischen Grundsprachen lernen muß. Zu fragen wäre schließlich, wie sich in einer biblischen Hermeneutik das pietistische „tota scriptura“ zum reformatorischen „sola scriptura“ verhält.

Hier mag es genügen, der Eigenart der pietistischen Forderung nach dem Bibellesen nachgegangen zu sein. Der orthodoxe Weimarer Generalsuperintendent Kromayer, ein Gegner der pietistischen Reformbestrebungen des thüringischen Herzogs Ernst von Sachsen-Gotha, dem man den Beinamen der Fromme gegeben hat, vertrat den Standpunkt: „Dies ist eine irrige Meinung, daß ein jeder Christ so gar eine große Wissenschaft der göttlichen Lehre haben und die ganze Bibel bei Verlust seiner Seligkeit lesen müsse und gründlich verstehen.“[41] Diese im Vorfeld der pietistischen Streitigkeiten

---

[39] Vgl. *Georg Rietschel*, Bibellesen und Bibelverbot, in: Realenzyklopädie für protestantische Theologie und Kirche, Bd. 2, hg. v. *Abert Hauck*, Leipzig 1897, 700–713: 712.

[40] So *Rietschel*, ebd.

[41] Zitiert nach: *Theodor Mahlmann*, Johannes Kromayers Wirken für Schule und Kirche im

gefallene Äußerung mag für unsere Ohren unreformatorisch, ja sogar mittelalterlich-katholisch klingen. Mit gutem Grund hätte Kromayer sich auf Luther berufen können. Von einem bloßen „Zurück“ zum reformatorischen „sola scriptura“ kann beim pietistischen „tota scriptura“ nicht geredet werden. Reformatorisches und pietistisches Bibelverständnis – hier gibt es bei aller Übereinstimmung Differenzen, die nicht übersehen werden dürfen.

frühen 17. Jahrhundert, in: Unten, S. 28–54: 48. – Ganz ähnlich hat sich das katholische kirchliche Lehramt gegen die im Jansenismus bei Pasquier Quesnel aufkommende Forderung, jeder Christ solle die Bibel lesen, aus gesprochen; vgl. die Dogmatische Konstitution „Unigenitus Dei Filius“ von 1713, abgedruckt bei: *Heinrich Denzinger*, Enchiridion symbolorum definitionum et declarationum de rebus fidei et morum, hg. v. *Peter Hünermann*, Freiburg u. a. [37]1991, 671–682, in der folgende Behauptungen verworfen werden: „Utile et necessarium est omni tempore, omni loco et omni personarum generi, studere et cognoscere spiritum, pietatem et mysteria sacrae Scripturae“ (Nr. 2479); ferner: „Lectio sacrae Scripturae est pro omnibus“ (Nr. 2480).

Theodor Mahlmann

Johannes Kromayers Wirken für Schule und Kirche im frühen 17. Jahrhundert[1]

„... Nichts kann kräftiger zur Arbeit in der Gegenwart antreiben, nichts auch besser aller Verzagtheit wehren, als ein Blick in die Arbeit vergangener Tage." Das schrieb Gerhard Uhlhorn in einem ganz anderen Zusammenhang,[2] ich aber kann dieses Wort meines Ururgroßvaters als Motto auch über diesen Vortrag zu Ehren meines vieljährigen Freundes Martin Schloemann setzen und damit gleichzeitig meinen Dank an Sie, den einladenden Fachbereich aussprechen; denn in meinem Thema überschneiden sich Geschichte, Theologie und Pädagogik.

I.

Von Johannes Kromayers Bedeutung für die Pädagogik soll mein Vortrag handeln. Albert Böhm schrieb 1966, „heute noch müssen wir feststellen, daß keine Geschichte der Pädagogik sie kennt, noch auch nur den Namen Kromayers im Zusammenhang" damit „erwähnt".[3] Ob das auch jetzt noch stimmt, kann ich mangels Literaturkenntnis auf diesem Gebiet nur offen

---

[1] Zuerst veröffentlicht in dem Privatdruck: Von der Reformation zur Aufklärung: Vorträge von Peter C. Bloth, Gottfried Hornig, Theodor Mahlmann im Symposion der Evangelischen Theologie im Fachbereich 2 Geschichte – Philosophie – Theologie der Bergischen Universität – Gesamthochschule Wuppertal am 21. Juni 1991 anläßlich des 60. Geburtstages von Martin Schloemann, hg. v. *Wilfried Eckey* [1991] (s. LuJ 60, 1993, 165.199). – Nicht ohne Widerstreben lasse ich auf Wunsch aus dem Herausgeberkreis dieses Jahrbuches eine erneute Veröffentlichung zu. Durch einen meiner Zuhörer, Herrn Kirchenmusikdirektor Burkhard Schloemann vermittelt, stellte sich ein Briefwechsel und später auch mündlicher Austausch mit Herrn Kirchenrat a. D. Dr. theol. Herbert von Hintzenstern (Weimar) her. Ihm vor allem verdanke ich wertvolle Hinweise. Zusätze, die sich unter anderem daraus ergeben haben, sind fast alle den Anmerkungen zugewachsen. Die in der somit im wesentlichen stehengelassenen Erstfassung offen bezeichneten Mängel der hier im Blick auf mein Publikum, dem ich interessant und verständlich sein wollte und mußte, gewählten Redeform sind damit nicht etwa behoben, was aber auch nicht gewünscht war.

[2] *Gerhard Uhlhorn*, Die Christliche Liebesthätigkeit, Stuttgart ^{2}1895, 4 (Vorwort).

[3] *Albert Böhm*, Johannes Kromayer, in: Thüringer Erzieher, unter Mitwirkung von *Wilhelm Flitner* hg. v. *Günther Franz*, Köln/Graz 1966, 19–39: 28.

lassen. Auffallend aber, ja ein auffallender Fehler ist, daß noch die „Neue Deutsche Biographie“ ihm keinen Artikel gönnt.[4]

Die Gründe für diese Vergessenheit werden schon an der ersten Quelle, nach der man im 17. Jahrhundert immer suchen und greifen wird, deutlich: an der Gedächtnisrede, die Christian Chemnitz am 20. August 1643 in Weimar auf den am 13. Juli 1643 gestorbenen Johannes Kromayer gehalten hat.[5] Diese Rede ist inhaltlich recht dürftig. Christian Chemnitz entschuldigt sich damit, er sei gerade erst nach Weimar gekommen, was auch stimmt.[6] Aber sein Schweigen über Kromayers Lebenswerk hat tieferen Hintergrund, wie wir noch sehen werden. Was er uns, zum Teil ohne Jahreszahlen,[7] mitteilt, ist, daß Johannes Kromayer 1576 in Döbeln, westlich Dresden, geboren wurde, zuletzt in Schulpforta lernte, 1597 in Leipzig studierte, schon 1598 zum Pfarrer in Eisleben berufen wurde, aber sein Studium in Leipzig fortsetzte und 1600 den Magister erwarb, 1613 Hofprediger und 1627 Generalsuperintendent des Herzogtums Weimar wurde – damit gehört Kromayer zu den Amtsvorgängern Johann Gottfried Herders[8]. Christian

---

[4] NDB, Bd. 13, Berlin 1982, 74b.75a, scheint mir so inadäquat wie: *Fritz Blättner*, Geschichte der Pädagogik, Heidelberg [13]1968, 58; *Theodor Ballauff* und *Klaus Schaller*, Pädagogik: Eine Geschichte der Bildung und Erziehung, Bd. 2: Vom 16. bis zum 19. Jahrhundert, Freiburg/ München 1970, 152.157. – Ganz anders aber die Einschätzung Johannes Kromayers bei *Herbert Wolf* (Martin Luther: Eine Einführung in germanistische Luther-Studien, Stuttgart 1980, 76), nach dem von Kromayer „der entscheidende [!] Anstoß für die Einführung des volkssprachlichen Unterrichts im protestantischen Deutschland“ ausgegangen ist. – Die „Thüringen-Bibliographie“, Jena 1993 (Literatur bis 1989), verzeichnet zuletzt 1974 einen Titel zu Johannes Kromayer (siehe unten, Anm. 14).

[5] *Christian Chemnitz*, Oratio parentalis in gratam memoriam ... M. Johannis Kromayeri ..., habita Vinariae 20. Augusti anno 1643 ...: *Henning Witten(ius)*, Memoriae theologorum ... renovatae, Decas 5, Francofurti 1674, 622–629.

[6] Christian Chemnitz (1615–1666), ab 1643 Pfarrer in Weimar, ab 1652 Professor in Jena, ist ein Enkel von Ambrosius Chemnitz, dem Bruder des berühmten Martin Chemnitz, falls die Angaben bei *Margarete Staude* (Einige bedeutsame Nachkommen der Familie Chemnitz, in: Der zweite Martin der Lutherischen Kirche: Festschrift zum 400. Todestag von Martin Chemnitz, Hg.: Ev.-luth. Stadtkirchenverband und Propstei Braunschweig [Redaktion W. A. Jünke], Braunschweig 1986, 334) zutreffen. Auffällig bleibt, daß ein „Magister Ambrosius Chemnitz“, der 1591 als Herausgeber einer um Register bereicherten Edition von Martin Chemnitz‘ „De duabus naturis in Christo ...“ (vgl. ebd., 387b) auftritt, in der Genealogie von Staude nicht vorkommt (siehe auch ebd., 334b). Ein Porträt und ein Titelblatt einer anderen Leichenrede von Christian Chemnitz: ebd., nach S. 336 und S. 335b.

[7] Diese habe ich ergänzt nach *Ludwig Weniger*, Ratichius, Kromayer und der Neue Methodus an der Schule zu Weimar: Ein Beitrag zur thüringischen Gelehrten- und Schulgeschichte, in: ZVThG 18, 1897, 245–283.369–461: 379f. 388.414.

[8] *Herbert von Hintzenstern* (Johann Gottfried Herder, in: Die Aufklärung, hg. v. *Martin Greschat*, Stuttgart u. a. 1983 [GK 8], 363–381: 364) schreibt unter Bezugnahme auf Herders Antrittspredigt von 1776 (vollständig abgedruckt: Herder im geistlichen Amt: Untersuchungen, Quellen, Dokumente, hg. v. *Eva Schmidt*, Leipzig 1956, 126–138): „Der geschichtsbewußte Generalsuperintendent gab zu verstehen, daß ihm bewußt war, in welcher Tradition er stand ...“ – In Eisleben muß Kromayer als Diakonus von 1608 bis 1611 Johann Arndt als damaligen Pfarrer der Hauptkirche St. Andreä sehr gut kennengelernt haben. Gleichwohl scheint er von Arndt völlig unberührt. Er hat sich, soweit ich sehe, auch nie direkt über ihn geäußert. Arndt

Chemnitz bietet uns, wie es üblich war, eine ausführliche Schilderung von Kromayers Sterben, aber über den näheren Inhalt dieser, auf den ersten Blick kaum auffallenden, für einen begabten Mann damaliger Zeit typischen Karriere sagt er uns nichts. Denn er kann nicht, und das ist sehr auffallend,

---

aber erwähnt in einem Brief an Johann Gerhard vom 29. 9. 1611 aus Celle Albert Grawer (siehe Anm. 16!) und den Generalsuperintendenten der Grafschaft Mansfeld, Christoph Schleupner (freundliche Mitteilung von Hans Schneider). Zu seinem Generalsuperintendenten hatte wie Arndt so auch Kromayer eine enge Beziehung, die indirekt Licht auf eins der vielen dunklen Kapitel auch im Leben Arndts werfen mag. Zu Christoph Schleupners „Tractatus de quadruplici methodo concionandi", der zuerst 1608 erschien (Schleupners Vorwort „Ad candidum Lectorem" ist unterzeichnet: „Scriptum Islebij 8. Martij anno Christi 1608"; mir liegt die 4. Auflage, Leipzig 1617, vor), steuerte unter fünf Glückwunschgedichten „M. Johannes Kromayer, Diac[onus] Isleb[iensis] ad S. Andr[eam]" das dritte „Epigramma" bei. Hier spricht Kromayer am Schluß den Wunsch aus (ich übersetze prosaisch aus dem Lateinischen): „So möge diesem [Buch] schnellfüßig das andere Buch der ‚Harmonie' folgen; daß das geschehe, begünstige gütig Christus." In Schleupners „Harmonia evangeliorum et epistolarum dominicalium ac festivalium, ita concinnata, ut uterque textus, genuinu & literali sensu inviolato, ad certum thema quoddam, vel confines quaestiones, una serie redigatur, atque brevi exegesi explicetur" (Leipzig 1614), die deswegen auch in meinem Exemplar Schleupners Methodus concionandi angebunden ist, schreibt der Verfasser in der „Epistola dedicatoria" vom 22. Juni 1613 von (ich übersetze aus dem Lateinischen) „den Ermahnungen guter und gelehrter Männer, ja sehr vieler, durch die ich zur Herausgabe der ‚Harmonia epistolevangelica', von der in meinen Predigten, Privatunterhaltungen und meiner Predigtlehre (methodi concionandi) einige einen Vorgeschmack erhalten hatten, sehr oft herausgefordert worden bin ...". Es ist deutlich, daß Schleupner damit auf Kromayers vor Jahren ausgesprochenen Wunsch Bezug nimmt. An erster (!) Stelle der Schleupners Predigtlehre vorangestellten Epigramme steht nun, ausdrücklich „Ad Lectorem" gerichtet, eines von „M. Paulus Wolfius Pastor Islebiensis ad D. [lies: S.] Andream". Dies Epigramm rühmt Schleupners Predigtlehre, indem es sie an den Schluß einer Kette der großen Predigtlehrer Luther, Jakob Andreä, Ägidius Hunnius (über diese beiden sowie Schleupner siehe das für diese ganze Literaturgattung bahnbrechende Buch: *Janis Kreslins*, Dominus narrabit in scriptura populorum: A Study of Early Seventeenth Lutheran Teaching on Preaching and the „Lettische lang-gewünschte Postill" of Georgius Mancelius, Wiesbaden 1992), Salomon Gesner (1559–1605) und David Runge (1564–1604) stellt (letztere Wittenberger sicher lediglich als Wolfs frühverstorbene Lehrer, denen er hier ein Denkmal setzt). Am Schluß heißt es: „Brauche als ein Geschenk die Methode [zu predigen], und mach sie dir in folgendem Sinne zu eigen: ‚Bei verschiedenen Gaben seien einmütig die Herzen (consona corda)'." Paul Wolf weist damit deutlich auf die Differenzen hin, die schon für Ende 1607 vermutet werden können (*Friedrich Julius Winter*, Johann Arndt, der Verfasser des „Wahren Christentums": Ein christliches Lebensbild, Leipzig 1911 [SVRG 101/102], 41.106), spätestens zwischen April und Oktober desselben Jahres, in dem er dies schrieb, zu seiner Dienstentlassung und endlich (!) zur Berufung Johann Arndts auf seine Stelle führten. Die Probepredigt Arndts war am 20. November 1608 (ebd., 43.107; für diese Angaben steht neben Winter nach wie vor nur zur Verfügung: *Friedrich Arndt*, Johann Arndt, weiland General-Superintendent des Fürstenthums Lüneburg: Ein biographischer Versuch, Berlin 1838, 77f.91.96f.). Dieser Paul Wolf kann nicht das Monstrum gewesen sein, als das er in der Arndt-Überlieferung erscheint. Nach dem von ihm in zeitlicher Nähe zu diesen Ereignissen verfaßten Epigramm war er vielmehr offensichtlich ein hochgebildeter, selbstbewußter und anerkannter Theologe, der um sein Recht kämpfte (und ja auch eine neue Pfarrstelle erhielt!) und damit nur mittelbar gegen Arndt, den er allein in diesem Kontext und nur mit einer Frage theologisch kritisierte. Er war also weit zurückhaltender als die Braunschweiger Amtsbrüder, deren direkte Kritik an Arndt doch nur zu wohl begründet war (siehe Anm. 80!). Eine künftige Arndt-Biographie muß wohl viele Urteile einer parteiischen Überlieferung nach neuen Quellen korrigieren.

auf die übliche gelehrte Produktion eines solchen Theologen zu sprechen kommen, weil Kromayer kaum eigentlich theologische Literatur verfaßt hat – und von den pädagogischen Schriften schweigt Chemnitz, warum auch immer. Damit war Kromayer praktisch vergessen. Es sind die Pädagogen gewesen, die vor wenig mehr als hundert Jahren, typischerweise in der ersten Blüte des Historismus, Kromayer wiederentdeckt haben: die Seminarlehrer Dr. Johannes Müller 1883[9] und Dr. F.J. Hilfenhaus 1890[10] sowie der Weimarer Gymnasialdirektor Dr. Ludwig Weniger 1896,[11] die zuerst auch Handschriften der Vergangenheit entrissen; Territorialkirchenhistoriker schlossen sich dann an.[12] Aus diesen in der entlegenen Fachliteratur veröffentlichten Arbeiten drang dann auch einiges in Lexika[13] und größere Darstellungen[14] vor. Ich will nun hier nichts anderes tun, als aus dieser hundertjährigen Forschungsgeschichte schöpfen. Eigene Quellenarbeit konnte ich (bisher) kaum betreiben.[15] Woran mir liegt, ist, nach dieser

---

9 Sammlung selten gewordener pädagogischer Schriften des 16. und 17. Jahrhunderts, 13 Hefte, hg. v. *August Israel* und *Johannes Müller*, Zschopau 1879–1886, ND: Leipzig 1973, Heft 10, 117f. 121–123. 132f.; *Johannes Müller*, Handschriftliche Ratichiana, in: Pädagogische Blätter für Lehrerbildung und Lehrerbildungsanstalten 13, 1884, 446–460.564-575.

10 *F.J. Hilfenhaus*, Die pädagogischen Bestrebungen Johannes Kromayers, in: Pädagogische Blätter für Lehrerbildung und Lehrerbildungsanstalten 19, 1890, 543–585.

11 Siehe Anm. 7; vgl. auch: *Ernst Curt Schmidt*, Weimars Schulverhältnisse zur Zeit des dreißigjährigen Krieges, speziell während der Jahre 1636–1643, Bautzen 1891.

12 *Fr. Waas*, Die Generalvisitation Ernsts des Frommen im Herzogtum Sachsen-Gotha 1641–1645, in: ZVThG 27, 1909, 83–128.395–422 und ZVThG 30, 1915, 157–187; *Heinrich Wolfrum*, Die Kirchen- und Schulvisitation von 1650–1652 in Sachsen-Weimar, in: BThKG 4, Jena 1939, 3–154: 14–38 („Die Vorgeschichte der Weimarer Visitation"). – Das gilt, obwohl der Kaiserswerther Pfarrer Reinhold Vormbaum schon 20 Jahre früher Kromayers Weimarische Schulordnung von 1619 und deren Fortsetzung von 1620 in seiner noch heute nicht entbehrlichen Sammlung erneut veröffentlichte (Weimarsche Schulordnung, 1619, in: Evangelische Schulordnungen, Bd. 2: Die evangelischen Schulordnungen des siebenzehnten Jahrhunderts, hg. v. *Reinhold Vormbaum*, Gütersloh 1863, 215–260) und sie im Rahmen der pädagogischen Reformbestrebungen Anfang des 17. Jahrhunderts kurz als „bei weitem die wichtigste und bedeutendste", ja „die einzige" alle Schulen eines Landes umfassende bezeichnete (ebd., 216).

13 Zwar noch nicht in die „Allgemeine Deutsche Biographie" und in die „Realencyklopädie für protestantische Theologie und Kirche", aber schon seit der 1. Auflage in „Die Religion in Geschichte und Gegenwart" (RGG^1, Bd. III, 1912, 1784f.; RGG^2, Bd. III, 1929, 1324; RGG^3, Bd. IV, 1960, 81). Selbstverständlich enthält auch das früher von Friedrich Wilhelm Bautz, ab Bd. 3 von Traugott Bautz herausgegebene „Biographisch-Bibliographische Kirchenlexikon" einen von mir verfaßten, allzukurzen Artikel: *Theodor Mahlmann*, Johannes Kromayer, in: BBKL, Bd. 3, Herzberg 1992, 680f.

14 *Paul Krumbholz*, Geschichte des Weimarischen Schulwesens, Berlin 1934 (Monumenta Germaniae Paedagogica 61) 6–12.22f.43f.; *Rudolf Herrmann*, Thüringische Kirchengeschichte, Bd. 2, 1947, 204–209. 218f. 249–252; *Böhm* (wie Anm. 3). – Mir war damals nicht bekannt die indirekt veranlaßte, aber gründlich auch an handschriftlichen Quellen, Drucken und der Literatur orientierte Darstellung Kromayers von dem Dipl.-Bibliothekar *Konrad Marwinski*, Von der Hofbuchdruckerei zum Verlag Böhlau: Geschichte der Hofbuchddruckerei in Weimar von den Anfängen bis 1853, Weimar 1974, 18–21.24–33.37–44.48–51.

15 Eine aus der gesamten handschriftlichen und gedruckten Überlieferung erarbeitete Darstellung der Person und des Werkes Johannes Kromayers sei einem jüngeren Historiker oder einer jüngeren Historikerin als dringendes Desiderat der Forschung nahegelegt.

kurzen Hinführung, die auffallende Konstellation von Reformpädagogik, Kirche und Orthodoxie des frühen 17. Jahrhunderts in der Person Johannes Kromayers etwas durchsichtig zu machen. Zum Schluß will ich dann etwas Allgemeines über die Blütezeit protestantischer Kultur vor dem Dreißigjährigen Krieg sagen.

II.

Das Datum, mit dem wir einsetzen müssen, ist Kromayers Berufung zum Hofprediger nach Weimar. Sie geht auf eine Empfehlung Albert Grawers (Grauers), eines vollkommen vergessenen, aber tatsächlich damals sehr bedeutenden Theologen zurück, den der Pfarrer Kromayer in Eisleben 1602 als den dortigen Schulrektor kennengelernt hat, und der seit 1611 Professor in Jena war.[16] Der Hof in Weimar aber war damals die Herzogin Dorothea

[16] *Weniger* (wie Anm. 7), 379 mit Anm. 34. – Grawers Bedeutung wird schon belegt durch die vielen Titel, die im „Katalog der Calvörschen Bibliothek" (bearb. v. *Hans Burose*, hg. v. *Hans-Oskar Weber*, Clausthal-Zellerfeld 1972) auf Seite 267f. stehen, der zeigt, was ein gelehrter Theologe des ausgehenden 17. Jahrhunderts in seine Bibliothek stellte. – Ein gutes Bild (nicht nur) von Grawer vermittelt: *Erich Trunz*, Johann Matthäus Meyfart: Theologe und Schriftsteller in der Zeit des Dreißigjährigen Krieges, München 1987 (siehe vor allem das Register!). Aber Johannes Kromayer wird bei Trunz nicht nur falsch geschrieben (ebd., 372, Anm. 50, Ziffer 4), sondern auch mit seinem jüngeren Bruder, dem ebenfalls falsch geschriebenen (ebd., 366, Ziffer 2) Erfurter Pfarrer Augustin Kromayer identifiziert (ebd., 455) und beim Bericht über „pädagogische Neuerungen" (ebd., 65f.) ganz übersehen. – Die enge Beziehung Kromayers zu Grawer wird dadurch belegt, daß Kromayer die Verlegung der dem Herzogtum gehörigen Hälfte der Köthener Druckerei nach Weimar im Jahre 1623 unter anderem so begründete: „Der ... Nutzen ist dieser, daß man zugleich andere gute Bücher, als sonderlich auch des Hrn. D. Graueri seligen Schrifften und dergleichen mehr, auch mit beyläufftig allhier drucken könte ..." (Gutachten Kromayers vom 5. August 1623, abgedruckt: *Marwinski* [wie Anm. 14] 38–42: 41). Tatsächlich sind die acht Teile der „Praelectionum academicarum in Augustanam confessionem" von Albert Grawer 1627 („1617" im oben genannten „Katalog der Calvörschen Bibliothek", Seite 268, ist Druckfehler) bis 1629 hier erschienen; es handelt sich hier um eine Nachlaßedition Kromayers, die übrigens von späteren Autoren, weil von hoher lehrgeschichtlicher Bedeutung, nicht selten zitiert wird; so etwa von *Johann Benedikt Carpzov*, Isagoge in Libros ecclesiarum lutheranarum symbolicos (^{1}1665), Leipzig ^{3}1699, 28, und, davon abhängig, bei *Johann Wilhelm Baier*, Compendium theologiae positivae (^{1}1686), Leipzig ^{12}1750, Prolegomena, cap. II, §34 (d) (=13. Aufl., hg. v. Preuss, Berlin 1864, 76). Einen Grawer-Nachdruck veranstaltete offensichtlich ebenfalls Kromayer schon 1620 (siehe Anm. 48, Ende). Und in *Kromayer*, Epitome Libri Christianae Concordiae una cum Indiculo Historiae Ecclesiasticae, Weimar 1620 (Vorwort vom 16. 5. 1620; mir vorliegend in einem Druck Leipzig o. J. [terminus a quo 1656]), erscheint nach einer mit Johannes Brenz beginnenden Theologenliste (ich übersetze) „unser Grawer, dem, wenn ich ihn schon an letzter Stelle nenne, doch nicht der letzte Ruhm bleibt ...", und von dem Kromayer vor allem „seine hervorragenden Schriften" hervorhebt (ebd., 412f.). 1604 hat Kromayer sicher an dem von ihm verzeichneten „Kolloquium ... zwischen D. Grawer und M. Wolfgang Amling [1542–1606] gehalten auf Burg Schochwitz im Monat Februar ..." (ebd., 410) teilgenommen, denn er kennt den Inhalt (Calvins Schriftauslegung, Fragen der Taufe und der Christologie) genau.

Maria. Sie führte seit dem Tode ihres Mannes[17] die Regentschaft und hatte die Aufgabe der Erziehung der acht noch unmündigen weimarischen Prinzen. Zweifellos hing damit ihr Interesse für Erziehungsfragen zusammen. „Von ähnlichem Geiste, wie Dorothea Maria, war ihre Schwester Anna Sophia beseelt... Ihre Ausbildung hatte sie zum großen Teile der Unterweisung des gelehrten Theologen D. Johann Lippius zu verdanken ... Lippius war seit 1611 mit Ratichius [Wolfgang Ratke] befreundet und von der Bedeutung seiner Ideen tief durchdrungen."[18] Dieser, übrigens schon – was damals eben nicht ungewöhnlich war – mit 27 Jahren am 24. September 1612 gestorbene Theologe war es gewesen, der Ratkes „'Memorial' seiner neuen Lehrart" am 7. Mai 1612 an den deutschen Reichstag in Frankfurt vermittelte, wo Johann Ernst, einer der Söhne Dorothea Marias, für diese „Didaktik" interessiert wurde. Das wieder führte dazu, daß Lippius Ratkes Pädagogik schriftlich seiner früheren Schülerin Anna Sophia empfahl. „Anna Sophia sowie ihre Schwester, die Herzogin Mutter, wandten der Ratkeschen Sache fortan ihre lebhafteste Teilnahme zu und haben sie bis zu ihrem Tode ständig und eifrig gefördert. Von beiden hohen Frauen vererbte sich diese Teilnahme auf die sächsischen Prinzen und sollte durch diese späterhin der Bevölkerung zu gute kommen."[19] Somit geht die gesamte Schulreform des 17. Jahrhunderts in Thüringen eigentlich auf Initiativen dieser beiden Frauen zurück, was bemerkt zu werden verdient. Die Gelehrten, die Dorothea Maria in dieser Sache um Gutachten anging, Balthasar Mentzer und sein bedeutender Schüler Christoph Helwig – beide selbst Träger einer zeitweise an Ratke anschließenden Unterrichtsreform an der jungen und überaus produktiven, erst seit 1607 bestehenden Universität Gießen[20] – sowie Albert

---

17 Johann III. starb am 31. 10. 1605 im Alter von 35 Jahren. Dorothea Maria, am 11. 7. 1574 geboren, hatte ihn 1593 geheiratet. *Georg Heinrich Götze* (Historia Principum Anhaltinorum ..., Jena 1686), dessen Werk ich diese Daten entnehme, bezeichnet sie als „mater Principum lineae Saxo-Vinariensis" (ebd., 175), also als Stammutter des Herzogtums Sachsen-Weimar. Johann und Dorothea Maria ist im Chor der Stadtkirche von Weimar das größte Grabdenkmal gesetzt, vollendet unter ihrem Sohn Johann Ernst (dem wir noch begegnen werden) im Jahre 1617 (dazu weiter unten Anm. 53); siehe: Die Stadtkirche zu St. Peter und Paul ... zu Weimar: Festschrift zu ihrer Wiedereinweihung am 14. Juni 1953, bearb. v. *Eva Schmidt* und hg. v. der Ev.-Luth. Kirchgemeinde Weimar, Weimar o. J., 59f.

18 *Weniger* (wie Anm. 7), 375f. – Dorothea Maria und Anna Sophia (15. 6. 1584 – 9. 6. 1652) sind Töchter von Joachim Ernst von Anhalt und seiner Ehefrau Eleonore von Württemberg (*Götze* [wie Anm. 17], 175).

19 *Weniger* (wie Anm. 7), 376; vgl. auch *Marwinski* (wie Anm. 14), 27–30.

20 *Theodor Mahlmann*, Balthasar Mentzer d. Ä., in: NDB, Bd. 17, Berlin 1994, 98–100; *ders.*, Balthasar Mentzer, in: BBKL, Bd. 5, Herzberg 1993, 1273–1285; zu Helwig vgl. *H. Kämmel*, Christoph Helwig, in: ADB, Bd. 11, Leipzig 1880, 715–718; *Carl Mirbt*, Christoph Helvicus (Helwig), in: RE^3, Bd. 7, Leipzig 1899, 654; vgl. ferner insbesondere *Wilhelm Martin Becker*, Das erste halbe Jahrhundert der hessen-darmstädtischen Landesuniversität, Gießen 1907, 138, *Herman Siebeck*, Christoph Helwig als Didaktiker 1605–1617, Gießen 1907, und *Wilhelm Diehl*, Die Schulordnungen des Großherzogtums Hessen, 3 Bde., 1903–1905 (Monumenta Germaniae Paedagogica 27–28 und 33), Bd. 2, 25–29, sowie jetzt *Martin Friedrich*, Zwischen Abwehr und Bekehrung: Die Stellung der deutschen evangelischen Theologie zum Judentum im 17. Jahr-

Grawer aus Jena, sprachen sich für Ratkes Didaktik aus.[21] Grawer – wir wissen es schon – empfahl der Herzogin Kromayer. So also kam dieser an den Weimarer Hof und baute hier – ohne Ratke gesehen zu haben![22] – aus der Kenntnis seiner Ideen eine Privatschule und ein selbständiges Schulprogramm auf. Dies letztere hat den Titel „Endwerffung des Methodi in allen Disciplinen vnd sprachen Anno 1614. 20. Augusti der Durchl. hochg. Fürstin vnd Herzogin zu Sachsen etc. ... von mir vnterthenig vbergeben".[23] Es ist damals nicht gedruckt worden; erst 1890 wurde es bekanntgemacht.[24] Albert Böhm hat mit Recht dazu gesagt: „Mit seinen Plänen wird Kromayer zum ersten Schul- und Unterrichtsorganisator Thüringens. Ihm und seinen Plänen gehört die Originalität ..."[25]

Ratke reagierte übrigens auf dies selbständige Vorgehen Kromayers mit Empörung.[26] Es ist gewiß, daß eine große Zahl, aber keineswegs alle Ideen Kromayers von Ratke stammen. Auch vertraten beide gleichermaßen mit Überzeugung den Grundgedanken, daß ihre Pädagogik ausschließlich der Gotteserkenntnis, und zwar der wahren, der konfessionellen im Sinne des Luthertums dient. Es gab damals ja überhaupt keinen Gebildeten, der nicht

---

hundert, Tübingen 1988 (BHTh 72), 21 (sowie Register). Die NDB hat Helwig ausgeschlossen. – Helwig wird auch von *Kromayer* (Epitome [wie Anm. 16], 412) erwähnt; von *Johann Amos Comenius*, Opera didactica omnia, Amsterdam 1657, ND: Prag 1957, Teil 1, S. 8 und Sp. 442 [lies: Helvicum; den Druckfehler übernimmt *Wollgast* (wie Anm. 27), 277] sowie Teil 2, Sp. 282.

21 *Weniger* (wie Anm. 7), 379; *Marwinski* (wie Anm. 14), 31. – Kromayer beruft sich für sein Werk darauf, daß „es auch von Anfang an durch fürtrefflicher Leute, die dessen Erkundigung vnd Wissenschafft eingenommen, Judicia vnnd Zeugnüsse je vnd je gerühmet worden" (*Vormbaum* [wie Anm. 12], 216). – Genauso übrigens *Comenius*, Opera didactica (wie Anm. 20), Teil 1, S. 3 (ich übersetze): „Den Anfang meiner didaktischen Bemühungen setze ich ins Jahr 1627, wiewohl ich weiter zurück anfangen könnte. Denn sofort als Wolfgang Ratkes ‚Rat zur Methode der Studienverbesserung', von den Universitäten Jena und Gießen öffentlich empfohlen [!], im Jahre 1612 herausgekommen war, drang diese Kunde auch zu meinen Ohren ..." (vgl. auch ebd., Teil 3, nach Sp. 830).

22 *Weniger* (wie Anm. 7), 380; *Böhm* (wie Anm. 3), 23. – Kromayer betonte seine Selbständigkeit gegenüber Ratke bis zur (späteren) Behauptung der Unabhängigkeit von ihm: *Weniger* (wie Anm. 7), 419f.; *Böhm* (wie Anm. 3), 30.

23 *Weniger* (wie Anm. 7), 381; *Böhm* (wie Anm. 3), 20; *Müller* (wie Anm. 9), 453 (136).

24 Siehe Anm. 10.

25 *Böhm* (wie Anm. 3), 27; so der Sache nach auch *Marwinski* (wie Anm. 14), 33. – Diese Anerkennung Kromayers ist unvereinbar mit der haltlosen Abwertung gegenüber Ratke eine Seite vorher. Daß vielmehr Kromayer über Ratke zu stellen ist, ist fast einhellig die Meinung der Zeitzeugen und der modernen Literatoren. Die problematischen Seiten an Ratke zeigt deutlich auch *Max Luckow*, Wolfgang Ratke, in: RGG^3, Bd. 5, Tübingen 1961, 800–801. Die in der DDR lebhaft betriebene Ratke-Forschung ist durchweg entstellt durch eine Glorifizierung Ratkes, die schon der Gymnasialdirektor Dr. Julius Lattmann an dem hochverdienten Altmeister der Ratke-Forschung, Gideon Vogt, Seite für Seite und, nach meinem vorläufigen Urteil, zutreffend aufdeckt (*J. Lattmann*, Ratichius und die Ratichianer, Göttingen 1898, 198–239 [Helwig, Fürst Ludwig und Walther, Kromayer] und 239–250 [Evenius und Herzog Ernst; hier auch behandelt: Andreas Reyher]).

26 *Weniger* (wie Anm. 7), 383.

seine Bildung in den Dienst nur der Gotteserkenntnis stellen wollte.[27] Aber Ratke gehörte zu den damals gar nicht selten auftretenden Geistern, die mit ihren neuen Ideen die Idee einer „Generalreformation der ganzen Welt" verbanden.[28] Dieser Zug zum Projekte-Machen verband Ratke mit Alchimisten, Paracelsisten, Pansophen, Spiritualisten der Zeit. Wie viele dieser war er bestrebt, seine Ideen einerseits großartig überall zu propagieren, andererseits aber als Geheimnis zu reservieren. So konnte er immer die Herrschaft über die Situation behalten.[29] Ratke gehörte zwar nicht zu denen, die so unkontrollierbar „Unsinn"[30] sich und anderen vortäuschten und ihr Scheitern mit wilder Polemik gegen das Establishment bemäntelten,[31] aber er gehörte doch zu den unsteten Typen, die es nirgendwo aushielten und mit jedermann Krach bekamen. Auch mit Kromayer.[32] Denn dieser war nicht nur grundsolide gebildet,[33] sondern außerdem realistisch, besonnen und dazu ausgeprägt praktisch-organisatorisch begabt. Der Unterschied zwischen beiden Männern sei mit zwei zeitgenössischen Äußerungen über sie belegt. Der damalige Rektor der Stadtschule von Weimar, Magister Georg Salzhuber schrieb 1614 an einen ihm befreundeten Pädagogen über Ratke:

> „Das ist zwar eine glänzend ausschauende Sache, aber in jener unmethodischen Methode Ratkes ist viel Unsinniges, welches die Schulen verwirrt, die Knaben mit leerer Hoffnung erfreut und Kot für goldene Berge aufdrängt und stillschweigend die Saat vielfältiger Irrtümer ausstreut. – Warten wir seine Musterbeispiele ab, denen wir, wenn sie lobenswert waren, ganz gern folgen werden."[34]

---

27 *Siegfried Wollgast*, Philosophie in Deutschland zwischen Reformation und Aufklärung, 1550–1650, Berlin 1988, 19.335.

28 *Friedrich Paulsen*, Geschichte des gelehrten Unterrichts auf den deutschen Schulen und Universitäten vom Ausgang des Mittelalters bis zur Gegenwart, 2 Bde., 3., erweiterte Aufl., hg. v. *Rudolf Lehmann*, Leipzig 1919–1921, ND: Berlin 1965, Bd. 1, 473f.; *Wollgast* (wie Anm. 27), Register s.v. „Generalreformation"; *Weniger* (wie Anm. 7), 412; *Theodor Mahlmann*, Reformation, in: Historisches Wörterbuch der Philosophie, Bd. 8, Basel 1992, 416–427 (hier Anm. 74–79).

29 Das zeigt auch *Wollgast* (wie Anm. 27), 278. – *Comenius* (Opera didactica [wie Anm. 20], Teil 2, Sp. 282) schreibt noch Ende 1648 erbittert und enttäuscht (ich übersetze): „... als Ratke noch unter den Lebenden weilte, habe ich das erfahren, als ich wiederholt an ihn schrieb und ihn hochheilig beschwor, unsere Erwartungen nicht länger hinzuhalten. Er möge uns die Wege der wahren Methode zeigen, die er weitgehend (wie die Fama ging) entdeckt habe: aber einem Stummen erzählte man was."

30 *Wollgast* (wie Anm. 27), 342; vgl. ferner ebd., 335 („wirr und unwissenschaftlich"), ebd., 598 („verworren") und ebd., 242 („allerlei Betrüger, Scharlatane").

31 Ebd., 337f.577–600.

32 *Weniger* (wie Anm. 7), 383f.399–401.411f.415f.417–421; zusammenfassend: *Böhm* (wie Anm. 3), 30f. – Irreführend, da ideologisch (im Sinne von Anm. 79, Ende): *Wollgast* (wie Anm. 27), 424.

33 Dazu sei lediglich hingewiesen auf den aufschlußreichen, bei *Ernst Ludwig Theodor Henke* (Georg Calixtus und seine Zeit, Bd. 1, 1853, 339–341) abgedruckten Brief Johannes Kromayers an Georg Calixt vom 22. Juni 1622.

34 Aus dem Lateinischen übersetzt; Original zitiert bei *Weniger* (wie Anm. 7), 384; vgl. auch ebd., 418.

Dagegen schreibt der Nachfolger Salzhubers seit 1615, Magister Samuel Schwanengel, über Kromayer, daß „dieser hinsichtlich der Theorie wie der Praxis die ganze Angelegenheit genügend erkannt und erkundet hatte ...“[35]

Aber worin bestand nun „der neue Methodus“, wie ihn Kromayer (unlateinisch) auffälligerweise immer nennt, oder die „Didaktik“, wie Ratke dasselbe nannte? Der Kürze halber folge ich hier der Inhaltsangabe von Friedrich Paulsen, stelle aber einen Passus von Ludwig Weniger voran:

> „Ausgehend von dem Satze, daß das Endziel aller Unterweisung die Erkenntnis Gottes sei, und daß Gott durch Stimme und Schrift sich den Menschen offenbart und ihnen Gehör und Gesicht gegeben habe, damit sie ihn erkennen und preisen, stellt Ratichius den Grundgedanken auf, daß demzufolge die Kenntnis der Sprache die Hauptaufgabe aller Unterweisung bilde.“[36]
>
> „Was den Sprachunterricht angeht, so treten zwei Grundprinzipien hervor: 1. nicht mit der Grammatik, sondern mit der Sprache selbst (dem Autor, für Latein Terenz, für Hebräisch und Griechisch die heil. Schrift) beginnen; erst die Sache, dann die Regel. 2. Erste Unterrichtssprache ist die Muttersprache, auch in dem Sinn, daß an ihr die Grammatik zuerst eingeübt werden muß, darnach an den fremden Sprachen ...: das sei der *natürliche* Weg der Sprachenerlernung, welchen zu gehen die Vernunft, trotz der hergebrachten Schulpraxis, rate.“[37]

Den entscheidenden Unterschied zur hergebrachten Methode erfaßt Böhm kurz als „den Übergang vom Lehren zum Unterrichten“.[38]

Es sind diese Ideen, die auch bei Kromayer wiederkehren. Aber im Unterschied zu Ratke gewinnen diese Reformideen bei Kromayer eine praktische Gestalt. Ein Lehrplan wird entwickelt und auf die Schulklassen verteilt, Lehrbücher werden vorgesehen, die diesen Unterricht für Lehrer und Schüler ermöglichen und unentgeltlich zur Verfügung stehen sollen. Dies aber ist in einen weiteren Rahmen eingebettet. Eine ganze Schullaufbahn wird von Kromayer aufgebaut, und das hat, wie Albert Böhm ausdrücklich hervorhebt, „also Kromayer als erster noch vor Comenius“ getan.[39] Dieses Schulsystem reicht von der Elementarschule auf dem Lande über die Stadtschule bis zur Universität.[40] Für die Elementarschule sieht Kromayer eine allgemeine Schulpflicht vor, auch für Mädchen, für die Mädchenschulen existieren sollten.[41] Diese letzte Forderung geht ja schon

---

[35] Aus dem Lateinischen übersetzt; zitiert ebd., 252.

[36] Ebd., 377.

[37] *Paulsen* (wie Anm. 28), 474; Hervorhebung im Original.

[38] *Böhm* (wie Anm. 3), 30. – In erschütternder Weise und mit tiefer Empathie für das Elend eines damaligen Schulbuben beschreibt Kromayer 1619 in der Weimarischen Schulordnung, wie man den Kindern unverstandene Texte oder Grammatikregeln auswendig zu lernen aufgab und sie grausam strafte, wenn sie diese nicht hersagen konnten (*Vormbaum* [wie Anm. 12], 218f.225).

[39] *Böhm* (wie Anm. 3), 23.

[40] Ausführlich: *Weniger* (wie Anm. 7), 381f.390–396.401–403.406–409.421.426; *Böhm* (wie Anm. 3), 20–27.28–30.32–34 (verfehlt ist Seite 22, Absatz 2).

[41] *Böhm* (wie Anm. 3), 29.

auf Luthers Adelsschrift von 1520[42] und auf Humanisten[43] zurück. Daß „bene educandae puellae etiam sunt" („gut heranzubilden auch Mädchen sind"), haben auch andere orthodoxe Theologen, wie der hier zitierte Benedikt Carpzov (1595–1666), verlangt.[44] In dieser Elementarschule wird Lesen und Schreiben der deutschen Sprache erlernt; dieser Umgang mit der deutschen Sprache setzt sich auch noch in der ersten Klasse der Stadtschule fort, von dort wird dann zum Lateinischen in verschiedenen Stufen, zum Griechischen, schließlich zu Rhetorik und Logik, Hebräisch und Theologie übergegangen. Das für letztere maßgebende Schulbuch ist selbstverständlich seit 1610 Leonhart Hutters „Compendium locorum theologicorum".[45]

Man sieht, dies Schulsystem ist durchaus an das herkömmliche Bildungsideal angelehnt, daher steht auch die Sprache als entscheidendes Instrument im Vordergrund. Die Realien treten noch dahinter zurück. Jedoch hat Kromayer auf Musik im Unterricht großen Wert gelegt: „Musik" sieht er vor „in allen Klassen in den Nachmittagsstunden von 12 bis 1 Uhr, abwechselnd damit in Quinta und Quarta Rechnen, in Tertia und Secunda Arithmetica latina, in Prima Geometria sphaerica, bisweilen in den 3 Oberklassen historia."[46] Wichtiger als diese weitgehend an die Bedarfslage angelehnte Stoffauswahl und -verteilung ist die Methodik Kromayers. Grundsätzlich ist der Sprachunterricht mit ganzen Texten zu beginnen. Selbstverständlich dient dem für einen Konkordienlutheraner wie Kromayer der deutsche (dann der ins Lateinische und Griechische übersetzte) Kleine Katechismus Luthers sowie das Erste Buch Mose der Lutherbibel. In Latein ist grundlegend die Terenz-Lektüre. Der Lehrer gibt zuerst eine Einführung in den Text, dann liest er vor, es wird nachgelesen und dabei das Verständnis

42 *Martin Luther*, WA 6, 461,13–15. – Weitere Belege bei Luther, Johannes Bugenhagen und Franz Lambert von Avignon: *Klaus Petzold*, Die Grundlagen der Erziehungslehre im Spätmittelalter und bei Luther, Heidelberg 1969 (PF 42), 90f. 142. – In dieser Tradition steht Kromayer.

43 Jeder Gebildete kannte die zuerst 1518 erschienenen, von Auflage zu Auflage erweiterten, im 16. und 17. Jahrhundert in hunderten von Auflagen verbreiteten „Colloquia familiaria" von Erasmus von Rotterdam, in denen er eine Magdalia einem Antronius weissagen (!) läßt: „Wenn ihr euch nicht vorseht, wird es noch soweit kommen, daß wir in den Theologischen Fakultäten den Vorsitz führen, auf die Kanzeln steigen und euch eure Bischofsmützen wegschnappen" (*Erasmus von Rotterdam*, Vertraute Gespräche, übertragen und eingeleitet von *Hubert Schiel*, Köln 1947, 189). – Anna Maria van Schurman (siehe Anm. 44) erinnert zweimal an Erasmus' „Brief an Budé, wo er vom Unterricht der Töchter von Thomas More handelt".

44 Siehe das seit 1649 mehrfach aufgelegte Werk von *Benedikt Carpzov*, Jurisprudentia ecclesiastica seu consistorialis ..., Leipzig ^{1}1649, s.v. „puellae". – Zu erinnern ist auch an die Auseinandersetzung zwischen Anna Maria van Schurman und André Rivet 1632 und 1638. Letzterer erwähnt hierzu auch Juan Luis Vives (siehe hierzu meinen im Druck befindlichen Artikel über Rivet im Bd. 8 des „Biographisch-Bibliographischen Kirchenlexikons").

45 Erwähnt bei *Weniger* (wie Anm. 7), 260, Ziffer 8; 263, Ziffer 1 (nach letzterer Belegstelle und nach ebd., 393.405 plante Kromayer eine Bearbeitung dieses Lehrbuchs, wie viele andere sie auch geliefert haben); 265, Ziffer 6; 269.274.373.407.415 und 436 (nach Kromayers Zeit). – Neuausgabe: *Leonhard* [falsch!] *Hutter*, Compendium locorum theologicorum, hg. v. *Wolfgang Trillhaas*, Berlin 1961 (KlT 183).

46 Ebd., 393.

geweckt. Erst daran schließt sich das Erkennen der Grammatik und ihr Erlernen. Besonders originell ist Kromayer bei dieser Methode für das Deutsche. Denn er ist der erste, der überhaupt eine deutsche Grammatik für den Elementarunterricht verfaßt hat, um einen solchen Deutschunterricht, anhand des Katechismus und der Genesis der Lutherbibel zu ermöglichen. Das ist auch in der Pädagogik-Literatur seit langem bekannt und anerkannt.[47] Diese deutsche Grammatik Kromayers erschien 1618.

Damit sind wir nun dem „Entwurf" vom 20. August 1614 um vier Jahre vorgeeilt. Die Veröffentlichung der deutschen Grammatik – bis 1629 veröffentlichte Kromayer noch andere Schulbücher selbst oder regte zu ihrer Abfassung an; auch stellte er seit 1619 wiederholt seine Schulreform theoretisch dar[48] – fällt schon in die Zeit der praktischen Verwirklichung des Planes von 1614. Zunächst nämlich stieß Kromayer bei den Verantwortlichen auf Widerstand. Sein eigener Generalsuperintendent D. Abraham Lange lehnte die neue Methode entschieden ab,[49] ebenso wie der Rektor der Weimarer Stadtschule, Magister Georg Salzhuber, wie wir vorhin schon hörten. Dabei übertrug sich offensichtlich das – durchaus nicht unberechtigte – Mißtrauen gegen die hochfliegenden, geheimnisvollen und unpraktischen Ideen Ratkes auf Kromayer, obwohl dieser, wir sahen es schon, volles Vertrauen verdiente.

Seit 1615 aber änderte sich für Kromayer die Lage grundlegend. Am Ende dieses Jahres starb nämlich der Generalsuperintendent Abraham Lange und sein Nachfolger wurde im Frühjahr 1616 Albert Grawer, von dem wir schon wissen, daß er während seiner Zeit als Rektor in Eisleben in Beziehung zu

---

[47] Ebd., 454, Anm. 47 (R. von Raumer und H. Paul).

[48] Siehe Anm. 40. – Hiervon ist bei *Vormbaum* (wie Anm. 12) nur abgedruckt: (1.) „Bericht vom newen Methodo: Wie es in den Schulen deß Weymarischen Fürstenthumbs, mit Vnterweisung der Jugend gehalten werden soll, allermeist, so viel betrifft die deutschen Classen, item, in etwas auch mit belangende die lateinischen Classen der Grammaticken. Gestellet durch M. Johannem Kromayer, F. S. Hoff-Prediger, vnd der General-Superintendentz verordneten Inspectorem daselbst. Gedruckt zu Weymar, Bei Johann Weidnern. 1619" (ebd., 215–247); (2.) „Anhang deß Berichts Vom newen Methodo: Wie es in den Schulen des Weymarischen Fürstenthumbs, mit Vnterweisung der Jugend gehalten werden sol, etc. Seind etliche Specimina hier mit gesetzet der Interpretation deß Terentij ad literam, wie auch der Application der Grammaticken, durch M. Johannem Kromayer F. S. Hoffprediger vnd der General-Superintendentz verordnetem Inspectorem. Gedruckt zu Weimar, bey Johann Weidnern. Im 1620. Jahr" (ebd., 248–260). Vormbaum hat lediglich von einer größeren „‚Zugabe'", wie er (ebd., 247) sagt, abgesehen. – Dadurch, daß Kromayer „die Bücher, die wir in der deutschen Claß brauchen" (ebd., 225), selber schaffen und am Ort drucken mußte, ist die erste Druckerei nach Weimar gekommen. Jedenfalls steht das für die Druckerei von Johannes Weischner fest (siehe oben, Anm. 16), während nicht ganz klar ist, ob Johannes Weidner dazu durch Kromayer veranlaßt worden ist (*Marwinski* [wie Anm. 14], 18–21). Weidner verlegte 1618 einen Teil seiner Jenaer Druckerei nach Weimar und druckte neben Kromayers Schulbüchern auch einige wenige andere Bücher (darunter eine Neuauflage von Grawers unter anderem Titel offenbar 1618 in Erfurt erschienenem „Libellus de unica veritate ..."), kehrte aber schon 1620 nach Jena zurück.

[49] *Weniger* (wie Anm. 7), 371.384f.

Kromayer, der vor 1613 dort Pfarrer war, stand – und außerdem wissen, daß er für neue methodische und sachliche Entwicklungen in der Wissenschaft aufgeschlossen war, nicht nur in der Pädagogik, sondern vor allem als Beförderer der damals neu aufblühenden Philosophie und Dogmatik.[50] 1615 war aber auch Salzhuber gestorben, und sein Nachfolger als Rektor der Weimarer Stadtschule wurde Magister Samuel Schwanengel noch im selben Jahr.[51] Hinzu kam, daß „am 30. Oktober 1615 der junge Herzog Johann Ernst großjährig wurde und für sich und seine Brüder die Regierung übernahm. Damit schwand der Grund zu der Klage Dorothea Mariens vom 17. Juli 1613, daß ‚in Weimar in der Sache nicht fortzukommen, da kein Landesfürst vorhanden' sei. Denn Johann Ernst, im Geiste der Mutter erzogen, war entschlossen, die Vorteile der neuen Lehrart den Schulen seines Landes nicht länger vorzuenthalten".[52] Und „am 30. Juni 1617 traf die Herzogin Mutter ein schwerer Unfall. Durch ein scheu gewordenes Pferd wurde die hohe Frau in der Nähe von Oberweimar in die Ilm geschleudert ..." Sie starb am 18. Juli an den Unfallfolgen, aber nicht ohne vorher für Kromayers Sache gesorgt zu haben. „Von der Denkart der edeln Fürstin und dem Eifer, mit dem sie der Sache der Schulreform anhing, zeugt ihr Testament. Schon im Jahre 1611 hatte sie 22000 Gulden für Schulen und Universität legiert; jetzt, auf ihrem Sterbebette, tat sie ein weiteres. Sie fügte ein Vermächtnis von 2000 Gulden hinzu, von deren Zins die Besoldung der Lehrer an der weimarischen Schule verbessert werden sollte, sofern sie sich verpflichten würden, ‚die Jugend nach dem newen Schulmethodo trewlich zu unterrichten'. Auf dem prachtvollen Epitaph, das ihr und ihrem Gatten in der Stadtkirche zu Weimar errichtet ist, wird ihrer Fürsorge dankbar gedacht: ‚... Den Kirchen und Schulen öffnete sie ihre niemals verschlossene Hand ganz besonders in ihrem Testament. Die Stadtkirche und jede einzelne Kirche ihrer Mitgift ehrte sie mit Legaten, die Jenaer Universität stattete sie als erste durch ein Vermächtnis von 20000 Florentiner Goldgulden aus. Freigebig vergrößerte sie denjenigen Lehrern das Gehalt, die nach der neuen Schulmethode unterrichten würden'."[53] Für jeden sichtbar, aber nicht auch erkenn-

---

50 Siehe Anm. 16, 21 und 48. Der Anm. 48 zuletzt genannte „Libellus" verteidigt das (selbstverständliche) Prinzip der „einen Wahrheit" und lehnt somit einen strikt antiphilosophischen Standpunkt der Theologie – zurecht – ab (vgl. *Theodor Mahlmann*, Rezension von Klaus Scholder: Ursprünge und Probleme der Bibelkritik im 17. Jahrhundert, in: ThLZ 94, 1969, 193–197: 197; es war aber ein arger Fehler, daß ich damals die ebd., 195 genannten Grundsätze der Philosophie nur dem Ramismus zuschrieb).

51 *Weniger* (wie Anm. 7), 385.

52 Ebd., 385f.

53 Ebd., 387 (Inschrift aus dem Lateinischen übersetzt); vgl. dazu weiter ebd., 253f.254.390. – Bei der Übersetzung folge ich fast ganz *Eva Schmidt* (a. a. O. [wie Anm. 17], 81). Siehe auch ebd., Anm. 8, wo Schmidt zur Erklärung des letzten Satzes mitteilt: „Die Herzogin, an der eigenen Bildung, dem Unterricht ihrer Kinder und den Schulen des Landes lebhaft interessiert, hatte im Jahre 1613 den Pädagogen Wolfgang Ratichius nach Weimar eingeladen, um seine neue Unterrichtsmethode kennen zu lernen. Da diese bei ihr und ihrer Umgebung großen Beifall gefunden hatte, ließ sie sie von Professoren der Universitäten Jena und Gießen begutachten und

bar, ist also auf dem Epitaph Dorothea Marias in der Weimarer Stadtkirche „der neue Schulmethodus" Kromayers verewigt. Jeder möge sich das ansehen, wenn er im jetzt ungeteilten Deutschland nach Weimar kommt.[54] Vor ihrem Tode hat also Dorothea Maria noch eine wichtige Voraussetzung für die Verwirklichung von Kromayers Schulreform geschaffen: die Besoldungserhöhung sollte die sechs Lehrer motivieren, dauerhaft an der Schule zu bleiben, was damals nicht selbstverständlich war.[55] Denn der Erfolg der neuen Methode hing ja davon ab, daß die Lehrer stetig mit ihr arbeiteten.

Die letzte Voraussetzung für die Verwirklichung der Schulreform Kromayers ergab sich dann ebenfalls im Jahre 1617. Denn der längst kränkliche Albert Grawer starb, nur 42 Jahre alt,[56] und nun wurde Kromayer an seiner Stelle mit der Schulinspektion beauftragt. So beginnt die Schulreform in Weimar unter Kromayer genau am 17. Dezember 1617 mit dem Auftrag von Herzog Johann Ernst, sie einzuführen.[57]

Nicht nur dies Schreiben ist uns abschriftlich erhalten: im Urkundenbuch der Weimarer Stadtschule, das erst „1891 unter einer Anzahl kirchlicher Akten und Drucksachen, die auf dem obersten Chore der weimarischen Stadtkirche verwahrt w[u]rden, zum Vorscheine gekommen" ist, wie Weniger schreibt.[58] Dieser dem Mäusefraß und anderen Unbilden bis dahin und durch die Entdeckung den Bomben des Zweiten Weltkriegs glücklich entgangene Band, dessen Nachrichten über die Schule bis 1723 reichen,[59] enthält auch auf 64 Blättern eine ausführliche „Historica relatio de introduc-

---

danach von Jenaer Hochschullehrern und Weimarer Schullehrern erlernen, um sie von da aus allmählich im Lande zu verbreiten. Sie ließ auch ihre jüngeren Kinder danach unterrichten und brachte es mit ihrer Hilfe als Schülerin von Ratichius und dem Hofprediger und Superintendenten Kromayer selber zu einer großen Fertigkeit im Hebräischen."

54 Er oder sie kann dann auch die vorhandene, aber an sich völlig verborgene Beziehung zu der Tafel, die sich an der Außenseite des, wenn man zum Altar blickt, ersten Pfeilers links, ziemlich tief und im Dunkeln befindet, herstellen, die da lautet: M. JOHANNES KROMAYERUS DOEBELENSIS SUPERINTENDENS GENERALIS. NATUS ANNO 1576. D. 8. DEC. DENATUS ANNO 1643, DIE 13. JULII. CONDITUS IN HOC TUMULO D. 16. JULII POSTQUAM VIXISSET ANNOS 66. MENS. 7 ET IN DOMO DEI FIDELITER MINISTRASSET ANNOS 44. SIT IPSI PAX ET REQUIES. (Übersetzung, nach *Schmidt* [wie Anm. 17], 106: Magister Johannes Kromayer aus Döbeln, Generalsuperintendent, geboren im Jahre 1576 den 8. Dezember, gestorben im Jahre 1643 den 13. Juli, bestattet in diesem Grabe den 16. Juli, nachdem er 66 Jahre und 7 Monate gelebt und im Hause des Herrn treu gedient hatte 44 Jahre lang. Ihm sei Friede und Ruhe.)

55 Die Regel war der Übergang zur Theologie, wenn die Möglichkeit bestand. Daß das auch jetzt einmal (1620) vorkam, führt *Weniger* (a. a. O [wie Anm. 7], 406.264) auf die Abneigung des Betreffenden gegen die Schulreform zurück.

56 Das Porträt bei *Trunz* (a. a. O. [wie Anm. 16], Tafel 6) zeigt einen leidenden Menschen. – Kromayer hielt die Gedächtnisrede auf Grawer; sie steht bei *Henning Witten(ius)*, Memoriae theologorum ... renovatae, Decas 7, Francofurti 1685, 849–852; Kromayer hielt auch eine der „Dreizehn ... Leich-Predigten über ... Dorotheen Marien ..." (Jena 1617).

57 *Weniger* (wie Anm. 7), 247.252f.389f.

58 Ebd., 246.

59 Ebd.

tione novae methodi, duorum collegarum et examine",[60] also einen „Historischen Bericht über die Einführung der neuen Methode, zweier Kollegen und die Prüfung" ihrer Ergebnisse, die jährlich vorgesehen war, und auch 1619, 1620, 1622 bis 1625, 1627 bis 1629 stattgefunden hat. Die ersten Examina bis 1622 sind außerordentlich ausführlich protokolliert: zwei der Protokolle hat der Rektor Schwanengel „aus" Kromayers „eigenem Protokoll"[61] übernommen, so daß wir auch die Stimme des Urhebers der neuen Methode ausführlich vernehmen und wie er Theorie und Praxis seiner Reform vergleichen können.[62] Die Examina 1623 bis 1625 sind sehr viel kürzer protokolliert; 1626 ist die Prüfung ausgefallen, „teils", so lesen wir, „weil die Pestseuche die Schulgemeinschaft ziemlich zerstreut hatte und unsere Arbeit hinderte, teils weil Kriegsbewegungen dazwischenkamen".[63]

1627 folgt noch einmal ein ausführlicher Bericht. Dann folgt die Bemerkung: „In den Jahren 1628 und 1629 hätte eine Prüfung abgehalten werden sollen. Es fand aber keine offizielle statt. Was stand dem entgegen?" In Anlehnung an eine bei Plutarch überlieferte Sentenz von Gaius Marius gibt Schwanengel folgende „plausible Entschuldigung": „Vor Waffenlärm konnten wir die Stimme der Schulgesetze nicht hören". „Trotzdem", sagt der Rektor, „haben wir die Flinte nicht ins Korn geworfen und den Mut nicht (wiewohl unser Auskommen) verloren." Anschließend lobt er Kromayer für die nach wie vor bis ins einzelne und kleinste gehende Schulinspektion.[64] Damit bricht das Protokoll ab. Der große Krieg hat das Herzog-

---

60 Ebd., 247. Dieses Protokoll ergänzt konkret die von Kromayer schon 1619 gegebene allgemeine Feststellung im Vorwort seines in Anm. 48 genannten „Bericht(s) vom Newen Methodo": „Dieser Bericht ist auffgesetzet worden fürnemblich vmb der Schulen willen auff dem Lande, damit beydes die Herren Pastores vnnd auch die Schulmeister eine gewisse fürgeschriebene Masse hetten, nach welcher die Jugend gelehret vnd vnterrichtet werden sol. Denn weil fast an allen Orten grosser Mangel vnnd viel Klagens der Schulen halben gefunden vnd erhöret wird, vnd aber nicht wenig der Herren Pastorum vnd Präceptorum sich selbst bißanhero erboten haben vnd verlauten lassen, das wann jhnen nur Bericht wiederführe, wie mann es mit der newen Institution angreiffen vnd machen solte, wolten sie gerne, jedes an seinem Orte, jhre trewe vnd müglichen Vleiß mit Auffsicht, Antreiben vnd Lehren darbey thun vnd bezeigen: Alß hat auff empfangenen Gn. Fürstl. Befehlich, auch ohne daß Ampts vnd der anbefohlenen Inspection halben, diese Vnterweisung, so viel sich jetzo schicken wollen, von mir zu Pappier gebracht, vnd nach dem das vielfeltige Abschreiben allzumühsam, im Druck den Herren Pastoribus vnd Ludimoderatoribus communiciret werden sollen. Zwar den gantzen Methodum auffzusetzen ist jetzo meines Thuns vnd Fürhabens nicht, es ist auch die Sache allzu weitleufftig, vnd wird noch für und für in der Praxi vnd Vbung selbst viel Dinges observiret vnnd erfunden: Dennoch aber so viel etliche fürnehme Puncten anlanget, welche durch die Experientz vnd Erfahrung bißanher genungsam bewehret worden, als sind dieselben hiernach trewlich auffgezeichnet, vnd nottürfftig ercleret, in dem Verhoffen, das sie durch Gottes Segen ohne grossen Nutz und vnnd Frommen der lieben Jugend nicht abgehen werden, wo man nur denselben mit müglichem Fleis wird nachkommen" (*Vormbaum* [wie Anm. 12], 215f.).

61 *Weniger* (wie Anm. 7), 269 (dort lateinisch).406.409.410.

62 Ebd., 264–268.269-272.

63 Ebd., 273 (dort lateinisch).411.

64 Ebd., 275 (dort lateinisch).416.

tum zu dieser Zeit voll erfaßt, und es hat schwerer als andere Teile Deutschlands darunter gelitten. Beugen lassen haben sich diese Lutheraner nicht, wie der Rektor uns bezeugt.

Erst 1633 setzt das Protokoll wieder ein, mit einer Notiz über die Einführung eines neuen Rektors der Schule durch Kromayer, Magister Joachim Knape. Dann folgt 1644 von dessen Hand ein letzter Eintrag. Er gibt in geschwollener, Verlegenheit verratender Sprache den dürren Tatbestand bekannt, daß Kromayers Schulmethodus abgeschafft wird, wegen der schlechten Erfahrungen, die man damit gemacht habe[65] – man kehrt zu Lehrplan und Methode „vor ein 30. Jahren“[66] zurück. Das ist ein Jahr nach Kromayers Tod.

Diese Aktenlage allein schon spricht Bände. Wir betreten die zweite, tragische Hälfte der Wirksamkeit Kromayers. Eine neue Lehrergeneration hat offensichtlich Kromayers Schulreform zunehmenden, mindestens passiven Widerstand entgegengesetzt.[67] Dazu verschärften sich Mitte der dreißiger Jahre die Kriegsverhältnisse. Ein rapider äußerer Verfall der Schule war die Folge von beidem. Die innere Widerstandskraft der Lehrer, von der uns der Rektor Schwanengel noch ein so ergreifendes Zeugnis gegeben hatte, ließ jetzt nach. Weitgehend brach ein geordnetes Schulleben, brach die Disziplin der Eltern, Lehrer und Schüler zusammen. Aus der Visitation – zu diesem Stichwort kommen wir gleich zurück – der Stadtschule von 1644 erfahren wir, „der Rektor“ Knape, an sich ein begabter und gebildeter Mann,[68] „versäume den Unterricht, besuche auch die Klassen nicht“, und behauptet wurde, oft habe „der Herr Rektor“ morgens den Unterricht nicht halten können, wenn er „abends getrunken ... hätte“.[69] Aber nicht die letzteren Tatsachen, sondern vor allem die erstgenannte erklärt, warum seit 1633 nichts mehr in den Schulakten steht. „Unter dem Rektorat von Knape waren Mißstände aufgekommen, die nicht bloß durch die Drangsale der Zeit zu erklären sind.“ Ludwig Weniger fährt fort: „In hohem Grade auffallend ist, daß von einem Eingreifen Kromayers nichts verlautet.“[70] Ende 1642 hat der Stadtrat von Weimar sich wegen dieser Zustände an Kromayer gewandt. „Aber Kromayer erklärte mündlich, er ‚begehrte umb allerhandt [!] vhrsachen willen nicht wieder in die Schul zuekommen noch deßwegen etwas anzuordtnen, stellete solches zu des Rahts disposition wie auch, weill

---

[65] Ebd., 276f. 417. 422. 447.

[66] Ebd., 446.

[67] Ebd., 422. 429. – Ebd., 432f. tadelt Rektor Knape, „das die Knaben bey heut nicht decliniren vnd Conjugiren lernten“; „dieses“ habe er „ganz ... geendert ...“! Wer wird da nicht an Mißerfolge unserer jüngsten Schulreformen erinnert!

[68] „Von ihm ist ein Auszug der Loci theologici Johann Gerhards gedruckt zu Erfurt 1664“ (neben zwei gleichartigen Werken verzeichnet bei *Johann Georg Walch*, Bibliotheca theologica selecta ..., Bd. 1, Jena 1757, 55.66), und er blieb immerhin bis 1660 Rektor (ebd., 456, Anm. 72).

[69] Ebd., 442. 444; vgl. ebd., 422f. 439.

[70] Ebd., 428.

der Rector bedenke die Lectiones von sich zu geben, ob Sie [!] Ihn darzu zwingen [!] wolten'. Dies ist das letzte, was von seinen Beziehungen zur weimarischen Stadtschule berichtet wird; es macht den Eindruck müder Resignation ...";[71] es ist Kromayer nicht mehr gelungen, sich gegen diese Renitenz durchzusetzen, er war gescheitert.

Das ganze Ausmaß der Tragik der letzten zehn Jahre Kromayers wird aber erst deutlich, wenn wir die diese konkrete Situation nur als Symptom verstehende Beobachtung hinzunehmen, daß „man ... in dieser Zeit ... in weiten Kreisen ... erkannte ..., daß ... in den alten Landen der Reformation ... die Wurzeln evangelischer Bildung abzusterben Gefahr liefen ...", wie Ludwig Weniger ungemein treffend schreibt.[72] Aus dieser erschreckenden Einsicht ist der Plan einer Generalkirchenvisitation geboren.

Um das weitere zu verstehen, müssen wir vorher einen kurzen Blick auf die territorialen Verhältnisse in Thüringen werfen. 1626 war Johann Ernst von Weimar gestorben; ihm folgte sein Bruder Wilhelm, der sehr lange regierte: bis 1662. Herzog Wilhelm hatte Kromayer 1627 zum Generalsuperintendenten von Weimar ernannt, was eine enge innere Bindung Wilhelms an Kromayer ausdrückt und diesen gerade in den schwieriger werdenden Verhältnissen mit der leitenden Stellung auch in der Kirche wie vorher schon in der Schule ausstattete. Diese Stellung wurde umgekehrt dadurch gestärkt, daß Wilhelm unter den Brüdern die Regentschaft führte. Aber nicht Wilhelm ist die treibende Kraft einer Generalkirchenvisitation – das ist vielmehr sein Bruder, Herzog Ernst, der später sogenannte Fromme, der aber zu dieser Zeit kein eigenes Territorium regierte, was seinen Einfluß natürlicherweise minderte.

Zum ersten Mal erscheint der Plan einer Generalkirchenvisitation auf dem Landtag von Jena 1636, und es wurde der Beschluß gefaßt, an eine solche allgemeine Kirchenreform heranzugehen. Damit steht sie für die nächsten Jahrzehnte auf der Tagesordnung. Es ist hier weder möglich noch nötig, diese weitreichenden und mehrfach gut erforschten Vorgänge[73] auch nur skizzenhaft darzustellen. Wir wollen uns hier darauf beschränken, wie Kromayer, als Generalsuperintendent des regierenden Herzogs selbstverständlich mit dem erheblichsten Einfluß neben seinem Landesherrn ausgestattet, sich zu diesen Plänen verhalten hat. Einer der Historiker hat sein Verhalten ganz richtig mit „Opposition" und „passivem Widerstand"[74] gekennzeichnet. Kromayer lehnte eine Visitation – die ja ein fester Bestandteil der geltenden, ihn verpflichtenden Kirchenordnung war[75] – nicht ab; auch ist es

---

71 Ebd., 430.

72 Ebd., 423.

73 Vgl. generell ebd., 414.423–431.431–447; *Waas* (wie Anm. 12); *Wolfrum* (wie Anm. 12).

74 *Waas* (wie Anm. 12), 421.422.397;180.

75 Zur Verfertigung dieser Kirchenordnung durch Johann Gerhard im Jahre 1615, zu ihrem vollständigen Titel und ihrer Abhängigkeit von der Kursächsischen Kirchenordnung Kurfürst Heinrichs von 1539 und Kurfürst Augusts von 1580 sowie zum erstmaligen Druck 1626 siehe:

nicht so, daß er den Auftrag, Vorschläge für ihre Durchführung zu machen, nicht erfüllt hätte. Im Gegenteil, es sind ausführliche Entwürfe von ihm erhalten. Bemerkenswert ist auch, daß der etwa sechzigjährige Mann in diesem Zusammenhang ganz neue schulreformerische Pläne, darunter für ein Gymnasium der Zukunft entwickelt, das wir heute wohl als ein Schullandheim oder als eine Internatsschule bezeichnen würden. Was es berechtigt macht, Kromayers Verhalten als „passiven Widerstand" zu bezeichnen, ist, daß er den Zeitpunkt, den Umfang und damit die Zweckmäßigkeit der von Ernst betriebenen Generalvisitation ablehnt – vor allem aber: die Richtigkeit der kirchlich-faktischen und der theologisch-theoretischen Annahmen bestreitet, die dem Visitationsplan zugrunde liegen. Die geistigen Urheber und von Herzog Ernst bewußt in seine Nähe gezogenen Ratgeber, darunter der wie Kromayer als Schulmann bedeutende Sigismund Evenius (1585?-1639)[76] malten die Lage in den schwärzesten Farben und steigerten entsprechend die Aufgabe in extreme Höhen. Sie vertreten in typischer Weise, nicht frei von Zügen der Exaltiertheit, die „moderne" Konzeption einer Reformation – nicht der Lehre (die halten sie, weil geschehen, für unnötig), sondern des Lebens.[77] Diese stellen sie sich so vor, daß durch rigide Kontrolle die Lebensführung der Menschen geändert und weiter durch inquisitorische Unterrichtung das Verständnis des inneren Sinns des lutherischen Katechismus gewissermaßen erzwungen wird. Und das alles soll mit den Machtmitteln der Landesregierung gestützt, mit strengen Strafen durchgesetzt und bis in den letzten Winkel der Herzen und der Häuser getragen werden.

Kromayer hat das alles bekämpft, und er wurde dabei von Herzog Wilhelm unterstützt. Übrigens auch von den gutachterlich befragten Professoren der Universität Jena, dem alten Johann Maior (1564–1654) und dem jungen Johann Michael Dilherr (1604–1669). Es ist Kromayer auch gelungen, über Jahre hin den Einfluß der Berater Herzog Ernsts zurückzudrängen und damit diesen selbst an der Durchsetzung seiner Pläne zu hindern, was zu starken innenpolitischen Spannungen führte. Das änderte sich erst mit der Neuaufteilung Thüringens vom Jahr 1640, als Albrecht Eisenach übernahm, Ernst Gotha bekam, während Wilhelm weiterhin Weimar regierte. Denn nun konnte Ernst anfangen, die Generalkirchenvisitation in Gotha unabhängig durchzuführen. Da er dabei von Eisenach nachhaltig unterstützt wurde,

Martin Honecker, Cura religionis Magistratus Christiani: Studien zum Kirchenrecht im Luthertum des 17. Jahrhunderts, insbesondere bei Johann Gerhard, München 1968 (JusEcc 7), 43f. 45f. 229f. (hier Punkt 24).

[76] *Herbert von Hintzenstern*, Die „Bilderschule" des Sigismund Evenius, in: Domine, dirige me in verbo tuo! Herr leite mich nach deinem Wort!: Festschrift zum 70. Geburtstag von Moritz Mitzenheim, hg. v. der Pressestelle der Ev.-Luth. Kirche in Thüringen, Berlin 1961, 210–222. – Comenius widmete sein „Januae linguarum reseratae vestibulum . . ." im März 1636 an vierter Stelle „D[omi]n[o] Sigismundo Evenio, in Ducali Wimaria" (*Comenius*, Opera didactica [wie Anm. 20], Teil 1, S. 326.318)!

[77] *Mahlmann*, Reformation (wie Anm. 28) 424 (Anm. 80).

wurde unvermeidlich Weimar isoliert. Wilhelm und mit ihm Kromayer wurde die Initiative aus der Hand genommen. Diese Bewegung ist seitdem einfach über Kromayer hinweggegangen, der ja auch als fast 67jähriger 1643 starb. Kirchlich geschieht ihm dasselbe, was wir vorhin schon von ihm bezüglich der Schule festgestellt haben: er wird beiseitegeschoben.

Es mag Zufall sein, vielleicht aber ist es Absicht, daß der damalige Weimarer Pfarrer Christian Chemnitz die Trauerrede auf seinen Generalsuperintendenten an genau dem Tag hielt, nämlich am 20. August, an dem Kromayer vor fast 30 Jahren, eine ganze Generation früher, seinen „Entwurf" der Schulreform der Herzogin-Mutter Dorothea Maria vorgelegt hatte. Jedenfalls aber verstehen wir, daß Christian Chemnitz, der nicht nur die Verhältnisse als Neuberufener erlebte, sondern auch den Nachlaß Kromayers wenigstens oberflächlich gesehen haben muß, im Jahr 1643 von Kromayers Lebenswerk schweigen *mußte* – dazu war die Situation in diesem Jahr viel zu gespannt.

Es wäre ganz verkehrt, für Kromayers „passiven Widerstand" eine psychologische Erklärung, etwa mit dem Starrsinn und der Lernunfähigkeit eines alten Mannes, zu geben,[78] was das sachlich Infragestehende ganz vergleichgültigen würde. Das rechtfertigen die Quellen überhaupt nicht. Auch wäre es falsch und voreilig, sachlich für die Reformer um Herzog Ernst Partei zu nehmen und Kromayers Vorstellungen Wert und Begründetheit abzusprechen. Es ist richtig, hier, um die Jahrhundertmitte, stoßen in der Geschichte des Luthertums zwei Konzeptionen aufeinander. Die eine, für die Kromayer steht, ist das Kirchenideal, das die große Generation der Theologen Martin Chemnitz, Nikolaus Selnecker, Johannes Wigand und nicht zu vergessen Matthias Flacius sowie viele andere in den lutherischen Ländern geschaffen hat, eben das Konkordienluthertum. Für dieses Kirchenideal ist typisch, daß sich die Theologen *nicht* ihrer Obrigkeit willfährig unterworfen haben, sondern daß sie, wenn diese ihrer öffentlichen Bekenntnisverpflichtung (*das* war damals das „Grundgesetz") nicht nachkamen, eben „passiven Widerstand" (Luthers „leidenden Gehorsam") leisteten, nachdem Matthias Flacius und seine Freunde 1561 in Thüringen den Kampf um das landesherrliche Kirchenregiment endgültig verloren hatten – Vorgänge, die in ihrer kirchengeschichtlichen Bedeutung oft nicht richtig erkannt, zumindest aber fast immer in ihrer Logik mißverstanden werden.[79] –

[78] So *Waas* (wie Anm. 12), 89f.

[79] Schon bei *Wilhelm Preger* (Matthias Flacius Illyricus und seine Zeit, 2 Bde., Erlangen 1859–1861, ND: Hildesheim/Nieuwkoop 1964) konnte man lesen, daß der Flacius-Kreis sich „‚des politischen Ungehorsams angeklagt'" sah (ebd., Bd. II, 153). Vgl. ferner *Hans Christoph von Hase*, Die Gestalt der Kirche Luthers: Der casus confessionis im Kampf des Matthias Flacius gegen das Interim von 1548, Göttingen 1940, 87–96; siehe auch die einleitenden Bemerkungen von Klaus Sturm in: *Theodor Beza*, De iure magistratuum, hg. v. *Klaus Sturm*, Neukirchen-Vluyn 1965 (TGET 1), 17–20; *Martin Heckel*, Staat und Kirche nach den Lehren der evangelischen Juristen Deutschlands in der ersten Hälfte des 17. Jahrhunderts, München 1968 (JusEcc 6) 127–163 (besonders 139.145.149.153f.162); *Martin Kruse*, Speners Kritik am landesherrlichen

Für die andere Konzeption, die sich genau in und mit dem konsolidierten Konkordienluthertum seit 1590 entwickelt, steht als bei weitem einflußreichster Repräsentant Johann Arndt, der 1621 gestorbene Generalsuperintendent von Celle-Lüneburg.[80] Ich berühre damit eins der komplexesten Probleme der Beschreibung und Bewertung der Lebensepoche Kromayers

---

Kirchenregiment und ihre Vorgeschichte, Witten 1971 (AGP 10) 48–81; *Oliver K. Olson*, Matthias Flacius Illyricus, in: TRE, Bd. 11, Berlin/New York 1983, 206–214: 207,22–25.208,34–37.213,30f; *Inge Mager*, „Ich habe dich zum Wächter gesetzt über das Haus Israel": Zum Amtsverständnis des Braunschweiger Stadtsuperintendenten und Wolfenbüttelschen Kirchenrats Martin Chemnitz, in: Braunschweigisches Jahrbuch 69, 1988, 57–69 (siehe insbesondere These 8.9, ebd. 68f.); *Wolfgang Sommer*, Gottesfurcht und Fürstenherrschaft: Studien zum Obrigkeitsverständnis Johann Arndts und lutherischer Hofprediger zur Zeit der altprotestantischen Orthodoxie, Göttingen 1988 (FKDG 41), 18. – Nach *Kruse* (a. a. O., 77.180) ist die in der o.g. Festschrift (wie Anm. 6) enhaltene Bibliographie Martin Chemnitz, 384a zu ergänzen. Zur Situation des Drucks 1608 vgl. *August Friedrich Christian Vilmar*, Geschichte des Confessionsstandes der evangelischen Kirche in Hessen, Frankfurt 1860, 325 (Nr. 71). – In diesem Zusammenhang sei mir noch ein Originalzitat gestattet. *Heinrich Leuchter* (zur Person vgl.: *Theodor Mahlmann*, Heinrich Leuchter, in: BBKL, Bd. 4, Herzberg 1992, 1558–1560) schreibt in seiner „Antiqua Hessorum Fides Christiana et vera. Das ist/Historischer Bericht/ vom alten vnd wahren Christlichen Glauben oder Religion der Hessen ..." von 1607: „War derowegen fest bey vns beschlossen, da je vnsere Christliche hohe Obrigkeit vns bey vnser Confession vnd Lehr nit gedulden, sondern von Diensten absetzen wolt, jhr in diesem allen gebührlichen gehorsam zuleysten, wie auch geschehen, aber nichts destoweniger vmb ein ruhig Gewissen vnd die warheit zubehalten, bey vnser Lehr durch deß Heiligen Geistes Gnad beharrlich vnd standhafftig zuverbleiben, vnd mit diesem gehorsam Gott zudienen" (Seite 9). – Der in dieser Literatur allmählich klargestellte Tatbestand erklärt noch Kromayers „passiven Widerstand". Angesichts der historischen Wahrheit erweist sich die der Orthodoxie generell unterstellte Thron-Altar-Ideologie selbst als eine Ideologie, worunter ich eine durch ein Erkenntnisinteresse verzerrte, vermeintlich wahre Erkenntnis verstehe, wie sie auch nichtmarxistische Historik angesichts von „Frommem" dauernd produziert. – *Waldtraut Ingeborg Sauer-Geppert* (Sprache und Frömmigkeit im deutschen Kirchenlied: Vorüberlegungen zu einer Darstellung seiner Geschichte, Kassel 1984, 2, Anm. 6) sah sich zum „Wechselbezug zum Publikum" genötigt zu schreiben: „Damit soll der theologische Bezug, nach dem sich das Lob der Kirche an Gott richtet, nicht angezweifelt [!] werden."

[80] Vgl. dazu *Sommer* (wie Anm. 79), 20 Anm. 33. – Die ganze Brisanz des Arndt-Problems offenbart die bahnbrechende, den dringend notwendigen neuen Anfang in der Arndt-Forschung markierende Arbeit von *Hans Schneider*, Johann Arndts Studienzeit, in: JGNKG 89, 1991, 133–175. Der unwiderlegliche Schluß aus den Resultaten Schneiders ist, daß die gebildeten Braunschweiger Amtsbrüder, und nicht nur sie, Arndt also sachlich zutreffend „als den gröbsten ungelehrtesten Esel, als der die Theologiam nicht gelernet, auch nicht verstehet", wie Arndt selber das in seinem Brief vom 1. 11. 1608 an Statius Kalen darstellt, bezeichnet haben. Und Arndt stritt das auch, völlig ehrlich, niemals ab; er sagte stets nur, daß er „doch die reine Lehr, in öffentlichen Verfolgungen ungespartes Leibes und Gutes, ohn unziemlichen Ruhm, bekannt und vertheidiget habe" (ebd., 165). Wer die erste, unkastigierte Form des ersten Buches von Arndts „Wahrem Christentum" aus dem Jahre 1605 liest, fällt auch heute noch wie der damalige Theologe von einem Entsetzen ins andere, wie naiv, urteilslos, übrigens in einem genial-bestrickenden Stil, Arndt dies Buch wie schon andere Texte „magna ex parte collecti" (Brief an Johann Gerhard vom 19. 2. 1607; zitiert bei *Hans-Joachim Schwager*, Johann Arndts Bemühen um die rechte Gestaltung des Neuen Lebens der Gläubigen, unveröfftl. Diss. theol., Münster 1961, 137.47, unter nachdrücklichem Hinweis auf diese Tatsache – sie „verbietet ein beliebiges Anführen von Arndt-Zitaten" –, die zumindest in ihrem Ausmaß bis heute „in der

Arndt-Forschung stets übersehen" wurde), also aus allem Möglichen gutgläubig kompiliert hat. Wäre die Tatsache , daß Arndt Angela de Foligno ausschreibt, wie das seit dem Erstdruck ihrer Hinterlassenschaft in Köln 1601 sowie einer deutschen Übersetzung 1617 leicht möglich war (*Edmund Weber*, Johann Arndts Vier Bücher vom wahren Christentum als Beitrag zur protestantischen Irenik des 17. Jahrhunderts: Eine quellenkritische Untersuchung, Hildesheim ^{3}1978, 65f.204), schon damals herausgefunden worden und nicht erst etwa 100 Jahre später von Gottfried Arnold (so *Hans Schneider*, Johann Arndt als Lutheraner?, in: Die lutherische Konfessionalisierung in Deutschland: Wissenschaftliches Symposium des Vereins für Reformationsgeschichte 1988, hg. v. *Hans-Christoph Rublack*, Gütersloh 1992 [SVRG 197], 286), so wäre Arndt trotz der Art seiner Benutzung der Quellen hoffnungslos kompromittiert gewesen. Höchst verwunderlich ist, daß der Autor des Artikels „Angela de Foligno" in der Theologischen Realenzyklopädie dieser ihrer Rezeption mit keinem Worte gedenkt. – Einen anderen wegweisenden Ansatz in der Forschung stellt dar: *Elke Axmacher*, Praxis Evangeliorum: Theologie und Frömmigkeit bei Martin Moller (1547–1606), Göttingen 1989. Ihre, übrigens sehr differenzierte und sorgsam abgewogene Feststellung: „Er kennt *keine nachreformatorische Frömmigkeitskrise*" (ebd., 270; Hervorhebung im Original) „steht im Widerspruch zu der erstmals [sic!] von Winfried Zeller vertretenen These von einer Krise der protestantischen Frömmigkeit in der dritten nachreformatorischen Generation" (ebd., 307; vgl. ebd., 307–309.315.316.318 Anm. 91). Ich glaube, man kann diese These verallgemeinern: für Zellers Theorie gibt es überhaupt keine Belege (ganz abgesehen von den mit dem Wort „Frömmigkeitskrise" verbundenen konzeptionellen Problemen) – es sei denn die von Arndt 1597 in der „Vorrede" zu „Die teutsche Theologia", seinem Lebensprogramm, erstmals und solitär vorgetragene, Spiritualisten bedenkenlos abgelesene, mit der Realität vertauschte Konstruktion der Geschichte zweier Generationen des Luthertums. Dabei beginnt die zweite Generation 1527. Denn Arndt datiert nicht „seit Beginn der Reformation" (*Schneider* 1992, 291), sondern, wie er selbst angibt, „innerhalb siebenzig Jahren", d.h. genau seit Luther „wider die Schwarmgeister" schrieb. Bestimmt insinuiert mir Arndt – „verstehe mich recht" und ich „urteile auch nicht zu frühe" – so seine wahren Anti- und Sympathien und erklärt beiläufig die Fast-Null-Präsenz Luthers bei ihm. Das ist eine These, die in Verbindung mit vielen merkwürdigen sonstigen Aussagen dieser Vorrede nur etwas über die überaus komplexe und vielschichtige, sorgfältig verborgene und doch ungewollt dann und wann bestürzend durchscheinende Innenwelt Arndts aussagt. Erst 1611 in Celle hören die erschreckenden, immer wiederkehrenden Phasen von Unfrieden in Arndts Verhältnissen – in denen kein Beteiligter je nur Opfer, Arndt also immer auch Täter ist – auf: Arndt, der nur noch Gott und seinen Fürsten über sich hat, wird – doppelsinnig – souverän. Dieser Arndt war ein Glücksfall für das Luthertum und jeder Vernünftige verstand das und schonte ihn nach Kräften. Der dem Tode nahe Polykarp Leyser (vgl. *Theodor Mahlmann*, Polykarp Leyser, in: NDB, Bd. 14, Berlin 1985, 436–437) hat das (auf Paul Wolfs Frage hin bei der Anm. 8 beschriebenen Affäre) 1609 bereits unüberbietbar präzis auf den Punkt gebracht: Ja, das Buch ist schlimm (implizite Prämisse$_1$), aber sei grundsätzlich wohlwollend zu würdigen: „In Summa [Prämisse$_2$], das Buch ist gut [Konklusion], wenn der Leser gut ist"; den Autor besser versteht als dieser sich selbst (Prämisse$_3$). Kromayer, bei solchen Vorgängen wohl immer mitbeteiligt (wie für 1610 belegt, siehe *F. Arndt* [wie Anm. 8], 107!), wird dies Diktum gehört oder gekannt haben. Jedenfalls entspricht er dem Typus dieses Verhaltens, indem er seine späteren Gegner sachlich kritisiert, nicht aber als Arndtianer, die sie sein wollen. – Siehe auch *Theodor Mahlmann*, Martin Moller, in: BBKL, Bd. 6, Herzberg 1993, 45–48. – Ein Hauptmangel der Arndt-Forschung besteht, neben dem Fehlen von kritischen Editionen der Werke (und Briefe) und der vollständigen (!) Analyse ihrer Quellen, darin, daß Arndts Äußerungen nicht jahrgenau in ein konkret bekanntes, sich zu seinen Lebzeiten außerordentlich stark entwickelndes theologiepolitisches Umfeld eingeordnet werden. Und wo wird die Regel befolgt: Audiatur et altera pars! Mehrere Einzelbeobachtungen aus einem von Hans Schneider und mir veranstalteten Arndt-Seminar im Sommersemester 1993, die zum Beweis meiner provozierenden Behauptungen dienen, können an dieser Stelle nicht ausgebreitet werden.

im ganzen. Zur Lösung mag beitragen, wenn ich Ihnen hier nur noch, teils wörtlich, teils paraphrasiert, referiere, wie Kromayer die „neuen Geister", wie er sie zutreffend nennt, überaus hellsichtig beurteilt.[81]

Kromayer bestreitet die Schwarzmalerei der Reformer. Die moralische Verdorbenheit der Menschen sei nicht so allgemein, wie die neuen Geister das darstellen, um vor dem absolut düsteren Hintergrund ihre extremen Forderungen zu rechtfertigen. Es seien auch fromme Leute vorhanden. Die neuen Geister verabsolutierten die Gegenwart und ihre partiellen Erfahrungen. Die Zustände, die diese beklagten und anprangerten, seien nichts Neues; auch die Propheten und Apostel hätten darüber geklagt, ebenso Luther. Was die neuen Geister wollten, sehe so aus, als wolle man „ein engelreines Leben" einführen, obwohl doch Verkehrtheiten, deren Ursprung von der Korruption der menschlichen Natur herrühre, in dieser Welt wohl nicht abgeschafft werden könnten.

Die Menschen seien auch gar nicht in der christlichen Lehre so schlecht informiert, wie die neuen Geister behaupteten; es werde vielmehr nur zu viel von ihnen verlangt, „als von der heiligen Dreifaltigkeit und dergleichen, so nur vortreffliche Theologen wissen sollen."[82] „[D]enn", sagt Kromayer, „dies ist eine irrige Meinung, daß ein jeder Christ so gar eine große Wissenschaft der göttlichen Lehre haben und die ganze Bibel bei Verlust seiner Seligkeit lesen müsse und gründlich verstehen." Dann folgt der klassische Satz: „Ein wenig Wissen und gut Gewissen ist all genug." Der „gründliche Verstand", also das Verständnis des Katechismus nach dem inneren Wahrheitsgrund seiner Aussagen, Gottes selber, das in der Tat allein selig macht, das sei ein Gnadengeschenk des Heiligen Geistes und nicht durch Menschenfleiß zu erwerben.[83] Denn nur der Heilige Geist kann die „contumacia voluntatis", den Trotz des Sich-Verschließens brechen.[84]

Es sind also sehr grundlegende und völlig zutreffende Bedenken, die Kromayer geltend macht. Sie stammen aus den genuinen Tiefen reformatorischer Theologie, wie jeder Kundige sieht. Und so geht denn Kromayers Kritik ins Fundamentale. Er kritisiert an den neuen Geistern, daß sie

> „‚an Mose und den Propheten nicht genug haben, sondern wollen eine neue Lehre einführen; sie verdammen ganz Weimar, als könne kein Mensch selig werden wegen des gottlosen Lebens'. Sie sagen, unsere ganze Gemeinde bestehe aus Hurern, Ehebrechern, Dieben und Räubern. Sie rühmen und dringen beständig auf *gute Werke*, während doch der Glaube vor Gott erhöhe. Sie rufen immer: Buße, Buße, Buße, und wissen selbst nicht, was wahre Buße ist. Sie mengen iustificationem und renovationem [= Rechtfertigung und Erneuerung] ineinander, sie ‚treiben Reu und machen Gehorsam, über den Glauben aber wischen sie hin; sie verdammen treue Lehrer und Prediger, weil sie den Glauben so heftig

---

[81] Vgl. *Herrmann* (wie Anm. 14) 206; *Waas* (wie Anm. 12), 99f. 101–103. 105f.
[82] Ebd., 100.
[83] *Wolfrum* (wie Anm. 12), 21.
[84] *Waas* (wie Anm. 12), 99.

treiben'. Beständig klagen sie über Laster und Mängel, von falscher Lehre aber sagen sie nichts. ... Die Kirche ist nun einmal nicht engelrein, Mängel und Defekte werden bleiben, solange die Welt steht. Deshalb hat es keinen Zweck, darüber große Klagen anzustellen; es ist verkehrt, ‚die Verstorbenen liederlich zu verdammen. Die Leichenpredigten, darinnen man der Leute löblich gedenkt, sind nicht erlogen'."

Kromayer verteidigt also die neue Literaturgattung der Leichenpredigten gegen Kritiker (die es also gegeben haben muß); der alte Mann bejaht literarische Entwicklungen seiner Zeit als Medium der Wahrheit.

„Es ist unnütz, die Kinder und das Gesinde mit Beten und Lesen zu martern und zu quälen, zumal am Sonntag, der doch ein Ruhetag [anzüglicher Hinweis auf Exodus 23,12!] ist. Das ganze Gebaren der ‚neuen Geister' zeigt eine große Scheinheiligkeit; dahinter aber verbergen sich die schlimmsten Irrtümer und Ketzereien, als Interimistische, Majoristische, Schwenkfeldische, enthusiastische, Photinianische [= Sozinianische], halb papistische, Weigelianische und wiedertäuferische."[85]

Diese Polemik Kromayers ist geeignet, unsere Vorurteile zu bestätigen; auch ist sie zweifellos überzogen und trifft die Gegner kaum. Sie trifft deutlich indirekt Johann Arndt, der 1597 in der „Vorrede" zu „Die teutsche Theologia" dem Sinne nach genau entgegengesetzt zu Kromayer behauptet hatte, „daß man schier nicht mehr weiß, was rechte Buße ist ..." Jedenfalls trifft sie nicht Salomo Glaß, den Herzog Ernst 1640 von der Universität Jena als Generalsuperintendenten nach Gotha berief.[86] Auch hatte Kromayer damit ja eine völlige Niederlage erlitten. Denn Herzog Ernst hatte aufgrund solcher Verdächte, die nicht nur von Kromayer kamen, sondern auch anderen Pfarrern, tatsächlich eine Untersuchung gegen Evenius eingeleitet. Als dieser aber am 23. März sowie am 21. und 28. April 1637 vom Konsistorium ausführlich befragt wurde, erwies er sich als rein orthodox. Dennoch mußte Kromayer vom Herzog durch eine ultimative Aufforderung vom 19. Juli 1638 dazu gebracht werden, Evenius das von Ernst von Anfang an vorgesehene „testimonium orthodoxias" am 25. Juli 1638 endlich schriftlich auszustellen[87] – offenbar dennoch gegen seine Überzeugung. Und wenn wir als den tatsächlichen gemeinsamen Kern seiner traditionellen Polemik verstehen, daß Kromayer die Gefahr erkannte, die Rechtfertigungslehre (die Rechtfertigung allein durch den Glauben ohne des Gesetzes Werke) einer

---

[85] *Waas* (wie Anm. 12), 102f. – Hier kehrt die tiefe Empathie des Schulmanns gegenüber „der lieben Jugend" beim Kirchenmann auch für die einfachen Menschen „auff dem Lande" wieder (Kromayer, zitiert bei *Vormbaum* [wie Anm. 12], 215f.; vgl. Anm. 60)! Aus Kromayers „Epitome" wird dies (ständiges betontes Nebeneinander von ‚Kirche und Schule', siehe *Kromayer*, Epitome [wie Anm. 16], A2b, A3a [in Scholis jacienda esse haec semina ...] und A3b, 233–235) wie seine Polemik tiefer verständlich (ebd., 376 ff. [Interim]. 384 [Maior]. 361 [Schwenckfeld]. 413 [„Papisten ... Photinianer"]).

[86] *Herrmann* (wie Anm. 14), 208.

[87] *Waas* (wie Anm. 12), 106–112; danach *von Hintzenstern* (wie Anm. 76), 217.

Moralisierung zu unterwerfen, dürften wir ihm nicht widersprechen. Kromayer hat klar Luthers Unterscheidung von „Gesetz und Evangelium" verstanden: „Wäre nötiger die Leute mehr zu trösten und in dem Glauben zu stärken, denn durch schärfere Predigten [rigitiores conciones] zur Verzweiflung [Desperation] zu bringen." Irrte er (noch) konkret-historisch bei seiner Prognose, so doch nicht prinzipiell darin, daß die Kirche jederzeit das reine Evangelium verlieren *kann.*[88]

III.

Ich schließe mit den anfangs angekündigten – notwendig summarischen und wenig differenzierten – allgemeinen Bemerkungen. Das von uns vorgeführte Lebenswerk Johannes Kromayers in Schule und Kirche ist von exemplarischer Bedeutung, um die nach der Reformation entwickelte Kulturgesellschaft der protestantischen Länder angemessen zu verstehen. Völlig falsch, an der Wirklichkeit vorbeigehend ist es, sich die nachreformatorische Zeit als eine Zeit des Epigonentums und der Erstarrung vorzustellen. Dagegen spricht nicht nur eine Gestalt wie Johannes Kromayer, dagegen spricht auch ein Mann wie Wolfgang Ratke, der bei allen Spannungen mit Kromayer grundsätzlich die überzeugte Stellung im Konkordienluthertum teilt. Ebenso wie diese beiden fähig waren, im Rahmen und als Ausgestaltung protestantischer Kultur und Bildung reformerische Konzeptionen hervorzubringen, gilt das auch in anderen Bereichen. Wir hatten hier zu erwähnen Christoph Helwig aus Gießen und Albert Grawer aus Thüringen, von denen jener viel zur Entwicklung der Orientalistik beigetragen hat und dieser in die damalige Entwicklung der Philosophie gehört. Wir vergessen leicht, daß die von den Protestanten selbständig mitbegründete Philosophie des Neuaristotelismus damals einen großen methodischen und inhaltlichen Fortschritt darstellte, besonders für die Theologie.[89] Ohne diese Generationen kann

[88] Darum habe ich – wie wenigstens einige andere – dem Dokument „Lehrverurteilungen – kirchentrennend?" (Freiburg/Göttingen 1986) öffentlich eine Absage erteilt (ThLZ 115, 1990, 461–463). Zur Fortsetzung der Kontroverse und zur von mir beabsichtigten Verschärfung siehe meine Rezension zu *Ulrich Kühn* und *Otto Hermann Pesch*, Rechtfertigung im Disput: Eine freundliche Antwort an Jörg Baur, Tübingen 1991: ThLZ 119, 1994, 263–266.

[89] „Die Theologie der Orthodoxie wird bis heute weithin unterschätzt; in ihrem wissenschaftlichen Niveau übertraf sie im ganzen die anderen Disziplinen" (*Martin Heckel*, Deutschland im konfessionellen Zeitalter, Göttingen 1983, 223f.). Schon *Karl Holl* (Die Bedeutung der großen Kriege für das religiöse und kirchliche Leben innerhalb des deutschen Protestantismus [1917], in: ders., Gesammelte Aufsätze zur Kirchengechichte, Bd. 3: Der Westen, Tübingen 1928, 302–384) bezeichnete die „Neuerung", daß sich die Theologie dem Umschwung anschloß, „der sich damals überhaupt im wissenschaftlichen Betrieb vollzog", als einen „Fortschritt" (ebd., 317). Aber er irrt, daß diese „Neuerung in der Form" ein „Abfall von Luthers Standpunkt" war (ebd., 319). Nach den Ermittlungen von *Gerhard Ebeling* (Disputatio de homine, Teil 3: Die theologische Definition des Menschen. Kommentar zu These 20–40, Tübingen 1989 [Luther-Studien, Bd. 2,3], 481) über den „gelegentlichen Gebrauch des Vier-

Leibniz gar nicht verstanden werden, ja seine philosophia christiana kann als der Gipfel dieser Leistungen des 17. Jahrhunderts verstanden werden, indem Leibniz sie in die moderne Philosophie und Wissenschaft integriert.[90] Und

causae-Schemas" bei Luther, er schätze es „als ein nützliches Instrument zur Erfassung der verschiedenen Aspekte eines Sachverhalts", rücken Luther und die seit den ausgehenden fünfziger Jahren des 16. Jahrhunderts sich ausbildende lutherische Schuldogmatik, nachhaltig repräsentiert durch Martin Chemnitz und Jakob Heerbrand, bis Ende der siebziger Jahre auch durch den bis heute kaum wahrgenommenen Johannes Wigand, auch methodisch näher zusammen als man dachte.

[90] Vgl. Karl Kindt in: *Gottfried Wilhelm Leibniz*, Plädoyer für Gottes Gottheit ... „Causa Dei", hg. v. *Karl Kindt*, Berlin 1947, 15.45.54. I.III.IV. V; *Karl Kindt*, Vorschule christlicher Philosophie, Hamburg 1951, 191.197; ferner Wolf von Engelhardts Einleitung zu *Gottfried Wilhelm Leibniz*, Schöpferische Vernunft: Schriften aus den Jahren 1668 – 1686, hg. v. *Wolf von Engelhardt*, Köln ^{2}1955, XVIf.XXf. – Die Hinweise dieser Forscher zu Leibniz' Verwurzelung in der altprotestantischen Dogmatik sind meines Wissens bisher nicht aufgenommen worden. Schon Johann Christoph Gottsched gibt in seiner Übersetzung der „Theodicee, ... bey dieser vierten Ausgabe durchgehends verbessert, auch mit verschiedenen Zusätzen und Anmerkungen vermehrt" (Hannover und Leipzig 1744) zu § 8 des 1. Teils zwei aufschlußreiche Hinweise auf Johann Georg Dorsche und Johann Franz Buddeus, von denen der letztere allerdings in seinen 1724 erstmals erschienenen „Institutiones theologiae dogmaticae" (II, 1, § 25) offensichtlich von Leibniz abhängig ist, während Dorsche für den Leibnizschen Gedanken nicht auch den Terminus des Optimal-Prinzips hat. Dieser liegt aber vor bei: *Calvin*, Institutio I,17,1 (Deo constare optimam consilii sui rationem ... – Deum ex ... sapientiae suae luce ... motus [rerum] optime composito ordine temperare; Joannis Calvini Opera Selecta, Bd. 3: Institutionis Christianae religionis 1559 libros I et II continens, hg. v. *Peter Barth* und *Wilhelm Niesel*, München 1928, 202f.); *Abraham Calov*, Systema locorum theologicorum, Bd. 3, Wittenberg 1669, 1154–1156 (Providentia(e) ... sapiens, adeoque optima. – Optime. – Zitat von Röm 8,28); *Johann Adam Scherzer*, Systema theologiae, Leipzig ^{1}1680, ^{5}1711, VI Definitio und § 8 (Optime) sowie Register (Providentia ... optima); *David Hollatz*, Examen theologicum acroamaticum, Leipzig 1707, I, 6, qu. 5, prob. a 3 (creator ... optimus ... optime et sapientissime consulat) und qu. 7, prob. c (Sapientissima Dei ter optimi cura). Bezeichnend auch *Johann Amos Comenius*, Orbis sensualium pictus, Noribergae 1658, ND: Dortmund 1978, 7 (Optimus. Sapientia/der Bäste. An Weißheit) sowie *ders.*, Opera didactica (wie Anm. 20), Teil 1, Sp. 434 (... optimus cum sit, non potest velle, nisi optimum). – Nahtlose Übereinstimmung besteht mit dem Gesangbuch; siehe im heutigen Evangelischen Kirchengesangbuch: Nr. 242, Strophe 9–10; Nr. 276, Strophe 2; Nr. 280, Strophe 1; Nr. 285, Strophe 1; Nr. 295, Strophe 4; Nr. 302, Strophe 5; Nr. 348, Strophe 8; Anhang Hessen Nr. 445, Strophe 3. – Das Optimal-Prinzip ist übrigens bereits von Luther in der Erklärung zum 8. Gebot im „Kleinen Katechismus" als verbindlich formuliert. – Natürlich ist der Gedanke – wie so vieles – antik: die „tou beltistou hairesis" (Wahl des Besten) steht schon bei Platon (Phaidon 99 a/b; vgl. 97c–98b); urverwandt Ps 104,24. – Die hier bestehende Forschungsaufgabe ist zwar gesichtet (*Erhard Holze*, Gott als Grund der Welt im Denken des Gottfried Wilhelm Leibniz, Stuttgart 1991, 185), aber noch nicht in Angriff genommen worden. Das ist kein Wunder: Theologen verstehen meist nichts von Leibniz; Philosophen und Historiker meist nichts von der Theologie des 17. Jahrhunderts (siehe das kennzeichnende Zitat von Walter Sparn bei *Holze*, ebd., 23). Die Kritik, welche die Nichttheologen *Detlef Döring* (Pufendorf-Studien: Beiträge zur Biographie Samuel von Pufendorfs und zu seiner Entwicklung als Historiker und theologischer Schriftsteller, Berlin 1992, 8.29 ["reichlich konstruiert und anhand der Quellen überhaupt nicht belegbar"].30.33.37) und *Hans-Henrik Krummacher* (Der junge Gryphius und die Tradition: Studien zu den Perikopensonetten und Passionsliedern, München 1976, 22 [„Verständnislosigkeit"]. 24 [„vage Eindrükke"]. 28 [„Folgen mangelnder Kenntnis oder Beachtung"]. 34 [... sind programmierte „Fehldeutungen"]) an nichttheologischen Zunftgenossen üben, trifft uns Theologen nicht minder.

wie Leibniz kann auch Comenius ohne seine religiöse Metaphysik, welche er mit den „Evangelischen", die er anspricht, im wesentlichen teilte, bei ausdrücklicher Ablehnung der Verletzung christlicher Glaubenssubstanz durch die Sozinianer, nur heillos verstümmelt und infolge dessen nur mißverstanden werden.[91]

Falsch wäre es auch, für diese Zeit einen Gegensatz zwischen Theorie und Praxis, zwischen Theologie und Frömmigkeit, zu konstruieren, zwischen Laien und Theologen. Wenn wir an Ratke, an Dorothea Maria, an ihre Schwester Anna Sophia, an die thüringischen Herzöge und ihre persönlichen theologischen Lehrer, zum Beispiel Lippius, denken, fällt uns auf, wie unpassend eine solche Vorstellung wäre. Von den Klagen, die diese Zeit (wie jede andere) über sich selbst erhebt, dürfen wir uns – Kromayer ist Zeuge – nicht irreführen lassen; es ist nicht schwer, Gegenbeweise zu erbringen – er erbringt sie selbst.

Aber wir können aus dem Lebenswerk Kromayers in Schule und Kirche mit seinen vielfältigen Beziehungen noch etwas weiteres lernen. Für die aufblühende protestantische Kultur dieser Zeit stellt schon das Jahr 1630 eine Katastrophe dar.[92] Das Schicksal Kromayers und seiner Reformen wie seines Kirchenideals ist ein klares Beispiel dafür. In diese katastrophale, durch den großen Krieg – genauer: durch den Zusammenbruch der Integrationskraft der großen politischen Institutionen seit Beginn des Jahrhunderts – bedingte Lage, in der, wir hörten es, die Grundlagen protestantischer Kultur und Bildung, aber auch Politik, also das ganze Erbe der Reformation bedroht waren, tritt aber ein neuer Aufbruch protestantischen Bewußtseins ein. Auch dieser betrifft die Gesellschaft im ganzen. Die protestantisch-politisch-juristische Publizistik hat dafür gesorgt, daß die Protestanten sich vom Tiefstand seit 1629 erholten und in den Friedensverhandlungen eine unerwartet standfeste *äußere* Stellung einnahmen.[93] Die Kontrahenten Kromayers repräsentieren hierzu den *inneren* Reformwillen, der in der Lage war, das Luthertum über die Jahrhundertmitte hinauszutragen. Es ist zweifellos richtig, daß der theologische Standpunkt Kromayers, der im frühen 17. Jahr-

[91] *Hans-Joachim Schwager*, Das Erbe des Johann Amos Comenius, in: Korrespondenzblatt evangelischer Schulen und Heime 28, 1987, 1–17 (hier: 14b. 17a. 3b. 7a). – Internationales Comenius-Kolloquium ... Bayreuth 26.-29. September 1991. Sammelband redigiert von *Norbert Kotowski* und *Jan B. Làsek*, Bayreuth/Prag 1992; Jan Amos Comenius 1592–1992: Theologische und pädagogische Deutungen, hg. v. *Klaus Goßmann* und *Christoph Th. Scheilke*, Gütersloh 1992.

[92] *Walter Sparn*, Zweite Reformation und Traditionalismus: Die Stabilisierung des Protestantismus im Übergang zum 17. Jahrhundert, in: Retrospektive Tendenzen in Kunst, Musik und Theologie um 1600: Akten des interdisziplinären Symposions, 30/31. März 1990, Nürnberg, hg. v. *Kurt Löcher*, Nürnberg 1991 (Pirckheimer-Jahrbuch 1991), 117–131: 117. – In diesen Zusammenhang gehören schon die Arndt übersteigernden anonymen Äußerungen von Peter Meiderlin aus dem Jahre 1626, die an ihm selber jedenfalls ein in die Zukunft weisendes Krisensymptom belegen; siehe *Theodor Mahlmann*, Rupertus Meldenius, in: BBKL, Bd. 5, Herzberg 1993, 1202–1209.

[93] *Heckel*, Deutschland (wie Anm. 89), 165.197.

hundert kulturell und gesellschaftlich produktiv war, wie wir sahen, seine integrative Kraft im späten 17. Jahrhundert einbüßte. An dem Neffen Johannes Kromayers, dem vielseitig gelehrten Theologieprofessor Hieronymus Kromayer in Leipzig (das im späten 17. Jahrhundert zum Schmelztiegel wird, aus dem Pietismus und Aufklärung hervorgehen), ließe sich das gut zeigen.[94] Die vertiefte und individualisierte Frömmigkeit der Erziehungsprodukte der Orthodoxie selbst suchte sich einen neuen Ausdruck und fand ihn theologisch und wissenschaftlich – in den „Pietisten", wie man sie in Leipzig sofort nannte, und in der frühen deutschen sogenannten Aufklärung.[95]

Aber nicht einmal so dürfen wir uns vorstellen, daß Kromayers Werk nur der Vergangenheit anheimfiel. Es ist ja längst gezeigt, daß Andreas Reyher, der Schulreformator Ernst des Frommen, der 1640 die Beraterrolle des 1639 gestorbenen Evenius übernahm, große Teile des Werkes Kromayers, noch zu dessen Lebzeiten übrigens, in sein eigenes übernahm: in den in Gotha 1642 erstmals erschienenen „Special- vnd sonderbahrer Bericht/wie nechst

---

[94] *Theodor Mahlmann*, Hieronymus Kromayer, in: BBKL, Bd. 4, Herzberg 1992, 679f. Gleichwohl war es eben die Spät-Orthodoxie seit der Mitte des 17. Jahrhunderts und in ihr als wichtiger Tradent Hieronymus Kromayer, die das wohl in radikal-pietistischer Polemik 1706 zuerst festgewordene, seinem systematisch-theologischen Gehalt nach unrelativierbare ‚Geflügelte Wort' vom „Artikel, mit dem die Kirche steht und fällt" hervorgebracht hat (dazu: *ders.*, Zur Geschichte der Formel „Articulus stantis et cadentis ecclesiae", in: LuThK 17, 1993, 187–194)! – *Johannes Wallmann* (Straßburger lutherische Orthodoxie im 17. Jahrhundert: Johann Conrad Dannhauer. Versuch einer Annäherung, in: RHPhR 68, 1988, 55–72) überprüft an ihm das „Bild von der ‚lutherischen Orthodoxie'..., das im Spenerschen Pietismus aufkam und eigentlich [!] bis heute weiterlebt ..." Sein Resultat: „Man kann dieses Bild an anderen Repräsentanten der lutherischen Orthodoxie überprüfen und wird es regelmäßig [!] ... für falsch erklären müssen [!]." Und auch wer Dannhauer liest, „wird sofort [!] wieder das Klischee vom typisch orthodoxen Theologen als falsch beiseite legen" (ebd., 71). Das alles ist auch meine nie widerlegte Erfahrung.

[95] „Diese geistige Intensität", schreibt *Wilhelm Flitner* (Nachwort, in: Thüringer Erzieher [wie Anm. 3], 413–416: 413), „wurde durch die Reformation entzündet; sie ging von Thüringen und Kursachsen aus und ... fand ... vor allem in jenem Dreieck zwischen Dresden, Eisenach und Berlin ihre deutsche Fortführung." Aber, so schreibt *Detlef Döring* (Samuel Pufendorf und die Leipziger Gelehrtengesellschaften in der Mitte des 17. Jahrhunderts , Berlin 1989 [SSAW.PH 129, Heft 2], 8 mit Anm. 17): „So sehr die Feststellung allgemein anerkannt ist, daß die Geschichte der deutschen Frühaufklärung in einem kaum zu überschätzenden Maße mit dem sächsisch-thüringischen Raum verbunden ist, so bemerkenswert ist andererseits der Mangel an quellenmäßig fundierten Untersuchungen zur Geschichte der Leipziger Universität im 17. Jahrhundert ..." und „verbaut der seit dem 19. Jahrhundert übliche einseitige Blick auf die spektakulären Vorgänge um Thomasius und Francke die Einsicht in die Vielschichtigkeit des geistigen Lebens in Leipzig im ausgehenden 17. Jahrhundert. Auch führt es in die Irre, Orthodoxie und Aufklärung nur als gegensätzliche Positionen zu begreifen." Den weiteren Veröffentlichungen von Detlef Döring dazu kann man nur gespannt entgegensehen, nachdem Hans Leube schon 1921 „Die Geschichte der pietistischen Bewegung in Leipzig" aus den Quellen im Detail dargestellt hat (jetzt abgedruckt in: *Hans Leube*, Orthodoxie und Pietismus: Gesammelte Studien, mit einem Geleitwort von Martin Schmidt und einer Bibliographie hg. v. *Dietrich Blaufuß*, 1975 [AGP 13], 153–257). Von Detlef Döring liegen jetzt ferner seine „Pufendorf-Studien" vor (siehe Anm. 90).

Göttlicher verleyhung/die Knaben vnd Mägdlein ... im Fürstenthumb Gotha/Kurtz- vnd nützlich vnterrichtet werden können und sollen".[96] Aber damit breitete er darüber den Tiefschatten der Anonymität, des Vergessens.

Könnte ich ein wenig Licht in das frühe 17. Jahrhundert gebracht haben und dazu anregen, die achtungswürdige Welt dieser Mütter und Väter des Glaubens, die Orthodoxie, der sorgfältigen und dauernden Pflege der Wissenschaft zu empfehlen (wie das sogenannte Mittelalter, so auch die Früh-Neuzeit), wäre die Absicht meines auf den ersten Blick abwegig scheinenden Themas erreicht.

---

[96] *Müller* (wie Anm. 9), 133.85 (siehe auch ebd., 117); *Böhm* (wie Anm. 3), 28; *Krumbholz* (wie Anm. 14), 10. – *Karl Helmer* (Zur Elementarschule im 17. Jahrhundert: Hintergründe, Entwürfe, Realisierungen, in: Pädagogische Rundschau 44, 1990, 675–688) zitiert Müller, ignoriert aber die angeführten Stellen sowie die ganze damit zusammenhängende Forschung (siehe oben, Anm. 3, 4, 7, 9–14)!

Hans-Jürgen Schrader

Vom Heiland im Herzen zum inneren Wort

‚Poetische' Aspekte der pietistischen Christologie[1]

Für Martin Stern zum 19. Februar 1995

Die Pietisten sind keine großen Dogmatiker gewesen. Die theologischen Lehrstreitigkeiten zwischen den Protestanten (aber auch gegenüber den Katholiken) um eindeutige und begrifflich-klare Fixierungen des eigenen typus doctrinae und um dessen Abgrenzung gegen die Grundsätze der anderen Bekenntnisse haben die meisten von ihnen kaum interessiert. Worauf es ihnen allen ankam, unabhängig davon, ob sie nun der lutherischen oder der reformierten Kirche zugehörten, ob sie sich in besonderen Konventikeln oder in von der Kirche separierten Gemeinschaften versammelten, ob sie sogar kirchliche und Gemeindebindungen überhaupt verschmähten oder zum mystischen Quietismus katholischer Spielart tendierten, war eine fundamentale Intensivierung der Frömmigkeit: Erstrebt wurde eine vollständige individuelle Verwandlung jedes einzelnen Menschen aus dem Sündenstand der Welt in den göttlichen Gnadenstand und – daraus resultierend – ein praktisches Tatchristentum, eine Umwandlung damit auch der Kirchen und der ganzen Welt durch die Gemeinschaft der „Erweckten".

Diese „Umschaffung" oder – mit dem biblischen Zentralterminus der pietistischen Psychagogik – die „Wiedergeburt" des Einzelmenschen und die progressive Veränderung der Welt im Geiste der göttlichen Liebe verstanden sie als Vorbereitungsarbeit am verheißenen Friedensreich Christi. Die „besonderen Meinungen" und „Satzungen" spezifischer Doktrinen dagegen sollten, als eher unerheblich gegenüber diesem „unum necessarium", in jedermanns freie Gewissensentscheidung gestellt und – im Wissen um die vielerlei Wege, auf denen der Herr die Seinen zu sich ziehen könne – brüderlich geduldet werden. In scharfer Abgrenzung ihrer Frömmigkeits-

1 Unter dem Titel „Le Christ dans le coeur de ses fidèles. Quelques aspects ‚poétiques' de la christologie du piétisme" wurde die vorliegende germanistische Untersuchung am 26. August 1993 zum Kolloquium über „Le Christ entre Orthodoxie et Lumières" (Leitung: Olivier Fatio und Maria Cristina Pitassi) am Institut d'Histoire de la Réformation der Universität Genf vorgetragen. Die leicht differente französische Version erschien in dem von M.C. Pitassi herausgegebenen Berichtband, der den Titel dieses Kolloquiums trägt (Genève: Droz, 1994, 49–76).

emphase gegenüber der Kontroverstheologie der nachreformatorischen Orthodoxien und der als unerbaulich empfundenen kasuistischen Gelehrsamkeit der amtskirchlichen Kanzelverkündigung wurde die dogmatische Theologie überhaupt mit Hinweis auf 1. Timotheusbrief 1,6 zur „Mätologie“, also zu „unnützem Geschwätz“ erklärt.[2]

Obgleich der individuelle affektive Bezug auf Jesus als den „Heiland“, „Immanuel“ und „Seligmacher“, den Lehrmeister und „Durchbrecher“, Freund und Herzensbräutigam bis in die Verstiegenheiten einer spätbarock-brautmystischen Erotik und des herrnhutischen Wundenkults[3] in keiner anderen Epoche eine so herausragende Bedeutung für die Breitenfrömmigkeit besessen hat wie in der des Pietismus,[4] muß es bei der antidogmatischen Grundeinstellung der gesamten Richtung nicht verwundern, daß kein einziger der Vordenker dieser Frömmigkeitsreform überhaupt eine verbindliche, systematische und begrifflich-definite Christologie auszuarbeiten unternommen hat. Die Streitpunkte der barocken Orthodoxie um die theologische Unterscheidung der spezifischen Eigenschaften von Vater, Sohn und Heiligem Geist, um eine Systematisierung des Verhältnisses von göttlicher und menschlicher Natur Christi, um die Unterscheidung seines prophetischen, priesterlichen und königlichen Amts oder auch um die Frage der Ubiquität und damit der körperlichen oder nur symbolischen Anwesenheit im Abendmahl haben sie höchstens am Rande interessiert.[5]

Etwas größere Bedeutung – mit dezidierteren Positionen – gewinnen von den auch in der Orthodoxie umstrittenen Problemen lediglich die für die

[2] Topos der Abwehr orthodoxer Lehrgebäude, hier zitiert nach der als Quellensammlung pietistischer Argumente unschätzbaren ersten Biographiensammlung, in deren sieben Bänden die verschiedensten Spielarten nicht nur der pietistischen Frömmigkeit, sondern auch ihrer Wegbereiter und Parallelbestrebungen aus unterschiedlichsten Ländern und Konfessionen als eine „Wolke der Zeugen“ Christi (vgl. Hebr 12,1) und damit als Kern der Kirchengeschichte zusammengefaßt sind: [*Johann Henrich Reitz*,] Historie Der Wiedergebohrnen, Teil III, [Offenbach] 1701, 198. Reprographische Neuedition des Gesamtwerks in seinen Erstdrucken 1698–1745, hg. v. *Hans-Jürgen Schrader*, Tübingen 1982 (= Deutsche Neudrucke: Reihe Barock, Bd. 29,1–4). Im gleichen Sinne argumentiert schon Spener in der Programmschrift des Pietismus: *Philipp Jacob Spener*, Pia Desideria (1675), hg. v. *Kurt Aland*, Berlin [3]1964 (KlT 170), 20–26.

[3] Die noch immer förderlichste Traditionsanalyse gibt *Paul Alverdes*, Der mystische Eros in der geistlichen Lyrik des Pietismus, Diss. phil. [masch.], München 1921.

[4] Vgl. *Hans-Jürgen Schrader*, Pietismus, in: *Walther Killy*, Literatur Lexikon, Bd. 14: Begriffe, Realien, Methoden (hg. v. *Volker Meid*), Gütersloh/München 1993, 208–216; 209: „Bis zur Mitte des 18. Jahrhunderts hatte der Pietismus größte Teile der evangelischen Kirchen durchdrungen und war die theologisch tonangebende Kraft. Etwa 40 Prozent aller Protestanten, knapp ein Fünftel aller Deutschsprechenden überhaupt, können in dieser Zeit als Pietisten angesehen werden.“

[5] Zu den christologischen Streitigkeiten und zur Christologie vgl. *Walter Sparn*, Jesus Christus V: Vom Tridentinum bis zur Aufklärung, in: TRE, Bd. 17, Berlin/New York 1988, 1–16; ferner *John Macquarrie*, Jesus Christus VII: Dogmatisch, in: ebd., 42-64. Ich beziehe mich hier auf den älteren Artikel von *Wolfhart Pannenberg*, Christologie II: Dogmengeschichtlich, in: RGG[3], Bd. 1, Tübingen 1957, 1774f.

Rechtfertigungslehre wichtigen Fragen nach den Grenzen der „Zurechnung“ oder auch „Imputation“ des stellvertretenden Kreuzesopfers Christi oder die – für die praxis pietatis weniger bedeutsame – einer Präexistenz Christi seit der Erschaffung der Welt und seiner Wiederkunft am Ende der Zeiten.

Trotz aller Abstinenz in den für die praktische Christus-Nachfolge eher akademisch scheinenden Fragen zeigt die in den Lehr- und Erbauungsschriften der Pietisten eher unsystematisch entworfene Christologie ein spezifisches, gegenüber der Orthodoxie deutlich abgrenzbares Gepräge, das in der Grundauffassung alle Spielarten der Bewegung einigte: die stärker asketisch-aktivischen ebenso wie die eher mystisch-passivischen.

In einer Kurzformel läßt sich dieses proprium, das die Pietisten allerdings mit den von ihnen beerbten spiritualistischen und mystischen Traditionen verbindet, mit dem Konzept eines „*Christus in nobis*“ zusammenfassen, demgegenüber das gemeinprotestantische „*Christus pro nobis*“ deutlich an Gewicht verliert.

In der langen Kette der orthodoxen Einsprüche, Gegenbeweise, Vorwürfe und Verdächtigungen gegen die Gesamtbewegung des Pietismus tritt diese christologische Divergenz nicht einmal besonders exponiert zutage. Die anonyme Streitschrift „Ungefälschte Abbildung der heutigen Pietisterey“ schilt Speners „neue Secte“ auf dem Höhepunkt der „Pietistischen Streitigkeiten“ im Jahr 1700, sie verkleinere „die Gnugthuung Christi“, indem man „Christi Verdienst one die Wercke vor nichts achtet“ und mache sich also des Synergismus schuldig und den Sozinianern und Katholiken gemein. Überdies wiederhole ihre Lehre von Christi Wiederkunft am Ende der Zeiten jüdische und chiliastische Irrtümer.[6] Am Ende der Epoche aber, als 1758 Johann Michael Mehligs noch immer stramm orthodoxes „Historisches Kirchen= und Ketzer=Lexicon“ den „Pietisten“ und „Fanatici“ noch einmal ihre „unter dem Schein der Frömmigkeit, besondere Gebräuche und Lehrsätze“ ankreidet und heterodoxiegeschichtlich einordnet, werden christologische „Irrthümer“ gar nicht mehr genannt.[7]

Aufschlußreicher ist da die Serie der Rezensionen, mit denen das theologische Hauptorgan der lutherischen Orthodoxie, Valentin Ernst Löschers „Unschuldige Nachrichten“, zwischen 1727 und 1747 mit dem erklärten Ziel behördlicher Verbote die Gefährlichkeit der „Berleburger Bibel“ nach-

---

[6] Ungefälschte Abbildung der heutigen Pietisterey, Lissa 1700, Bog.)(3^{v}f. – Auf die pietistische Spekulation über Christi Wiederkehr und sein endzeitliches Friedensreich kann ich in diesem Zusammenhang nicht eingehen; vgl. dazu *Hans-Jürgen Schrader*, Sulamiths verheißene Wiederkehr. Hinweise zu Programm und Praxis der pietistischen Begegnung mit dem Judentum, in: Conditio Judaica. Judentum, Antisemitismus und deutschsprachige Literatur vom 18. Jahrhundert bis zum Ersten Weltkrieg, hg. v. *Hans Otto Horch* und *Horst Denkler*, Bd. 1, Tübingen 1988, 71–107.

[7] *Johann Michael Mehlig*, Historisches Kirchen= und Ketzer=Lexicon aus den besten Schriftstellern zusammen getragen, Chemnitz 1758; siehe die Artikel „Fanaticus“ (Bd. 1, 642f.) und „Pietisten“ (Bd. 2, 377–380); Zitat: 377 und 379.

weisen will.[8] Diese für alle pietistischen Sonderlehren signifikante Neuübersetzung entstammte dem Geist des radikalen Pietismus und legte in acht Foliobänden (1726–1742) eine wort- und versweise Kommentierung der Heiligen Schrift vor. Auf die Christologie beziehen sich in den Rezensionen drei Gruppen von Einwänden, von denen zwei die spekulativen Sonderlehren nur einzelner Theologen betreffen, die dritte aber den Kernpunkt des orthodoxen Dissenses mit der gesamten pietistischen Richtung bestimmt.

a) Zu den als „Irrlehren" gebrandmarkten christologischen Spekulationen gehört zunächst die Lehre von der Präexistenz des Gottessohnes, die diese Bibelversion heterodoxerweise (ganz im Sinne von alten Logos-Spekulationen) auf die Aussagen über den „Erstgebohrnen vor allen Creaturen" (vgl. Kolosser 1,15; Sprüche 8,22) gründen wolle.[9] Der Berleburger Präexistenzkommentar war einem heftig umstrittenen Traktat des chiliastischen Theologen Johann Wilhelm Petersen gefolgt[10] und hatte damit einen Zensurprozeß des Corpus Evangelicorum provoziert, in dem der Landesherr gezwungen worden war, den inkriminierten Druckbogen austauschen zu lassen.[11]

b) Der zweite christologische Einwand warf den Bibelkommentatoren eine Herabminderung der Gottnatur Christi vor: „Von dem Menschen Christo heisset es, er habe alle Anfälle und Versuchungen der Sünde in seinem Fleisch empfunden."[12] Diesen Lehrsatz hatte, zur Erleichterung einer individuellen Nachfolge Christi, besonders Johann Henrich Reitz vorgetragen und war dafür von der Orthodoxie als „sozinianisch" angeprangert worden.[13]

---

[8] Unschuldige Nachrichten, hg. v. *Valentin Ernst Löscher* u. a., Leipzig 1701 ff., von 1720–1750 unter dem Titel: Fortgesetzte Sammlung von alten und neuen theologischen Sachen (fortan abgekürzt als „Fortges. Sammlung"); siehe ebd., 1727, 1164–1176 (zu Bd. 1 der „Berleburger Bibel"); 1729, 811–818 (zu Bd. 2); 1731, 270–280 (zu Bd. 3); 1732, 974–979 (zu Bd. 4); 1736, 696–711 (zu Bd. 5); 1747, 211–244 (zu Bdn. 6–8). Die kämpferisch orthodoxen Positionen des Begründers und langjährigen Herausgebers der Zeitschrift in den christologischen Dissenzpunkten den Pietisten gegenüber sind systematisch zusammengefaßt bei *Hans-Martin Rotermund*, Orthodoxie und Pietismus. Valentin Ernst Löschers „Timotheus verinus" in der Auseinandersetzung mit der Schule August Hermann Franckes, Berlin 1959 (ThA 13), 48–52.58-60.63–67.82-85.87–100.

[9] Fortges. Sammlung, 1727, 1168 (zu 1 Mose 32,24 sowie 1 Mose 5,2); vgl. Fortges. Sammlung, 1731, 278 (zu Spr 8,23 und der Behauptung, „daß vor Grundlegung der Welt das Vor=Weltliche himmlische Krafft=Wesen der himmlischen Menschheit gewesen, das weder die pure Gottheit, noch eine pure Creatur sey, sondern ein mittlers Wesen") und Fortges. Sammlung, 1732, 978 (zu Mi 5,2).

[10] *Johann Wilhem Petersen*, Das Geheimniß Des Erst=Gebohrnen aller Creaturen Von CHRISTO JESU Dem GOtt=Menschen, Frankfurt am Main 1711.

[11] Für die näheren Zusammenhänge und Nachweise vgl. *Hans-Jürgen Schrader*, Pietistisches Publizieren unter Heterodoxieverdacht: Der Zensurfall „Berleburger Bibel", in: „Unmoralisch an sich ...". Zensur im 18. und 19. Jahrhundert, Wiesbaden 1988 (Wolfenbütteler Schriften zur Geschichte des Buchwesens 13), 61–88; *ders.*, Literaturproduktion und Büchermarkt des radikalen Pietismus, Göttingen 1989 (Palaestra 283), insbes. 126–129.192–198.207.433 f.470–473.

[12] Fortges. Sammlung, 1735, 697.

[13] *Johann Henrich Reitz*, Kurtzer Vortrag Von der Gerechtigkeit, Die wir Auß und in JEHOVA durch den Glauben haben, [Offenbach] 1701, 7–11: „Ja daß er seinen Brüdern/ die

c) Alle anderen Vorbehalte der orthodoxen Glaubenswächter gegen christologische Aussagen der „Berleburger Bibel" aber lassen sich systematisch zusammenfassen in der für den Gesamtpietismus charakteristischen Auffassung über eine „wesentliche Einverleibung Christi [...] in uns".[14] Da für die Pietisten die am Ende des psychagogischen Prozesses erreichte wesenhafte Gemeinschaft notwendig gute Werke wirkt und die Sünde vertreibt, resultierte aus dieser Auffassung vom Innewohnen Christi im Herzen der Wiedergeborenen ihre – wie die Orthodoxen argwöhnten – „katholische" Herabminderung des rechtfertigend zuzurechnenden stellvertretenden Kreuzopfers Christi zugunsten des opus operandum.[15] Und vor allem resultierte daraus, „gut enthusiastisch", ihre Auffassung von der Überlegenheit der im Herzen vernommenen inneren Stimme und göttlichen Zusprache über alle Lehrsatzungen und rationalen Konzepte: „Ach mögten doch alle Prediger sich dahin betreten, nicht vorhero zu überlegen, was sie zu reden haben, sondern sich gantz dem innern von Hertzen dahin geben, daß sie dem H. Geist und dessen Triebe Folge leisteten!"[16]

Im Axiom einer solchen göttlichen Herzenszusprache sahen die Orthodoxen – sicher nicht ganz zu Unrecht – ein Einfallstor für einen schrankenlosen Subjektivismus der Lehrauffassungen und für dogmatische Indifferenz – und witterten also Anarchie.

In der für das Genre der satirischen Typenkomödie charakteristischen Vergröberung hat, eher von aufklärerischer als von orthodoxer Position aus, Luise Adelgunde Viktorie Gottsched, die erst 23jährige Gattin des Leipziger Lehrmeisters einer vernunftgemäßen Dichtungslehre, den Grunddissens schärfer herauspräpariert als die orthodoxen Glaubenswächter. In der Eingangsszene ihres gegen das Frömmlerwesen gerichteten Pasquill-Dramas „Die Pietisterey im Fischbein=Rocke; Oder die Doctormäßige Frau"[17] beklagt sich die unglückliche Protagonistin, Jungfer Luischen, daß ihre von pietistischen Heuchlern in mystische Lektüren und ins unverständ-

---

Fleisch und Blut haben/ kat' panta/ in allen Stücken gleich seyn müssen/ auff daß er barmhertzig würde/ und kat' panta in allen Stücken und auff alle Weise und Wege/ innerlich und eusserlich versucht werden [...] und dargegen sich mit Wachen/ mit Fasten/ mit Thränen/ mit Seufftzen [...] und mit aller zusammengefaster Stärcke und Ernst/ Ringen und Kämpffen seiner Seelen/ bewahren [...] und dergestalt in ihme selbst der Schlangen den Kopff zertretten muste ..." – Vgl. dagegen Unschuldige Nachrichten, 1707, 451; ferner die Serie weiterer orthodoxer „Elenchi", die bei *Schrader*, Literaturproduktion (wie Anm. 11), 583f. zusammengestellt sind.

14 Fortges. Sammlung, 1747, 234 (zu 2 Petr 1,4: „Teilhabe an der göttlichen Natur").

15 Fortges. Sammlung, 1731, 271; vgl. Fortges. Sammlung 1736, 701 (zu Mt 1,21).

16 Fortges. Sammlung, 1736, 709 (Zitat des Kommentars der „Berleburger Bibel" zu Lk 12,11f.).

17 *Luise Adelgunde Victorie Gottsched*, Die Pietisterey im Fischbein=Rocke, hg. v. *Wolfgang Martens*, Stuttgart 1968 u. ö. (Reclams Universal-Bibliothek 8579); vgl. auch das Nachwort, ebd., 153–155.164. Gottscheds Drama ist einer französischen Streitschrift gegen den jansenistischen Quietismus, Guillaume-Haycinthe Bougeants Komödie „La Femme Docteur ou la Théologie Janseniste tombée en Quenouille", nachgebildet und wurde unter falscher Druckortangabe erstmals 1736 anonym in Leipzig publiziert.

liche Geschwätz der Kanaans-Sprache verführte Mama ihre Verheiratung hintertreibe. Die kluge Magd Cathrine erkennt die Schwierigkeit, dem heiratslustigen Mädchen zu helfen, und spottet:

> „Allein, meynt sie, daß die Frau Glaubeleichten sie einem Manne geben werde, ehe sie recht Doctormäßig, und in der Lehre vom wahren innern Christenthume des Hertzens recht befestigt ist? Nicht so, nicht so! Ich wette, daß sie noch nicht einmal weiß, was Christus in uns, und die Salbung samt dem Durchbruche sey!"[18]

„Christus in uns", also die „Lehre vom wahren innern Christenthume des Hertzens"[19], und das Erreichen dieser Erfahrung mit dem Gnaden-„Durchbruch" der Wiedergeburt – damit hat die junge Gottschedin in einem Satz die Zentralformeln der pietistischen Psychagogik der Satire preisgegeben. Und wenn sie die scheinheilige Atmosphäre im Hause „Glaubeleicht" auch noch dadurch beleuchtet, daß Luischen anstelle von Romanen und Komödien „Hübsche Hertzens-Catechismi" und „Hoburgs unbekannter Christus" lesen soll[20], hat sie auch erkannt, in welcher Tradition die verspotteten christologischen Vorstellungen der Pietisten stehen.

Der Traktat des Barock-Spiritualisten Christian Hoburg, „Der unbekandte CHRISTUS; Das ist/ Gründlicher Beweiß Daß die heutige Christenheit in allen Secten/ den wahren CHRISTUM nicht recht kennen", zu Amsterdam 1669 erschienen und von den Pietisten wiederholt neu aufgelegt[21], ist zwar, anders als sein Titel vermuten lassen könnte, gar keine christologische Programmschrift, sondern eine der scharfen Attacken Hoburgs gegen die Hoffahrt der Amtskriche, die sich in ihrem Weltgepränge zur Niedrigkeit des armen Jesus in Kontrast gesetzt habe.[22]

Aber die Spur ist doch richtig: Nicht nur war die der Gottschedin wohl vorliegende pietistische Neuausgabe von „Der Unbekante Christus [...] Anno 1701" begleitet von einem Traktätchen mit dem Symbolum eines Herzens, das von Jesus vollkommen eingenommen und versiegelt werden sollte:

> „Huldreichster HERR JESU/ schreibe auff dasselbe/ und zwar fornen her/ JESUS/ schreibe auf allen Seiten JESUS/ ja schreibe in das Innerste meines Hertzens JESUS mit unauslöschlichen Buchstaben/ daß also nicht das kleinste Flecklein an demselbigen uberbleibe auf welchem nicht stehe JESUS/ JESUS/ JESUS."[23]

---

[18] Ebd., 14f.

[19] Vgl. dazu den Zeilenkommentar des Herausgebers, ebd., 15: „Geläufige pietistische Vorstellung, die die spirituelle Erfahrung Christi im eigenen Seelengrund meint."

[20] Ebd., 14.

[21] Neuauflagen erfolgten (unter falscher Angabe des Druckortes „Franckfurt und Leipzig") in Offenbach 1701 (vgl. *Schrader*, Literaturproduktion, wie Anm. 11, 151.159) und 1727 (vgl. Martens Zeilenkommentar in *Gottsched*, wie Anm. 17, 14).

[22] Vgl. *Evamarie Gröschel-Willberg*, Christian Hoburg und Joachim Betke. Ein Beitrag zur Vorgeschichte des deutschen Pietismus, Diss. phil. [masch.], Erlangen 1954, 63.73–76.

[23] IVSTINIANI Verleugnung sein selbst. Verfasset in eine REDE/ Welche Er gehalten hat in Beysein etlicher JEsus=liebenden Hertzen/ als Er der Welt absagte [...], Frankfurt und Leipzig [recte: Offenbach] 1701. Das Herz-Symbolum findet sich auf Seite 9.

Vielmehr war der für die Kirchenkritik und die asketische Theologie Speners und der Pietisten insgemein höchst einflußreiche Hoburg der „bedeutendste Repräsentant des linken Flügels der Arndtschule“[24] in der zweiten Hälfte des 17. Jahrhunderts. Die vier, später sechs „Bücher vom wahren Christentum“ Johann Arndts, zuerst 1605–1609, sind das über Jahrhunderte hindurch verbreitetste Erbauungsbuch des Protestantismus überhaupt. Und Arndt ist, anknüpfend an eine Vielzahl mystischer und asketischer Vorgaben, der wirkungsvollste Vorformulierer pietistischer Grundargumente – auch der Herzenschristologie – gewesen, gleichsam ein „piétiste avant la lettre“.[25]

In den späteren pietistischen Neuausgaben der „Bücher vom wahren Christentum“[26] konnte man nicht nur allegorische Emblemkupfer finden, in denen der Gnadenstand durch das Bild des ins Herz der Anima-Gestalt eingezeichneten siegenden Christus (gegenüber der den Weltzustand symbolisierenden Einwohnung des alten Adam) oder durch Jesu Geburt und Kreuzestod im Herzen vorgestellt war.

„IM Fall der neue Mensch in dir genesen
Und leben soll,
So muß der alte, Schmertzen=voll,
Erkrancken, sterben und verwesen; [...]
Soll GOttes Lieb in dir entstehn,
Muß erst die Welt=Lieb untergehn,
So wirst du recht aus GOtt geboren,
Zu einer neuen Creatur gemacht;
So ist das Bild, durch Adams Fall verlohren,
Auch würcklich dir zu gut durch Christum wiederbracht,
So kömmst du *aus dem Tod ins wahre Leben*, [...]
O Mensch! geh in dein Hertz, und siehe zu,
Wer in dir herrscht und dich beweget:
Sey emsig, und begib dich ehe nicht zur Ruh,
Als du den alten Menschen abgeleget
Und fühlst, daß Christi Geist dich treibet und regiert
Und mehr und mehr mit neuer Tugend ziert.“[27]

---

[24] *Johannes Wallmann*, Der Pietismus, Göttingen 1990 (KIG 4/O 1), 22f. Vgl. ferner ebd., 45.50; *Martin Schmidt*, Wiedergeburt und Neuer Mensch: Gesammelte Studien zur Geschichte des Pietismus, Witten 1969 (AGP 2), 51–111.158–165; *Hans-Jürgen Schrader*, Christian Hoburg, in: Schleswig-Holsteinisches Biographisches Lexikon, Bd. 5, Neumünster 1979, 136f. (Bibl.).

[25] Für einen Zugang zur unermeßlichen Arndt-Forschung siehe neben *Wallmann* (wie Anm. 24), 14–21 auch *Martin Schmidt* (Johann Arndt, in: TRE, Bd. 4, Berlin 1979, 121–129).

[26] Spener selbst hat 1674 die erste pietistische Neubearbeitung von Arndts „Wahrem Christentum“ herausgegeben, vermehrt um Anmerkungen zum Nachweis der Rechtgläubigkeit des verehrten Lehrers; vgl. *Martin Brecht*, Philipp Jakob Spener und das Wahre Christentum, in: PuN 4, 1979, 119–154, sowie *Philipp Jakob Spener*, Briefe aus der Frankfurter Zeit, 1666–1686, Bd. 1: 1666- 1674, hg. v. *Johannes Wallmann*, Tübingen 1992, 751 f.810.

[27] [*Johann Arndt*,] Des Geist= und Trost=reichen Lehrers/ Sel. Johann Arndts [...] Sechs Bücher Vom Wahren Christenthum, [...] Nebst dem Paradies=Gärtlein. [...] Mit einer Vorrede Herrn D. Joachim Langens, Erfurt 1736, [vor Seite 263]. Die beschriebenen Haupt-

Vielmehr war schon die Quintessenz des 1. Buches, „Liber Scripturae“, „WIe in einem wahren Christen der alte Adam sterben, Christus aber in ihm leben soll: und wie er nach dem Bilde GOttes täglich erneuert werden, und in der neuen Geburt leben müsse.“[28] Nach dem „Liber Vitae, Christus“ folgte ein „Liber Conscientiae“, das, als Wirkung der Einwohnung des Gottessohnes, „ein göttliches, innerliches Licht der Seelen“ als Offenbarungsquelle neben das verkündete Gotteswort der Bibel stellte.[29] Durch Christi „inwendiges Einsprechen und Reden“ wird also das Glaubenszeugnis durch ein inspiratives Moment ergänzt: „erstlich die heilige Schrift, darnach die Erfahrung.“[30]

Von Luther war dergleichen kaum abzuleiten – es sei denn aus seiner von den Pietisten bevorzugt zitierten Vorrede zum Römerbrief von 1522, wo auch schon von der Erfahrung in „des hertzen grund“ die Rede war:

> „Aber glawb ist eyn gotlich werck ynn vns/ das vns wandelt vnd new gepirt aus Gott/ Johan. 1 vnd todtet den alten Adam/ macht vns gantz ander menschen von hertz/ mut/ synn vnd allen krefften/ vnd bringet den heyligen geyst mit sich/ O es ist eyn lebendig/ schefftig/ thettig/ mechtig ding vmb den glawben/ das vnmuglich ist/ das er nicht on vnterlas solt gutts wircken/ Er fraget auch nicht/ ob gutte werck zu thun sind/ sondern ehe man fragt/ hat er sie than/ vnd ist ymer ymthun.“[31]

Kupfer sind dem 1. Buch, Seite [45], und dem 2. Buch, [nach Seite 222], vorangestellt, die Erläuterungen dem 7. Kapitel des 2. Buchs [vor Seite 263], mit einer Gegenüberstellung der konträren Eigenschaften und Attribute von „Adam“ und „Christus“: als der „Alte Mensch. // Neue Mensch. [...] Natürl. Mensch //Geistl. Mensch. Irdisches Bild //Himmlisches Bild“ (ebd., 263). Als Adaption ausländischer katholischer Vorbilder gewinnen die Herzembleme mit Bildern der Innewohnung Christi reiche Tradition im Pietismus: von *Johanna Eleonora Petersen*, I. N. J. Hertzens=Gespräch Mit GOTT, Frankfurt und Leipzig ²1694 (¹1687), 137–192 (nach Benedikt Haeftens „Schola Cordis“ von 1629, vgl. Petersen-Emblempictura 9 [„Iesus regieret das Hertz“] und Pictura 10 [„Iesus lehret im Hertzen“]), bis hin zu dem in 26 Sprachen übersetzten und noch heute als Erbauungsbuch neu aufgelegten, erstmals 1812 erschienenen neupietistischen Traktat von *Johannes [Evangelista] Goßner*, Das Herz des Menschen ein Tempel Gottes oder eine Werkstätte Satans: In zehn Sinnbildern dargestellt und erklärt, Lahr-Dinglingen ⁴⁵1990 (Glaube und Vertrauen 18505), mit der Gegenüberstellung des Weltstandes (Satan im Herzen) und des Gnadenstandes (Dreieinigkeit im Herzen) in Bild 1 und 5 (ebd., 9.23) auf der Grundlage eines aus französischer Vorlage adaptierten katholischen Erbauungsbuchs, das unter dem Titel „Geistlicher Sittenspiegel“ 1732 in Würzburg erschienen war. – Alle hier und im folgenden (in Kursive) wiedergegebenen Hervorhebungen sind im zitierten Original (meist durch Fettdruck) vorgegeben.

28 *Arndt* in der Ausgabe Joachim Langes von 1736 (wie Anm. 27), Vorspann, 43 und Buch-Titel vor Text-Seite 1.

29 Ebd., Vorspann, 43.; Buch-Titel 549.

30 Ebd., 609.263.

31 *Martin Luther*, VORRHEDE AUFF DIE EPISTEL SANCT PAULUS ZU DEN ROMERN, in: Das Newe Testament Deütsch, Wittenberg 1522, Neudruck hg. v. *Gustav Kawerau* und *Otto Reichert*, Berlin 1918, Bog. 22/7^{v} (= WA.DB 7, 10,6–12).

Die Mortifikation des alten Adam und die Neugeburt Christi im Herzen, Hauptkupfer zum Ersten Buch. In: Johann Arndt: Sechs Bücher Vom Wahren Christenthum, hg. von Joachim Lange, Erfurt 1736 (vgl. Anm. 27)

Der Herzenszustand eines Menschen, der nach seiner Bekehrung wieder in die alten Sünden zurückgefallen und nun ganz in der Gewalt Satans ist.

Allegorie des Weltstandes (die Satansrotte im Herzen) und des Gnadenstandes (die göttliche Dreieinigkeit im Herzen). In: Johannes Evangelista Goßner: Das Herz des Menschen ein Tempel Gottes oder eine Werkstätte Satans, 45. Neuaufl., Lahr-Dinglingen 1990 (vgl. Anm. 27)

Philipp Jacob Spener aber, der „Vater des Pietismus" und Arndt-Leser seit Kindertagen, nimmt den Ton in seiner (bezeichnenderweise zuerst als Vorrede zu Arndts „Postilla" publizierten) Programmschrift „Pia Desideria" von 1675, der „Geburtsurkunde" der neuen Richtung, mit der ihm eigenen Vorsicht für die Unterscheidung des „göttlichen und menschlichen glauben" bloß dadurch auf, daß er für das „Christus in nobis" und die daraus folgenden guten Werke zuerst die Römerbrief-Vorrede und dann das „Wahre Christentum" zitiert.[32] August Hermann Francke, sein wirkungsreicher Popularisator, wird dagegen expliziter: „Christum in der Schrifft finden/ ist köstlicher/ aber noch köstlicher ist es ihn finden in seinem Hertzen/ [...] ja sonst findet auch niemand Christum recht *und in der Wahrheit* in der Schrifft/ er finde ihn denn auch in seinem Hertzen."[33] Und die „Berleburger Bibel"

[32] *Spener*, Pia Desideria (wie Anm. 2), 33–36; vgl. den Tugendkatalog in der Vorrede, ebd., 7f.

[33] *August Hermann Francke*, Christus der Kern Heiliger Schrifft [...], Halle 1702, 430.

Der innere Zustand des Gottseligen, sein Herz ein Tempel des lebendigen Gottes, eine Wohnung der heiligsten Dreieinigkeit.

spitzt den Gedanken über den erkenntnistheoretischen Aspekt hinaus auch noch einmal mystisch-psychagogisch zu: im Hinblick auf Nachfolge, Anähnlichung, Wiedergeburt und Teilhabe an der göttlichen Natur. Im Kommentar zu Römer 8,4 heißt es:

> „Christus in uns erfüllet den Sinn oder Willen GOttes. Dieser Wille aber ist, daß wir heilig und geistlich seyn sollen, wie er selbst ist. Dazu ist der Sohn Gottes in unser Fleisch gekommen [...]. Christus [...] erfüllet in uns das Gesetz, und schaffet ein *neu Hertz* [...]: und wer Christum [...] nicht in sich hat, der hat nichts wahrhaftiges, wenn er noch so viel von Gott, Christö und der ewigen Erlösung, reden könte."[34]

Und in der von den Orthodoxen besonders inkriminierten Auslegung über das „göttlicher Natur theilhafftig werden" in 2. Petrus 1,4:

[34] Die Heilige Schrift Altes und Neues Testaments/ Nach dem Grund=Text aufs neue übersehen und übersetzet: Nebst einiger Erklärung des buchstäblichen Sinnes/ Wie auch der fürnehmsten Fürbildern und Weissagungen von Christo und seinem Reich [...], 8 Bde., Berleburg 1726–1742 (fortan abgekürzt: Berleburger Bibel); das Zitat aus Bd. 6, 1737, 257.

„Das ist des Menschen völlige Vollkommenheit in diesem Leben [...], also mit GOtt vereiniget zu werden, daß die gantze Seele mit allen ihren Kräfften in GOtt gelencket, gezogen und gantz versencket sey, ja daß sie *ein einiger Geist* mit GOtt sey, an nichts gedenke als an GOtt, nichts empfinde und verstehe als GOtt [...]. Die Seligkeit ist nichts anders als eine wesendliche Einverleibung Christi und mit Christo der Gottheit in uns, und unser in Christum und durch ihn in GOtt, da Christus uns gantz und gar durchdringet, und unserer Seelen seine Eigenschafften wesendlich und wahrhafftig mittheilet. [...] Der gantze Grund solcher grossen Herrlichkeit der Glaubigen liegt also in der *Inwohnung und Gemeinschafft des Herrn Christi* in ihnen. [...] Einem wahren Christen ists allein um die neue göttliche Natur zu thun [...], weil man in der neuen Geburt allein zu GOtt kommen kan. Darum ist diese das Hauptwerck und das alleinige Ziel eines Christen."[35]

Wenn Christus das Gesetz „in uns" (und also nicht allein am Kreuz) erfüllt, dann wird dabei deutlich, mögen auch die Erweckten „immer sich auff den Christum in sich/ so wol als den für sich/ beruffen",[36] daß in der pietistischen praxis pietatis das „in nobis" mit seiner gute Werke wirkenden vita activa vor dem „pro nobis" deutlich voransteht:

„woraus zu sehen/ wie die Menschen sich betrügen/ die ihr Vertrauen setzen auff Christi Leiden/ Gehorsam/ Verleugnung/ Gerechtigkeit/ Heiligkeit/ außer ihnen/ ohne daß Christi Leiden/ Gehorsam/ Verleugnung/ Heiligkeit/ *in ihnen vollbracht werde*. Röm 8/4."[37]

Sieht man einmal ab von diesem schon erwähnten Aspekt der Satisfaktionslehre, lassen sich in den Aussagen über den „Christus in uns" bei den pietistisch Erweckten zwei Argumentationsstränge unterscheiden: Der eine betrifft die aus Jesu Einwohnung resultierende Wirkung auf die individuelle praxis pietatis, die Vervollkommnung der Seele und den innerlichen Gottesdienst. Die andere bezieht sich auf die im Herzen empfangene Erleuchtung und besondere Offenbarung. Geistesgeschichtlich eingeordnet, weist das erste, prozeßhaft zur Einswerdung verlaufende Modell zurück in die Mystik, deren vorerst letzte Hochblüte im Christentum der Pietismus hervorgebracht hat. Das andere dagegen, das revelatorische und prophetische, weist über die Grenzen der Säkularisation hinweg voraus auf das Inspirationsdenken der Goethezeit und der Romantik: die Erfahrung nämlich einer aus dem Kraftzentrum des eigenen Inneren hervorströmenden Produktivität, Rede- und Formgewalt, die von allen Mustern, Satzungen und Regeln freimacht.

[35] Berleburger Bibel, Bd. 7, 1739, 155f. Daß 2 Petr 1,3 diese göttliche Kraft „durch die innere Erkenntniß" offenbart sieht, wie man die Stelle übersetzte, wird mit einem Seitenhieb auf die geistdämpfende Orthodoxie kommentiert: „*Durch die innere Erkenntniß*] Die hält man aber vor fanatisch, oder doch mystisch und verdächtig, woraus gleichwol allein ein rechter Gottgelehrter und wahre Erleuchtung entstehet" (ebd.).

[36] *Johann Henrich Reitz*, Historie Der Wiedergebohrnen (wie Anm. 2), Teil V, Idstein 1717, 276.

[37] Ebd., 75.

Für die Vervollkommnung der Seele und den inneren Gottesdienst wird Jesus als Wegeleiter, Helfer in Verirrungen und Anfechtungen, als Geburtshelfer zum Gnadenstand, dann aber als der gefundene und festgehaltene Seelenbräutigam erfahren. Er zerschmelzt das weltlich harte Herz und befreit es von allen Schlacken, so daß es seinem Bilde gleich und der Unio würdig wird:

„Solches wird auf das kurtzprüfende Leiden/
welches sein Feuer der Schmeltzung nur macht/
bringen uns grosse und ewige Freuden/
wann nun sein Bild an uns völlig erwacht/
weil Er mit deme sich gäntzlich vertraut/
als seiner aus Ihm erbaueten Braut.

Jesu! laß in mir dein Schmeltzen fortgehen
zu meiner völligen Läuterung hier/
daß ich dann in nur dein Bildniß auch sehen
möge/ aufgehen/ und brechen herfür/
nach und nach in seinem völligen Glantz
und mich darinnen vereinget dir gantz."[38]

Er ist „der Heyland als der Durchbrecher"[39] und geleitet seinen Jünger durch alle Leiden der Nachfolge. In einer Biographie heißt es:

„Denn da er das lebendige Wort Gottes in seiner Seele empfangen hatte/ und aus diesem unvergänglichen Saamen neu=geboren/ und also ein Kind GOttes worden/ und darauff [...] gelästert und verfolget und gecreutziget/ ja auch mit Christo zur Hölle gefahren war; so konte er auch mit Christo/ durch eine höhere Verwaltung des Geistes/ aufferstehen und gen Himmel fahren/ und von einer Krafft und Klarheit zur andern steigen/"

so daß sein „Hertz zum Tempel" werden konnte, „darin der HErr JEsus das Abendmahl mit ihm hielte".[40]

Das „Hertzens=Leben" als der wahre Gottesdienst kann nach Gerhard Tersteegen nur „durch Sterben und Lieben gründlich erkannt und erfahren" werden, über die Mortifikation zur Unio im Herzen und Teilhabe am göttlichen Wesen: „GOtt ladet uns ein zu seiner Liebes=Gemeinschafft. Er will unsern Geist ihm zur Wohnung und Tempel bereiten, da sollen wir im

---

[38] Fünfte und sechste Strophe des Liedes „JEsus Ein Schmeltzer Unsrer Seelen" aus dem Gesangbuch für die Inspirationsgemeinde [von *Eberhard Ludwig Gruber*,] J. J. J. JEsus-Lieder für seine Glieder [...], III. Teil: Weitere JEsus-Lieder Für seine Glieder, o.O. 1725, 35. In diesen Liedern bilden die sechs Strophenanfänge eines jeden Liedes als Akrostichon den Namen Jesus (mit Summation in der letzten Strophe), der auch das erste Wort und die Akrostichon-Summa jeder Überschrift darstellt.

[39] Aus der Biographie der in ihrer Imitatio Christi bis zum voluntaristischen Nachsterben am Karfreitag gelangten Elisabeth Kißner, *Reitz*, Historie, Teil III (wie Anm. 2), 166.

[40] Aus der Biographie des Schneidergesellen und französischen Réfugié Wernerus bei *Reitz*, Historie, Teil IV, Idstein 1716, 150f.

Der Heiland als Wegeleiter: Staffeln der Nachfolge zur göttlichen Einheit. In: Daniel Wille: In das Wort der Wahrheit verschantzete [. . .] Rätzel, o. O. 1736

innern Heiligthum schauen seine schöne Gottesdienste."[41] Johann Friedrich Rock gibt dem Teilhabegedanken poetische Form im Bild eines Liebestauschs:

„HErr JEsu! werde *Mensch in mir/*
Daß ich vergöttert werd in dir,
So wirst du Mensch, und ich werd GOtt,
Und ist der Feind zu Schand und Spott.
So bin ich in dir wiederbracht
Zu GOttes Ebenbild gemacht [...].[42]

Teilhabe- und Unio-Erfahrung können auch in den überkommenen Metaphern der Braut- oder Wundenmystik vorgetragen werden: Das „chercher Dieu dans le Coeur"[43] wird oft in den Termini des Hohelieds beschrieben. In der ganzen Welt suchte man den Heiland vergeblich, jedoch:

„Drauff wandte ich stracks in mich ein/
Sucht ihn in meinem Hertzen.
Da ward gewendet meine Pein/
Und abgekürtzt die Schmertzen:
Ich fand den Liebsten meiner Seelen
Im Innersten der Hertzens=Hölen."[44]

Besonders in der zum Herrnhutertum führenden Tradition wird die Unio als „Hochzeit des Lammes" (Offenbarung 19,7) erotisch ausgemalt – bisweilen sublimierend als Ausblick in die Ewigkeit,

„Wo ich mit GOttes Lamme/
Auf unsern Hochzeit Tag/
In reiner Liebes=Flamme
Mich ewig küssen mag! [...]
Da du mich wirst vergnügen/
Mein Seelen=Bräutigam
Und mir in Armen liegen
Als mein geliebtes Lamm!"[45]

---

[41] Aus einem Brief Tersteegens vom 9. 12. 1735, abgedruckt unter dem Titel „Von der wahren Beschaffenheit und Nutzen der sogenannten Mystick" in: Geistliche FAMA, Bd. 3/29. Stück, [Berleburg] 1743, 56.

[42] Rocks Gedicht ist in seinem Zyklus „Schluß=Reimen" abgedruckt in: J.J.J. Aufrichtige und wahrhafftige EXTRACTA Aus dem allgemeinen Diario Der Wahren INSPIRATIONS-Gemeinen, XII. Sammlung, o.O. 1751, 243.

[43] Madame Guyon, in der Originalsprache zitiert bei *Reitz*, Historie, Teil III (wie Anm. 2), 64.

[44] *Reitz*, Historie, Teil IV, 182.

[45] Aus der „Aria in concerto, Bey der Beysetzung der Hoch=Gräfl. Leiche", in: I.N.J. Schwartzburgisches Denckmahl einer Christ=Gräflichen Lammes=Freundin/Nehmlich [...] Aemilien Julianen/Gräfin zu Schwartzburg und Hohnstein/gebohrnen Gräfin zu Barby, o.O., [1706], [396].

Oder als Einkehr in die Wundmale Christi:

„SO ruh ich denn getrost, mein Heil! in deinen Wunden,
die du mir heute hast von neuem aufgethan;
dein armes Täublein hat die Ritzen wiederfunden,
da es für Sturm und Bliz so sicher sitzen kan.
Ach laß es nimmer nicht aus dieser Höle treiben,
und gib mir Kraft und Lust beständig drinn zu bleiben."[46]

Zukunftsweisender, wie gesagt, als diese Spättöne einer geistlichen Minne-Erotik sind die auf den Topos von Christus als Lehrer und Einsprecher im Herzen gegründeten Auditionen – oder buchstäblich Diktate – einer *besonderen Offenbarung*, einer aus der Stimme im Herzen empfangenen tieferen Weisheit, als sie alle Buchgelehrsamkeit zu eröffnen vermöchte. „Bey dem Professor der oberen Schul", dem „gecreutzigten JEsu", sollen „gelehrsame/ glaubige Hertzen" ihr „Collegium" hören, von den Anfängen eines neuen Sprechenlernens, dem „buchstabiren" der „Canaans Sprach" an über den christlichen Durchgang durch alle Fakultäten, bis hin zur Theologie, um aus „Bücher=Gewirre und Schulen=Gezäncke" zu „Weißheit [...]/ Wesen und Warheit" zu gelangen:

„Göttliche Tieffen im Grunde zu wissen
Samt den Abgründen der heiligen Schrifft/
Könnet ihr diesen Propheten nicht missen/
Der die Propheten all weit übertrifft:
Was er gesehen und was er gehöret/
Weiset er treulich/ und nimmer bethöret."[47]

Wer „wahrhafftig Christum in seinem Hertzen träget", hat in sich die Gabe, das Wahre vom Falschen zu scheiden, und kann davon Zeugnis ablegen:

„Ich will lieber sitzen auff der untersten Bank deiner Abc=Schüler/ denn auf den hohen Stühlen der Gelehrten dieser Welt. [...] HErr! [...] dein lieber Sohn JEsus Christus ist in mir offenbahret/ und er selbst hat sich selbst in dem Geist in mir entdecket als ein Licht/ heller als das Licht der Sonne dieser Welt; in welchem Licht ich alles sehe/ kenne/ glaube/ bekenne."[48]

---

[46] Johanne Magdalene von Geusau, publiziert bei *Benjamin Lindner* und *Carl Heinrich von Bogatzky*, Die Offenbarung Der Herrlichkeit Gottes [...] An dem Exempel [...] Johannen Magdalenen, Freiin von Gersdorf, Salfeld [1745], 310.

[47] Aus dem „Studenten=Gesang/das ist/Eine Hertzliche Vermahnung an die studirende Jugend/und Anweisung an den rechten Lehrmeister" als unpaginierter „Nachklang" in: THEOSOPHIA PNEUMATICA, oder: Geheime GOttes=Lehre/Die Dinge GOttes vortragend Im neuen Wesen/abthuende Das alte Wesen des Buchstabens, [Idstein] 1710. Zu Aufbau, Tendenz und Publikation dieses kryptonym von Johann Friedrich Haug, dem Herausgeber der „Berleburger Bibel", herausgegebenen Werks vgl. *Schrader*, Literaturproduktion (wie Anm. 11), 171.456f.

[48] Der niederländische „Krancken=Tröster" Jacob Brill, zitiert bei *Reitz*, Historie, Teil IV, 188.

Nicht nur enthusiastische neue Propheten, auch zahllose stille Fromme fühlten sich so, wenn sie sich vom Heiland im Herzen „seiner freundlichsten Gespräche [...] gewürdiget“ empfanden, gedrungen, ihre inneren Sensationen und Auditionen unter körperlicher Erschütterung willenlos und „in entbundener Freiheit“ der Worte auszusprechen (oft mit bemerkenswerter Sprachkraft):

> „Es vermochte aber diese holdselige Lebens=Fluth nicht im Herzen allein zu bleiben, sondern sie brach auch mit kraftvollen Bächen heraus, [...] o wie hüpfte mein Herz mir von sanfter Wollust im Leibe, als ich durch die Liebe Christi gedrungen also zu Gott nahete. Was vor Ströme der herzhaftesten Worte flossen aus meinem Munde zu dem Herzen des Vaters, die Immanuel durch die Rührungen seiner Freundlichkeit wirkte [...] seinen Ruhm auszubreiten.“[49]

Die weniger Stillen im Lande aber fühlten das „lebendige und innerlich kräftig=wirkende Wort Gottes (Hebr 4/12.13.)“ wie der prophetische Perückenmacher Johann Tennhardt als eine Verkündigung heischende

> „deutliche stimme in sich [...] *machs ofenbar! Und das setze ich dir zum zeichen/ wirst du diß verschweigen/ so will ich von dir weichen* [...] da er aufstehen/ nach verrichteten gebet [...] an den tisch setzen/ und niederschreiben mußte/ was ihm durch das innere Wort oder ewige Weisheit eingegeben/ oder innerlich vordictieret worden.“[50]

Bei ihm wie bei den vielen der oft aus dem Handwerkerstand stammenden neuen Propheten des radikalen Pietismus, die die innere „Gabe des Wortes“ in sich verspürten, äußerte sich die eingesprochene Rede auch in Versen und Reimen. Das bekannteste dieser – nach eigenem Empfinden – „Werkzeuge“

---

[49] Aus einer nur für die eigene Privaterbauung bestimmten „Betrachtung“ des *Johann Liborius Zimmermann* (1702–1743), publiziert als „Anlage 2“ bei *Eduard Jacobs*, Johann Liborius Zimmermann und die pietistische Bewegung in Wernigerode, in: Zeitschrift des Harz-Vereins für Geschichte und Altertumskunde 31, 1898, 121–226: 220f.

[50] Aus: Kurzgefaßter Lebenslauf [...] Johann Tennharts in: *Tobias Eisler*, Allgemeine und der zeit höchstnohtwendige Seelen=Cur, o. O. ^{2}1728, 218.220. Äußerst signifikant für die Konzeption eines ins Herz gesprochenen „inneren Wortes“ wandelt das dem Titel vorangestellte Herzemblem mit der Überschrift „Abbildung des menschlichen Herzens nach dem fall/ nebst dem darin verborgen liegenden Grossen Geheimniß/ welches ist Christus oder das Wort Gottes in uns/ nach Col. 1,26.27.“ die traditionellen Sinnbildmuster der Innewohnung (vgl. Anm. 27) im Sinne der johanneischen Logos-Spekulation ab: Eingezeichnet ins Herz ist nicht die Imago Christi, sondern der Begriff „WORT“, bildlos in Kapitalbuchstaben in einer Aureole mitten ins Herz gesetzt und dort umlauert von den allegorischen Sündendarstellungen in Tiergestalt (Pfau, Schlange, Schwein, Bock oder Löwe). Die Umschrift um die Darstellung lautet: „Es ist das WORT sehr nahe bey dir in deinem Mund und in deinem Herzen/ daß du es tuhst. 5.Mos. 30/11–14. Röm. 10/6–8.“ Das Bibelzitat folgt also nicht der Übersetzung Luthers, sondern der „Berleburger Bibel“. Näheres über den „Gottes=Cancellisten“ Tennhardt bei *Friedrich Braun*, Joh. Tennhardt. Ein Beitrag zur Geschichte des Pietismus, München 1934 (EKGB 17); zu Tennhardts Hauptwerk „GOTT allein soll die Ehre seyn“ (Idstein 1710) vgl. *Schrader*, Literaturproduktion (wie Anm. 11), 170–172.455-457.

und „Sprachrohre“ Gottes war das Haupt der radikalpietistischen Inspiriertengemeinde, Johann Friedrich Rock.[51]

Die Poeten des Sturm und Drang aber, fast alle aus pietistischen Elternhäusern oder Erziehungskontexten, haben sich für ihre ungeplant und regelfrei (also gleichsam heterodox) aus dem Kraftzentrum der eigenen Herzensempfindung hervorbrechenden wilden Dithyramben vielfältig inspiriert am Vorbild dieser Inspirierten. Der junge Goethe, der auch persönlich zu inspirationsgläubigen Kreisen (besonders in der Frankfurter Ärzteschaft) Kontakt unterhielt, hat nicht nur in seinen theologischen Aufsätzen von 1773, dem „Brief des Pastors“ und der Untersuchung „Was heißt mit Zungen reden“, die aus „einer unmittelbaren Eingebung“ „unaussprechliche Dinge“ kündenden „Würkungen des Heiligen Geistes“ gegen die „schaalen Diskurse“ der „Dogmatick“-Prediger verteidigt.[52] „Die göttlichste Empfindung strömt aus der Seel in die Zunge, und flammend verkündigt sie die grosen Thaten Gottes in einer neuen Sprache.“[53] Aber der Geist, der Goethe und seine Generation inspirierte, war nicht mehr der zum Herzen redende Christus. Wenn sie sich als neue Schöpfer empfanden, war ihre „Teilhabe an der göttlichen Natur“ nicht mehr theologisch – oder christologisch – bestimmt und begründet.

Rückblickend hat Goethe im Alter, in seiner Autobiographie „Dichtung und Wahrheit“, das enthusiastisch-impulsive, von keiner Verstandeskraft und Kunstregel kontrollierte Zuströmen der poetischen Worte, Bilder und Formen in den Jahren seines „Sturm und Drang“ als eine „Naturgabe“ beschrieben, als „mein produktives Talent“, das ihm „ganz eigen angehöre und durch nichts Fremdes weder begünstigt noch gehindert werden könne“[54] – also auch nicht ableitbar war von einer metaphysischen Instanz.

---

[51] Über das inspirative Sprachschaffen dieser neuprophetischen Gemeinschaft, namentlich die „Aussprachen“ und Gedichte Rocks, aber auch die Wirkungen auf die Poetologie im Umkreis des Sturm und Drang, vor allem Goethes, ist (nachdem dazu bisher nur kirchengeschichtliche Studien vorlagen) eine umfassende literaturwissenschaftliche Dissertation in der Reihe „Palaestra“ im Druck: *Ulf-Michael Schneider*, Propheten der Goethezeit. Sprache, Literatur und Wirkung der Inspirierten im 18. Jahrhundert (Diss. phil. Göttingen 1992). Ich selbst bereite unter dem hier nur anzudeutenden poetologiegeschichtlichen Aspekt eine Untersuchung der Lyrik vor, die auf Rocks Missionswanderungen durch die Schweiz entstanden ist (als Vortrag unter dem Titel „Inspirierte Schweizerreisen“ gehalten auf der Jahresversammlung der Schweizerischen Akademischen Gesellschaft für Germanistik am 23. 11. 1991).

[52] *Johann Wolfgang Goethe*, Brief des Pastors zu *** an den neuen Pastor zu ***, in: Der junge Goethe, hg. v. *Hanna Fischer-Lamberg*, Bd. 3, Berlin 1966, 114f.

[53] *Johann Wolfgang Goethe*, Zwo wichtige bisher unerörterte Biblische Fragen zum erstenmal gründlich beantwortet von einem Landgeistlichen in Schwaben. Andere Frage: Was heißt mit Zungen reden? Ebd., 122.

[54] *Johann Wolfgang von Goethe*, Aus meinem Leben. Dichtung und Wahrheit, III. Teil, 15. Buch: Goethes Werke (WA), I. Abt. Bd. 28, Weimar 1890 (dtv-Nachdruck, München 1987, Bd. 32), 311.

„Es verließ mich seit einigen Jahren keinen Augenblick; was ich wachend am Tage gewahr wurde, bildete sich sogar öfters Nachts in regelmäßige Träume, und wie ich die Augen aufthat, erschien mir entweder ein wunderliches neues Ganze, oder der Theil eines schon Vorhandenen. Gewöhnlich schrieb ich alles zur frühsten Tageszeit [...]."[55]

„Die Ausübung dieser Dichtergabe konnte zwar durch Veranlassung erregt und bestimmt werden; aber am freudigsten und reichlichsten trat sie unwillkürlich, ja wider Willen hervor. [...] Auch bei'm nächtlichen Erwachen trat derselbe Fall ein, [...] daß ich einigemal an den Pult rannte und mir nicht die Zeit nahm, einen quer liegenden Bogen zurecht zu rücken, sondern das Gedicht von Anfang bis zu Ende, ohne mich von der Stelle zu rühren, in der Diagonale herunterschrieb. In eben diesem Sinne griff ich weit lieber zu dem Bleistift [...]: denn es war mir einigemal begegnet, daß das Schnarren und Spritzen der Feder mich aus meinem nachtwandlerischen Dichten aufweckte, mich zerstreute und ein kleines Product in der Geburt erstickte. Für solche Poesien hatte ich eine besondere Ehrfurcht [...], sie aber gegen Geld umzutauschen schien mir abscheulich."[56]

Den ihm, weil unerklärlich, doch offenbar auch etwas unheimlich scheinenden Drang, der ihn in der Eile der zuströmenden Worte kaum schnell genug ein Schreibgerät finden und die Verse aufs Papier bringen ließ, vermochte der noch unter dieser Erfahrung stehende junge Dichter schon 1774, ein Jahr nach dem Pastor- und Glossolalie-Aufsatz, im Jahr also des „Werther", des „König von Thule" und „Schwager Kronos", in holprigen Knittelversen selbstironisch auf Abstand zu rücken:

„Um Mitternacht wohl fang in an
Spring aus dem Bette wie ein Toller,
Nie war mein Busen seelenvoller
Zu singen [...]
Und hab ich gleich die Gabe nicht
Von wohlgeschliffnen leichten Reimen;
So darf ich doch mich nicht versäumen
Denn es ist Drang und so ist's Pflicht [...]
Und ich[,] mir fehlt zur Nacht der Kiel[,]
Ergreiff wohl einen Besenstiel.
Drum hör' es denn wenn dir's beliebt
So kauderwelsch wie mir der Geist es giebt."[57]

Aber ein solcher Bewältigungs-Spott folgt doch – freilich schon ganz ohne den Hintergrund einer christologischen Begründung – noch demselben Argumentationsschema, mit dem bereits der Hallesche Pietist Ernst Gottlieb Woltersdorf in der Vorrede zu seinem Liederbuch von 1750 den Drang beschrieben hatte, sein „Gemüt in Versen zu ergießen", um seine Lieder dem spendenden Herzensbräutigam zuzueignen. Gleich machtvoll und gleich

55 Ebd.

56 Ebd., IV. Teil, 16. Buch: I. Abt. Bd. 29, Weimar 1891 (dtv-Nachdr., Bd. 33), 14f.

57 *Johann Wolfgang Goethe*, Des ewigen Juden, erster Fetzen, in: Der junge Goethe, hg. v. *Hanna Fischer-Lamberg*, Bd. 4, Berlin 1968, 95.

unaufhaltsam trieb hier wie dort das innere Wort: „Manchesmal konnte die Feder dem schnellen Zuflusse nicht einmal folgen.“[58]

---

[58] Zuschrift und Vorrede des Gesangbuchs von *Ernst Gottlieb Woltersdorf*, Neue Lieder oder evangelische Psalmen, Berlin ^{2}1767 (^{1}1750), 35f.; umfassender zitiert und interpretiert bei *Wolfgang Schmitt*, Die pietistische Kritik der „Künste“. Untersuchungen über die Entstehung einer neuen Kunstauffassung im 18. Jahrhundert, Diss. phil., Köln 1958, 42.

Martin Brecht

„Etliche durch des Lichts Natur poetice und sonsten illustrirte Glaubens-Articul"

Ein Lehr-Gedicht aus dem radikalen Pietismus

Eckhard Lessing zum 60. Geburtstag

Das Interesse der Systematischen Theologie an theologischen Systementwürfen aus der Zeit nach der Reformation und vor dem 19. Jahrhundert ist nicht eben groß. Nur wenige Dogmatiker beschäftigen sich mit den Konzeptionen der Orthodoxie oder der Aufklärung. So gut wie vergessen ist, daß daneben auch noch Jakob Böhme und seine Anhänger, die Kabbala, die Alchemie, die Rosenkreuzer und mehrere Pietisten beachtliche und teilweise unterschwellig durchaus wirksame theologische Systeme hervorgebracht haben. Sie verdienen jedoch durchaus Interesse mit ihrem Bemühen, spezifische Anliegen des Glaubens unter den konkreten Herausforderungen ihrer Zeit verantwortlich zu bedenken und zu artikulieren.

Auf ein kleines, völlig unbekanntes Beispiel eines theologischen Systems aus der Zeit des Pietismus soll hier aufmerksam gemacht werden. Sein Reiz besteht zunächst formal darin, daß es sich – selten genug im 17. Jahrhundert – um ein Lehr-Gedicht handelt. Die theologische Kommunikation erfolgt durch das Medium der Dichtung. Diese ist keineswegs lediglich Beiwerk. In der bedeutenden Epigrammatik des 17. Jahrhunderts gibt es, wenn auch in charakteristisch anderer Form, Paralleles. Die Verbindung von wissenschaftlichem Denken, einschließlich der Theologie, und Dichtung hat sich allerdings nahezu völlig gelöst. Sogar die historische Betrachtung nimmt sie zum Schaden für die Theologiegeschichte wie für die Literaturwissenschaft kaum mehr wahr.[1]

Johann Jakob Zimmermann (geboren 1644), der Verfasser des Lehr-Gedichts, ist selbst in der Geschichte des Pietismus nahezu unbekannt, obwohl er ein origineller, vielseitig begabter Theologe und Wissenschaftler war und obwohl es seinem Lebensgang nicht an Dramatik fehlte.[2] Er ist dem

---

[1] Vgl. diesbezüglich die berechtigte Kritik von *Hans-Georg Kemper*, Deutsche Lyrik der frühen Neuzeit, Bd. 1: Epochen und Gattungsprobleme. Reformationszeit, Tübingen 1987, IX.

[2] *Martin Brecht*, Chiliasmus in Württemberg im 17. Jahrhundert, in: PuN 14, 1988, 25–49: 36–49 (zu Zimmermann). Die bisher gängige Annahme, Zimmermann sei mit seinem Chilias-

radikalen Pietismus nach Spener zuzurechnen, wobei aber nicht vergessen werden darf, daß seine Wurzeln in die Wissenschaft sowie in den Spiritualismus des früheren 17. Jahrhunderts zurückreichen. Zimmermann war nicht nur Theologe, sondern auch ausgewiesener Mathematiker und Astronom, für den einerseits die von ihm beobachteten Kometenerscheinungen endzeitliche Zeichen waren, der aber andererseits die Bedeutung der neuen Prinzipien Newtons sogleich erkannte. Er gehörte zu den württembergischen Pfarrern, die als Anhänger Jakob Böhmes und als Chiliasten auffällig wurden. 1686 wurde er deswegen aus dem württembergischen Kirchendienst entlassen und gelangte 1689 nach Hamburg. 1693 wollte er mit einer Gruppe Gleichgesinnter dem von Gottes Gericht bedrohten Europa den Rücken kehren und nach Pennsylvanien auswandern; er starb jedoch auf der Reise in Rotterdam.

Zimmermanns naturwissenschaftliche und theologische Werke sowie seine Rolle im radikalen Pietismus und in der Auseinandersetzung um Böhme sind noch nicht in jeder Hinsicht erforscht, und dafür ist auch hier nicht der Ort. Wie überraschend facettenreich Zimmermanns Denken war, zeigt schon der barocke Titel eines seiner Hauptwerke:

> Scriptura S. Copernizans seu potius Astronomia Copernico-Scripturaria Bipartita. Das ist: Ein gantz neu- und sehr curioser Astronomischer Beweißthum Des Copernicanischen Welt-Gebäudes aus Heil. Schrifft/Worinnen I. Beydes der Sonnen samt anderer Fixsternen räumlicher Stillstand/als auch der Erd-Kugel samt anderer Planeten natürlicher Umlauff buchstäblich angewiesen; II. Die vermeintlich widersprechende Gegen-Sprüche aus dem Hebräischen u. Griechischen Text deutlich erörtert werden; Um/so wohl die Hoheit/Fürtreffligkeit und Autorität des H. Prophetischen Worts/wider die heuttägige Verkleinerung der Spinosisten, Naturalisten und Atheisten/als auch (bey gleichwol nothwendiger Handhabung des Naturmässigen Copernicanischen Welt-Gebäudes/) der hochheiligen Theologiae zur Veneration, den buchstäblichen Verstand der H. Schrifft/ wider den von bißherigen Copernicanern angeschmützten Layen-Verstand/bestmüglich zu verwahren; Nebens untermengter Erläuterung einiger Carthesianischen und Chymischen Geheimnissen/auch etlicher durch des Lichts Natur poetice und sonsten illustrirten Glaubens- Articuln/In zweyen Theilen einfältig entworffen/Und der Collegiorum Curiosorum Iudicio untergeben. (Hamburg und Altona 1690)

Im Gegensatz zu vielen Pietisten, die wegen ihres Biblizismus am geozentrischen Weltbild festhielten, wollte Zimmermann also die Übereinstimmung

---

mus der direkte Kontrahent Speners, ist inzwischen aufgrund neuer Quellenfunde zugunsten von Ludwig Brunquell korrigiert worden von *Johannes Wallmann*, Pietismus und Spiritualismus: Die erste radikalpietistische Kritik an Speners Pia Desideria, in: Von Wittenberg nach Memphis: FS Reinhard Schwarz, hg. v. *Walter Homolka* und *Otto Ziegelmeier*, Göttingen 1989, 229–243. – Eine Bibliographie Zimmermanns findet sich in: *Gottfried Mälzer*, Die Werke der württembergischen Pietisten des 17. und 18. Jahrhunderts: Verzeichnis der bis 1968 erschienenen Literatur, Berlin/New York 1972 (BGP 1), Nr. 3063–3112.

Das Drey-kräfftige Geistliche Licht In des Natürlichen Lichts Dreyen Kräfften: Dem Schein / Wärmde und Bewegung / Vers-weise vorgestellet:

IST etwas wunderbar / so ist dieß ins besonder /
Das unsre Feder rühmt / ein Wunder aller Wunder;
Ob's **dunckel** oder **klar** / bin ich nicht Zweiffels frey /
Weil es **verborgen** ist und **offenbar** dabey.
Wie ? Nenn'st du's **offenbar** ? Ist doch nichts zu erfinden /
Das so **verborgen** sey / so wenig außzugründen.
Unschwer ich weisen kan / es sey mit nichten **klar** /
Ob schon dasselbe dir geschienen **offenbar**.
Wie ? Nenn'st du's **dunckel** dann ? Ist doch nichts außzugründen
So **helle** / noch so leicht / als dieses / außzufinden;
Unschwer ich weisen kan / daß solches **offenbar** /
Schon deiner Meynung nach es schiene gantz nicht **klar**.
Falls du sein **klares Seyn** wilt zweiffelhafftig machen /
So wird dein Auge dich verrathen / und belachen
Den Fühle-losen Sinn / indem es sehen kan /
Daß nichts nit sey so **hell** / als dieses / um und an.
Im fall sein **klares Seyn** mir jemand wolte preisen /
Denselben sol die Schaar der Weisen überweisen
Des falsch-begründ'ten Wahns / weil nichts nit in der Welt
So in **Verborgenheit** / als dieses, ist gestellt.
Fragstu, der Weißheit Sohn / nach unserem Gesinnen /
Was dieses **Wunder** sey? Das **Licht** und sein Beginnen
Ist unser's Kibles Ziel / so selbst des Schöpffers Krafft
Am blauen Sternen-Dach so wunderbarlich schafft.

Wer

Wer dieses Licht nicht sieh't / der ist beraubt der Augen /
Weil sonst die Augen wol zum Uberzeugen taugen.
Das (a) Seyn des hellen Lichts beweiset das Gesicht;
Was aber sey sein (b) Seyn / ertheilt es nicht Bericht.
Ja selbst der kluge Sinn / der weisen Meister Dichten
Befindet sich zu schwach / vergnüglich zu berichten
Des Lichtes Wesenheit und sein Beschaffenheit;
Bekenn't / es sey versteckt in sein' Verborgenheit. Job. 38. v. 19.
(c) Der weise Stagirit hat Alles aller Orten /
Was sich im Seyn befind't / entzwey't in zwey von Sorten.
(d) Selbstand / Zufälligkeit die beyde Theile nenn't;
Anbey Gelehrte mit entzweyet und zutrenn't.
Von beyden Gattungen nicht eines sich vergleichet
Des hellen LJCHTS Natur / noch dessen Art erreichet /
Weil seiner Wesenheit beyd's widerstreben muß /
So fern der Alten Lehr sich fusst auff festen Fuß.
Das (e) erste sich nicht reimt / falls man das LJCHT erzwinget
Zu seyn ein Leib / da diß die Leiber doch durchdringet /
Und was für sich der Leib der dünnen Lufft besitzt /
Es dennoch auch mithin erfüllet und erhitzt.
So will das (f) Zweyte sich auch nicht zum LJCHT anschicken /
Weil jenes sich nicht lässt aus seinem Grund verrücken /
Da doch das rege-Licht von dem' in's andre geht /
An nichts nit bleibt bekleibt; im Außgang stets besteht.
Wann dann es weder Leib / noch in dem Leib will kleiben /
So wird es seyn ein Geist / der immer frey will bleiben?
(O! nein / (g) es ist kein Geist / weil es das Auge trifft /
Das Aug sicht Geister nit / laut der gelehrten Schrifft.
Darum dieß Wunder-LJCHT / bey so bewandten Sachen /
Zu einem (h) Mittel-Ding wol ein'ge Meister machen /
Von mittlerer Natur / so zwischen Leib und Seel
Als eine Mittlerin die beyde schön vermähl.
O! klar und dunckel LJCHT! so dunckel du verbleibest /
Daß du den Sinn und Witz der Weisen übertreibest!
Soll dann dein klares Seyn verbergen seinen Schein /
Daß sie dir so / bald sonst anschmützen falsches Seyn?

Wann

(a) Existentia. (b) Essentia. (c) Summus Aristoteles trutinando cacumina rerum in duo divisit, quicquid in Orbe fuit. (d) Substantia, & accidens. (e) Substantia corporea non penetrat substantiam corpoream, seu non datur penetratio corporum. (f) Accidens esse nequit, quia accidens non egreditur subjectum suum. (g) Spiritus invisibilis est. (h) Sunt qui statuunt Lucem mediæ naturæ inter spiritum & corpus.

Wann je das klare Seyn des LJCHTES soll verbleiben
In seiner Dunckelheit / doch soll mich nichts abtreiben
    Zu singen von dem LJCHT / weil dessen Eigenschafft
    Noch dennoch klar verklährt sich öffnet durch die Krafft.
Dreyfaltig ist die Krafft / das ist (i) das LJCHT besitzen /
Drey Kräfften an der Zahl: * Der Schein und sanfftes Hitzen Besihe p.21.
    Samt der Bewegungs-Macht von seinem Leibe fleusst /
    Falls es ein Leib; vom Geist / im fall es heisst ein Geist.
Der lichte Schein bescheint die düstre Stätt' und Wälder /
Die frohe Wärmd' erwärmt die kalt' und freye Felder /
    Die reg' Bewegungs-Krafft erregt der Blumen Pracht
    Zur Zeit / da Flora selbst sich unterwürffig macht.
Der Kräfften Dreyheit hat sich aber so verbunden /
Daß (k) keine Trennung nicht mag werden außgefunden
    In ihrer Außgebuhrt; Doch ob von Hitz der Schein /
    Vom Schein die Hitz erfolg' / will ich nicht Richter seyn;
Jngleichen ob von Hitz und von dem helle-Scheinen
Folg' die Bewegungs-Krafft / will ich zwar kein's verneinen;
    Doch hat vielleicht die Dritt' die erste Zwo gebracht;
    Gnug / daß dreyfaltig sie in unzertrennter Macht.
Von dieser (l) Drey-Gebuhrt in mein Gemüth einstrahlet
Manch schönes (m) Sinne-Bild / so sich in ihr abmahlet;
    Derselben Summen Zahl zu geben fällt zuschwer /
    Je mehr ich solche zehl' / je mehr ich sie vermehr.
Es mahlen sich im LJCHT die lichte Lichtes-Geister /
Die Ständ' der Welt / die Kirch mit ihrem HErrn und Meister /
    Ein jedes Gottes-Kind / GOTT selbst der Vater heisst / Jac. 1. v. 6.
    Gesamter Lichter Zahl / der Geister höchste Geist.
Man kan ins Menschen Seel / in Engeln auch / vermercken
Die Licht-gedreyte Krafft: (n) Verstehen / Will und Wercken;
    Es leuchtet der Verstand / es brennt in Liebes-Brunst
    Der Will / die würckend-Macht / würckt manches Werck und Kunst.

J   Der

(i) Lux manifestatur tribus facultatibus: Splendore, Calore & Motu; seu vi illuminativa, calefactiva & motiva. (k) Inseparabilitas facultatum trium Lucis. (l, m) Emblemata Lucis tergeminæ permulta. (n) In Spiritibus intellectus lucet, voluntas ardet, potentia operativa operatur.

Der Lichter Qvell-bronn selbst die (o) Dreyheit an Personen
In einem Wesen liebt; der König aller Kronen/
Das * feurig Vater-Hertz brennt zu dem Sohn/ der heisst
Sein ** Glantz; aus beyden geht *** der würckend heilig Geist.
Im (p) Reiche der Natur das Licht auch schön bemahlet
Die göttlich Dreyheits-Zahl. Denn GOttes Weißheit strahlet
Aus allen Dingen her; Die Brunst der Gütigkeit
Erquickt die Creatur/ die Macht würckt allezeit.
So auch im (q) Gnaden-Reich/ die Grosse Drey-Zahl waltet/
Bezeichnet von dem Licht/ so sich drey-kräfftig spaltet:
Des Vaters † Zorn/ entbrannt in der Gerechtigkeit/
Nicht zu bewegen war von uns auff andre Seit/
†† Biß die bewegend Güt' des Mittlers Ihn bewegte/
Beweglich seinen Grimm in stille Sanfftmuth legte;
††† Von beyden uns Bericht der Geist der Wahrheit gibt/
Der leuchtet aus dem Wort dem/ der es liebt und übt.
Ich seh' die Dreyheit auch am (r) drey-getheilten Orden/
Der Lehr-Wehr-Nähre-Stand sonst ist gennet worden;
Wann leucht't das Predig-Am̃t/ Regenten sind entbrannt
Zur Straff der Bösen/ und der Bürger wirckt im Land.
So hat (s) die Mutter-Kirch in Dreyheit auch geprangek/
Da das Apostel-Licht den Glantz der Lehr erlanget/
Und die Mit-Christen zur Brunst der Liebe trieb/
Anbey die Brüderschafft in guten Wercken blieb.
Ja Christus JEsus auch ein (t) dreyfach Am̃t verübet
Im Licht/ und als Prophet den Glantz der Wahrheit giebet/
Am Holtz ein Opffer wird in heisser Priesters-Glut/
Als König thätiglich erweisst den Helden-Muth.

Dem

(o) In Tri-Unitate Divina Pater calet amore in filium, qui ejus splendor; ab utroque procedit Spiritus operans.

(p) In regno naturæ lucet DEI sapientia, calet Bonitas, operatur potentia.

(q) In regno Gratiæ justitia Patris ardet, Misericordia filii operatur satisfactionem, Spiritus Veritatis testatur de utroque per verbum. (r) Triplex Hierarchia Mundi, ubi præcones prælucent, Magistratus ardet justitiâ, Cives rite operantur obsequiosi. (s) Ecclesiæ primitivæ Ministerium presbyterium, Auditorium, Actor. 15. v. 23. (t) CHRISTI triplex officium; Propheticum prælucet, sacerdotale ardet in Holocausto; Regium movet atque gubernat.

* Matth. 3. v. 17. cap. 17. v. 5. ** Hebr. 1. v. 2. *** Act. 2. v. 2. Rom. 8. v. 14. † Deut. 32. v. 22. c. 9. v. 3. †† Col. 2. v. 14. Rom. 5. v. 1. 2. Col. 1. v. 20. ††† Joh. 15. v. 26.

Dem folgt ein (v) Kirchen-Glied; (¶) leucht't vor mit Lehr und Leben/
Als Lehrer in dem Hauß; als Priester will Er geben
Zum Opffer seinen Leib / so weit er ist befugt;
Als König seine Lust Er allezeit besiegt.
Das wahre (u) Glaubens-Licht gedreyt sich auch lässt nennen:
Erkäntnis ist der Glantz; Vertrauen ist das Brennen
Des Hertzens im Verdienst des Mittlers; wo das Werck
Erfolgt in Thätligkeit / da Leben ich vermerck.
Der Glaub mich aus der Zeit / die Vogel-schnell verschwindet/
Jetzt führt zur (vv) Ewigkeit / alda sich auch befindet
Das Drey-vereinte Licht in Unermäßligkeit /
Wann ich den Himmel seh' in der Vollkommenheit.
Der glantze Glantz des Lichts beglänzet Leib und Seele;
Verkläret ist der Leib / die Weißheit sonder Fehle
Erleuchtet; und die Brunst im Liebe-Willen flammt/
Vom Leib der kalte Todt verjagt ist und verdammt.
Dem klar-verklährten Leib des Meisters / welcher gehen
Kont durch verschloß'ne Thür nach seinem Aufferstehen /
Vergleichet sich mein Leib / und fährt / wie Zephyr / hin
Durch alles / wann die Seel und ich beseligt bin.
Ich könte gleicher Weis' die Dreyheit auch erweisen /
Wann ich das Widerspiel des Lichtes wolt abreissen /
Des (x) Lichtes Gegen-Bild / die Macht der Finsternis;
Mir schauret schon die Haut; Ich seh' den Cerberus /
Den zwar die Heydenschafft in ihrem Verse-Dichten
Eh dessen nur erdacht; noch ich es nicht vernichten
Und gantz verwerffen kan / wo ich nur recht durchgeh'
Die Sach / und ihren Grund mit Christen-Augen seh'.
Der Unglaub ist der Hund / der draussen muß verbleiben;
Drey-köpffig zeigt er sich / so ich den soll beschreiben:
Die Hoffart und der Neyd zusamt der schnöden Lust
Die Häupter dessen seynd / wie niemand unbewust.

Die

(v) Sic quisq; fidelis est Propheta, Sacerdos & Rex. (u) In fide viva lucet notitia & assensus; Calet fiducia; Operatur amor. (vv) In vita æterna beatorum animos occupat lucens sapientia, ardens amor, operatrix potentia; Corpora beat clarificatio, calentis vitæ perennitas, summa agilitas.

(x) In tenebris luci contrariis Cerberus triceps; est infidelitas se maximè manifestans in fucato splendore lucis, æstu iræ invidiæque, inquietudine concupiscentiarum.

(¶) 1. Petr. 2. v. 9. Rom. 12. v. 1. Apoc. 1. v. 6.

Die Hoffart glänz't im Glast / des Neydes Flamme brennet
Mit Zürnen angehitzt / der Geitz samt Lüsten rennet
Und hat kein Rast noch Ruh. Aus dieser Wurtzel dann
Kommt andres Sünden-G'schmeiß / und regt sich dann und wann.
Für dieß gedreyte Thier hat Nemesis erfunden
Auch eine grosse Ruth / die (y) dreyfach ist gebunden:
Mit Pest / mit Krieges-Noth / und mit der Theurungs-Last
Ist die gerechte Ruth und Geissel eingefasst.
Die Pest den Hoffart trifft; Die Pfauen-Federn sincken
Ins schwartze Todten-Hauß; Der Krieg mit Schwerter-Blincken
Mit Feuer löschen muß / wo Neyd und Zorn entzünd't;
Durch Hunger Geitz und Lust bestraffet sich befind't.
Noch über diese Zahl der dreyen kurtzen Plagen
Kommt in der (z) Ewigkeit ein unauffhörlich Nagen;
Die Nacht ist statt des Lichts / das Feur wird nicht zu nicht /
Man zittert / heult und schreyt / der Wurm des G'wissens sticht.
Darum / O lieber Mensch / wiltu das Licht geniessen
Der sel'gen Ewigkeit; so laß dich nicht verdriessen
Zu seyn ein Licht der Welt / die feurig' GOttes-Lieb
Sey in dir angeflammt / das Gute treib und üb'.

(y) Quibus occurrit temporaliter Pestis, Bellum, Fames. (z) In æterna damnatione Nox loco splendoris, Ignis loco caloris, tremor & stridor dentium loco Motûs. Quò ne devenias, videsis, ut luceas, ardeas & opereris in luce spirituali.

Correctur der Abschrifft- u. Druck-Fehler / da bl. Blat / l. Lini heisset.

Liß: Hindansetzung / 7. bl. 33. l. zuseyn / l. 28. haben / 9. bl. 14. l habe / l. 15. für sie liß: ihn 10. bl. 28. l. Eigenschafft / 15. bl. l. *penult.* ἀστέρας, 21. bl. 3. l. 32. bl. 20. l. für Capitels liß: Theils / 27. bl. 16. l. 9. bl. 23. l. Planetischen / 28. bl. 34. l. *Hemisphaeris*, 35. bl. 25. daß / 38. bl. 4. l für: dieses: liß: sie / als das / 39. bl. 4. l. für versucht liß: verursachet / 41. bl. 21. l. das natürliche / 47. bl. 27. l. preisen / 49. bl. 9. l. einander / 53. bl. 28. l.

des biblischen mit dem kopernikanischen Weltbild erweisen, was freilich nicht ohne Gewaltsamkeit möglich war. Zur Kenntnis zu nehmen ist ferner, daß er dabei Descartes positiv aufnahm, was unter den Pietisten zumindest keine Selbstverständlichkeit war. Hingegen wurde Spinoza von Zimmermann abgelehnt. Daß er auch die Geheimnisse der Alchemie berücksichtigte, ist im 17. Jahrhundert nicht ganz ungewöhnlich, besagt aber etwas über den geistigen Horizont Zimmermanns. Schon der Titel des Buches weist auf das Lehr-Gedicht am Schluß der Schrift hin, auf das sich die folgende Untersuchung konzentrieren wird. Deutsche und lateinische Gedichte finden sich auch in anderen Schriften Zimmermanns.[3]

Das Lehr-Gedicht wird in Reproduktion der originalen Typographie geboten (lediglich zusätzlich mit einer Zeilenzählung versehen). Nur so kommt zum Vorschein, wie der Text durch Fettdruck, Kapitälchen, unterschiedliche Typengrößen sowie durch Antiqua neben Fraktur zusätzlich strukturiert ist. Dem Charakter des Lehr-Gedichtes entspricht es, daß ihm ein doppelter, nämlich sozusagen ein dogmatischer sowie ein Bibelstellen-Apparat beigegeben ist. Als Versform dient der seit Opitz beliebte Alexandriner, wobei immer zwischen Verspaaren mit weiblichem und solchen mit männlichem Endreim abgewechselt wird. Zimmermann hat das Schema zumeist korrekt, aber nicht besonders kunstvoll gehandhabt. Weder ist die Antithetik innerhalb der beiden Teile eines Verses ausgeprägt, noch sind jeweils zwei Verspaare zu einer Einheit mit eigener Pointe im vierten Vers zusammengenommen.[4] Man wird dabei allerdings die schon erwähnte typographische Strukturierung nicht außer Betracht lassen dürfen. Dem Autor war wohl mehr am Inhalt als an der Form gelegen. Die künstlerische Qualität des Gedichts soll keineswegs überschätzt werden, aber wie es seinen Stoff präsentiert, ist nicht ohne Reiz. Dies verbindet sich dann mit einer echten Problementfaltung in verschiedenen Schritten, die einer gewissen Lösung zugeführt wird. Das Resultat wird schließlich mit einem denkbar breiten Spektrum theologischer Lehrstücke in Beziehung gesetzt.

Die Überschrift zeigt an, daß eine emblematische Betrachtungsweise praktiziert wird. Das geistliche Licht wird durch das natürliche veranschaulicht. Zeile 90f. ist von diesen „Sinne-Bild(ern)“ nochmals ausdrücklich die Rede. Man wird sich allerdings bei Zimmermann davor zu hüten haben, die Sphären des Natürlichen und des Geistlichen zu sehr auseinanderzureißen. Im Grunde geht er noch von einem einheitlichen Weltzusammenhang aus. Was es mit der gleichfalls in der Überschrift bereits angekündigten trinitarischen Struktur und dem Begriff der Kraft auf sich hat, wird in der weiteren Interpretation zu entfalten sein.

Der Verfasser holt zunächst weit aus und versetzt damit den Leser in echte

---

[3] Vgl. *Brecht*, 38 und 48.

[4] Einige germanistische Hinweise verdanke ich Prof. Dr. Erich Trunz, Kiel.

Spannung (Zeile 10–41). Er verspricht nicht weniger, als „ein Wunder aller Wunder" zu beschreiben, von dem allerdings nicht feststehe, ob es verborgen oder offenbar sei. In direkter Auseinandersetzung mit dem Leser werden chiastisch die Behauptungen von der Verborgenheit beziehungsweise der Offenbartheit des Phänomens ausgetauscht (Zeile 14–21). Zwar sei es dem Auge hell erkennbar, aber den Philosophen sei verborgen, was es damit auf sich habe (Zeile 22–29). In der Tat hatte die zeitgenössische Philosophie mit der Erklärung des besagten Wunders noch Schwierigkeiten.[5] Zimmermann gab sich also keineswegs nur mit einem Scheinproblem ab. Erst relativ spät wird angegeben, daß „das Licht und sein Beginnen" das zur Erörterung stehende Wunder ist (Zeile 30–33). Nicht ganz klar ist dabei, wer mit „der Weißheit Sohn" gemeint ist, der befragt wird. Dem Zusammenhang nach müßte es der Autor selbst sein, der mit seinem Federkiel antwortet. Mit dem „Beginnen" des Lichts dürfte nicht dessen Wirkung, sondern seine Erschaffung durch den Schöpfer angesprochen sein. Es wird am „Sternen-Dach" verortet. Die Vorstellung ist also, möglicherweise absichtlich naiv, von einem biblisch-geozentrischen Weltbild aus gedacht, obwohl Zimmermann Kopernikaner war. Zeile 34–41 präzisieren die Problemkonstellation: Das Licht kann sehr wohl gesehen werden. Sein Wesen und seine Beschaffenheit sind den Weisen jedoch verborgen, wie auch Hiob 38,19 eingestanden wird.

Das Gedicht verbleibt zunächst noch bei der philosophischen Bestimmung des Lichts (Zeile 42–69). Es läßt sich weder mit der Gattung der Substanz noch mit der des Accidens im Sinne der aristotelischen Philosophie begreifen. Gegen die Substantialität des Lichts spricht, daß es andere Leiber (Substanzen), einschließlich der Luft, durchdringt. Ein Accidens kann es nicht sein, weil es von seiner Substanz ausgeht. Es geht jedoch auch nicht an, das Licht als Geist aufzufassen, denn ein Geist ist nach der Bibel im Gegensatz zum Licht unsichtbar. Ferner wird die Annahme erwähnt, das Licht sei ein Mittelding zwischen Leib und Geist. Zimmermann hat damit in Kürze die damaligen Auffassungen über das Licht referiert.[6] Aber er ist von keiner befriedigt und empfindet es als wissenschaftlich mißlich, daß das klare Licht für die Weisen dunkel bleiben und sein Wesen unter dem Schmutz falscher Bestimmungen durch die Weisen verborgen sein soll. Damit befindet er sich in der Nähe der Meinung von Descartes.

Obwohl sich der Dichter damit abfinden muß, daß das Wesen des Lichts dunkel bleibt, ist er mit seinem Gesang nicht am Ende. Vom Begriff der Kraft her gewinnt er einen Zugang zur „Eigenschafft" des Lichts (Zeile 70–73). Dabei wird man sich jedoch zurückhalten müssen, Eigenschaft mit Accidens gleichzusetzen. Die Pietisten und Spiritualisten des 17. Jahrhunderts hatten für die Vorstellung von der Kraft ein charakteristisches Interesse, weil sie Wirkung, Veränderung, Aktion und Geschehen implizierte und

[5] Vgl. *C. von Bormann*, Licht, in: HWP, Bd. 5, Basel/Stuttgart 1980, 282–289; Art. Licht, in: *Johann Georg Walch*, Philosophisches Lexikon, Bd. 1, Leipzig [4]1775, 2257–2269.

[6] Ebd., 2261–2264; *Bormann*, 287.

es nicht beim abstrakten Erkennen bewenden ließ. Von daher nahmen manche unter ihnen Newtons Auffassung der Kraft „als methodologische und ontologische Voraussetzung jeder physikalischen Erkenntnis“ gerne auf, zumal man – ob zu Recht oder zu Unrecht, sei dahingestellt – Newton eine metaphysische Hypostasierung der Kraft unterstellte.[7]

Nunmehr wird das Verhältnis von Kraft und Licht entfaltet (Zeile 74–89). In Übereinstimmung mit der damaligen Wissenschaft[8] werden drei Kräfte namhaft gemacht, die vom Licht ausgehen:[9] der Schein, die Hitze oder Wärme und die Bewegung. Dabei bleibt nach wie vor offen, ob das Licht ein Körper oder ein Geist ist. Die dreifache Wirkung des Lichts wird auf die Natur bezogen. Sie erhellt die sonst dunklen Örtlichkeiten, wärmt die kalten Felder und bringt im Frühjahr die Blumen hervor.[10] Das Wirksamwerden des Lichts in seinen drei Kräften wird nicht physikalisch, sondern biologisch-kreativ als Ausgeburt verstanden, doch so, daß ein Auseinanderdividieren der Kräfte für unzulässig erklärt wird. Was interessiert, ist die Drei-Einheit. Erwogen wird allerdings die Möglichkeit, daß im kreativen Prozeß der Bewegung die Priorität zukommt und von ihr Schein und Hitze hervorgebracht werden. Möglicherweise bezieht sich Zimmermann auch hierbei auf Descartes.[11]

Fast die Hälfte des Gedichts hat der Autor gebraucht, um sich seines Phänomens philosophisch zu vergewissern. Damit ist er jedoch nicht am Ende. Die „Drey-Gebuhrt“ der Lichtkräfte projiziert zahlreiche „Sinne-Bild(er)“ in sein Gemüt. Mit dem Licht selbst werden sozusagen in einem Erleuchtungs- und Abbildungsvorgang die Strukturen des Seins überhaupt erkennbar (Zeile 90–93). Von der Fülle der durch das Licht gemalten Bilder wird zunächst ein Summarium geboten (Zeile 94–102): die „Lichtes-Geister“, womit nach Psalm 104,4 und Hebräer 1,7 vor allem die Engel gemeint sein dürften, die Stände der Welt, die Kirche mit Christus, das einzelne Gotteskind, Gott als Vater des Lichts (Jakobus 1,17!) und schließlich die Seele mit dem leuchtenden Verstand, dem in Liebe brennenden Willen sowie dem produktiven Wirken als ihren drei Kräften.

Nunmehr werden die Sinnbilder im einzelnen geschildert. Dabei wird mit der göttlichen Trinität eingesetzt (Zeile 103–107). Indem sie als „der Lichter Quell-bronn selbst“ bezeichnet wird, wird einmal mehr deutlich, daß zwischen Emblem und Wirklichkeit eigentlich keine Differenz besteht. Das Ternar setzt ein mit der brennenden Liebe des Vaters zum Sohn; dieser ist mit Hebräer 1,3 (!) der Glanz der göttlichen Herrlichkeit; der wirkende Geist

---

[7] *F. Kaulbach*, Kraft, in: HWP, Bd. 4, Basel/Stuttgart 1976, 1177- 1184, hier 1178f.

[8] *Walch*, 2263f.

[9] Nach dem Zusammenhang müßte es Zeile 74 eigentlich „besitzet“, bezogen auf „Licht“ als Subjekt, heißen, aber das hätte den Reim gestört.

[10] Ob die Wendung Zeile 81 „da Flora selbst sich unterwürffig macht“ eine mythologische Anspielung enthält, muß offenbleiben.

[11] *Walch*, 2263.

geht von beiden aus. Daß die Liebe (Hitze) in diesem Fall dem Schein vorgeordnet ist, dürfte darauf hinweisen, daß sich Zimmermann den trinitarischen Prozeß im Sinne Böhmes vorgestellt hat.

Bei der Wahrnehmung des Reiches der Natur (Zeile 108–111) begegnet dann wieder das ursprüngliche Schema: Gottes Weisheit strahlt aus allen Dingen her; die Intensität des Vorgangs wird geradezu aggressiv artikuliert. Die Erquickung der Natur wird der als Brunst qualifizierten Gütigkeit zugeschrieben. Die Aussage über die permanent actuose Macht fällt dem gegenüber etwas ab. Auffällig, aber in der Nähe der Aufklärung auch typisch, ist der Optimismus, der diese natürliche Theologie durchfärbt.

Auch im Gnadenreich (Zeile 112–119) waltet eine dreifache Spaltung des Lichts. Die Vorstellung erinnert an die damals bereits bekannte Aufspaltung des Lichts in seine Farben. Dem Vater ist nunmehr wieder das Brennen, und zwar das des Zornes der Gerechtigkeit, zugeordnet, das die Menschen nicht abzuwenden vermochten. In der Formulierung etwas allgemein, aber theologisch interessant, läßt der Autor bereits einfließen, daß es den Menschen unmöglich war, den zornigen Gott zu bewegen. Erst der Mittler vermochte es, den Grimm Gottes zu besänftigen. Das Leuchten ist in diesem Fall der im Wort erfolgenden Mitteilung der Wahrheit durch den Geist zugeschrieben. Dabei sollte man die hinzugesetzte, charakteristisch pietistische ethische Vorbedingung nicht übersehen, daß das Wort nur bei dem wirkt, „der es liebt und übt". Während das Gedicht, vielleicht wieder in böhmistischer Färbung, fast psychologisch von einer Stillung des göttlichen Zorns durch den Sohn spricht, erwähnt der Apparat orthodox-korrekt die Satisfaktion. Die Spaltung der Kräfte kann allerdings nicht mehr zum Ausdruck bringen, daß der Vater auch am barmherzigen Werk des Sohnes beteiligt ist, es sei denn, man hält sich bewußt, daß die Kräfte nicht geschieden werden dürfen.

Auch an der Drei-Stände-Ordnung oder den drei Hierarchien wird das Schema durchdekliniert (Zeile 120–123). Dabei ist auffällig, daß den Regenten die Bestrafung der Bösen übertragen ist. Nichts deutet darauf hin, daß die Wahrnehmung dieser Funktion durch die Obrigkeit im Pietismus bezweifelt wurde und daß die diesbezügliche Kritik mit ein Grund für Zimmermanns Entlassung gewesen war.[12] Das Gedicht äußert sich hier also idealiter und vermeidet einen neuerlichen Konflikt. Daraus wird man auch entnehmen können, daß das Gedicht für ein breiteres Publikum und nicht allein für den Kreis der eigenen Gesinnungsgenossen Zimmermanns gedacht war. Möglicherweise wollte er in Hamburg nicht neuerlich anecken.

Die triadische Verfaßtheit der Urkirche wird von Apostelgeschichte 15,26 aus etwas schematisch vorgeführt (Zeile 124–127). Der Glanz der Lehre wird dem apostolischen Amt zugeschrieben. Das Presbyteramt habe zur Liebe getrieben, in der dann die Brüderschaft auch gute Werke geübt habe. Charakteristisch für den Pietismus ist zunächst die Erwähnung des urchrist-

[12] Vgl. *Brecht*, 41–43.

lichen Ideals. Für den Lutheraner Zimmermann ist ferner die Hervorhebung des Presbyteramtes auffallend. Möglicherweise war er hier durch den Rostocker Th. Großgebaur beeinflußt, der eine Wiederherstellung des Presbyteramtes auch im Luthertum gefordert hatte.[13]

Das dreifache Amt Christi ließ sich der Dichter in seiner Aufzählung natürlich nicht entgehen; er weitete es sogar auf das einzelne Mitglied der Kirche aus (Zeile 128–135). Erneut wird das prophetische Lehramt mit dem Glanz verbunden, den Christus der Wahrheit verleiht. Die traditionelle Vorstellung von Christus als dem Priester, der sich selbst opfert, führt vom Kreuz zur Vorstellung vom Opfer auf dem Altar. Schwach und unangemessen psychologisierend ausgebildet ist die Charakterisierung des königlichen Amtes als „Helden-Muth". Eine herrscherliche Leitungsfunktion kommt überhaupt nicht in den Blick. Die klassische Stelle vom königlichen Priestertum der Christen 1. Petrus 2,9 ist vorweg ausgeweitet auf das mit dem vorbildlichen Leben kombinierte allgemeine Lehramt der Christen. Dieses wird jedoch auf das eigene Haus begrenzt. Zimmermann hütete sich also davor, das öffentliche Lehramt zu tangieren, obwohl dies in den pietistischen Konventikeln Hamburgs damals durchaus geschah. Das allgemeine Priestertum wird gleichfalls traditionell auf das Opfer des eigenen Leibes begrenzt, und selbst dies wird noch eingeschränkt auf eine nicht weiter definierte Befugnis, die wohl einer zerstörerischen Selbstaufopferung Grenzen setzen soll. Davon, daß Spener dem „Geistlichen Priestertum" der Christen bereits Leitungsfunktionen zugeschrieben hatte, wird nichts ausdrücklich vermerkt, es fällt sozusagen lediglich das Stichwort. Auch das königliche Amt der Christen ist reduziert auf die asketische Selbstbeherrschung. Relativ bieder wird der Glaube geschildert (Zeile 136–139). Die Erkenntnis ist wieder auf das Licht bezogen. Dem Vertrauen als „Brennen des Hertzens im Verdienst des Mittlers" ist in dichter, geradezu mystischer Formulierung diesmal die Wärme zugeordnet. Dies wendet sich zweifellos gegen einen kalten Satisfaktionsglauben. Als Beweis für die Lebendigkeit des Glaubens gelten die von ihm gewirkten Werke. Dies war zwar durchaus reformatorisch, wurde aber gerade vom Pietismus neu und dringend betont.

In mehrfacher Hinsicht interessant ist der eschatologische Ausblick des Gedichts (Zeile 140–151). Von Zimmermann würde man eigentlich ein chiliastisches Szenario erwarten, aber darauf ist, vielleicht aus Vorsicht, zugunsten einer älteren Jenseits-Eschatologie verzichtet, wie man sie beispielsweise auch in Johann Matthäus Meyfarts Lied „Jerusalem, du hochgebaute Stadt" findet.[14] Der Glaube versetzt den Dichter aus der ohnedies „Vogel-schnell" verschwindenden Zeit in die Ewigkeit. Dort findet sich das dreifache Licht in seiner unermeßlichen Vollkommenheit. Sein Glanz be-

[13] Vgl. *Brecht*, 39.

[14] Evangelisches Kirchengesangbuch, Nr. 320.

glänzt Leib und Seele[15] und verklärt den Leib. Die Erleuchtung ist durch die unfehlbare Weisheit gegeben. Abgesehen von diesen zwei (!) Leuchtvorgängen wird die Seinsweise des in die Ewigkeit versetzten Glaubenden intensiv als in Liebe flammend beschrieben. In schönem Kontrast kommt noch das Moment der Bewegung hinzu, durch das „vom Leib der kalte Todt verjagt ist und verdammt". Es bleibt aber nicht bei einer Zustandsbeschreibung. In Entsprechung zum verklärten Leib des auferstandenen Christus, für den es (wie zum Teil für das Licht!) keine körperlichen Widerstände mehr gibt, will der Dichter mit seinem Leib wie Zephyr, der Westwind, durch alles dahinfahren, „wann die Seel und ich beseligt bin". Die Unterscheidung von Seele und Ich meint wohl, daß die Seele das Kontinuum ist, das Ich aber einer neuen, verklärten Leiblichkeit bedarf.

An sich ist jede Dogmatik mit den „letzten Dingen" an ihr Ende gelangt, und das Gedicht könnte eigentlich aufhören. Aber der Dichter will den Beweis auch noch ex negativo, von der Demonstration der Finsternis her führen (Zeile 152–167). Die Macht der Finsternis wird mythologisch durch den Höllenhund Cerberus personifiziert. Der Dichter gibt diesmal zu erkennen, daß ihm bei der Aufnahme der heidnischen Vorstellung nicht ganz wohl ist, und dem Pietisten kann man es nachfühlen, daß er mit dem nichtchristlichen Bildungsgut seine Probleme hat. Aber in diesem Falle hat er Gründe, darauf nicht zu verzichten und es mit einer christlichen Deutung zu versuchen. Offenbarung 22,15 ist von den Hunden die Rede, die draußen, außerhalb der Gemeinde, bleiben müssen. Der Dichter identifiziert den Hund mit dem Unglauben als der Ursünde. Dabei kommt ihm jetzt zupaß, daß der Höllenhund dreiköpfig vorgestellt wird, und damit liegt auch hier die von der Anlage des Gedichts geforderte triadische Struktur vor. Hoffart, Neid und schnöde Lust gelten als die drei Häupter. Damit ist die mythologische Gestalt bereits überflüssig, denn jetzt kann im Schema der Lichtkräfte fortgefahren werden. Die Hoffart glänzt prangend, der Neid brennt angeheizt vom Zorn. Der Geiz und ihm zugeordnet die (sonstigen) Lüste rennen rastlos. Unklar in der Formulierung ist, ob nur der Geiz oder auch Hoffart und Neid die Wurzel des anderen „Sünden-Geschmeiß(es)" sind, hier als ekelerregende Brut verstanden. Da von ihm, wenn auch etwas zu schwach, gesagt wird, es rege sich dann und wann, ist es wohl der Bewegungskraft und somit dem „Geitz samt Lüsten" zuzuordnen.

Sehr frei gegenüber der klassischen Mythologie tritt nunmehr Nemesis, an sich die Rächerin des Hochmutes und des Übermutes, mit einer dreifachen Rute zur Bestrafung des dreiköpfigen Höllenhundes auf. Gemeint sind die drei geläufigen Menschheitsgeißeln Pest, Krieg und Teuerung (Zeile 168–179). Wo die Pest ausbricht, ist es mit der Hoffart vorbei. Die repräsentativ gespreizten bunten Pfauenfedern sinken in das Schwarz des Totenhau-

---

[15] Ob Zeile 144 „glantze" glänzend meint oder Druckfehler von „ganze" ist, vermag ich nicht zu entscheiden.

ses. Die schwarze Farbe überlagert hier hart die Buntheit.[16] Das metallische Blinken der Schwerter muß den von Neid und Zorn entzündeten Brand löschen. Die Widersprüchlichkeit des Bildes, nach der ein Lichtphänomen löschen muß, ist zweifellos gewollt. Wie schon öfter fällt das dritte Glied dichterisch ab. Der Hunger ist die Strafe für Geiz und Lust. Wohl nicht von ungefähr schwingt sich die Sprache Zimmermanns in diesen Versen auf. Er hatte die Strafe der Kriegsnot vorhergesagt und zur Buße gerufen und war ihr dann in Gestalt der französischen Eroberungskriege 1686 in Heidelberg selbst begegnet. Angeschlossen ist auch hier ein (negativer) eschatologischer Ausblick in Gestalt einer Beschreibung der Hölle, in der Nacht statt Licht herrscht und trotzdem das Feuer brennt. Das Zittern oder der Stich des „Wurm(s) des Gewissens" steht in diesem Fall für die Bewegung oder Wirkung.

In der höllischen Finsternis kann das Licht-Gedicht natürlich nicht enden, und dies war wohl auch keineswegs die Absicht des Autors. Er lenkt zurück zum ersehnten Genießen des Lichts der Ewigkeit, wobei „Licht" diesmal sogar mit einer Zierinitiale versehen und in noch größeren Typen als sonst im ganzen Gedicht gesetzt ist. Der Schluß zielt ab auf eine geradezu unvermeidliche pietistische Paränese (Zeile 180–183). Das neue Sein soll bereits hier realisiert werden. Die Teilhabe am Licht der Ewigkeit hat zur Voraussetzung, daß der Christ ein Licht der Welt ist (Matthäus 5,14), daß die Gottesliebe in ihm flammt und daß er das Gute treibt und übt.

Der Reiz des Lehr-Gedichts liegt zunächst in der Verbindung der modernen philosophisch-naturwissenschaftlichen Erörterung mit dem theologischen System. Das Bindeglied bildet der trinitarisch gefaßte Begriff der Kraft, der nicht bloß physikalisch, sondern noch metaphysisch verwurzelt ist. Der Dichter meinte, die dreifache Struktur der Kraft als Prinzip vom Himmel bis zur Hölle und wieder zurück aufweisen zu können. Er wollte damit sein bürgerlich-gebildetes Publikum aufklären, erwärmen und motivieren. Seinen pietistischen Hintergrund verleugnete er dabei nicht, er vermied es jedoch, damit zu provozieren, und sicherte sich durch orthodox-korrekte Sätze sowie durch biblische Belege ab. Der Versuch, wissenschaftlich-modern heilsgeschichtliche Zusammenhänge mit der Ekklesiologie und der Weltordnung sowie mit der Existenz des glaubenden Individuums zu verbinden und dann alles auf eine Paränese hinauszulenken, bleibt bei aller Zeitgebundenheit bemerkenswert.

---

[16] Zeile 172f. könnte auch gemeint sein „im Totenhaus", ohne daß sich am Sinn Wesentliches ändern würde.

Marianne Doerfel

Pietistische Erziehung

Johann Christian Lerches Memorandum zu Reformbestrebungen am Pädagogium Regii in Halle (1716/22)

Einleitung

Bei der Beurteilung von so bedeutenden Erziehungsreformen, wie sie der Pietismus im 18. Jahrhundert in Bewegung gesetzt hat, wird oft übersehen, daß zwischen Erziehungsziel und damaliger Erziehungswirklichkeit ähnlich große Unterschiede bestehen, wie zwischen geschriebener und gelebter Staatsverfassung. Die Selbstdarstellung richtete sich an eine Öffentlichkeit, die häufig erst gewonnen werden mußte. Das traf für Halle in ganz besonderem Maße zu.[1] Franckes Plan, auch das evangelische höhere Erziehungswesen mit einem neuen Typus von Theologen zu reformieren, fiel in eine Zeit, die zwar auf Erneuerungen im Schulwesen drängte, gleichzeitig aber daran zweifelte, daß sich die tiefen Risse im gemeinsamen Fundament von Kirche und Schule noch überbrücken ließen. Darauf hatte Thomasius schon 1699 hingewiesen.[2] Seine Einwände waren auch zwanzig Jahre später noch nicht überholt, wie aus dem nachfolgend, in leicht gekürzter Form vorgestellten Dokument hervorgeht. Sein Verfasser, Johann Christian Lerche,[3] war vom November 1716 bis Juli 1723 Präceptor am Pädagogium in Halle, und in diese Zeit fällt das undatierte, 14 Folioseiten umfassende Memorandum. Veranlaßt wurde es durch die anhaltenden Spannungen im Pädagogium,

---

[1] Dazu gehören vor allem August Hermann Franckes „Öffentliches Zeugniß vom Werk, Wort und Dienst Gottes“ und „Von Erziehung der Jugend ...“ (beide 1702) sowie die „Segensvollen Fußstapfen des ... getreuen Gottes ...“ (1706); ferner die von Inspektor Hieronymus Freyer herausgegebenen Schulprogramme 1732, 1733 und 1737 und der „Kurze Bericht von der gegenwärtigen Verfassung des Pädagogium Regii ...“ (1734) von Johann Anastasius Freylinghausen und Gottlieb August Francke.

[2] Christian Thomasius, Verlangte Erinnerungen über beygefügte Einrichtung des Paedagogii Glauchensis, abgedruckt bei *August Nebe*, Thomasius in seinem Verhältnis zu A. H. Francke, in: Christian Thomasius: Leben und Lebenswerk, hg. v. *Max Fleischmann*, Halle 1931, 413ff.

[3] Geboren am 6. 2. 1691 in Potsdam, gestorben am 28. 11. 1768 in Neustadt an der Aisch. Zur Person Lerches siehe dessen Autobiographie, abgedruckt in: Nova acta historico-ecclesiastica, Bd. 10, Weimar 1770, 989–1006, sowie *Paul Schaudig*, Der Pietismus und Separatismus im Aischgrund, Schwäbisch Gmünd 1925, 147–150.

sowohl zwischen Lehrern und Schülern als auch unter den Lehrern.[4] Die Schule wurde als Prüfstein der pietistischen Adelserziehung angesehen, und ihr Ruf litt beträchtlich unter den Mißständen. Sie unterschieden sich allerdings kaum von den Unzuträglichkeiten, mit denen auch alte renommierte Schulen seit langem kämpften: aus der Sicht der Gegner ein Beweis für die Anmaßung der Pietisten.

Lerche hatte das Gymnasium in Berlin besucht und anschließend in Wittenberg studiert. Seinem nüchternen Naturell entsprach es, Pro und Contra gewissenhaft gegeneinander abzuwägen und dabei an die Einsicht zu appellieren. Nach seinem ungewöhnlich langen Aufenthalt in Halle wurde er schwedischer Legationsprediger in Wien und 1732 als Nachfolger von Johann Adam Steinmetz zum Superintendenten in Neustadt an der Aisch berufen. Er vermied geschickt unnötige Herausforderungen des entschieden antipietistischen Neustädter Konsistoriums, wies aber auch erfolgreich ungerechtfertigte Verdächtigungen pietistischer Geistlicher zurück.[5] Unter Steinmetz und dem von ihm aus Teschen mitgebrachten Lehrer Sarganeck war die Neustädter Lateinschule nach hallischem Vorbild reformiert worden. Lerche setzte diesen Weg fort. Die Schule erhielt unter seinem Inspektorat ein rein pietistisches Kollegium.[6] Die Universität Erlangen verlieh ihm 1742 den Doktorgrad der Theologie, obwohl er die Annahme „bis zuletzt verzögert hatte“, wie er an Gottlieb August Francke schrieb.[7] Seine Korrespondenz mit dem Sohn Franckes zeigt, daß er sich weiterhin zu Halle hielt, angesichts des Regierungswechsels in Bayreuth 1735[8] aber das Gefühl hatte, in Neustadt auf verlorenem Posten zu stehen.

Das als Konzept mit zahlreichen Korrekturen von Lerches Hand aufgesetzte Memorandum befindet sich heute in der Kirchenbibliothek Neustadt. Es ist klar gegliedert in eine Auflistung von Beschwerden der Schüler, Fehler im Verhalten der Lehrer, Klagen über das Essen und praktische Ratschläge zur Verbesserung des Lehrer-Schüler-Verhältnisses. Eigene Beobachtungen und private Gespräche mit einzelnen Lehrern bilden die Grundlage des

---

[4] Welcher Art sie waren, geht sowohl aus den einzelnen Punkten des Memorandums hervor, wie auch aus den gedruckten Nachrichten Franckes, insbes. P. XLIIff., Sect. II in der 1702 veröffentlichten „Ordnung und Lehrart des Pädagogiums“, abgedruckt in: *August Hermann Francke*, Pädagogische Schriften, hg. v. *Gustav Kramer*, Langensalza 1885, 235ff., sowie der „Instruction für die Praeceptores ...“, ebd., 190, für die Kramer 1713 als Datum der Entstehung annimmt.

[5] Vgl. hierzu *Schaudig*, 143–173.

[6] Vgl. *Marianne Doerfel*, Ein zweites Halle in Neustadt/Aisch?, in: ZBKG 58, 1989, 152–164.

[7] Lerche an G. A. Francke, 22. 8. 1743: Halle, Archiv der Franckeschen Stiftungen, C 384. Vgl. auch den Brief vom 9. 3. 1744: ebd.

[8] Der propietistische Markgraf Georg Friedrich Karl starb 1735. Der Nachfolger, sein Sohn Friedrich, war mit der Schwester Friedrichs des Großen verheiratet, die ganz auf Seiten der Aufklärung stand. Lerche fürchtete, man würde nunmehr „schwätzende Papageyen ziehen“ und verlangte, daß „solche jungen Clamanten in meiner Diözese nicht ohne meine Permission predigen dürfen“ (Lerche an G. A. Francke, 11. 4. 1744: Halle, Archiv der Franckeschen Stiftungen, C 384).

Manuskripts. Es kann mit großer Sicherheit davon ausgegangen werden, daß der Inspektor des Pädagogiums, Hieronymus Freyer, von 1705- 1747 in diesem Amt, den Anstoß zu der Niederschrift gab und sie auch Francke vorgelegt wurde.

Zum besseren Verständnis der Übergangssituation im Erziehungswesen zwischen Barock und Aufklärung wird dem Text ein kurzer Überblick über die in den Quellen am häufigsten genannten Mißstände vorangestellt, die in der Gemeinschaftserziehung am stärksten reflektiert werden.[9]

Das „gelehrte" Schulwesen hatte sich gegen Ende des 17. Jahrhunderts gerade erst von den Spätfolgen des Dreißigjährigen Krieges erholt. Abgesehen von der Zerstörung von Schulgebäuden, die teilweise erst vor kurzem erbaut worden waren, und den zu ihnen gehörigen Bibliotheken, hatte die Entvölkerung vieler Gebiete zu einem Jahrzehnte andauernden Lehrermangel geführt. Überdies werteten die ärmlichen Lebensbedingungen von Lehrern ihre Tätigkeit in den Augen der Öffentlichkeit ab, und eine höhere Besoldung hätte ein völliges Umdenken erfordert. Bildung und Erziehung waren über Jahrhunderte von der Kirche finanziert worden. Obwohl seit der Reformation auch die Öffentlichkeit am Unterhalt des Schulwesens beteiligt war, blieben die evangelischen Kirchen sich ihrer Verantwortung dafür bewußt. August Hermann Franckes Schulstadt ist ein lebendiges Beispiel für das Fortwirken dieser Tradition. Die menschliche Arbeitskraft wurde jedoch nach wie vor gering bewertet, und die erzieherische Arbeit als eine wenig aufwendige Dienstleistung betrachtet. Die Lehrer selbst, die ja alle Theologen waren, beteiligten sich an den Richtungskämpfen im Protestantismus oder wurden in sie hineingezogen. Darunter litt das Klima an den Schulen ganz besonders, und es kam zu Verfallserscheinungen, die selbst energische Fürsten nicht beheben konnten. Comenius' Bemühungen, dem Schulwesen eine bessere, innere Ordnung zu geben, fanden zwar ein lebhaftes Echo, für ihre umfassende Umsetzung fehlte es aber an den geeigneten Persönlichkeiten. So konnte die Gothaer Schule, die Francke als Schüler ein Jahr lang besuchte und von der er viele Anregungen mitnahm, nicht zuletzt nur deshalb ihre bedeutenden Reformen verwirklichen, weil der Herzog den bereits in Lüneburg unter Vertrag stehenden Schulleiter Reyher energisch zurück beorderte.[10]

Klagen über schlechte Disziplin, Faulheit und Widersetzlichkeit der Jugend sind zwar zu allen Zeiten geführt worden. Sie erscheinen aber im

---

[9] Die evangelischen Schulordnungen des 17. Jahrhunderts finden sich bei *Rudolf Vormbaum* (Hg.), Evangelische Schulordnungen, Bd. 2, Gütersloh 1863. Über die tatsächliche Situation geben Visitationsberichte und Korrespondenzen Aufschluß. Sie liegen in verschiedenen Schul- oder Pfarrarchiven, in kirchlichen, städtischen oder staatlichen Archiven und sind teilweise in gedruckten Geschichten einzelner Schulen, meist Festschriften, ausgewertet.

[10] *Wilhelm Görges* und *August Nebe*, Geschichte des Johanneums zu Lüneburg, Lüneburg 1906, 32. Reyher war dann maßgeblich an der Ausarbeitung des berühmten Gothaer Schul-Methodus beteiligt.

Barock besonders häufig, im Zusammenhang mit der Verrohung an den Universitäten und ihrer Rückwirkung auf Gymnasien und Lateinschulen.[11] Die älteren Schüler betrachteten sich als angehende Studenten, kopierten nicht nur deren Kleidung, sondern auch ihre rauhen Sitten, zu denen vor allem die Schikanen gegenüber jüngeren Schülern gehörten. Gegen dieses unter dem Begriff Pennalismus bekannt gewordene Phänomen kämpften Konsistorien, Scholarchen, Schulleiter und Fürsten lange Zeit vergeblich. Der Pennalismus hielt sich besonders in Internatsschulen bis ins 19. Jahrhundert. Erst allmählich setzte sich die Erkenntnis durch, daß die Heranziehung älterer Schüler zur Mitarbeit, etwa als Aufsicht, das wirkungsvollste Mittel war, um ihr Verantwortungsgefühl gegenüber der Gemeinschaft zu wekken.

In diesen Zusammenhang gehören auch Anwendung, Umfang und Härte der Strafen. Fasten und Knieen während der Mahlzeit im Speisesaal (Carene) waren noch die geringsten Druckmittel. Pranger, Ruten-, Stockschläge, Karzer und im schlimmsten Fall die unehrenhafte Ausstoßung führten zu Angstreaktionen wie Weglaufen oder erhöhtem Widerstand. An der Meißener Fürstenschule erklärten 1683 acht Jungen, die die Nacht in Wirtshäusern durchzecht hatten, sie würden über eine Rückkehr in die Schule nur verhandeln, wenn ihnen der Rektor vorher das Strafmaß mitteile. Als er das ablehnte, meinten sie, „da sie sich doch aller Härte zu befahren hätten und einmal draußen wären, so wollten sie auch draußen bleiben."[12] Manche Lehrer weigerten sich, körperliche Züchtigungen vorzunehmen, teils weil sie das für sich als entwürdigend empfanden, teils hatten sie Sorge vor Racheakten. Aber selbst dem geistlichen Inspektor von Schulpforta wurde sein Versuch, sich „von der castigation zu eximieren" abgelehnt.[13] Niemand sollte in der Sympathie der Schüler einen Bonus erhalten.

Es galten nicht nur andere Kriterien für Schuld und Sühne als heute. Das Strafsystem der Schulen orientierte sich auch noch stark am öffentlichen Rechtswesen. Der Lehrer, der sich als Gelehrter verstand, wurde dadurch häufig zum verhaßten Büttel. In der Aufklärung sprach man dann verächtlich vom „Zuchtmeister", und gutgeleitete Schulen distanzierten sich ausdrücklich gegenüber der Öffentlichkeit von der Vermutung, die Schule sei ein „Zuchthaus".[14] Obgleich dieser Begriff damals noch nicht für Strafan-

---

11 Hierzu vgl. *Erich Trunz*, Johann Matthäus Meyfart, München 1987. Meyfart war von 1617 bis 1633 Rektor des Coburger Casimirianums und veröffentlichte 1639 eine umfangreiche Schrift gegen die „Barbareyen" an den Universitäten, auf die auch Spener hinwies (ebd., 245). Zahlreich sind auch die Beschwerden über die liederlichen Aufführungen der Alumnen, der Armenschüler der gelehrten Schulen, die den Kirchenchor bildeten.

12 *Theodor Flathe*, Sanct Afra: Geschichte der königlich sächsischen Fürstenschule zu Meißen, Leipzig 1879, 193.

13 *Friedrich Heyer*, Aus der Geschichte der Landesschule zu Pforte, Darmstadt und Leipzig o.J., 78.

14 So der Pietist Paul Eugen Layritz, Rektor der Neustädter Stadtschule von 1735 bis 1742, die nach dem Pädagogium in Halle eingerichtet war, in seinem „Ausführlichen Bericht ..."

stalten verwendet wurde, und daher auch nicht beleidigend gemeint war, zeigt er doch das Dilemma der Schule: Sie sollte Erziehungsmängel korrigieren. Dagegen protestierten die Pädagogen häufig mit dem Hinweis auf die zu große Nachgiebigkeit der Eltern. Das bezog sich nicht etwa nur auf Wohlhabende, sondern auf die generelle Neigung, gegenüber den eigenen Kindern nicht konsequent genug zu sein. Der Lehrer, überfordert durch zu große, nicht nach Alter und Leistung strukturierte Klassen, war daher oft vorzeitig physisch und psychisch erschöpft und sah sich resignierend als einen „Schul-Märtyrer".[15]

Während Franckes Armenschulen vielfach als Modell zum Kampf gegen die sittliche Verwahrlosung betrachtet wurden, hatte das Pädagogium es schwerer, seinen Ruf gegenüber den alteingesessenen gelehrten Schulen mit ihrer hohen Bildungstradition zu begründen. Sie wehrten sich gegen die Einführung von Realien und muttersprachlichem Unterricht als unvereinbar mit dem klassischen humanistischen Bildungskanon. Da Lerche unterrichtliche Fragen nur am Rande behandelt, soll auf diesen Punkt hier nicht weiter eingegangen werden. Für ihn war es in erster Linie pädagogisches Fehlverhalten, das der Unzufriedenheit am Pädagogium zugrunde lag: Den Lehrern mangele es an Autorität und Sicherheit im Umgang mit Schülern der höheren Stände.

Am Pädagogium bestanden keine Freiplätze, im Gegensatz zur Lateinschule (Latina). Nach Franckes Intention sollten hier die Söhne der sozialen Eliten zu sittlichen Führungspersönlichkeiten herangebildet, zumindest aber vor den schädlichen Einflüssen im Elternhaus bewahrt werden. Zuverlässige Hauslehrer waren rar und viele Eltern machten sich nicht die Mühe, Angaben über Herkunft und bisherige Tätigkeit eines Bewerbers genau zu prüfen.[16] Beim Besuch einer öffentlichen Lateinschule[17] mußte dagegen eine passende Unterkunft gefunden werden, die sowohl Sicherheiten bot, was die Aufsicht anging, als auch der Erlernung von Umgangsformen diente.

(Nürnberg 1736). Noch 1793 berichtet der Leiter des herrnhutischen Pädagogiums in Uhyst, Renatus Frühauf, einem Freund, daß ein Schüler, Benjamin von Richthofen, an den Folgen „eines harten Falles" leide, verursacht „durch die ehemalige Behandlung eines Zuchtmeisters, nicht Lehrers" (Herrnhut, Unitätsarchiv, R IV B 4c No. 5).

[15] Als solchen bezeichnete sich der Leiter der Neustädter Lateinschule, Schober, in einem Brief an August Hermann Francke vom 17. 12. 1718: Halle, Archiv der Franckeschen Stiftungen, C 508,1. Schober war der erste Pietist in Neustadt an der Aisch und begründete die pietistische Tradition der Schule.

[16] Das traf auch für fromme adlige Familien zu. Karl von Zinzendorf, Sohn des älteren Halbbruders von Nikolaus Ludwig von Zinzendorf, berichtete, daß seine streng pietistische Mutter, eine geborene Gräfin Callenberg, „dann und wann ... die jüngern Kinder der Willkühr unweiser und unartiger Hofmeister und Instructoren" überlassen hätte, „die sich gut zu verstellen wußten, so dass in diesem frommen Hause ihre Sitten dennoch nicht wenig Gefahr liefen" (zitiert bei: *Eduard Gaston Graf von Pettenegg*, Ludwig und Karl Grafen von Zinzendorf, Wien 1879, 6).

[17] Der niedere Adel schickte seine Söhne schon im 17. Jahrhundert zuweilen auf städtische gelehrte Schulen, wie die Schülerverzeichnisse belegen.

Die Kosten waren auch in diesem Fall nicht gering, und die Unterbringung bei Lehrern scheiterte oft an ihren bedrängten Wohnverhältnissen. Ritterakademien, auf die der hohe Adel seine Söhne für ein bis zwei Jahre schickte, waren um 1700 bereits stark zurückgegangen, da die hohen Kosten von vielen nicht mehr aufgebracht werden konnten.[18]

In dieser Situation schien Franckes Bildungs- und Erziehungskonzept in seiner inneren Geschlossenheit eine Lösung anzubieten, die bisher vergeblich gesucht worden war. Mit der Ansiedlung des Pädagogiums in einer Universitätsstadt war die Schule aber auch von Anfang an den Beobachtungen einer kritischen Öffentlichkeit ausgesetzt. Franckes „optimistischer Perfektionismus" (Deppermann) hatte hohe Erwartungen erzeugt. Disziplinschwierigkeiten, die an anderen Schulen zum Alltag gehörten, wurden am Pädagogium zu Grundsatzfragen. Die Gemeinschaftserziehung belastete die psychischen Kräfte der unerfahrenen Lehrer in besonderem Maße, denn ihre Schüler waren im Elternhaus in das Leben der Erwachsenen integriert. Wenn sie über den „Mangel an Motion" klagten, so bezog sich das nicht etwa auf die fehlenden Spiele im Freien, sondern auf Ausritte und Wagenfahrten.[19] Die Erziehung zur Selbständigkeit wurde auch im Elternhaus nicht sorgfältig überwacht, wo die meisten Jungen weit mehr Freiheit genossen als ein Internat, in dem sie sich einordnen mußten, jemals bieten konnte.

Das Memorandum Lerches macht daher zweierlei deutlich, soweit es um die Disziplin geht: (1.) Unterwerfung und ständige Beaufsichtigung wurden zwar als die wichtigsten Erziehungsmittel angesehen, von den wechselnden Lehrern jedoch sehr unterschiedlich gehandhabt. Teils stand dahinter ein tradiertes Erziehungsverständnis, teils war es nur die hilflose Reaktion auf mehr oder minder harmlose Übertretungen von Verboten. (2.) Ein Teil der Lehrer lehnte Härte ab, da sie nicht nur pädagogisch erfolglos war, sondern das gegenseitige Mißtrauen vertiefte. Für die religiöse Erziehung war aber in erster Linie das persönliche Vorbild entscheidend.

Der geniale und praktische Gedanke, Studenten als Lehrer einzusetzen, enthielt Risiken, die am Pädagogium deutlicher zutage traten als an den anderen Schulen Franckes. Hier befanden sich die Söhne einer sozialen Elite,

---

[18] Vgl. hierzu *Norbert Conrads*, Ritterakademien der frühen Neuzeit, Göttingen 1982. Am hallischen Pädagogium fand sich in den ersten Jahren ein hoher Prozentsatz von schlesischen Adligen, nachdem das reich dotierte Johannesstift in Liegnitz im Zuge der Gegenreformation eingegangen war; die Johanneskirche fiel an die Jesuiten. 1708 wurde eine paritätische Ritterakademie eingerichtet, das heißt das Stiftungskapital wurde nun ausschließlich der Adelserziehung zugeführt. Zur Herkunft der Schüler am Pädagogium siehe *Hieronymus Freyer*, Programmata Latino germanica, Halle und Magdeburg 1737.

[19] Inspektor Freyer beklagte noch 1737, daß die angemieteten Gärten zu wenig Interesse bei den Scholaren fänden. Dabei wäre es besser, ein paar Stunden spazieren zu gehen, „als daß sie sich da eine zeitlang auf der Kutsche steif sitzen" (*Freyer*, 11). Wenn auf diesen Spaziergängen Belehrungen erteilt und erbauliche Gespräche geführt wurden, so war das auch Bestandteil der Erziehung zu guten Umgangsformen.

auf deren Unterstützung der Pietismus im Feudalstaat besonders angewiesen war. Sie brachten ein anerzogenes Standesdenken mit, dem Rechnung getragen werden mußte. Lehrer, die vorher am Waisenhaus unterrichtet hatten, fanden am Pädagogium eine gänzlich andere Sozialstruktur, auf die sie sich neu einstellen mußten. Ein fester Stamm von Lehrern statt der starken Fluktuation hätte Unsicherheit und Mißgriffen vorbeugen können. So aber wurde die Lehrtätigkeit häufig als eine Durchgangsstation angesehen, die man, so gut es eben ging, hinter sich brachte. Erst später wurden die gemachten Erfahrungen verarbeitet und zeigten dann häufig positive Ergebnisse,[20] von denen das Erziehungswesen weit über Deutschland hinaus profitiert hat.

Die Fluktuation wurde noch gefördert durch die vielen Bitten um geeignete Theologen und Lehrer, die an Francke ergingen. Es mußten entweder einflußreiche Freunde vertröstet oder zuverlässige Mitarbeiter den Schulen entzogen werden. Andererseits zogen die sozialen Einrichtungen und vor allem die Freitische manche Interessenten an, die eine zweckrational motivierte Anpassung hinter besonderem Eifer verbargen.[21] Zu diesen gehörte auch Daniel Crisenius, Informator und schließlich Hofmeister des ersten Reichsgrafen im Pädagogium, Nikolaus Ludwig von Zinzendorf. Der standesbewußte kleine Graf wollte seine Privilegien gewahrt sehen, die Mutter dagegen drängte auf eine absolute Gleichbehandlung. Der Vormund warnte vor „einer Bitterkeit", die die Zöglinge aus der Anstaltserziehung davontrügen, und der Inspektor, Hieronymus Freyer, seufzte, der Graf sei „der Tücke so voll, daß er das redlichste Gemüt müde machen kann".[22] So kam man dem Wunsch des Elfjährigen nach einem eigenen Hofmeister entgegen, während Crisenius sein Ziel erreicht hatte, „ein rechter gräflicher Hofmeister zu sein".[23] An seiner pädagogischen und menschlichen Eignung gab es zwar schon frühzeitig manchen Zweifel,[24] dennoch blieb Crisenius im Amt

---

[20] Das geht aus Vergleichen der sehr genauen, oft kritischen Beurteilung im Informatorenverzeichnis mit dem späteren Werdegang, so weit er bekannt ist, hervor.

[21] Diesen häufig erhobenen Vorwurf machte sich auch Zinzendorf zu eigen, als er am 15. 2. 1731 an Steinmetz schrieb, die Heuchelei sei bei den hallischen Studenten „fast ein necessarium malum" (Herrnhut, Unitätsarchiv, R 20 C 30). – In Wittenberg erteilte Josua Wahrmund 1727 eine „Gewißens Rüge an die so aus Noth Pietisten abgeben in Hoffnung Stipendia od. and. zeitl. Interessen dadurch zu erlangen" (Brief ohne Verfasserangabe: Halle, Archiv der Franckeschen Stiftungen, A 78 b, 121/22).

[22] Freyer an Francke, 5. 3. 1715: Herrnhut, Unitätsarchiv, R 20 A No. 8b (Abschrift).

[23] Freyer über die Erziehung Zinzendorfs in Halle, ebd.

[24] Der Stiefvater Zinzendorfs, von Natzmer, erklärte, Crisenius müsse abgelöst werden, er sei „in Wahrheit sein [sc. Zinzendorfs] Verderben auf mancherlei Weise" (von Canstein an Francke, 26. 6. 1711: Herrnhut, Unitätsarchiv, R 20 A No. 8b [Abschrift]). Über Crisenius erschien 1967 die biographische Skizze von *Herbert Voßberg*, Daniel Crisenius (1688–1755), Hofmeister Zinzendorfs: Ein Beitrag zu seiner objektiven Beurteilung, in: Herbergen der Christenheit. Jahrbuch für deutsche Kirchengeschichte, Berlin 1967. Den Verdacht des Opportunismus vermag Voßberg jedoch nicht zu entkräften. Crisenius übernahm weder eine Pfarre, noch kam er im Staatsdienst unter. Auch die Gründung eines Erziehungsinstituts für junge

und trug viel zu dem ungünstigen Urteil bei, das Zinzendorf später über seine Erziehung in Halle äußerte.

Lerche kam zwar erst einige Monate, nachdem Zinzendorf und Crisenius nach Wittenberg übergesiedelt waren, in das hallische Pädagogium. Doch viele der von ihm angeführten erzieherischen Mißgriffe werden durch die gut dokumentierte Erziehung des jungen Zinzendorf exemplarisch belegt.[25] Gewiß stellten sein jugendlicher Geltungsdrang und sein frühes Sendungsbewußtsein die Erzieher vor besonders schwierige Anforderungen, die durch die Prominenz des Zöglings noch zusätzlich erschwert wurden. Lerches Warnung vor unnötigen Demütigungen und vor Überheblichkeit im Umgang mit den Schülern zeigt jedoch, daß auch in den folgenden Jahren die Erziehung zur Demut mit den falschen Mitteln unternommen wurde.[26] Sein Rat, man solle auch die Würde des Kindes achten, richtete sich nicht nur an die unerfahrenen jungen Erzieher. Mit dem Hinweis auf die Ethik der Stoa, der gemeinsamen Wurzel von Christentum und Humanismus, sollte das zu positivistische Erziehungsverständnis des Pietismus an ein Erbe erinnert werden, das, von der Orthodoxie mißachtet, nunmehr vom Rationalismus bedroht war.

Der Text des von Johann Heinrich Lerche zwischen 1716–22 verfaßten Memorandums für die Mitarbeiter des Pädagogiums

Es werden viele unter uns bishero mit Betrübniß wahrgenommen haben, daß es dermahlen in unserm Pädagogi nicht so stehe, wie es wohl solte, auch, wie es vor diesen gestanden. Es ist auch privatim und publice vieles gesprochen und geklaget worden, bis dato aber ist der Sache noch nicht abgeholffen. Wir klagen über die Scholaren, und diese über uns. Das kann ohnmöglich in die Länge was gutes nach sich ziehen. Einige betrübte Proben an den Scholaren sehen wir bereits vor Augen, und wir haben davon nichts als Unruhe, und Verdruß, auch Jammer und Wehmuth in unserm Gemüthe; ja es könte endlich auch dahin ausschlagen, daß wir selbst gegen einander arge Gedanken zu hegen anfiengen, und dabey den Segen an unserm Amte verlieren. Scheinet die Sache demnach wohl von der Wichtigkeit zu seyn, daß man sie recht zu Herzen nehme und überlege, wie den Verderben zu begegnen und weiterm Unheil vorzubeugen sey. Laßet uns doch besehen

---

Adlige scheiterte, und erst 1741 erhielt er eine untergeordnete Stelle bei der Stadt Leipzig mit 200 Talern Gehalt.

25 Ausführlich dargestellt bei *Gerhard Reichel*, Die Anfänge Herrnhuts, Herrnhut 1922, 40ff.

26 Als Paul Eugen Layritz zum Neubau eines Schulgebäudes in Neustadt an der Aisch durch einen Kollektanten 1740 Gelder in der Schweiz, am Rhein und in Holland sammeln ließ, lehnte der in Heerendijk lebende Wattenwil eine Spende ab, obwohl der Kollektant mit einer Empfehlung Zinzendorfs ausgestattet war. Er wisse, wie es in solchen Schulen zuginge, erklärte Wattenwil. Dort würden nur Unchristen erzogen (siehe hierzu *Doerfel*, 160).

I. *Die Querelen*, welche unter denen Scholaren herumgehen. Denn diese haben wir keinesweges so ganz weg zu werffen. So gering oder so wichtig sie auch seyn mögen, geben sie doch bey reiffer Überlegung derselben Anlaß, den fontem zu untersuchen, wie nicht minder auf Mittel zu denken, wie solche Klagen möchten füglich gestillet werden.

1. Ist es eine fast allgemeine Klage, man werde so scharf gehalten, und werde nicht die geringste Freyheit etwas zu reden oder zu thun verstattet, darüber nicht sogleich scharffe Critiquen und reprimanden[27], auch wohl reelle Bestraffungen erfolgeten. Die geringsten Dinge würden öfters am meisten aufgemutzet; daher denn die Gemüther nieder geschlagen, zu allem guten Träge und Verdroßen, und mithin zu einer guten Conduite ungeschickt würden.

2. Insbesondere wird geklaget, daß man Sie zu grob tractire, indem sie mit dem Nahmen *Ihr* benennt[28], auch wenn sie gestraffet werden, mit Stock und Ruthen beleget würden; auch sonst sie grob anfahre und gar schlechte distinction zwischen große und Kleine mache.

3. Über Mangel der motion ist schon Lange Zeit her Klage geführet worden. Ob nun wohl dieselbe von manchen aus Muthwillen und zu dem Ende geführet wird damit sie sich recht in die Wildheit ergießen mögen, so ist doch nicht zu läugnen, daß auch manche darüber klagen, die eben wohl die schlimsten nicht seyn und ist zu besorgen, ob nicht nach geändertem Motions-Platze, noch mehrere Querelen entstehen möchten; weil bishero wenige Lust bezeugen, auf dem Hofe zu sägen.

4. Sonst ist zum oftern über das schlechte Eßen geklaget worden; eine Zeither aber ist ziemlich stille gewesen; ohnedas neulich einige nicht wenig erbittert waren, daß ihnen bey einiger Unpaßlichkeit nicht sogleich das Eßen auf die Stube hat wollen abgefodert werden.

5. Ist auch dieses zu bemerken, daß die Kinder in den Gedanken stehen, sie bekämen kein Recht, sondern müsten immer unrecht haben. Dieser Punkt erhält sie in stetigem Argwohn wieder uns und verursachet, daß unser Amt an ihnen schlechten Nutzen schaffet.

Bey diesen Stücken wäre nun wohl zu überlegen: 1) inwiefern sie Grund haben, und 2) wie solchen Klagen nach unserer Verfaßung so viel immer möglich abzuhelffen sey.

II. Die Ursachen unserer gegenwärtigen Noth sind meines Erachtes

1. Auf Seiten der Scholaren. Und da findet sich

a. Ihr natürlicher Unverstand, da sie nicht erkennen, waß ihnen heilsam sey. Selbiger aber ist vergesellschaftet mit großer Bosheit und Wiedersetzlichkeit, nach welcher sie sich nicht wollen rathen und helffen laßen, sondern unsere besten Consilia so auslegen, daß man sie nur subiugiren und ihnen keine Lust verstatten wolle. Hiezu komt

---

[27] Ermahnungen

[28] Hervorhebung in der Vorlage

b. Die schlechte Education, welche sie mehrentheils zu Hause bey den ihrigen gehabt; da ihnen nicht nur aller Muthwille verstattet, sondern sie auch in allen Lüsten des Fleisches erzogen worden. Worin sie hieselbst das Gegentheil antreffen.

c. Indem ihnen auch in manchen Stücken Freyheit zu reden und zu thun gestattet wird,[29] sie aber darin leicht excediren und so haben sich dabey solche Excesse geäußert, die uns dann genöthiget haben die erlaubten Dinge so einzuschränken.

d. Die schädliche Conversation, sowohl untereinander, als auch mit andern in der Stadt ist eine Hauptursach des gegenwärtigen Verderbens als wodurch das in ihnen von Natur befindliche und sonst schon angewohnte Böse noch mehr gestärket und gemehret wird.

2. Auf unserer Seiten findet sich auch vieles, dadurch wir uns selbst unser Amt schwer gemacht und itzige betrübte Umstände uns verursacht haben. Hieher ist zu rechnen

a. daß wir nicht sogleich initiis resistiren, sondern in guter Meinung oder aus Blödigkeit[30] dieses und ienes passiren laßen, welches wir doch verbieten solten. Wann dieses zumahlen in solchen Dingen geschiehet, daraus die schlauen Gemüther unsrer Scholaren selbst abnehmen können, man thue es nur um sie bey gutem zu erhalten, oder daß man blöde und furchtsam ist, solches mit gehörigem Ernst zu verbieten, so lieget unsre autoritaet ganz überhaufte, und werden wir, anstatt sie zu gewinnen, eher sehen daß sie frecher, unverschämter und trotziger werden.

b. daß wir die Kinder in Kleinigkeiten so anfahren, und mit Ruthen, Stock, ohrefeigen, mit der Conferenz und mit dem Inspector drohen. Hierin ist vielfaltig von uns gefehlet worden, und eben daher ist es kommen, daß manche Gemüther eben dadurch sind verleitet worden, mit instandigem Bezeugen sich gegen uns zu empören, und eine an sich geringe Sache so weit zu poussiren, daß sie nachhero hat weitläufig untersuchet und wohl gar realiter abgestraffet werden müßen. Welches doch durch ein bescheidentlicheres Verhalten unserer hatte können evitiret werden.

c. daß wir auf den Stuben nicht ein solches Gouverno führen als wir wohl führen solten. Manche sind gar zu äffer[31] gegen die Ihrigen, und ziehen wohl einen dem andern vor: manche laßen sich zu sehr durch die Kinder einnehmen, reden dannenhero ungescheut von praeceptoribus, von unserer disciplin, Information und dergleichen. Und weil wir wohl nicht ieder zeit in Stande sind ihnen so zu begegnen als es wohl noth wäre, so wird der bittere Sinn gegen uns nicht gehoben. Ia manche machen uns keine Obiectiones[32] um sich eines beßern belehren zu laßen, sondern thun es nur, um uns nur zu

---

[29] Rest des Satzes durchgestrichen

[30] Schüchternheit

[31] nachgiebig

[32] Einwände

ärgern: rühmen sich auch wohl nachhero bey andern, wie man uns begegnet hätte.

d. daß wir über ausgemachte Dinge nicht zusammen halten. Dieses rühret her theils aus unserer eigenen Nachläßigkeit theils auch aus Meinung, man wolle es noch beßer machen, als es abgeredet worden.

e. Die Suspicion, die wir gegeneinander hegen. Diese hat bisher vieles verderbet und die Vertreglichkeit gehindert, welche wir unter einander haben solten. Und weil die gemangelt hat, so hat es nicht fehlen können, es ist eins und das ander ganz anders angesehen und aufgenommen worden, als es wohl gemeynt gewesen. Und weil das brüderliche Erinnern und Befragen unterblieben; so haben wir uns wohl manchmal versündiget und

f. daß man sich um die Scholaren wohl verdienet mache, ist ein Haupt-Vortheil, bey den Kindern durchzukommen. Daß geschiehet aber, wenn man in seinen lectionibus ihnen alle mögliche Satisfaction zu geben bemühet ist, sich keine arbeit verdrießen läßt, gerne eine Sache wiederhohlet, privatim es weiter inculciret[33] und auf alle wege bezeuget, daß es unser Ernst sey, ihnen auch in äußerlichen Dingen zu helffen. Hiedurch faßen sie nicht allein ein Vertrauen gegen uns, sondern wir bahnen uns auch den weg, mit der Hauptsache näher und beßer an ihr Herz zu treten.

g. daß wir die Inspectiones nicht mit solchem Eiffer besorgen, als es wohl seyn solte; oder wenn es ia geschiehet, zu vielen Muthwillen[34] in unsrer Gegenwart gestatten. Dieses merken sich die Kinder bald und pflegen sodann am allerhäuffigsten sich einzufinden und eine solche Inspection recht sauer zu machen.

Damit beschließt Lerche diesen Abschnitt und wendet sich anschließend einer ausführlichen Untersuchung der Beschwerden über das Essen zu. Sie betreffen die zu geringe Quantität der einzelnen Gänge, weswegen die Scholaren „die Schüßel und Teller mit Brod auswischen und dabey recht gefräßig werden." Sie betreffen aber auch die Qualität. Es fehlt das Gemüse, das Fleisch ist minderwertig und voller Knochen, Torten und Kuchen seien so schlecht, daß man sie ohne Schaden der Gesundheit den Kindern nicht vorlegen könne. Diese Beschwerden sind weder ungewöhnlich noch selten; sie durchziehen die ganze Geschichte der Gemeinschaftserziehung, also der Internatsschulen. Die Küchen wurden verpachtet und die Pächter mußten mit einem sehr sparsam bemessenen Budget auskommen. Berichte von Unterschlagungen sind im 17. und 18. Jahrhundert keine Seltenheit. Die Schulleiter waren Gelehrte und mit Fragen der Buchhaltung und der Rechnungslegung nicht vertraut. Nur die regelmäßig mit am Tisch essenden Lehrer konnten letztlich die Beschwerden ihrer Schüler prüfen, suchten aber Streit mit dem Wirtschaftsverwalter aus verständlichen Gründen zu vermeiden. Für die Gegner Franckes waren solche Beschwerden, die natürlich auch nach außen drangen, ein willkommener Anlaß, ihm vorzuhalten, er ließe seine Kindern hungern. Eine Besucherin der Anstalten befragte darüber auch

---

33 einprägen

34 am Rand: lauffen, schreyen, vexiren, jagen

einen Lehrer, wie Lerche berichtet. Die eigentliche Problematik lag – nicht nur in Halle – darin, daß die Mahlzeiten nach Preisen gestaffelt waren, und die ständig wechselnde Zahl der Freitische die Küchen wohl gelegentlich überforderte. Für Eltern und Vormünder, die die nicht geringen Kosten für die Erziehung selbst trugen, waren Beschwerden der Söhne über schlechtes Essen freilich ein hinreichender Grund für besorgte oder ärgerliche Anfragen, wenn das Taschengeld für privat gekauftes Brot gebraucht wurde.

Nachdem Lerche in den ersten beiden Teilen seines Memorandums die Symptome der Unzufriedenheit im Pädagogium aufgelistet und diagnostiziert hat, wendet er sich im dritten Teil den zentralen Fragen von Autorität und Respekt zu:

Diese wohlgemeinten Zeilen ihnen allen zu übergeben, bin ich durch die innige Bekümmerniß, welche ich über den elenden Zustand so mancher unter unsern Scholaren empfinde, erwecket worden. Zumahl ich von denjenigen[35], gegen welchen ich meinen Jammer heut früh ausgeschüttet habe, erwecket worden, daß es nicht undienlich seyn würde, wenn ich auch solches schriftlich gegen alle thäte, *damit auf solche Weise ein ieder Gelegenheit finde, dergleichen vicissim*[36] *zu thun, und folglich eine allgemeine Erweckung darüber entstehen möchte*[37]. ... Das Verderben liegt uns allen Vor Augen, man treibt nicht allein heimlich die größten Unordnungen, sondern nimmt auch dergleichen oft in Gegenwart der Vorgesetzten vor. Man begegnet ihnen auf das Unanständigste in Worten und Geberden. Man freuet sich böses zu thun, und will es gern immer ärger machen. Liebe Brüder, wir haben alle Ursach uns aufzumuntern und mit zusammengesetzten Kräften dem Verderben entgegenzugehen. Einer allein komt nicht durch, auch ihrer etliche nicht, wir müßen allesamt dran ... Die Gaben sind von Gott freylich weislich und unterschiedlich ausgetheilet und es kan sich einer nicht allemahl in allen Stücken nach den andern richten, ein ieder braucht seine Gaben, aber in der Hauptsache kan doch eine Einigkeit seyn, oder vielmehr Gleichheit. Wie kan aber solches geschehn, wenn wir uns nicht drüber besprechen und vereinigen? Mündlich könte es in den Conferenzien geschehen: da gibt es aber zu viel Straf-Sachen. Laßen sie sich demnach gefallen, daß solches itzt schriftlich Zuthun Gelegenheit genommen wird.

1. Ist ein großes Verderben unter unsern Kindern, und nicht allein defectus pietatis, sondern malitia positiva in sehr hohem Grade zu finden. Wir sind bestelt, diesen abzuhelffen: wir arbeiten aber ohne Frucht. O daß nur die mannigfaltige Zerstreuung zulaßen möchte, eine beständige Empfindung des Jammers zu haben. Doch wir haben Gott zu danken, wenn er uns dann und wann davon frey seyn und da zu rechter Zeit uns die Idee davon einfallen läßet, doch daß es kein fliegender Gedanke sey, sondern ein lebendiger Eindruck im Gemüthe ...

II. Woher komt es doch, daß da doch im Pädagogium eine beßere Verfa-

[35] sic!
[36] gegenseitig
[37] Alle folgenden Hervorhebungen in der Vorlage

ßung ist, als an andern orten, eine solche Bosheit und Elend ist? Und wie soll man doch den Quell recht verstopfen. Consilia et iudicia sind varia. Es ist ein vor andern von Jugend auf verderbter Hauffe: die Kinder wohnen so nahe in einem Hause beysammen: die disciplin ist oder wird zu lax: man habe nicht gnugsam aufsicht für sie etc. ... Es ist aber noch eine allgemeinere Ursache da, von welcher diß alles dependiret. Denn gesetzt, daß alle obige Puncte nicht wären; so würden wir deswegen doch noch nicht zum Zweck gelangen, wozu wir wohl durch Gottes Gnade gelangen können, wo wir nicht den allgemeinen Ursprung des Verderbens zustopfen und einen allgemeinen Grund der Beßrung legen. Und da muß [ich] bekennen, daß fons ...[38] auf unserer Seite (utpote de quo iam sermo)[39] der Mangel der nöthigen Autoritaet; remote aber, der Mangel deßen, was autoritaet bringet und das Daseyn deßen, was dieselbe schwächet. Die meisten bisher bestraften Dinge sind praesentibus nobis geschehen, occulta non experimur:[40] wie dürften aber Kinder dergleichen wagen, wenn sie den rechten respect gegen uns hätten, den sie haben solten. Es ist a priori und posteriori offenbahr, daß defectus autoritatis dergleichen Suites habe. Waß hülffe nun, wenn man alle obangeführte Puncte observirte, ohne autoritaet und Nachdruck. Mancher komt ohne Schlagen weiter als ein ander, der immer straffen muß, darum weil er mehr autoritaet hat. Denn recht völlige autoritaet ist wohl nicht möglich oder doch beschwerlich bey einem, wo seine Collegen sie nicht auch haben. Waß man einem bieten darf, tentiret[41] man auch bey andern. Liebe Brüder man ist recht ἐν ἀπορίᾳ[42] wenn man der Sache zu rathen gedenkt, und ist doch alles vergebens, weil der Grund nicht da ist. Durch gute Inspection und Disciplin müßen wir uns meistentheils helfen und die anima dieser beyden Dinge ist nicht da.

III. Wie soll man aber dem Mangel der autoritaet abhelfen und den respect herstellen? difficilis ac ardua questio.[43] Überhaupt ist wohl das Mittel am besten, als daß wir uns vor Gottes Angesicht demüthigen und ihn um Weisheit und Beystand anruffen, nechst dem daß wir brüderlich zusammenhalten und einander consuliren. Meinem Bedüncken nach aber sind es 4 Stücke bey deren Beobachtung der respect sich bey Kindern von selbsten findet; bey deren Versaumung aber derselbe moraliter unmöglich ist. Sie bestehen darin: 1) opinio perfectionis maioris apud discipulos.[44] 2) opinio obligationis erga nos;[45] 3) observatio nostrae dignitatis sedula:[46] daß wir

---

[38] zwei Wörter unleserlich

[39] wovon schon die Rede

[40] das Verborgene wird nicht gesucht

[41] versucht

[42] in Verlegenheit

[43] eine außerordentlich schwierige Frage

[44] Überzeugung von einer größeren Vollkommenheit bei den Schülern (ergänze: für die sie gewonnen werden müssen)

[45] Überzeugung von einer Verpflichtung uns gegenüber

[46] emsige (= sorgfältige) Beachtung unserer Würde

unsern Character recht maintiniren; 4) daß wir auch ihnen ihren gebührenden respect geben.

1) Opinio perfectionis maioris bringt necessario moraliter Respect zuwege. Wo menschliche Gemüther eine Volkommenheit merken, da ist ein plaisir, sind[47] sie aber größer als bey ihnen selber, so findet sich Hochachtung, wo aber die nicht ist, *da fodert man unmogliche Dinge von Kindern.* Folglich ist in der Kinder-Zucht kein Hochmuth per se, sondern vielmehr eine Klugheit, wenn einer sich so verhält und bezeuget, daß man den Kindern opinionem perfectionis von sich beybringet (wobey doch auch magna et culpanda vanitas[48] vorgehen kan) iedoch ist man auch straffbahr, wenn man diß zu thun versaumet, denn dadurch ist man moraliter Ursach an den bösen Suiten, die daraus erfolgen. Questio: Worin soll man denn perfectiones vor den Kindern voraus haben? Respondeo: In solchen Dingen, die das Amt eines praeceptoris ausmachen, und darin man die Scholaren unterweisen soll, ut sunt, *Gottesfurcht, Gelehrsamkeit und gute Conduite.* Wären wir auch perfectiores genere, divitiis[49] würde solches auch was beytragen: doch das steht nicht in unserer Macht: an deßen statt sind wir ihre praeceptores, und älter, sie aber unsere Scholaren und jünger.

a) *wahrhafte, ungeheuchelte und ernstliche furcht Gottes* hat einen großen Eindruck auch in die rohesten gemüther: bringt nicht allein respect, sondern überzeuget die Gewißen, daß sie sich geschlagen befinden, und keine Ruhe finden, bis sie sich auch bekehren. Ach was versäumet man demnach, wenn man in diesen Stücken nicht seine Zunahme auch vor den Kindern läßet kund werden. Stünde es darin recht, so würden wir um Gottes und seines Geistes willen, der in uns wohnete, gescheuet und gefürchtet werden.

b) *Was opinio der Gelehrsamkeit thue*, ist am Tage und nimmt sich bald aus. Darin können zwar alle nicht gleich seyn, doch ist es gut, wenn man sich nach allen Kräften täglich bemühet, täglich weiter zukommen. Inprimis huc pertinet, daß man sich in seiner Classe iederzeit so praeparire und faße, daß man allen satisfaction gebe. Darauf sehen die Kinder sehr. Melius est, sich mit keiner Sache einlaßen, wenn man sich nicht wohlgesetzet hat.

c) Wegen der *Conduite* bedarf es keiner Erinnerung. Bey diesen 3 Puncten aber ist überhaupt offenbahr, daß wo die Scholaren den gehorigen respect haben sollen, man sich bestreben müße, es ihnen in allen 3 Stücken vorzuthun: denn sie begreiffen wohl, daß uns sonst die requisita praeceptoris fehlten; daher sie auch eine Geringschätzigkeit faßen würden. Doch darf man ihnen hier nicht in ihrer Vanitaet favorisiren[50], sondern in ...[51] quam quilibet sano sensu interpretabitui.[52] Hiebey ist dieß eines ieden Trost, daß

---

[47] sic!

[48] große tadelnswerte Eitelkeit

[49] wären wir auch vollendeter in Reichtum und Herkunft

[50] in ihrer Eitelkeit nachgeben

[51] ein Wort unleserlich

[52] was jeder nach Maßgabe des klaren Verstandes auslegen möge

wo man seinen Mangel sonderlich in den 2 lezten Stücken merket, man sich alsdenn zu befriedigen habe, wenn man weiß, daß mehr nicht in unserer potestate gewesen, und unsere Erziehung und andere Umstände mehr nicht zugelaßen. Nur daß wir nichts muthwillens versäumen, so wir doch haben könten. Waß ia darin fehlen solte, wird theils durch das erste ersetzt, theils auch durch das folgende

II. Durch Opinionem obligationis, vermöge welcher die Kinder überzeuget sind, sie haben uns etwas zu danken, es sey nun in pietate (welches das beste) oder in der Conduite, oder in studiis. Diß thut sehr viel und macht noch ein näher Band als das vorige. Denn wo das vorige nur allein ist, da ist nuda reverentia: aber wo dis dazu kömt, so wird recht adfectus amoris draus. Daher komts, daß Scholaren sonderlich auf die sehen, bey denen sie auf der Stube oder in der Classen gewesen oder noch sind. Und wenn einer auch in vorhergehenden Stücken nicht so viel besäße als andere, ließe aber mehren Ernst bliken bene de ipsis merendi, so werden sie doch eine Hochachtung haben und das geschehe zum Exemplum,

a) Wenn sie merken, daß man sichs einen Ernst seyn laße, ihnen in der Classe rechte Satisfaction zu geben und ihnen fortzuhelffen.

b) Wenn man eine rechte herzliche liebe gegen sie blicken läßt, und sie merken, daß es einem wehe thue, wenn sich einer nicht will helffen laßen.

c) Wenn man ihnen in Dingen, die sie ohne Schaden an Leib und Seel und ohne perturbation unserer ordnung haben können, leicht wilfahret; daher wird die suspicion wegfallen, ob[53] wäre man commode oder eigensinnig.

d) Wenn man ihre Verbrechen, daß es eben nicht kund, ceteris paribus nebst der Straffe schenket oder für sie intercediret. Alle Fälle laßen sich hier nicht determinieren; hat man aufrichtige Liebe, so wird es auch hier heißen, wie Lutherus saget: ehe man fraget, hat man es schon gethan.

III. Daß man seinen *Character maintenire* id est, daß man sich bey den Scholaren das heraus nehme, was einem als vorgesetzten zukomt: daß sie gantz von unserm Willen dependiren müßen, darum weil wir es beßer verstehen müßen als sie; wenn sie Meister spielen wollen, gleich auf gute Manier sein ius gegen sie behaupten und im geringsten nicht weichen, sonst hat man verlohren. Paterna gravitas et auctoritas adsit.[54] Diß solte allein den respect zu erhalten, hinreichend seyn, es reichet auch in andern Schulen zu. Aber hier ist es schwer 1) weil die Scholaren von vornehmer Extraction; 2) wir selbst jung; 3) und sie auf Gott nicht sehen, der uns ihnen vorgesetzet hat. Hier wieder kan aber auf folgende weise operiret werden.

a) Wenn man fürchterlich[55] und blöde thut, ihnen etwas zu befehlen oder zu gebieten: man muß sich freudig bezeugen, wenn es einen gleich schwer ankomt.

b) Wenn man nicht mit Ernst nachsetzet, wenn etwas befohlen ist, [und]

[53] als ob man

[54] Väterlicher Ernst und Autorität mögen dabei zu Hilfe kommen.

[55] furchtsam

nicht geschiehet: hier muß man recht pertinax seyn. sed notabene man muß Grund haben und sich wohl bedenken, ehe man etwas befiehlt oder untersaget p. [usw.]

c) wenn man leidet, daß die Scholaren sich in offenbaren Sachen zu sehr verantworten[56]; placide mag man ihre Nothdurft wohl anhören.

d) Wenn man leidet, daß sie nobis praesentibus muthwillen treiben sonst[57]ist es bey Kleinigkeiten gut, daß man thue als höre man es nicht.

e) Wenn man sich von ihnen läst vorschreiben und sie ihren willen behaupten wollen, e. g. bey dem ausgehen: so lange sie bitten, kan es gehen, wenn sie aber trotzen, muß man kein Haarbreit weichen.

f) Folgende Stücke können unsern Character indirecte vermindern: wenn man einen schickt, oder ihnen etwas imputiret[58], da es doch ungewiß ist.

g) Wenn man sich offenbahrlich in einen affect bringen läst, und iemanden in Gegenwart anderer angreift, da es doch eben keine wichtige Sache ist.

h) Wenn man zu familiair mit ihnen umgehet, schertzet und sie nostris praesentibus[59] nicht die Hüte herunter ziehen.

i) Wenn man mit seinen eigenen Bekannten familiair ist und einige bonitatem animi den Kindern sehen läst. Summa, man maintenirt seinen character, wenn man mit den Kindern ernsthaft, doch nicht mürrisch, freundlich doch nicht familiair, nachdrücklich doch nicht imperatorisch umgehet, und in allen Dingen dahin siehet, daß man sie zum Gehorsam anweise. Einen wird dieses schwerer als einem andern, nach dem Unterschied der natürlichen complexion[60]. Ein jeder sey nur mit seiner Gabe getreu.

IV. Daß man auch *Kindern den gebührenden respect gebe.* Dieses uns so nöthige Stück gründet sich auf diesen besondern Umstand, daß unsere Kinder von ansehnlicher Geburt und von Jugend auf bey vornehmen Leuten gewesen und verehret sind. Demnach werden wir sie niemahls so, wie geringer Leute Kinder tractiren können. Wolten wir es thun, würden wir wenig erhalten. Indeßen muß man sie wegen ihrer Geburt nicht aufgeblasen machen, doch ihnen nichts zumuthen, das ihrer Ehre (uti di)[61] zu nahe seyn könte. Ut sunt

a) Wenn man imperatorisch mit ihnen verfahren und sich formidable bey ihnen machen will oder sie schnöde tractiret

b) Wenn man sie zu seinem Dienst zum Schicken brauchen wolte. Bieten sie es uns an, ist es mehr bitt- als befehlsweise anzunehmen.

c) Wenn man sie nicht grüßet oder danket. So lange sie sich wohl halten, kan man ihnen mit einer ernsthaften Höflichkeit begegnen, einen groben und liederlichen Buben aber muß man auf die Haut greiffen.

---

56 rechtfertigen
57 im übrigen
58 aufträgt
59 in unserer Gegenwart
60 Anlagen
61 uti dicitur – wie schon gesagt

d) Daß man sie nicht leicht in Gegenwart anderer, sonderlich fremder, schelte, wenn es ohne Ergerniß abgehen kan. Beßer ists ihnen privatim erinnern, qui sibi ipsi non parcet nec ei parcendi.[62] Bey diesen Puncte ist Lindigkeit und Nachsehen überaus zu rathen.

e) Daß man sie nicht leicht mit Scheltworten oder Schlagen drohend angreiffe. Utinam, daß es nicht oft dazu kommen müße. Vielleicht würde es möglich wenn privat-Erinnerungen auf der Stube geschähen. Wenn einer erst einmahl (ut putat)[63] prostituiret ist, so fragt er nicht viel darnach: nemo dignitati semel perdita, parcit, dicit Seneca.[64]

Intentio non est: 1. iemand dadurch niederzuschlagen, sondern uns alle zu erwecken, daß man desto mehr auf seiner Hut sey. Je verderbter es ist, je fleißiger soll man seyn. 2. iemand aufzubringen, daß er nun violento modo wolle drauf losgehen. Man kommt damit nicht durch. Niemand laße sich etwas gegen die Kinder verlauten, als ob man observire, es wolten sich einige wiedersetzen. Dadurch werden sie nur zum Bösen gereitzet und a) freuen sich, daß sie es so weit gebracht, daß sie uns Verdruß machen konten; 2. kriegen sie Lust uns noch mehren Tort zu thun; 3) können sie wohl schließen, man werden sich dargegen setzen, umso viel mehr wapnet sich dann auch das reich der Finsterniß, daß es gegen uns die Oberhand behalten wolle.

Der sicherste Weg ist, 1) die Sache Gottes recht vortragen; 2) die vorgesetzten Vortheile recht gebrauchen und sich dadurch in Ansehen setzen; 3) alle Gelegenheit zur Schwachung des respectus sorgfaltig vermeiden; 4) die so sich übel und groß gegen uns verhalten, theils privatim theils nach Gutbefinden gegen andere mit nachdruck, doch ohne affect bestraffen; 5) ist es aber recht grob man einen solchen ernstlich angreiffe und abstraffe, daß er es fühlet, und zwar so, daß man es nicht als eine gemeine, sondern als eine unerhöhrte Sache ansehe, davor man erstaunen müßte. Daher sonderlich die verbrechen, so an praeceptoribus selbst verübet werden zu rechnen sind. Denn dadurch wird der Grund umgerißen.

---

62 wer selbst keine Rücksicht übt, soll auch keine Rücksicht von anderen erfahren

63 wie er meint

64 Eine einmal verlorene Ehre wird nicht mehr geschont, sagt Seneca. – Für die freundliche Hilfe bei der Entzifferung von lateinischen Kürzeln und der Übersetzung lateinischer Zitate danke ich herzlich Herrn Prof. Dr. J. Blänsdorf, Seminar für klassische Philologie, Universität Mainz.

Renate Wilson

Continental Protestant Refugees and their Protectors in Germany and London: Commercial and Charitable Networks[1]

I.

Between 1700 and 1755, large numbers of German Protestant immigrants of different regional backgrounds and religious orientation settled in British North America. Most travelled through London and Rotterdam and departed for the North American colonies under the protection and with the help of a large and complex network of religious and political interest groups. This network had formed over the course of the 17th century, in particular during the wars of religion in central Europe and the English interregnum. Help to refugees and other persecuted Protestants was required in the face of continuing confessional conflicts and efforts to recatholicize rural and urban populations both in the German Empire and in the areas contested in the wars between William III of Orange and France. By 1700, the refugee question had not abated but rather fostered renewed cohesion. However, as Alison Olson has pointed out for the continental Protestant refugees into England,[2] the Protestant interest had to use a new range of arguments to support not only emigration from Europe but eventually immigration to the British North American colonies. Also, and in contrast to the alliance between central European refugees and the Puritans during the 1640s,[3] the English supporters of the Protestant diaspora now included various philanthropic and reform groups within the Anglican Church who acted as intermediaries to advocate the cause of immigration, sponsorship and resettlement.

A major example of these alliances is the relationship between the Anglican Society for Promoting Christian Knowledge (SPCK) in London and the

[1] An earlier version of this paper was presented at the 1992 annual meeting of the American Historical Association, Washington, D. C. The author is obliged to Professor Friedrich de Boor of Halle for valuable suggestions and criticism.

[2] *Alison Olson*, Palatines, Salzburgers, and their reception in 18th century England, Presentation at a panel on Refugees in London, Meeting of the American Historical Association, Winter 1992 (unpublished).

[3] See, for instance, *Charles Webster*, The Great Instauration: Science, Medicine and Reform, 1626–1660. London, 1975.

German Pietists in Halle and several of the Imperial Cities. Two voluntary organizations dedicated to religious and social reform, the two groups collaborated with the Trustees of Georgia to settle Protestants evicted from the Salzburg Archbishopric.

In the English and American context, Protestant refugees from the continent played several roles. They were valued as skilled or disdained as unskilled labor. They were considered brothers in Christ, or dangerous dissidents, or threats to English cultural identity. In all these roles, they and their fate assumed the emblematic function that religious and political refugees have been expected to serve throughout modern history. In the case of the Palatine refugees of 1708–10, and of the Salzburg exiles of 1732/33, they evoked the specter of the papacy and its monarchic supporters in France and Spain. Thus, it was the duty of the Protestant powers in state, church and the laity to intervene and protect, particularly if this coincided with mercantile and dynastic interests. When it did not, or when these interests conflicted with domestic or international policy, public support waned and quickly turned to hostility and the perception of unwarranted demands upon previous offers of hospitality. This was as true for the Palatines in England in the early part of the century as for subsequent German immigrants to the American colonies.

The conjuncture of British metropolitan social and commercial forces that led to the creation and initial success of the Georgia colony is well known from accounts of English colonial history in North America.[4] Less well known is the role played in this plan by the intricate network that had connected the English movements of charity and educational reform to the North German Pietists and their associates in commerce and the nobility since the last decade of the 17th century. The complex set of arrangements under which several score of Salzburg exiles were established on the southernmost borders of the North American colonies may well have been the last instance of crosscultural and denominational collaboration in the American settlement of refugees from Europe until our times. At a time of renewed scholarly interest in the transcultural and transatlantic influence of 18th century Pietism, the North American missionary field provides an important historical point of reference.

In particular, this applies to the collaboration with London religious and missionary groups that permitted Pietist pastors trained in Halle to establish German Lutheran immigrant enclaves under the protection of the British crown. Since it was founded in 1698/99, the Anglican SPCK had entertained close and continuous relations with the Halle Pietists. Both groups advo-

---

[4] See e.g. *Kenneth Coleman*, Colonial Georgia, New York 1976 (the work includes an extensive bibliography on the subject to 1976); *Phynizy Spalding*, Oglethorpe in America, Chicago 1977; *Paul S. Taylor*, Georgia Plan, Institute of Business and Economic Research, Berkeley 1972; *Trevor R. Reese*, Colonial Georgia: A Study in British Imperial Policy in the 18th Century, Athens (Georgia) 1963.

cated social and religious reform. The SPCK was founded by the Rev. Thomas Bray, a leader of the English charity school movement and supporter of Anglican missions into the British North American colonies who was well connected to philanthropic interests in the nobility and in the City of London. He also founded, in 1701, the Society for Propagating the Gospel in Foreign Parts, the official missionary arm of the Anglican Church in America. One of the earliest Halle emissaries to London, Jacob Bruno Wigers, commented on Bray's travels to Carolina to establish schools and churches in 1699, equipped with a total of 3000 pounds sterling in stipends from the royal house and „eine ziemliche Quantität Bücher".[5] The sponsorship of the Halle ministers accompanying the Salzburg emigrees was eventually assumed by the SPCK in 1730 – as had been the case earlier in the English East Indian missions – in part to avoid the perennial problem posed by the lack of episcopal ordination of Halle ministers.[6]

The major London intermediaries between the SPCK and the Halle Pietists were several German expatriates: Heinrich Wilhelm Ludolf, secretary and later emissary of George of Denmark, Queen Anne's consort, was followed by Anton Wilhelm Böhme, the Lutheran court chaplain in London during much of the reign of George I of Hanover. After his death in 1722, he was succeeded by Michael Friedrich Ziegenhagen, whose stewardship of the Lutheran chapel at the court of St. James spanned five decades and lasted well into the reign of George III.[7] Ludolf was a cofounder of the SPCK and had

---

[5] Jacob Bruno Wigers to A. H. Francke, November 7, 1699: Halle, Archiv der Franckeschen Stiftungen (hereafter as AFSt), B 71a, f. 131. Bray in fact went to Maryland, see *David Owen*, English Philanthropy, 1660–1960, Cambridge (Mass.) 1964, 21–22.

[6] Despite the slow adoption of Latitudinarian tendencies, the Anglican Church held firmly to the principle that Bishops had to stand in the line of apostolic succession and that all confirmations and ordinations were episcopal functions. For previous eruptions of this and other confessional differences with Lutheran Halle, see *Arno Sames*, Anton Wilhelm Böhme, 1673-1722: Studien zum ökumenischen Denken und Handeln eines halleschen Pietisten, Göttingen 1989 (AGP 26), 124–126, and *Daniel L. Brunner*, Halle Pietists in England: Anton William Böhm and the Society for Promoting Christian Knowledge, Göttingen 1993 (AGP 29).

[7] Recent studies of this London connection are by *Sames* (as in note 6) and *Daniel Brunner* (as in note 6); the most careful essay on H. W. Ludolf's goal of a universal church no longer ridden by dissent is by *Hermann Goltz*, Ecclesia Universa: Bemerkungen über die Beziehungen H. W. Ludolfs zu Russland und zu den orientalischen Kirchen (Oekumenische Beziehungen des August Hermann Francke Kreises), in: WZ(H).GS 28, 1979, Heft 6, 19–37. According to *Brunner* (op. cit., 46), the SPCK used the educational institutions at the Halle Orphanage as a model for some of its work in England, although a mutual adaptation of effective models is probably a better term. For Ludolf's early presence on the SPCK counsels, see also: A Chapter in English Church History: Being the Minutes of the Society for Promoting Christian Knowledge, for the Years 1698–1704, Together with Abstracts of the Correspondent's Letters During Part of the Same Period, edited by *Edmund McClure*, London 1888. Surprisingly, despite his prominence during the period and in the field at issue, there is no full study of Ziegenhagen, and no entry in either the National Dictionary of Biography or the Allgemeine Deutsche Biographie.

been commissioner for the Palatine refugees in 1709. Böhme followed him and maintained and furthered the links to the British clerical establishment in the face of popular disenchantment with European refugees. All three men had to be circumspect in their advocay. They walked a fine line between the various factions within the Anglican Church and had to have regard for the denominational preferences of successive British monarchs and the parliamentary backing of their advisers. During the intermittent but increasing German immigrations to the North American colonies over the decades from 1730 to the American Revolution, Ziegenhagen acted as the major mediator between the British court, the Society, and the Halle Pietists.[8]

The agenda of this Protestant network was as manifold as its patronage.[9] The advocacy of protection and resettlement of Protestant refugees from Catholic areas of Europe was linked to the movements for domestic social reform and Christian unity across dynastic and territorial borders. For the German interests – the supporters and financiers of some of the German immigration to England and the colonies – these philanthropic linkages ensured access to the reform-minded nobility and to the Court in London. In addition, both charity and transatlantic missions offered opportunities to invest capital against interest and potential markets for Bibles and edification literature,[10] which were a major source of income of the religious reform societies in both England and Germany. In turn, the commercial interests in the Protestant areas of continental Europe trading to the colonies – particularly in Denmark and the German Imperial Cities – provided the Pietist movement with channels for financial and information exchanges and access to centers of colonial trade and settlement initiatives.

To concentrate on this linkage between missionary and commercial aspects is not to deny the presence of genuinely philanthropic, religious and reform tendencies. Commerce and religion were the pillars on which domestic and international mission history rested when religious bodies were dominant in all areas of social and educational reform. Carl Hinrichs,

---

8 *Alison Olson*, Making the Empire Work, Cambridge (Mass.) 1992, 32.52.66.102f.

9 *William Reginald Ward* (The Protestant Evangelical Awakening, Cambridge 1992) has provided a masterly and long overdue account of the confessional, dynastic and territorial forces that provided August Hermann Francke and his circle with a European and even transatlantic platform for reform. See also *Ernest Gordon Rupp*, Religion in England, 1688–1791, Oxford 1986.

10 *Owen* (as in note 5), 20–23; for Halle, see e. g. *Kurt Aland*, Der Pietismus und die soziale Frage, in: Pietismus und Moderne Welt, ed. by *Kurt Aland*, Witten 1974, 99–137 (AGP 12). For a more recent examination of Francke's use of commercial enterprises in support of charity work, see the forthcoming article *Renate Wilson*, Pietist universal reform and care of the sick and the poor: The medical institutions of the Francke Foundations and voluntary charity in the early 18th century, in: The Prerogative of Confinement: Social, Cultural, Political and Administrative Aspects of the History of Hospitals and Carceral Institutions in Western Europe and North America, 1500–1900, ed. by *Robert Jütte* and *Norbert Finzsch*, Cambridge, in print.

in his classic work on North German Pietism as a movement of social reform, points quite openly to the mixture of religious spirit and commercial enterprise that was typical for the Halle Pietist movement.[11]

In his work on the SPCK and the Halle Pietists, Daniel Brunner has provided a detailed account of the relationship between two Protestant groups dedicated to both domestic social and educational reform and colonial mission. The present article illustrates, particularly for the German side, how this relationship functioned within the framework of Protestant missionary interests and the colonial trades. The major focus is on two chronologically and geographically distinct instances – the missionary and evangelical efforts to the Near East for the years 1699 to 1710, and the development of the German enclave known as the Salzburg settlement in the American colonies during 1733–1765.[12]

II.

The collaboration between the SPCK and the Halle Pietists in the international field had started with a religious group perceived to be in danger, the Greek Orthodox clergy in the Near East at the end of the 17th century. The merchant interests involved were, in the main, the English Levant Company and German merchants in the Imperial Cities of Augsburg, Nuremberg, Frankfurt and Regensburg and in Venice who traded to Smyrna, Aleppo, Tripoli and other Near Eastern entrepots.[13] The German missionaries were

[11] *Carl Hinrichs*, Preußentum und Pietismus: Der Pietismus in Brandenburg-Preußen als religiös-soziale Reformbewegung, Göttingen 1971, 77. A useful comparative approach to the juncture of clerical and trading interests is the work of *Philip Curtin* (Cross-cultural trade in World History, Cambridge 1984) on trading diasporas during the early modern period.

[12] To provide even a cursory overview of the international reach – both intended and actual – of Halle Pietism would go far beyond the confines of this article. Additional but by no means exhaustive examples are Halle's reach into Eastern Europe, including Russia and the Baltic territories, and the East Indian missions. There are several older studies on some of these projects which offer a wealth of material and some astute analysis, for example *Eduard Winter*, Halle als Ausgangspunkt der deutschen Rußlandkunde im 18. Jahrhundert, Berlin 1953; the descriptions oriented to ecumenical history by *Erich Beyreuther* (August Hermann Francke und die Anfänge der ökumenischen Bewegung, Leipzig 1957), and *Arno Lehmann* (Es begann in Tranquebar: Die Geschichte der ersten evangelischen Kirche in Indien, Berlin 1956). However, the methodological and historiographical premises in these works require renewed and critical examination, cf. *Johannes Wallmann*, Beziehungen des frühen Pietismus zum Baltikum und zu Finnland, in: Der Pietismus in seiner europäischen und aussereuropäischen Ausstrahlung, ed. by *Johannes Wallmann* and *Pentti Laasonen*, Helsinki 1992 (SKHST 157), 50–53.

[13] A precise description of this route is in the instructions given by H. W. Ludolf under the margin note: „Die Reise nach Jerusalem" (Halle, AFSt, B 71.a, f. 91). Much of the relevant material in this article is drawn from papers in the Archives of the Francke Foundation in Halle, particularly signatures D.23 and D. 71. The collaboration of the Archives and of their former and present archivists, Diplomarchivist Jürgen Storz and Dr. Thomas Müller, is gratefully acknowledged.

Pietist Lutherans, most if not all trained at the University of Halle and at the Francke Orphanage. Financial and political support was provided by Pietist sympathizers within the nobility in the Empire and Brandenburg-Prussia.[14] Lacking consistent dynastic backing for colonial enterprises,[15] they used their respective and often overlapping connections in Kopenhagen and London to staff the Danish missions in Tranquebar and eventually the English East Indian missions in Cudelur and Madras.

The most intriguing and least well known of the German intermediaries in this period of Protestant colonial mission is the aforementioned Heinrich Wilhelm Ludolf (1655–1712), who had come to London in the 1670s on the recommendation of his uncle and guardian, Hiob Ludolf (1624–1704). The older Ludolf was an Orientalist, diplomat and court agent who had befriended August Hermann Francke's father during their service at the Gotha court and continued to advise the younger Francke on the training of theological students at a proposed Collegium Orientale.[16] Heinrich Wilhelm Ludolf was secretary to the Danish embassy at the Court of St. James and returned from Denmark in 1683 in the train of George, consort to Princess Anne. He left his entourage, but not his service, in 1691, ostensibly because of an illness but probably because his affinity to the Oxford circle of nonjuring clergy had caused political embarassment.[17] After an extended sojourn in Russia in 1692/93, followed in 1699–1701 by an extensive tour of the Near East, he resided in London but remained a constant traveller throughout in pursuit of his own goals and those of his royal patron. Prominent among his vast circle of friends and associates was the Danish and German nobility in the Protestant territories and Eastern Europe. His correspondence and contacts ranged from Stockholm to Moscow, from Constantinople and Smyrna to Alexandria, from Amsterdam to London. He dealt with diplomats, nobility and courtiers in Germany, Denmark, Sweden, and Russia, clergy of all denominations, biblical scholars, including a few well placed Roman Catholics, titled ladies, and merchants in the trading centers of the Levant and the Near East.[18] Foremost among his concerns in London during this period was the training of Greek Orthodox students from the

[14] For an astute description of the geographical and political scope of this network, see *Ward* (as in note 9), 61–63.

[15] For Prussian involvement in the period of interest, see *Klaus Deppermann*, Der preussische Staat unter Friedrich III (I), Göttingen 1961; *Hinrichs* (as in note 11), 122.

[16] See Erhard Peschke in: *August Hermann Francke*, Werke in Auswahl, ed. by *Erhard Peschke*, Witten 1969, 62, and *Otto Podczeck*, Die Arbeit am Alten Testament in Halle zur Zeit des Pietismus: Das Collegium Orientale A. H. Franckes, in: WZ(H).GS 7, 1958, 1062–1066.

[17] Like Ziegenhagen, H. W. Ludolf lacks a critical biography that would coordinate English and German sources and remove some of the accumulated historiographical errors; see for example *Joachim Tetzner*, H. W. Ludolf und Rußland, Berlin 1955, in particular 11-16, and *John S. G. Simmons*, H. W. Ludolf and the printing of his Grammatica Russica at Oxford in 1696, in: Slavonic Papers I, 1950, 104–129, who both rely on doubtful contemporary sources.

[18] See in particular H. W. Ludolf's impressively polyglot correspondence in the letterbook at Halle, AFSt, D. 23, whose addressees range from Monsignor Francisco Bellisomi in Rome (f.

Levant and the establishment of close and continuous contact with Greek and Armenian clergy and with Coptic clergy from Ethiopia. These representatives from the various regions of the Christian East were portrayed as liable to suffer political and religious persecution or, what was worse, seduction by Rome and the French:

„Der Armener Nuridjer hat einen Bruder aus Persien zu sich bekommen, so aber keine Europeische Sprache verstehet, erwartet noch diesen Winter seinen Ohm, den alten Erzbischoff aus Frankreich, allwo die Jesuiten ihn sehr caressieren sollen, bei denen er logiret [;] ... der König in Frankreich soll bei den Jesuiten eine Fundation auf eine gewisse Anzahl junger Armenier gemacht haben."[19]

H. W. Ludolf's personal concern was the reedition of the New Testament in vulgar or modern Greek so as to make the scriptures accessible to a younger generation able to transcend the confines of the Ottoman Empire. He eventually succeeded in this task, although at considerable cost and at the price of serious conflict with the Patriarch of Jerusalem.[20] The school for Greek students in London was to be established in competition with Anglican efforts at Oxford.[21] Neither school seems to have been sucessful for long, and the Greek clergy in Europe proved not to be a very captive or docile workforce.

As previously in Russia, Ludolf found in August Hermann Francke a shared interest in the study of Oriental languages and the collaboration with native speakers. This objective, which arose from the Protestant competition with Rome and France for access to the Eastern clergy, required educational facilities and technical resources in the field of printing that the growing Francke Foundations were well equipped to provide. In turn, geographical access depended on religious and trading contacts in England, which were increasingly in control of access to the Levantine ports.

That both Ludolf and Francke were conscious of the close linkage between their missionary objectives and the use of commercial and diplomatic channels to promote them, is evident from Ludolf's letters to Francke during the years 1700–1705, after his return to London. Ludolf reported in detail on both Protestant and Catholic (including French) efforts to obtain the loyalty of the newly accessible Christian minorities under Ottoman control, but in particular the Abessynian oligarchy, by patronage and hospitality:

1r-3v) to a range of titled ladies in England, Denmark and Germany, including the Queen of Denmark.

[19] Ludolf to A. H. Francke, The Hague, November 11, 1701: Halle, AFSt, D.71, f. 88r. The spelling in this and the following citations in the respective original language follows the original.

[20] Ludolf did send 150 copies for distribution to a contact in Constantinople, but the work had been printed in the name of the editor, the Greek priest Seraphim, to avoid complications. See Ludolf to Mr. Williams, London, April 16, 1703: Halle, AFSt, D. 23, f. 9.

[21] The competing school at Oxford was led by The Rev. Woodruff, who figures frequently in the correspondence with A. H. Francke (Halle, AFSt, D 71, passim); for the evolution of these schools, see most recently *Brunner* (as in note 6), 154–165.

„Der französische Consul in Cairo berichtet mir [?], dass eine nach Frankreich destinierte Abessinische gesandtschafft bey ein ganzes jahr sich zu Cairo aufgehalten; scheinet aber, der französische Hof wollte sie von Egypten wieder lassen zurück gehen, und eine französische Gesandtschaft nach Abessinien schicken. Sothaner französische Konsul hat noch 2 Jesuiten, den anno 1698 dahin abgereisten Medico und Jesuita nachgesandt, so hat auch der Pabst einen Franciscaner dahin an den Negus abgefertigt ..."[22]

Throughout, Ludolf maintained close contact with the members and patrons of the SPCK. In a „Memorial presented to the Society for Propagation of Christian Knowledge [sic!] circa finem anni 1700", Ludolf urged the placement of English and Halle missionaries in the English factories in the Levant:

„Whosoever has a hearty concern for the interest of Christs Church ... cannot chuse but thank God for intervening with Christian zeal those pious souls which have joined into a Society for promoting of Christian Knowledge ...

Those corespondencys, which are establishing with good people amongst the rest of protestants, will make them partakers of what favours God shews to his Church here ...

If we make it our care, that the brightness of our light might even dart some rays into the darkness of the oriental Church, our charity would have the larger a sphere and bespeak the more praise to the great Author of all good and perfect gifts ...

I have therefore thought fit to lay before the above mentioned honorable society the following proposal.

I. As the main business will be to obtain the esteem and love of the Oriental Church, so the chief care will consist in sending such patterns of Christian virtues amongst them, as will by their example and their conduct full of meekness and prudence render their conversation the more acceptable and powerfull, but as it is requisite to knowe the language of those nations, so it would be necessary

II. To induce those, that are going thither to some skill in the eastern languages and upon this account it would be expedient to have a seminary out of which those might be chosen which his Lordship the Bishop of London recommends for serving as *chaplayns the factorys, which the Hon. Levant Company hath in Turkey*. In this seminary they might accostum themselves to the vulgar Greek at least, if not also unto Arabick or Turkish ...

If such a seminary cannot be compassed, at least everyone, that is to go as chapplain into Turkey, ought to instruct himself, before he sets out, in the Ways and the Methods of being serviceable not only to the gentlemen of the Factory but likewise to the scattering of some good seed amongs the poor Levantines.

III. But the greatest service might be done in this point if the project of a seminary for youths of the oriental Church was closely followed and rightly managed ...

IV. If the above said Hon. Society chose a committee of about seven persons

[22] Ludolf to A. H. Francke, London, September 18, 1702: Halle, AFSt, D.71, f. 112v. Ludolf used the designations Ethiopia and Abessynia interchangeably; I have not tried to impose consistency on his usage.

from amongst them, to make the Oriental Church their particular care, this Committee might lay out for correspondence with some eminent well disposed men of the oriental church; give directions unto those that go as chapplains or with other Christian resolutions into the Levant, and study to find out ways for encouraging ingenious orientalists to come amongst us and how to send them back rightly instructed for furthering the work of the Lord amongst their brethren.

V. A small scriptural catechism where the idea of Christianity is laid down only by passages of the Bible dispersed among them might do good to a great many souls and would be lyable to less exceptions than books of our Church. Every particular Church for reasons above said making it a point of conscience and honor to stoop to another Church. The common prayer book printed in Arabick at Oxford and distributed in the Levant, did not meet with so kind a reception as could have been wished ..."[23]

Among the financial contributors to printing the New Testament in vulgar Greek were not only well-placed clergy but benefactors from the merchant community in London, generally on the Tory and High Church side. Prominent among them were Dr. Frederick Slare, a physician of German descent, Henry Hoare, son of Richard Hoare, a banker and goldsmith and eventual supporter of the East India mission, and Sir John Philipps, who introduced charity and educational reform in Wales.[24] Ludolf's network of correspondents in the Near East included the Dutch chaplain Isaac Rombouts in Constantinople, and the Turner family of merchants, who traded out of Smyrna and sent two of their sons to be trained in Halle in Latin, Greek and the Oriental tongues at the school for English students.[25] Ludolf corresponded with Rombouts concerning letters of credit and shipments of edification literature from England, Holland, and Germany. Rombouts advanced money and took under his wing two of the medical missionaries from the Halle Orphanage destined for Turkey.[26]

Among Ludolf's astute collaborators in Prussia was another member of

---

[23] Halle, AFSt, D23 f. 4r–6v (emphasis added). The last remark quoted might be a dig at the efforts of the Anglicans to promote use of the Book of Common Prayer throughout the Protestant churches; see also note 6, above.

[24] For a partial listing from the years 1702 to 1705, see: Halle, AFSt, D.23, f. 7v–9r; for Philipps see also *Ward* (as in note 9), 307 and 308.

[25] Halle, AFSt, D.23 and D.71, e. g. D.71 f. 71v and 72r; Jacob Turner sent his son Thomas to Halle in 1701 to be trained for a merchant career, not to study theology (ibid. f. 80r–81v).

[26] Halle, AFSt, D.23, f. 106r-107v. (no date). The practice of combining medical and missionary training was not unknown at the time. For Halle, which in addition to a printing house and a trade in books had developed an international trade in proprietary medications, it gained importance both in India and in the British North American colonies (see *Arno Lehmann*, Hallesche Mediziner und Medizinien am Anfang deutsch-indischer Beziehungen, Halle, 1956; *Renate Wilson*, Die Halleschen Waisenhausmedikamente und die 'Höchst-nöthige Erkenntnis' im Kolonialstaat Georgien: 1733–1765, in : Schriftenreihe für Technik, Naturwissenschaften und Medizin 28, 1991, 109–128; *Renate Wilson* and *Hans Joachim Poeckern*, A continental system of medical care in Colonial Georgia, in: Medizin, Gesellschaft und Geschichte 9, 1990/1991, 99–126.

the Francke circle in Halle. The Baron Carl Hildebrand von Canstein, founder of the Cansteinsche Bibelanstalten, was prominent in the reform-minded nobility who worked closely with Francke both in Prussia and in other Protestant territories and the Imperial Cities. He had close and continuous connection with the Court in Berlin, which he used to monitor and promote Francke's interests. His press produced large volumes of New and Old Testaments in various formats which were sold both domestically and abroad until well into the 19th century. Their translations into a wide range of Eastern European languages included reeditions of 16th and 17th century versions. The creation of a Tamil printing press to serve the Indian missions featured prominently in the development of Oriental studies during the 18th century.[27] Canstein also negotiated, through his personal contacts and with much business acumen, many of the capital loans which were one of the financial bases of the Francke Foundations.[28] An example of the link with the German merchant communities abroad is a bequest of 3,000 ducats from Johann Jakob Pommer in Venice, which was destined for the Francke medical institutions and to be administered under the customary trusteeship agreement. The intention to keep this legacy a secret so as to protect Protestant merchants in Venice[29] reflects well the precarious situation of the German business community in Catholic areas.

Canstein's interests went well beyond the promotion of the products of his printing house and the continuing solicitation of development capital for the Francke Foundations. His extensive correspondence with both Ludolf and Francke serves well to delineate the geographical area of trading possibilities – real, perceived or anticipated – that were still accessible to German overseas trading interests at a time when mercantilist national policies and the wars between France and Spain had eroded the German position in the colonial trade through Spain and Portugal.[30] Canstein carefully supervised and furthered the staffing of the Tranquebar mission through the Danish court. He also monitored the trade with and the delegation of Pietist clergy and other emissaries to Russia.[31] He apparently

---

[27] See e.g. *Winter* (as in note 12) and *Podczeck* (as in note 16); furthermore *Joachim Dietze*, A.H. Franckes ‚Anfang der christlichen Lehre in russischer Übersetzung', in: WZ(H).GS 27, 1978, Heft 6, 79–94. New research is required to integrate this important body of work into a contemporary conceptual framework.

[28] *Wilson*, Pietist universal reform (as in note 10).

[29] A.H. Francke to Canstein, Halle, August 18, 1708, in: Der Briefwechsel Carl Hildebrand von Cansteins mit August Hermann Francke, ed. by *Peter Schicketanz*, Berlin/New York 1972 (TGP III/1), 381. The reach of Francke's interests and associations during this early period is reflected in his letter to H.W. Ludolf of July 13, 1699: Halle, AFSt, D 113, f. 153–156 (quoted in *Peschke* [as in note 16], 62–65).

[30] Cf. *Hermann Kellenbenz*, Deutsche Wirtschaftsgeschichte, vol. 1: Von den Anfängen bis zum Ende des 18. Jahrhunderts, Munich 1977, 355–361.

[31] See e.g. Ludolf to Canstein, October 27, 1704: Halle, AFSt, D.23, f. 149r–151r.

was a driving force in the eventually unsuccessful attempt to obtain trading monopolies for the Orphanage Foundations in the Prussian possessions in the Virgin Islands and on the coast of African Guinea which Frederick William I relinquished in 1715 in the interest of his domestic and East European objectives.[32]

III.

In the Caribbean, these attempts at direct colonial involvement ended in failure, as was true also for most of the West Indian plans by Dr. Bray and his associates.[33] But the close network of communication and shared interests established during the period 1699–1720 enabled the Halle Pietists to use their influence and resources for one successful North American venture under their specific guidance – the settlement of the Salzburg emigrants in Georgia under the auspices of the Georgia Trust in 1733. They also reaped from this alliance the opportunity to furnish a majority of the clergy that eventually led the German Lutheran congregations in the North American colonies, particularly in Pennsylvania.

There had been several ventures by Pietist circles into North America, beginning with the early settlements attempted under the auspices of the „Frankfurter Landkompagnie" in 1683, but despite the growth in number and size of nominally Lutheran settlements and the work of a number of dedicated and tenacious ministers,[34] problems of financing and of shared authority and control proved to be serious obstacles to the entry of missionaries from Halle to the British North American colonies.[35] But when the Georgia enterprise was launched and the Archbishop of Salzburg again and harshly raised the specter of Papist persecution of pious Protestant folk, it became possible to build upon the Halle record of missionary abilities, experience, and resources. This record ensured that the German and English

---

[32] Canstein to A.H. Francke, Berlin, March 30, 1715, in: *Schicketanz* (as in note 29), 707–709. In his correspondence with Francke, Canstein very openly acknowledged the competition with the SPCK and the Danish College for the Promotion of the Faith in these areas of mission and colonial trade.

[33] *John Van Horne*, Religious Philanthropy and Colonial Slavery: The American Correspondence of the Associates of Dr. Bray, 1717–1777, Urbana, Ill. 1985. Halle observed closely the forays of the Anglican Church into North America; see Wigers' letter to Francke (as quoted in note 5).

[34] Particulary the brothers Justus and Daniel Falckner for the years 1705 to 1725; see Protocols of the Lutheran Church in New York City, 1702–1750, translated and ed. by *Simon Hart* and *Harry J. Kreider*, unpublished typescript, United Lutheran Synod of New York and New England, New York 1958.

[35] See the forthcoming article by *Thomas Müller*, Communication as risk: The beginnings of the Halle correspondence with Pennsylvania Lutherans, in: Peopling the New World, The Transfer of Ideas, Customs, and Social Institutions from Central Europe to the Middle Colonies in the 17th and 18th Centuries, Penn State Press.

sponsors of the Salzburg emigrants would be able to secure the ear of London interests groups and recommend their charges, as well as their own participation, to the enterprise launched by the Georgia Trustees in 1730.

The establishment of a German settlement in the newly established colony of Georgia involved a very different set of premises and faced quite different realities from those encountered in the previous collaboration of English and German interests. Most notably, there was little implicit or explicit commitment to conversion of the native population, in marked contrast to the Moravian Indian missions under Count Zinzendorf and to the earlier Pietist mission in East India. Although research on this point is scarce, it is more than likely that this reticence was due to political considerations related to the American-Indian mission of the Society for Propagating the Gospel in Foreign Parts (SPG). In the Middle Colonies as well, the work of the Halle Pietists during the period before the War of Independence was restricted to the congregations of German Protestants, mainly Lutheran but also Reformed.[36]

On the other hand, the English sponsors of Georgia and the Halle Pietists, now led by the founder's son, Gotthilf August Francke, shared the goal of transferring common principles of social and religious reform to the American continent. In the case of Georgia, these motives were joined to political and mercantilist considerations to create the Georgia Plan – the establishment of a colony very different from the adjoining province of South Carolina. There were to be small land holdings owned by farmers who would also serve as a militia against the Spanish. Slavery was banned to prevent the establishment of large plantations dedicated to monoculture and depriving deserving European immigrants of the chance to earn their bread in the sweat of their brow. Also, the presence of large numbers of alienated slave laborers had led to rebellion and unrest both in the Caribbean and in adjoining South Carolina. The interdiction of both slavery and the wish to counteract the depradations of the native Indian trade thus met the objectives both of English movements of population reform and the need to deprive the Spanish of indigenous support. Finally, Georgia was to serve as a source of colonial raw materials otherwise accessible only in areas under Spanish and French control and ranging from indigo and tropical medicinal plants to wine and silk from local manufacture.

The political and economic ideas underlying the Trustees' plans for Georgia and the details of their preparation, formulation, and implementation have

[36] For the Middle Colonies (Pennsylvania, New Jersey and New York), see *Charles H. Glatfelter*, Pastors and People: German Lutheran and Reformed Churches in the Pennsylvania Field, 1717–1793, 2 vols., Kutztown, 1981. Both *Glatfelter* and the present author use the term „German Protestants“ to include speakers of both High and Low German, although the latter are often considered part of the Dutch communities in New York and New Jersey. American authors working on the 18th century, however, still describe as Dutch and Palatine all German speakers from the various political entities of central Europe. For example, *A. Gregory Roeber* (in Palatines, Liberty and Property, Baltimore 1993) refers to all German Lutherans while *George F. Jones* (The Georgia Dutch, Athens (Georgia) 1992) uses the term Dutch to describe all German speaking settlers of this region, few among whom came from Low German linguistic areas.

been extensively described and documented, largely from the meticulous diaries of John Percival, first Earl of Egmont, and the records of the staff of the Trust, Secretary Benjamin Martyn and accountant Harman Verelst. The Society for Promoting Christian Knowledge as well kept detailed records, in particular their American born-secretary, Henry Newman.[37]

The Trust being a public enterprise relying on subscriptions and eventually Parliamentary support in an age of pamphlets and leisure to engage in written debate, the controversies surrounding it and its fate over the years 1732 to 1752 were well known to the British public. There were both fulsome advertisements of its goals, for example, by Trustee James Oglethorpe and Secretary Martyn and, in the accounts of the Georgia Malcontents, an acerbic counterpoint.[38]

The German side of the story was published in detail by Samuel Urlsperger in Augsburg.[39] In England, the participation in the Trust of the Halle Pietist establishment had to be more closely guarded. In part, this was due to a well established tradition of Pietist caution which dated back at least to the admonitions of Heinrich Wilhelm Ludolf on the conduct of Halle emissaries in London; in part, to the general controversy surrounding the settlement of refugees on English soil, even in the transatlantic territories.[40]

The historical continuity of shared concerns and objectives by religious and commercial interests is, however, clear from an examination of the composition of the Common Council and the general board of the Trust.

---

37 These sources, as well as legislative and related documents from the Colonial Office Papers and the Colonial Records of Georgia, have been used to document the fate of their plan from its first beginnings to the devolution of the Trust in 1752. For the Salzburgers and their English and German sponsors, see, in particular, Henry Newman's Salzburger Letterbooks, ed. by *George F. Jones*, Athens (Georgia) 1966 (Wormsloe Foundation Publications No. 8). For an overview of the respective expectations of the Trustees, their backers, and the German element, see most recently *Renate Wilson*, Public works and piety in Ebenezer: The Missing Salzburger Diaries of 1744–45, in: Georgia Historical Quarterly 77, 1993, 336–366, and Die Stadt auf dem Berge: Eine außereuropäische Replikation des Halleschen Waisenhauses, in: Wegscheiden der Reformation: Alternatives Denken vom 16. bis zum 18. Jahrhundert, ed. by *Günter Vogler*, Weimar 1993, 513–540.

38 *Benjamin Martyn*, Some Account of the Designs of the Trustees for Establishing the Colony of Georgia in America, reprinted: Collections of the Georgia Historical Society 20, Savannah; [*Jean-Pierre Purry*], A New and Accurate Account of the Provinces of South Carolina and Georgia ..., London 1732; *Trevor R. Reese*, The Clamorous Malcontents: Criticisms and Defenses of the Colony of Georgia, 1741–1743, Savannah 1973.

39 Ausführliche Nachricht(en) von den Sal(t)zburgischen Emigranten, die sich in America niedergelassen haben ..., 18 vols., ed. by *Samuel Urlsperger*, Halle/Augsburg 1735–1753, and Americanisches Ackerwerk Gottes, der zuverlässigen Nachrichten, den Zustand der americanischen erbauten Pflanzstadt Ebenezer In Georgien betreffend, 3 vols., ed. by *Samuel Urlsperger*, Augsburg 1753–1759 (a fourth volume was published by Johann August Urlsperger in 1766). All volumes were heavily edited to exclude offensive news and political allusions. Both series are published in English, with previously emended material, in a multi-volume edition: Detailed Reports of the Salzburgers Who Settled in America ..., translated and ed. by *George F. Jones*, *Renate Wilson* et al., Athens (Georgia) 1966–1995.

40 Olson, Palatines (as in note 2); Taylor (as in note 4), 36–42.

First, there was considerable continuity over time in the persons representing both types of interests. On the Board sat several members of the Established Church who comprised the core of the Anglican missionary establishment to the North American continent. They included the ubiquitous clerics Stephen and Robert Hales and (Captain) Thomas Coram, an associate of Dr. Bray who had been an early advocate of the settlement of foreign Protestants in the American Plantations, first in Nova Scotia in 1719 and subsequently in Georgia.[41] The financial support of the SPCK for the ministers of the Halle settlement was handled by the same men, or their close relatives, who had provided financial and other support to Heinrich Wilhelm Ludolf in his projects relating to the Greek clergy in the Near East. There was another member of the Hoare family, Benjamyn Hoare of Fleet Street, and Sir John Philipps, who served until his death in 1737. James Vernon had served as English ambassador in Denmark under Queen Anne. William Tillard was a London merchant and one of the financial agents for the Trustees who cleared the drafts and sola bills which enabled the financial transactions between Georgia, London, and Halle, including the ministers' salaries.[42] The Trustee Rev. Robert Hales and his brother Stephen Hales, a natural experimental scientist of considerable fame, had likewise linked and represented both the missionary and the merchant establishments on the boards of the SPCK and the SPG since their founding. Their relations with the elder Francke are documented since the beginning of the 18th century.[43] Among the general backers of the Trust, there was again a large array of merchant interests, most importantly a link with the East India and South Sea interests in the person of Trustee Alderman George Heathcote, who was a relative of Gilbert Heathcote, former Lord Mayor of London, a director of the Bank of England and a founder of the „New" East India Company.[44]

On the German side, the Protestant element in the Imperial Cities now openly worked with the German court chaplain at the Court of St. James, The Rev. Michael Friedrich Ziegenhagen. The clerical side was represented by the most famous sponsor and coordinator of the Salzburg refugees – Samuel Urlsperger, Senior of the church of St. Anne in Augsburg. Url-

[41] *Rupp* (as in note 9), 314; *Taylor* (as in note 4), 10; *Milton Ready*, The Georgia Concept: An Eighteenth Century Experiment in Colonization, in: Georgia Historical Quarterly 55, 1971, 157–172.

[42] London, Archives of the Society for Promoting Christian Knowledge, Series A1, 2–3: „An Account of the Contributions toward the Relief of the Protestant Exiles from Salzburg which have pass'ed through the hands of the Rev. Dr. Arch-Deacon Denne, Rector of Lambeth; Benjamin Hoare, Esq. in Fleet St.; Sir John Philipps; William Tillard; James Vernon, Esq.; The Rev. Michael Ziegenhagen Who were charged by the Society to receive and remit contributions [for the] said distressed Protestants".

[43] See e.g. *Hinrichs* (as in note 11), 117.

[44] *Geraldine Meroney*, The London Entrepot Merchants and the Georgia Colony, in: William and Mary Quarterly 25, 1968, 230–244; *Lucy S. Sutherland*, The East-India Company in Eighteenth Century Politics, Oxford 1952.

sperger as well had been a corresponding member of the SPCK since early in the century and served as assistant pastor at the Church in the Savoy in London for a two-year term from 1711 to 1713.[45] While the SPCK, from a trust account of shares in the East India and South Sea Companies,[46] paid the stipends of the two Halle ministers in Georgia and their successors until the American Revolution, Samuel Urlsperger and his most direct financial sponsor, the banker Baron Chrétien de Munch (Christian von Münch) of Augsburg contributed substantially to the enterprise, both through solicitation of funds and direct support.

As the Georgia Trust declined in England during the 1740s, German commercial interests took an increasingly active role in the maintenance and development of the Ebenezer settlement until the decade preceding the War of Independence. Both Urlsperger and de Munch were appointed Trustees in 1746.[47] Commercial support and interest was centered in but not limited to the Southwest German textile industry, which was apparently seeking new transatlantic markets to safeguard or replace their previous stake in the Latin American (or „South Sea") trade.

The continuing commercial interests and positions of the German Imperial Cities in this South American trade are documented only in German trade history. For Augsburg in particular, there is evidence that its original position in South America had not been entirely eroded in the 18th century.[48] The establishment of a refugee colony under the protection of the Georgia Trust and – if less prominently in view of colonial American opposition to Anglican forays – with the aid of the Society for the Promotion of Christian Knowledge, must have appeared to these merchants and to the Francke establishment in Halle as an excellent opportunity to export to the colonies on their own account. They were able to seize this opportunity by using the special customs exemptions for philanthropic gifts supporting the refugee settlement.[49]

Over the years, there were constant and considerable infusions of material support from both Halle and Augsburg in the form of several tons per year of tools, agricultural and manufacturing implements, linen and personal articles, medications, and books. As noted, books and medications were a customary export from Halle to its missions in India and America and were

---

45 London, SPCK Archives, Minutes for 1709–1712, vol. 5, f.286; *Brunner* (as in note 6), 64.

46 According to the annual statements for 1735–1770, provided with the auditors' signatures in series A 2, surplus from the original contributions starting in March 1731/32 (A1: 3/8/1731/32 stated at £ 1198/8/–) were invested, inter alia, in South Sea (i. e., South American) stock.

47 Letter by Michael Friedrich Ziegenhagen, March 24, 1747, in: Ausführliche Nachrichten (as in note 39), vol. 13, 70.

48 *Eckart Schremmer*, Die Wirtschaft Bayerns vom hohen Mittelalter bis zum Beginn der Industrialisierung: Bergbau, Gewerbe, Handel, Munich 1970, 167–173; Handbuch der Bayerischen Geschichte, vol. 3: Franken, Schwaben, Oberpfalz bis zum Ausgang des 18. Jahrhunderts, ed. by Max Spindler, Munich 1971, 2. Teilband, 1001–1007.

49 *Wilson*, Waisenhausmedikamente (as in note 26), 117.127 (note 19).

intended both for charitable distribution and for resale. These exports were financed through the complex web of bequests and donations and the income derived from investment of donated capital that supported the Halle enterprises both at home and abroad.[50] Georgia, however, was unique in several ways. Investment in a commercial grist and saw mill complex and a famous silk manufacture that competed with English local interests in Georgia was financed in part through the Trustees but in large part through bequests and capital loans from Augsburg, Nuremberg, and Venice and from several noble donors. For Georgia alone, this support reached close to 1,000 pounds sterling per year in peak periods, that is, far in excess of English contributions to the settlement.[51]

Urlsperger and de Munch closely monitored and supported this agricultural development. They tried to influence the development of the grist and saw mills on the lines of South German models. They exhibited a true mercantilist spirit in their support of the silk industry at Ebenezer, although an independent manufacturing capacity – as opposed to the provision of raw material in the form of cocoons – eventually encountered considerable opposition by London interests who insisted on maintaining the processing monopoly under their own control in Savannah.[52] Of interest in this context of colonial involvement is the previously little noted evidence of plans by de Munch and his backers to establish German baronies on the English model in addition to the farming element. This is suggested by the detailed questionnaires that the head minister of the settlement answered in the late 1740s.[53]

50 *Wilson*, Pietist universal reform (as in note 10).

51 The financial and administrative intricacies of this support are exceptionally well documented in the ledgers for Pennsylvania (Halle, Missionsarchiv der Franckeschen Stiftungen, series 4 F and G) and for Georgia (ibid., 5 A 7,10,11, 5 E, and 5 C). The contributions from Halle were substantial throughout the 1750s at the least. Remaining legacies were paid out in merchandise (mainly Orphanage medications and edification literature) until the 1820s. Accounts of the support from Augsburg are not consistently documented in the Francke archives, but the issue of title to the so-called parson's trust plantation contributed to the factional quarrels within Ebenezer after the death of the first pastor, Johann Martin Boltzius, in 1765. See *Roeber* (as in note 36), 172, and *Hermann Winde*, Die Frühgeschichte der Lutherischen Kirche in Georgia, unpublished doctoral dissertation, Martin-Luther University Halle-Wittenberg, Halle 1960.

52 As reported in detail throughout the „Ausführliche Nachrichten" and „Das Americanische Ackerwerk Gottes" for the years 1750–1754 and 1759–1760 (see Detailed Reports [as in note 39], vols. 15- 17). For the important role in developing the silk manufacture played by the wives of the Pietist ministers, see *Wilson*, Public works (as in note 37), 360–361. The diaries for 1755–1758 were declared missing by Samuel Urlsperger, probably for similar reasons as those underlying the suppression of the diaries for 1744/45.

53 Ausführliche Nachrichten (as in note 39), vols. 14–15; in particular, „Zuverlässige Antwort auf einige vorgelegte Fragen, die Landschaft Carolina betreffend, in welcher Antwort doch auch zugleich die Beschaffenheit der Colonie Georgia gesehen wird" (March 1751); Johann Martin Boltzius Answers a Questionnaire on Carolina and Georgia, ed. by *Klaus G. Loewald*, *Beverly Starika*, and *Paul Schulz Taylor*, in: William and Mary Quarterly 14, 1957, 217–261 (part I), and William and Mary Quarterly 15, 1958, 229–252 (part II). Similar information had been requested from the representatives of the Frankfurter Landkompagnie in

Several years later, the de Munch family not only sent a commercial agent to open a store for Augsburg goods in Savannah, but commissioned a land agent, Gerard de Brahm, an artillery captain and surveyor, to claim the original „noble" plantation allowances envisaged by the Trustees.[54]

Thus, despite the adversities of the Trust in England and social conflict within the Salzburger refugee settlement in Georgia,[55] direct financial support from interest groups in Europe sustained Ebenezer and permitted the Salzburgers, the other German members of the congregation, and their Pietist ministers to maintain and expand a successful cultural and economic enclave. This image of Ebenezer as a German City on the Hill that outshone other communities in the colonies was cited by Gotthilf August Francke, and clearly used by Samuel Urlsperger in promoting the „Ausführliche Nachrichten", to secure continued financial support.[56]

If the social structure of this settlement coincided with the original plans of the English Trustees, this may well have been due to commonalities in the population perspective and reform tendencies of the founders of the Trust and their German associates. By the same token, as the need for royal and parliamentary support and patronage forced the Trust to dilute its original goals, so the dependence of the Ebenezer community on support from Europe and London rendered it increasingly vulnerable to local American conditions. There was renewed immigration from Germany during the period 1749–1752, this time by economic refugees from Swabia and the Palatinate, and Ebenezer attempted to maintain independence from the emerging pattern of large plantations by pursuing the lumber trade with the West Indies and making the most of the demand for silk in London. Nonetheless, the structure of the community became less and less oriented to patterns suggested by the supporters in Europe. In the end, the London commercial interests that had supported Ebenezer as part of the Trustee colony turned against it. By the 1770s, when American rejection of English legislative sovereignty was joined to the long-standing refusal of the claim to episcopal dominance by the Anglican Church, the pact with the SPCK was

New Jersey and Pennsylvania in the 1690s, for instance from Justus Falckner. Pastorius' „Beschreibung von Pennsylvania" (1684) was in response to one of these questionnaires; see also *Rüdiger Mack*, Franz Daniel Pastorius: Sein Einsatz für die Quäker, in: PuN 15, 1989, 132–171.

54 These plantations were to encompass 500 acres of riverfront land compared to the normal allotments of 50 acres; by the late 1740s, however, restrictions on small holdings had been eroded (see Ausführliche Nachrichten [as in note 39], vols. 17–18; Americanisches Ackerwerk Gottes [as in note 39], vol. 1). De Munch as a Trustee could legally hold property in Georgia only after the devolution of the Trust in 1752. James Oglethorpe had no holdings in Georgia but a considerable estate in South Carolina referred to as a Baronie in the unpublished Salzburger diaries for 1744/45 (Halle, Missionsarchiv der Franckeschen Stiftungen, 5 D 9 and 12).

55 *Wilson*, Public works and piety (as in note 10), 347–351.

56 These reports were analogous in audience and purpose to the reports from India, published serially beginning in 1735 as „Der königlich Dänischen Missionarien aus Ostindien eingesandte Ausführliche Berichten" by the Waisenhausverlag in Halle.

proving to be more of a liability than an asset, despite the general acceptance of the Halle revival by its New England peers.[57]

Also, support from Europe decreased during the War of 1756–1763, which inflicted heavy economic burdens on the Francke Institutions in Halle. At least for the 18th century, the intent by German landed and commercial interests to acquire and settle plantations in the British North American colonies does not seem to have survived much beyond the Seven Year's War and the consequent realignments within the German territories. More important for the goal of Pietist universal reform of church and society was the fact that the period of denominational alliances across national and territorial boundaries was coming to an end. Within ten years of the death of the senior minister of the Georgia settlement, Johann Martin Boltzius, in 1765, the various and numerous German minorities in the North American colonies had to choose sides between Loyalists and Revolutionaries, without having achieved an independent political base. What remained of the strategic alliance between Halle Pietism and the SPCK in London was the memory of the plight of the Salzburg exiles, who became the emblem for three centuries of religious conflict that had united the Protestant interest.

---

[57] *Ward* (as in note 9), 274. The Mühlenberg letters (Die Korrespondenz Heinrich Melchior Mühlenbergs: Aus der Anfangszeit des Deutschen Luthertums in Nordamerika, 3 vols., ed. by *Kurt Aland*, Berlin/New York 1986–1990 [TGP III/2–4]) for 1753–1768 offer an excellent German perspective of this internal struggle, which is not well analysed even in the recent German literature on Pennsylvania politics.

Johann Anselm Steiger

Aufklärungskritische Versöhnungslehre

Zorn Gottes, Opfer Christi und Versöhnung in der Theologie Justus Christoph Kraffts, Friedrich Gottlieb Klopstocks und Christian Friedrich Daniel Schubarts

I. Einleitung

Mehr als nur intensive Kritik, eher schon Zorn erntete die reformatorisch-orthodoxe Versöhnungslehre und ihre Rede vom durch das Blut und das Opfer Christi besänftigten Zorn Gottes über die Sünde. In graduell unterschiedlicher Vehemenz lehnten die einen die gesamte Opferterminologie ab und meinten, hierin lediglich eine Akkommodation an die „Vorstellungen" der jüdischen Opfertheologie und Opferpraxis erkennen zu müssen. Diese aber seien nun sachlich nicht mehr angemessen, da ja schließlich mit Christi Opfertod das Opfer generell ein für allemal abgetan sei. Obendrein wandte man das Argument von der prinzipiellen Nichtstellvertretbarkeit des Individuums gegen die biblisch sich gründende Lehre von der satisfactio vicaria. Andere wiederum versuchten, die biblischen Inhalte möglichst weitgehend festzuhalten, stießen sich aber an den orthodoxen Spitzensätzen der Versöhnungslehre, denen zufolge Christus im Garten Gethsemane und am Kreuz die gesamte Sündenstrafe und den ganzen Zorn Gottes habe erleiden müssen, ja den ewigen Tod habe schmecken müssen.

Unübersehbar ist, daß selbst diejenigen Theologen, die in neo-orthodoxer und metakritischer Absicht die Neologen und Deisten kritisierten, welchen Jesus oft nicht mehr als ein bloßer gottgesandter Mensch war, der als Blutzeuge für seine Lehre gestorben sei, letztenendes nicht wieder zur Versöhnungslehre in ihrer orthodox-reformatorischen Gestalt zurückgekehrt sind. Vielmehr haben die neo-orthodoxen Metakritiker der rationalistischen Kritik Zugeständnisse gemacht. Dies wird in diesem Beitrag näher zu betrachten sein. Ferner soll gezeigt werden, daß es in der Aufklärungszeit und ihrer Theologie auch eine geistige Strömung gab, die die Metakritik konsequent weiterführend und – denkend zum Proprium der orthodoxen Versöhnungslehre zurückfand. Diese theologisch-orthodoxe Strömung inmitten der Aufklärungstheologie, die im Streit mit den verschiedensten, vollkommen unterschiedlichen theologischen Schulmeinungen lag, ist in der bisherigen Theologiegeschichtsschreibung noch nicht genügend beachtet worden.

II. Die konsequente Destruktion der Versöhnungslehre durch Deismus und Neologie

Am radikalsten hat wohl Carl Friedrich Bahrdt (1741–1792), das enfant terrible der deutschen Aufklärungstheologie,[1] die rationalistische Kritik angewandt, um die kirchliche Versöhnungslehre aus ihren Angeln zu heben. Mehr noch: Immer mehr avancierte die Kritik an der von Christus stellvertretend für die Menschen getragenen göttlichen Sündenstrafe zum Angelpunkt der radikalaufgeklärten Kritik. Die biblische Rede davon, daß Gott die Liebe sei, hielt Bahrdt schlechterdings für unvereinbar mit den seiner Meinung nach unaufgeklärten jüdischen „Vorstellungen" der Bibel vom vermeintlichen Zorn eines göttlichen Richters. Sie nämlich könnten mit der väterlichen Liebe Gottes in keiner Weise vernünftig in Einklang gebracht werden. Gott ist die Liebe. Daher könne er nicht ein zorniger Gott sein. Deswegen sei es jetzt endlich an der Zeit, die anthropopathischen und anthropomorphen Vorstellungen der Bibel von Gott als strafendem und zürnendem Richter den Abschied zu geben.[2] In entschiedener Weise müsse dann auch folgerichtig die Versöhnungslehre sowohl in ihrer biblischen Grundlage als auch in ihrer kirchlich-dogmatischen Ausgestaltung fallengelassen werden.[3] Denn es sei völlig unmöglich, von Gott zu verlangen, daß er

---

[1] Zu Carl Friedrich Bahrdts bewegtem Lebenslauf vgl.: Allgemeine deutsche Real-Encyclopädie für die gebildeten Stände (Conversations=Lexicon), Bd. I: A bis Boy, Leipzig [6]1824, 501–503; ferner die Autobiographie *Carl Friedrich Bahrdt* – ein Abenteurer der Aufklärungszeit: Dr. Carl Friedrich Bahrdts Geschichte seines Lebens, seiner Meinungen und Schicksale, Heidenheim 1972 (Abenteuerliche Lebensläufe 11); siehe auch den Sammelband von Beiträgen zu Bahrdts Werk: Carl Friedrich Bahrdt (1740–1792), hg. v. *Gerhard Sauder* und *Christoph Weiß*, St. Ingbert 1992 (Bahrdts Geburtsjahr ist jedoch wohl eher 1741 und nicht, wie hier angenommen, 1740).

[2] Vgl. hierzu *Gunther Wenz*, Geschichte der Versöhnungslehre in der evangelischen Theologie der Neuzeit, 2 Bde., München 1984 (MMHST 9/10), Bd. 1, 211.

[3] Vgl. *Carl Friedrich Bahrdt*, Glaubensbekenntniß veranlaßt durch ein hier beygelegtes Kayserl. Reichshofraths=Conclusum mit Anmerkungen versehen, o. O. 1779, 17f., wo Bahrdt seine Zweifel gegen die kirchlichen Lehren insgesamt freimütig in folgendes Bekenntnis faßt: „Ich gestehe also, daß ich schon seit einiger Zeit überzeugt gewesen, es enthalte unser protestantisches Religionssystem Lehrsätze welche weder in der Schrift noch in der Vernunft einigen Grund haben ... Unter diese Lehrsätze rechne ich: Die – von der Erbsünde – von der Zurechnung der Sünde Adams – von der Nothwendigkeit einer Genugthuung ... – von der ohne alle Rücksicht auf unsere Besserung und Tugend geschehen sollenden Rechtfertigung des Sünders vor Gott – von der Gottheit Christi ...". Bahrdts „Kritik" trifft im Grunde alle Hauptinhalte christlicher Theologie, besonders scharf jedoch die Versöhnungslehre: „Daß aber Gott blos um eines Menschenopfers willen mir meine Sünde vergebe und um einer fremden Tugend willen die Flecken der Meinigen übersehe, das ist wider meine Vernunft und habe ich auch nie etwas

den von ihm selbst gesetzten Kausalzusammenhang[4] von Schuld und Strafe durchbreche und die Strafe auf einen anderen übertrage. An die Stelle der Christologie tritt bei Bahrdt daher eine Jesulogie, die Jesus als einen bloßen Menschen und weisen Sittenlehrer vorstellt. Jesu Aufgabe sei es gewesen, die Menschen eine vernünftige Ethik zu lehren, den unaufgeklärt-jüdischen Aberglauben zu bekämpfen und durch sein sittliches Beispiel die Glaubwürdigkeit seiner Lehre zu manifestieren. Jesu Tod sei demnach auch nicht mehr als ein Märtyrertod, der der Versiegelung der neuen aufgeklärten Sittenlehre

davon in h. Schrift gefunden" (ebd., 24). Dieser bei Bahrdt 1779 mit aller Vehemenz durchbrechende rationalistische Radikalismus hat sich allerdings recht langsam entwickelt. Zu seiner orthodoxen Phase vgl. *Gert Röwenstrunk*, Anfangsschwierigkeiten eines Rationalisten: Carl Friedrich Bahrdts orthodoxe und pietistische Phase (1756–1768), unveröfftl. theol. Diss., Heidelberg 1977. Noch 1775 konnte Bahrdt – allerdings in einem sehr herabgesetzten und streng ethisch interpretierten Sinne – an der Opferterminologie festhalten (vgl. *Carl Friedrich Bahrdt*, Die Lehre von der Person und dem Amte unsers Erlösers in Predigten rein biblisch vorgetragen, Frankfurt am Main 1775, 215). Christus ist nur Opfer, indem er sich für die sittliche Besserung der Menschen vor Gott durch seinen Tod verbürgt: „Er [scilicet Christus] war der Priester, der das Opfer verrichtete, und vertrat dabey, wie der Hohepriester alten Testaments, zugleich die Stelle des Volks, das bey dem Bundesopfer seine Besserung und Rückkehr beschwören sollte. Und in so fern war Jesus zugleich der Bürge, der es auf sich nahm, diejenigen, deren Stelle er hier vertrat, zu Erfüllung ihres Eides anzuhalten, und diejenige Heiligung ihres Herzens und Lebens ... zu vollenden, zu der er bereits durch seine Lehre den Grund gelegt hatte" (ebd.). Wie unausgegohren Bahrdts Abwendung von der kirchlichen Versöhnungslehre hier noch ist, zeigt sich daran, daß er – mit der Einschränkung, Christus habe nicht die ewigen Höllenstrafen erdulden müssen – dennoch davon reden kann, daß der Sohn Gottes der Menschen Stelle vertreten hat: „Jesus ist nie von Gott verstossen, nie zur Hölle verdammt worden. Sondern sein Leiden und Tod, (welches eigentlich und im Grunde ein freywilliges Bundesopfer, das heißt, eine feyerliche Versiegelung der Religion und Verpflichtung der Menschen zur Tugend war,) ward von Gott so hoch geachtet, daß er zugleich erklärte, dieses blutige Opfer so anzusehn, als ob das menschliche Geschlecht die ihm von dem Gesetze gedrohten Strafen wirklich erduldet hätte" (ebd., 217). Eine sündenvergebende Kraft jedoch hat das Opfer Christi auch hier bei Bahrdt schon nicht mehr: „So lange also ein Mensch ein Lasterhafter bleibt, so lange werden auch seine Laster alle die natürlichen Folgen nach sich ziehen, welche Gott durch ewige und unabänderliche Gesetze an dieselben geknüpft hatte. Und da ist kein Opfer, auch nicht das Opfer eines göttlichen Erlösers im Stande, dieselben aufzuheben oder zu vertreten" (ebd., 211).

[4] In einer anonym herausgegebenen Schrift sagt Bahrdt: „Alle Strafen Gottes sind Glieder einer Kette die Gott nicht zerreisen kann und will. Gott kann also keine aufheben, keine erlassen, also auch keine um eines stellvertretenden Leidens willen erlassen" ([*Carl Friedrich Bahrdt*], Apologie der Vernunft durch Gründe der Schrift unterstützt, in Bezug auf die christliche Versöhnungslehre, Basel 1781, 65). Weiter argumentiert Bahrdt, daß alle Strafen Gottes als erzieherische Wohltaten anzusehen seien und es deswegen unvernünftig sei, die Aufhebung von Strafen um Christi Leiden willen zu lehren: „Alle Strafen Gottes – sind Wolthaten im eigentlichen Sinne, und Erlösung von Wohlthaten ist – Unsinn" (ebd., 71). Zudem sei die Versöhnungslehre schädlich, weil sie der sittlichen Perfektibilität des Menschen geradezu im Wege steht: „Die Versöhnungslehre des Systems bewirkt weder Besserung noch Beruhigung der Menschen, sie schadet vielmehr" (ebd., 194). Zur Person Jesu als Aufklärer vgl. ebd., 130–132 u. ö.: Jesus war „ein weiser, aufgeklärter Mann, dessen Einsichten ihn über allen Verdacht des Selbstbetrugs erheben ... Er wolte – seine Lehre mit seinen [!] Blute besiegeln. Und er thats mit einer solchen wahren Größe der Seele, die bei allen nachfolgenden Märtyrern nichts ähnliches hat" (ebd., 132).

diente. Zudem sei Jesu Tod nur ein inszenierter Scheintod gewesen, der dazu dienen sollte, die abergläubischen jüdischen Hoffnungen auf einen Messias und auf die Restituierung des Reiches Davids zu zerstören.[5]

Weniger vehement als der Deist Bahrdt, aber im Ergebnis durchaus ähnlich wie dieser bekämpfte auch der Neologe August Hermann Niemeyer (1754–1828) die Versöhnungslehre, insbesondere den Opferbegriff. In der biblischen Verkündigung besonders des Hebräerbriefes, daß Christus als Hoherpriester nicht allein ein Opfer dargebracht, sondern sich selbst ein für alle Mal geopfert habe, um durch sein Blut die Versöhnung mit Gott aufzurichten (Hebräer 9,26–28), sieht Niemeyer eine Akkommodation an die zu neutestamentlicher Zeit noch herrschenden jüdischen Begriffe, die heute keine Gültigkeit mehr für sich beanspruchen könnten. Das Neue Testament selbst habe schließlich den ersten Schritt getan, um die jüdische Opfertheologie und -praxis abzuschaffen, indem es Christi Opfer als das letzte Opfer überhaupt dargestellt habe. Folgerichtig sei es nun die Aufgabe der aufgeklärt-vernünftigen Kritik, auch die letzten Reste und Bastionen der Opfervorstellung im Neuen Testament auszumerzen und zu schleifen. Das Opfer müsse als bloße Einkleidung des eigentlich hinter den Texten liegenden Sinnes abgeschafft werden. Zwar spreche auch das Neue Testament von der sündenvergebenden Kraft des Blutes und vom Opfer Christi, „jedoch bleiben sich die Bilder nicht gleich, und dieses Ungleichbleiben führt deutlich darauf, daß es uneigentliche, aus der bekannten Sprach= und Denkart der Zeit entlehnte Redensarten sind.“[6] Die biblische und kirchliche Lehre vom alle weiteren Opfer abrogierenden Opfer Christi sei daher nichts anderes als „ein sanfter Uebergang, von einer mit Opfern überladenen Religion, zu einer Verehrung Gottes, die von keinen Opfern mehr wissen ... sollte.“[7] Jesu Amt wird daher von Niemeyer als ein bloß prophetisches, nicht mehr jedoch als ein hohepriesterliches gefaßt. Jesus ist Sittenlehrer, Weisheitslehrer, ein Mensch wie jeder andere, der seiner Lehre durch seinen Märtyrertod Nachdruck verliehen hat. Jesu Amt besteht in der „Bekanntmachung der Wahrheit“,[8] in der „Beförderung der Tugend“[9] und in der „Beruhigung der Menschen“[10].

Und dennoch: Gerade in dieser konsequent betriebenen Ethisierung der Christologie wird Niemeyer dann doch fähig, an der Rede vom Opfer Jesu festzuhalten – allerdings in einem sehr herabgesetzten, wiederum bloß sittli-

---

[5] Unter großem schriftstellerischen Aufwand entfaltet Bahrdt diese These narrativ in seinem zwölfbändigen Werk: [*Carl Friedrich Bahrdt*], Ausführung des Plans und Zweks Jesu, 12 Bde., Berlin 1784–1791; vgl. hierzu: *Johann Anselm Steiger*, Johann Ludwig Ewald (1748–1822): Rettung eines theologischen Zeitgenossen, unveröfftl. Habil., Leipzig 1993, 432–435 und 278 f.

[6] *August Hermann Niemeyer*, Handbuch für christliche Religionslehrer, Bd. I, Halle 1799, 293.

[7] Ebd., 296.

[8] Ebd., 525.

[9] Ebd., 526.

[10] Ebd., 527.

chen Sinne. Die Selbstaufopferung Jesu für die von ihm vorgetragene Lehre ist für ihn ein ethischer Appell an die Menschen, sich nun ihrerseits im bürgerlichen Leben für das Gemeinwesen aufzuopfern und alle Kräfte daran zu wenden, den Tugenden gehorchend dem Gemeinwohl zu dienen.[11] Ähnlich wie Johann Salomo Semler, der allerdings die klassische Versöhnungslehre noch viel stärker festgehalten hat als seine Nachfolger,[12] dient die Akkommodationstheorie bei Niemeyer dazu, den moralischen Gehalt der biblischen Texte als denjenigen hervorzuheben, der über die Zeitgebundenheit erhaben ist. Auf diese Weise allerdings wird bei ihm selbst der Kern der evangelischen Botschaft – daß nämlich Gottes Sohn sich um meiner Sünden willen geopfert hat, um mir die Vergebung der Sünden durch sein Blut zu erwerben –, vergesetzlicht. Der Hauptinhalt alles evangelischen Trostes mutiert zum ethischen Appell. Die Sündenvergebung und die Zueignung der Gerechtigkeit Christi an den sündigen Menschen, die Besänftigung des gegen die Sünde gerichteten göttlichen Zornes und die Versöhnung Gottes mit der Welt und die der Welt mit Gott spielen bei Niemeyer nicht die geringste Rolle. Es bleibt allein die gesetzlich-ethizistische Interpretation der alten Lehre und der Aufruf, sich so für seinen Beruf und seine Aufgaben einzusetzen, wie Jesus dies als Märtyrer für seine Sache getan habe. Das, was später bei Albrecht Ritschl der Aufruf zur Imitation des Berufsgehorsames Christi ist, hat also bereits in der aufgeklärten Neologie seinen Vorgänger.[13]

[11] Vgl. *August Hermann Niemeyer*, Timotheus Zur Erweckung und Beförderung der Andacht nachdenkender Christen. 1.–3. Abtheilung. Zweyte mit einer dritten Abtheilung vermehrte Auflage, Leipzig 1789, hier Bd. I, 148f: „Auf diese Art ist allein schon jene theure Lehre von dem Leiden und dem Tode unsers Herrn überaus wohlthätig für die gesellschaftliche Glückseligkeit geworden ... [Es] hören doch die Gelegenheiten noch gar nicht auf, wo Aufopferungen von uns gefordert werden, sobald wir die große und süße Verpflichtung erfüllen wollen, andern zu dienen, wie denn überhaupt fast keine Tugend ohne alle Aufopferung möglich ist." Und weiter: „Die Aufopferung Jesu hat überaus viele Menschen zu dem Entschluß gebracht, sich auch, wenn es Wahrheit und Gewissen von ihnen forderte, mit Willigkeit aufzuopfern; und dieß sind zum Theil gerade solche gewesen, deren Beyspiel sehr mächtig gewürkt und viele Tausende in ihren Ueberzeugungen befestigt hat" (ebd., 146).

[12] Vgl. *Gottfried Hornig*, Die Anfänge der historisch-kritischen Theologie: Johann Salomo Semlers Schriftverständnis und seine Stellung zu Luther, Göttingen 1961 (FSThR 8), 156f.; *Hartmut H.R. Schulz*, Johann Salomo Semlers Wesensbestimmung des Christentums: Ein Beitrag zur Erforschung der Theologie Semlers, Würzburg 1988, 170–177.

[13] Vgl. *Albrecht Ritschl*, Unterricht in der christlichen Religion, Bonn ^{1}1875, ND: Gütersloh 1966 (TKTG 3): „Der Berufsgehorsam Christi" (ebd., 44) hat exemplarisch-ethische Vorbildfunktion für „die christliche Vollkommenheit, welche dem persönlichen Vorbilde Christi selbst entsprechen wird" (ebd., 52). Das Reich Gottes gewinnt Gestalt, indem die Menschen dem Berufsgehorsam Jesu nacheifernd „im besondern Beruf, und der Tugendbildung" (ebd.) für die Aufrichtung des Reiches sorgen. So sehr die Sündenvergebung auf der einen Seite als „Verzeihung" (ebd., 40) in ihrer zentralen Bedeutung entschärft wird, so sehr dringt auf der anderen Seite der Theologie Ritschls ein Synergismus ein, dem die tugendreiche Mitarbeit an der Aufrichtung des Reiches Gottes Vorbedingung für die Gerechtsprechung des Menschen ist: „Praktische Anwendung aber finden diese Wirkungen der göttlichen Erlösung nur unter der Bedingung, daß der Gläubige zugleich auf den anerkannten Endzweck des Reiches Gottes hin tätig ist" (ebd., 41). Hierin folgt Ritschl eindeutig derjenigen moralistischen Uminterpretation

III. Die Metakritik an der neologischen Kritik der Versöhnungslehre und ihre Schwächen

Gegen diese radikale, die Inhalte der reformatorischen Versöhnungslehre auflösende, ja vernichtende Kritik, wandte sich eine ganze Schar von orthodox sich gerierenden Theologen wie Georg Friedrich Seiler, Gottfried Leß, Franz Volkmar Reinhard, Johann Kaspar Lavater oder Johann Ludwig Ewald.[14] Gottfried Leß (1736–1797) etwa hält daran fest, daß Jesu Leiden „nicht blosse Leiden eines Edlen Menschen ... nicht blosse Leiden eines Märtyrers" gewesen seien.[15] Im Rekurs auf die biblischen Inhalte gewinnt Leß die Rede vom stellvertretenden Leiden Christi und von seinem Blutvergießen zurück:

> „Das Neue Testament nämlich, lehret 1), Jesus habe sein Blut vergossen, zur Vergebung der Sünden der Menschen, Matth. 26,28. 2) Er sey für die Sünden der Menschen gestraft worden; Joh. 1,29. 2 Kor. 5,21. 1 Joh. 3,5. 1 Petr. 2,24. – 3) Er habe gelitten, an der Menschen Stelle; Römer 5,6=8. 1 Korinth. 15,3.–4) Die Menschen werden von Gott beglückt, durch den Glauben an Jesu Tod, Römer 3,25."[16]

Auch die orthodoxe Unterscheidung von oboedientia activa et passiva findet sich bei Leß, so daß man den Eindruck gewinnen könnte, als rekurriere er auf den Kern der reformatorischen und orthodoxen Versöhnungslehre. Dem freilich ist nicht so. Denn bei aller Bekämpfung des deistischen Rationalismus teilt Leß mit demselben eine ganze Anzahl von dessen Schwächen. In seinerseits moralistischer Weise nämlich macht Leß zum Beispiel die Zueignung des von Jesus durch seinen Tod erworbenen Verdienstes von der

---

der Rechtfertigungslehre, die unter anderen Gottfried Leß ein Jahrhundert zuvor vertreten hat (vgl. unten Seite 132).

[14] Zu Georg Friedrich Seiler (1733–1807) vgl. *Ottfried Jordahn*, Georg Friedrich Seilers Beitrag zur Praktischen Theologie der kirchlichen Aufklärung, Nürnberg 1970 (EKGB 49); zu seiner Versöhnungslehre vgl. *Wenz* (wie Anm. 2), Bd. I, 206f. Über Reinhard vgl. *Christian-Erdmann Schott*, Möglichkeiten und Grenzen der Aufklärungspredigt: Dargestellt am Beispiel Frank Volkmar Reinhards, Göttingen 1978 (APTh 16). Zu Lavater siehe *Horst Weigelt*, Lavater und die Stillen im Lande: Distanz und Nähe. Die Beziehungen Lavaters zu Frömmigkeitsbewegungen im 18. Jahrhundert, Göttingen 1988 (AGP 25); *ders.*, Johann Kaspar Lavater, in: TRE, Bd. 20, Berlin/New York 1990, 506–511; *Gerhard Ebeling*, Genie des Herzens unter dem genius saeculi: Johann Caspar Lavater als Theologe, in: ZThK 89, 1992, 59–97, und: *Klaus Martin Sauer*, Die Predigttätigkeit Johann Kaspar Lavaters (1741–1801): Darstellung und Quellengrundlage, Zürich 1988. Zu Ewald vgl. *J. A. Steiger*, Ewald (wie Anm. 5). Über die Verteidiger der kirchlichen Versöhnungslehre gegen die neologische und deistische Kritik vgl. *Ferdinand Christian Baur*, Die christliche Lehre von der Versöhnung in ihrer geschichtlichen Entwicklung von der ältesten Zeit bis auf die neueste, Tübingen 1838, 530–562; *Albrecht Ritschl*, Die christliche Lehre von der Rechtfertigung und Versöhnung Bd. I: Die Geschichte der Lehre, Bonn ³1889 (¹1870), 419–428; *Wenz*, (wie Anm. 2), Bd. I, 206–210.

[15] *Gottfried Leß*, Christliche Religions=Theorie fürs gemeine Leben, oder Versuch einer praktischen Dogmatik. Zweite gebesserte und vermehrte Ausgabe, Schaffhausen 1781, 365.

[16] Ebd.

sittlich-tugendhaften Bewährung des Glaubens abhängig. Die Tugendübungen und die sittliche Integrität sind damit conditiones sine qua non für die Zueignung der Gerechtigkeit Christi. Die sanctificatio wird dadurch der iustificatio vorgeordnet. Es ist nicht mehr von der iustificatio hominum sola fide die Rede, aus der dann auch bona opera als notwendige Früchte folgen sollen. Vielmehr wird von „der Beglückung (oder Rechtfertigung) der Menschen durch den tugendreichen Glauben an Jesum“ gesprochen.[17] Die Zueignung der Sündenvergebung ist also bei Leß nicht freies Werk Gottes und Folge des stellvertretenden Todes Christi. Sondern die Sündenvergebung ist abhängig von der sittlichen Besserung des Menschen, durch die er sich im Grunde selbst das Verdienst Christi zueigen macht:

> „Nun da Gott Jesum zum Heilande der Welt gemacht, ihn für die Welt [hat] sterben lassen, nun ist dem ganzen sündigen Menschen=Geschlecht, die Vergebung ihrer Sünden erworben! Nun kan ein jeder, bei redlicher Besserung, bei tugendreichem Glauben an diesen Welt=Heiland ... Begnadigung bei Gott erlangen. Nun sind wir unbetrüglich gewiß versichert, daß bei redlicher Besserung, bei einem im Glauben an den Sohn Gottes gefürten tugendreichen Leben, alle die Schande und Strafe ... von uns weggenommen, und auf ewig in die Tiefe des Meers geworfen worden!“[18]

Durchaus orthodox mutet zunächst auch die Entfaltung der Lehren von Stellvertretung und Versöhnung in den Predigten von Leß an. Von Christi Erduldung der Todesangst im Garten Gethsemane spricht Leß in einer Passionspredigt folgendermaßen:

> „In Jesu Christo strafet Gott die Sünden der gefallenen Welt! Wenn sein ganzes Leben eine Kette von Mühseeligkeit und Leiden ist; wenn er in Gethsemane Todesangst duldet; und vor den Gerichten der Juden und Heiden, und auf Golgatha, mit den empfindlichsten, schrecklichsten Quaalen, zu Tode gemartert wird. Das alles ist die Strafe unsrer Sünden; die Strafe, die wir zu leiden verdienet. Er duldet sie an unsrer Stelle; damit wir vor Gott gerecht würden.“[19]

Dennoch aber ist Leß nicht fähig, die Gethsemane- und Passionsgeschichte in reformatorischer Weise mit dem Theologumenon des in Christi Leiden proleptisch statthabenden Jüngsten Gerichtes zu vereinbaren. So hat Christus nach Leß nicht den gesamten Zorn Gottes über die Sünde getragen. Christus hat nicht den ewigen Tod und die ewige Verdammnis gespürt. Christus ist nicht im Sinne Luthers für uns bis zum Jüngsten Gericht vorgelaufen, hat nicht den uns zugedachten Schuldspruch gehört, hat nicht die gesamte uns zugedachte Strafe getragen. Jesu stellvertretendes Leiden ist vielmehr bloß ein „Straf=Exempel“[20], wobei die biblische Blut- und Opfermetaphorik bei Leß stark in den Hintergrund tritt. Und auch hier macht

---

17 Ebd., 376.

18 *Gottfried Leß*, Paßions=Predigten. Nebst einem Anhange, Göttingen ^{3}1779, 6f.

19 Ebd., Anhang, 10f.

20 Ebd., Anhang, 12.

sich eine recht starke Moralisierung der überlieferten theologischen Materie breit. Denn das an Christus statuierte Strafexempel ist letztendlich nicht mehr als ein abschreckender göttlicher Aufruf an die Menschen, endlich die von Gott geforderte sittliche Besserung in Angriff zu nehmen. Christi Leiden dienen der Abschreckung.[21]

So nimmt es denn auch nicht Wunder, daß Leß bei sonst scheinbar orthodoxer Beibehaltung der dogmatischen Begrifflichkeit der Versöhnungslehre sowohl einem gewissen Moralismus als auch der Akkommodationslehre zumindest teilweise Tür und Tor öffnet. Die Versöhnungslehre findet bei Leß keine wirkliche Fortsetzung in einer reformatorischen Rechtfertigungslehre, derzufolge der Mensch auch nach der imputatio der Gerechtigkeit Christi simul iustus et peccator bis zum Jüngsten Tage bleibt. Vielmehr ist Leß' Rechtfertigungslehre gezeichnet von einem Zwang zu unbedingter sittlicher Perfektion: „Ein Kenner und Bekenner des Christenthums daher, welcher auch nur eine Einzige Sünde, es sei Unzucht oder Neid u.s.f. bei sich herrschen läßt, hat keinen wahren Glauben; auch keinen Antheil an dem Verdienste Jesu"[22]. So kommt es denn auch, daß Leß die biblische Rede vom Opfer und vom Blut Christi als uneigentliche Redeweise apostrophiert und rät, die einem menschenfreundlichen Gott unanständigen Begriffe des Zorns in der Predigt zu meiden. Zu den „Klugheits=Regeln beim Vortrage" der Versöhnungslehre zählt Leß daher folgende Ratschläge:

> „Beim Vortrage dieser Wahrheiten hat der Lehrer vornehmlich dahin zu sehen, daß er Misverständnisse hindere, und den gemeinen Vorurtheilen und lasterhaften Misbräuchen vorbeuge. Zu dem Ende muß er 1) die biblischen Opfer= Redensarten, z. B. mit dem Blute Jesu besprengt werden u.[s.]f. in unsre deutsche Denk= und Sprach=Art übertragen ... 2) Allen Gott=entehrenden Vorstellungen, durch Erklärung und Einschärfung der menschenfreundlichen Absichten Gottes bei diesem Versönungstode [sic!] Seines Sohnes vorbauen."[23]

Einen ähnlichen Eindruck wie Leß hinterläßt die Theologie Johann Friedrich Wilhelm Jerusalems (1709–1789),[24] der in vielerlei Hinsicht – etwa was die Christologie[25], aber auch was die Versöhnungslehre angeht – an dem

[21] Ebd., Anhang, 12f.: „Wenn ein Vater seinen Liebling; wenn ein König seinen einzigen Prinzen, den Gegenstand seiner ganzen Zärtlichkeit aufopfert, um gewisse Geseze in Ansehen zu stellen, und die Wohlfart gewisser Personen zu befördern: wie kräftig wird das, alle von Uebertretung jener Geseze zurückschrecken? Wie unaussprechlich stark wird das, diese Personen von seiner unbegränzten Liebe versichern?"

[22] *Leß*, Religions=Theorie (wie Anm. 15), 387.

[23] Ebd., 393f.

[24] Zu Jerusalem vgl. *Wolfgang E. Müller*, Johann Friedrich Jerusalem: Eine Untersuchung zur Theologie der „Betrachtungen über die vornehmsten Wahrheiten der Religion", Berlin/New York 1984.

[25] Vgl. *Johann Friedrich Wilhelm Jerusalem*, Sammlung einiger Predigten vor den Durchlauchtigsten Herrschaften zu Braunschw. Lüneb. Wolfenbüttel gehalten. Neue verbesserte Auflage, Braunschweig 1753, 378: „Christus ist also wahrer GOtt und wahrer Mensch. Er mußte wahrer Mensch seyn, um durch seinen Tod dem ewigen Tode die Macht zu nehmen, und als ein treuer

Überkommenen festhält. An einigen entscheidenden Punkten jedoch nimmt auch Jerusalem eine aufgeklärte Bereinigung der Inhalte vor und macht auf diese Weise der aufgeklärten Kritik Zugeständnisse. Mit aller Entschiedenheit wendet sich Jerusalem gegen die Meinung, man könne „die Absicht seines [scilicet Christi] Todes allein darauf einschränken, daß er uns dadurch ein Vorbild werden, und die Wahrheit seiner Lehre bestätigen wollen“[26]. Gegen die aufgeklärt-deistische Sicht des Todes Jesu als Märtyrertod sich wendend greift Jerusalem auf die biblisch-dogmatischen loci classici der Versöhnungslehre zurück und artikuliert mit ihnen die hervorstechende Relevanz von Christi Versöhnopfer, seiner Stellvertretung der Menschen, seiner Erwerbung der Sündenvergebung und der ebenfalls zum munus sacerdotale in orthodoxer Weise gehörenden intercessio Christi Gott-Vater gegenüber:

> „Sein Tod gehörte zu seiner Hauptbestimmung, er starb nicht nur zum Besten der Sünder, sondern für sie, sein Tod ist nicht nur die Versicherung der Vergebung ihrer Sünden, sondern die Ursach. Die Schrift sagt von ihm: er sey das Lamm, das von Anfang geopfert. Gott habe den, der von keiner Sünde gewußt, für uns zur Sünde gemacht, 2 Cor. V. Weil er sich bis dahin erniedriget, so habe ihn Gott erhöhet. Philip. II. Er habe unsre Sünde auf sich genommen, für uns gelitten; er habe uns die Gnade Gottes nicht nur verkündigt, sondern auch erworben; sie werde uns um seines Todes willen zu Theil; er sey unser Fürsprecher wenn wir sündigen, die Versöhnung für der ganzen Welt Sünde. Er sey der gute Hirt, der seine Schafe nicht nur auf eine gute Weide führe, vor ihnen hergehe, sondern auch sein Leben für sie lasse, Joh. X.“[27]

In der Frontstellung gegen einen alle Grundlagen der biblischen Dogmatik verlassenden Deismus („ich hasse alle solche zerstörende Aufklärung“[28]) kommt es bei Jerusalem zu einer Renaissance der Versöhnungslehre, wobei

---

Hoherpriester die Sünden seines angenommenen Volks durch sein Blut versöhnen zu können; aber seine göttliche Natur mußte auch unzertrennlich mit der menschlichen vereinigt seyn.“ Auch was die Trinitätslehre angeht, plädiert Jerusalem für die Beibehaltung der kirchlich-dogmatischen Begrifflichkeit: „Lasset uns das nun schon so lange gebrauchte Wort, Person, behalten, und sagen, es sind in dem Einen einfachen göttlichen Wesen drey Personen, Vater, Sohn, und Geist, und diese sind Ein GOtt ... Das Wort, Person, hat die Kirche Christi nun schon vierzehen Jahrhunderte gebraucht; warum wollten wir es itzo noch verwerfen, da wir kein deutlichers wieder finden können?“ (ebd., 371). Wenn Jerusalem in späteren Jahren allerdings sagt, daß „unser jetziges Christenthum nichts dabei verlieret, daß wir an den spekulativischen Bestimmungen jener constantinopolitanischen, chalcedonischen, und ephesinischen Synoden keinen Theil nehmen“ (*ders.*, Nachgelassene Schriften. Erster Theil, Braunschweig 1792, 534), zeigt dies, daß seine Distanzierung von der traditionellen Dogmatik mit der Zeit entschieden zugenommen hat. Zu Jerusalems Biographie vgl. die von ihm selbst kurz vor seinem Tod aufgesetzte Lebensskizze in: *ders.*, Nachgelassene Schriften. Zweiter und letzter Theil, Braunschweig 1793, 7–34.

[26] *Jerusalem*, Nachgelassene Schriften. Erster Theil, Braunschweig 1792, 486 (Fortgesezte Betrachtungen über die vornehmsten Wahrheiten der Religion. Hinterlaßne Fragmente).

[27] Ebd., 484f.

[28] Ebd., 494.

auch das Blut Christi und dessen versöhnende Kraft erneut zur Sprache kommen. Für Jerusalem ist die alte Blut- und Opferterminologie alles andere als eine für aufgeklärte Ohren und Geister ekelhafte Peinlichkeit eines unaufgeklärten Opferkultes aus dunkler Vorzeit. Im Sinne des reformatorischen „pro me" kann sich Jerusalem daher auch die Sprache des Blutes im Glauben aneignen und sagen:

> „Sein [scilicet Christi] Verdienst ist alles, was er gethan und gelitten hat, um die Menschen zu der seligen Gemeinschaft mit Gott zu bringen. Nun liebt Gott sie, wie er Jesum liebt, nimmt sie auf zu seinen Kindern, zu Miterben Jesu; nun habe ich die Erlösung durch sein Blut, nämlich die Vergebung der Sünde. Nun können wir mit Recht sagen: Christus vergoß sein Blut für uns, er ist die Versöhnung für unsre und der ganzen Welt Sünde ... Auch der Richter ist mein Erlöser, derselbe, der für mich gestorben ist, der wird auch das trostvolle Urtheil sprechen: kommt herein, ihr Gesegneten meines Vaters."[29]

Allerdings meint auch Jerusalem, daß in den biblischen Texten eine Anbequemung an die jüdische Begrifflichkeit nicht übersehen werden dürfe. Die Apostel hätten das Kreuzesgeschehen um der Juden willen „unter den Bildern der jüdischen Religion, des Hohenpriesters, des Tempels, des Allerheiligsten, des Gnadenstuhls, des Osterlamms, des Versöhnungsopfers" vorgetragen.[30] Zwar setzt sich Jerusalem zum Ziel: „Die termini müssen freilich beibehalten werden, weil sie die allgemeine Bibelsprache sind, aber sie müssen immer erkläret werden, billig auch in allen Lehrbüchern."[31] Dann aber gibt er den Rat, mit dem er der Akkommodations-Argumentation entgegenkommt: „Wir sollten überhaupt in unserm Religionsvortrage die Worte Opfer, Blut, Versöhnung, nicht so häufig gebrauchen."[32] Diese Unentschiedenheit Jerusalems setzt sich auch in der Art fort, in der er mit der Versöhnungslehre inhaltlich umgeht. Auch hier gilt: Die Renaissance des in Rede stehenden locus der Dogmatik geht nicht ohne gleichzeitige inhaltliche Ermäßigung von statten. Die erneute Blüte der alten Lehre vom munus sacerdotale Christi geht einher mit einem zu eben diesem Zeitpunkt stattfindenden Verwelkungsprozeß. So ist es Jerusalem zum Beispiel eine unerträgliche Vorstellung, mit Paulus von der eschatologischen Offenbarwerdung des göttlichen Zornes zu sprechen, die das Gegenstück zur Offenbarung der gerechtsprechenden Gerechtigkeit Gottes ist (vergleiche Römer 1,17–18).

[29] Ebd., 492f.; vgl. ebd., 486: „Christus sagt bei der Einsetzung des Abendmahls: ‚dies ist mein Blut des neuen Testamentes, welches vergossen wird zur Vergebung der Sünden;' und Paulus Ephes. I, 3.6.7. ‚Gelobt sey Gott der Vater unsers Herrn Jesu Christi, der uns gesegnet hat mit allerlei geistlichem Segen in himmlischen Gütern durch Christum, zu Lobe seiner herrlichen Macht, durch welche er uns hat angenehm gemacht in dem Geliebten, an welchem wir haben die Erlösung durch sein Blut, nämlich die Vergebung der Sünden.' Wir schmähleren also das Verdienst Christi, wenn wir die Absicht seines Todes allein darauf einschränken, daß er uns dadurch ein Vorbild werden, und die Wahrheit seiner Lehre bestätigen wollen."

[30] Ebd., 491.

[31] Ebd.

[32] Ebd., 490.

Die Dialektik der göttlichen Liebe und des Zornes Gottes wird bei Jerusalem nicht festgehalten, so daß er – wie die meisten anderen Verteidiger der kirchlichen Lehre innerhalb der Aufklärungstheologie – nur von einer Versöhnung der Menschen mit Gott, nicht aber von einer Versöhnung des zornigen Gottes mit der Menschheit durch den Tod Christi sprechen kann: „Das Leiden Jesu sollte Gott nicht erst wohlwollend gegen uns machen, sondern in den Menschen die Gott wohlgefälligen Gesinnungen hervorbringen, nicht Gott mit den Menschen, sondern die Menschen mit Gott versöhnen."[33]

Die Front gegen die altprotestantische Orthodoxie ist auf diese Weise klar markiert: „Die orthodoxe Partei stellet dagegen Gott zu sehr als partem laesam vor, welche Vorstellung, durch die so oft dabei angebrachte gemeine pathetische Beredsamkeit, so leicht anstößig wird."[34] Dies hat denn auch zur Folge, daß die zum Proprium der reformatorischen Versöhnungslehre gehörigen Aussagen teilweise aufgegeben werden. Von einer repraesentatio des gesamten menschlichen Geschlechts im vorab stattfindenden Jüngsten Gericht durch die Person Jesu kann auch nach Jerusalem nicht die Rede sein. Genauso wenig kann er die exinanitio Christi, also die Lehre, daß Christus den Zorn Gottes und die ewige Verdammnis anstelle der Menschen getragen hat, welche die Menschen durch Adams Fall auf sich gezogen haben, bis in die letzte Konsequenz hinein nachvollziehen. Für unstatthafte Übertreibungen hält Jerusalem es daher,

> „wenn zum Beispiele gesagt wird, daß der Heiland das ganze menschliche Geschlecht, in diesem göttlichen Gerichte über ihn vorgestellet, daß er die ganze Summe der ewigen Höllenstrafen leiden müssen – daß Gott, weil er unendlich, auch durch jede Sünde unendlich beleidigt werde, und deswegen auch unendlich strafen müsse – oder daß, um die Höhe der Strafen durch eine unendliche Natur zu ersezzen, der Heiland selbst hätte Gott seyn müssen – oder, wenn der Zorn Gottes als eine Rache vorgestellet wird, da Gott durch dies Leiden als eine Genugthuung erst zur Versöhnung gegen die Menschen, und zu ihrer Gnadenannehmung hätte bewogen werden müssen."[35]

Den meisten Kritikern des rationalistischen Deismus, auch Georg Friedrich Seiler,[36] geht die Fähigkeit ab, die biblische Verkündigung vom endzeitlich

---

33 Ebd., 487.

34 Ebd., 488.

35 Ebd., 502f.

36 Seilers Versöhnungslehre macht im Ganzen einen konsequent orthodoxen Eindruck. Nur, was den Zorn Gottes angeht, distanziert Seiler sich von der orthodoxen Lehrmeinung. Die Notwendigkeit, eine Strafgerechtigkeit Gottes zu denken, wird von Seiler nicht angetastet, denn Christus „ist gleichsam der Gnadenthron [vgl. Röm 3,25]: er ist mit seinem eigenen Blute bespritzt. Aber wozu ist denn dieß Blut vergossen worden? Gott hätte ja den Menschen ohne ein so kostbares Blut vergeben können? Nein! dieß Blut mußte vergossen werden, (antwortet nun Paulus) zum Beweiß der göttlichen Gerechtigkeit" (*Georg Friedrich Seiler*, Ueber den Versöhnungstod Jesu Christi. Nebst einem Anhang der Schriftlehre von der Rechtfertigung des Sünders vor Gott, Erlang [sic!] 1778, 168). Das Kreuzesgeschehen ist nach Seiler bestimmt

offenbar werdenden Zorn Gottes (Römer 1,18) in ihrer unauflösbaren Spannung mit den Aussagen über die göttliche Liebe, über Gott, der selbst die Liebe ist (1. Johannesbrief 4,16), zu vereinbaren und diese Spannung auszuhalten. Die durch Christus gewordene Erlösung vom Zorne Gottes (1. Thessalonicher 1,10) tritt völlig in den Hintergrund. Und immer wieder wird Johannes 3,16 („Also hat Gott die Welt geliebet, daß er seinen eingeborenen Sohn gab ...") gegen die vermeintlich unbiblische und anthropopathisch durchsetzte orthodox-reformatorische Lehre gewandt, derzufolge Christus als Sühnopfer an unserer Statt den Zorn Gottes über die Sünde und die Verletzung seines Gesetzes besänftigt hat. Gleichzeitig geht die alte Differenzierung verloren, die darin besteht, daß Gottes Zorn sich zwar gegen die Sünde als Verderbensmacht richtet, nicht aber gegen den Sünder. Der Sünder nämlich bleibt trotz der durch Vererbung auf ihn gekommenen Sünde Adams und trotz der aus ihr folgenden Tatsünden dennoch Gottes gutes Geschöpf, wenngleich die Gottesebenbildlichkeit des Menschen durch die Sünde angegriffen und beschädigt, nicht aber restlos aufgehoben worden ist.

Eine ähnliche Zwiespältigkeit in Sachen Versöhnungslehre läßt sich auch bei Franz Volkmar Reinhard (1753–1812) beobachten, der sich selbst zeit seines Lebens als Anwalt der durch die Aufklärung infrage gestellten Reformationstheologie gesehen hat.[37] Seine Unentschiedenheit in der Versöh-

---

durch die Dialektik von Gerechtigkeit und Gnade Gottes, die miteinander offenbar werden. „Der Tod Christi war folglich ein Beweiß und eine Wirkung der Strafgerechtigkeit Gottes sowohl, als seiner Liebe und Gnade" (ebd., 174). Seiler unterscheidet sich von den anderen neoorthodoxen Versöhnungslehrern darin, daß er sehr wohl von einer wechselseitigen Versöhnung der Menschen mit Gott als auch Gottes mit den Menschen spricht. So steht für ihn fest, „daß der Versöhnungstod Christi beides zugleich, eine Folge der Liebe und der Gerechtigkeit Gottes gewesen sey" (ebd., 237). Umso erstaunlicher ist es daher, daß Seiler eine barmherzige Abwendung Gottes vom Zorn hin zur gnädigen Liebe nicht denken will: „Gott ist die Liebe; er ist die unveränderliche Liebe. Nie ist in seiner Natur ein Wechsel vom Zorn zur Gnade, oder von der Gnade zum Zorn" (ebd., 228). „Gott hat nie einen eigentlichen Zorn. Er wurde weder durch das Blut der Opferthiere, noch durch das Blut Jesu Christi so eigentlich versöhnt, wie ein Erzürnter durch die ausgeübte Rache abgekühlt, und mit dem Beleidiger versöhnt wird" (ebd., 247). Folglich entfällt für Seiler auch das Theologumenon von der Stellvertretung der Menschen durch Christus im Jüngsten Gericht: „Aller dieser Streitigkeiten bedurfte es nicht, wäre man bey der reinen Lehre der Schrift geblieben. Sie gründet nie unsern Trost auf die Grösse und Unendlichkeit der Leiden Jesu Christi, noch weniger auf den Satz, daß die Schmerzen des Mittlers der Höllenpein gleich gewesen wären, die alle Menschen in Ewigkeit hätten ausstehen sollen" (ebd., 290). Es geht Seiler wie all den anderen hier dargestellten neo-orthodoxen Theologen ein Blick dafür ab, daß die Versöhnungslehre mit der Eschatologie und der biblischen Rede vom Jüngsten Gericht in eins geschaut werden muß. Dennoch steht Seiler dem unten zu betrachtenden Justus Christoph Krafft theologisch am nächsten.

[37] Vgl. *Franz Volkmar Reinhard*, Predigten im Jahre 1800 bey dem Churfürstl. Sächsischen evangelischen Hofgottesdienste zu Dresden gehalten. Erster und Zweyter Band. Neue für Minderbegüterte veranstaltete Auflage, Nürnberg/Sulzbach 1806, Bd. II, 270–295 (Predigt am Reformationsfest über Röm 3,23–25). Reinhard beklagt, „daß, wenn es so fortgeht, wenn sich unsre Glaubensgenossen so wenig daran erinnern, auf welche Lehren und Wahrheiten unsre Gemeine ursprünglich gegründet worden ist, wir bald die Kirche gar nicht mehr seyn werden,

nungslehre allerdings zeigt, in wie stark eklektizistischer Weise Reinhard das reformatorische Erbe angetreten hat. Zwar erhebt Reinhard die Stellvertretung des Sünders durch Christus zum Prüfstein der Rechtgläubigkeit in Sachen Versöhnungslehre,[38] und auch an der Bezeichnung des Todes Jesu als Opfer kann Reinhard nichts der Vernunft Widerstrebendes erkennen. Aber den Tausch und Wechsel, durch den Christus nach 2. Korinther 5,21 für uns zur Sünde gemacht worden ist, kann er nicht nachvollziehen. Reinhard kann also nicht im Sinne Luthers von einer zwischen dem sündigen Menschen und Christus stattfindenden communicatio idiomatum sprechen, durch die Christus die Sünde und die Strafe der gesamten Menschheit zukommt, den Glaubenden jedoch die durch Christus erworbene Gerechtigkeit:[39]

> „Auch sagen wir b) nicht, daß Gott sich Christum bey diesem stellvertretenden Tode als einen Selbstsünder gedacht habe. Denn dieß würde theils der vollkommensten Erkenntniß Gottes zuwider, theils, um die wohlthätigen Folgen dieses Todes zu bewirken, nicht nöthig gewesen seyn. Eben so wenig können wir c) behaupten, Jesus habe alle Schmerzen, und das ganze Elend, welches das ganze Menschengeschlecht in alle Ewigkeit für seine Sünden zu dulten gehabt hätte, in

---

welche durch die Bemühungen Luthers und seiner Freunde entstanden ist" (ebd., Bd. II, 272f). Besonders schwerwiegend und gefährlich ist es nach Reinhard, daß die Rechtfertigungslehre immer mehr in den Hintergrund tritt: „Gerade von dieser Lehre wird es in der Kirche, die durch sie entstanden seyn soll, immer stiller" (ebd., Bd. II, 275). Reinhard beklagt die Vergesetzlichung der frohen Botschaft und beginnt selbst damit, diesem theologischen Defizit abzuhelfen, indem er eine feurige und theologisch anspruchsvolle Predigt über die Lehre von der Rechtfertigung des Sünders vor Gott allein durch den Glauben als Grundlage der gesamten Theologie hält. Sehr ausführlich zitiert Reinhard aus den Bekenntnisschriften und aus den Werken Luthers.

38 *Franz Volkmar Reinhard*, Vorlesungen über die Dogmatik mit literarischen Zusätzen, hg. v. *Johann Gottfried Immanuel Berger*, Sulzbach ^{3}1812, 398–405.

39 Vgl. *Martin Luther*, Von der Freiheit eines Christenmenschen (1520): „Hie hebt sich nu der fro(e)lich wechßel vnd streytt/Die weyl Christus ist gott vnd mensch/wilcher noch nie gesundigt hatt/vnd seyne frumkeyt vnu(e)birwindlich/ewig/vnd almechtig ist/ßo er denn der glaubigen seelen sund/durch yhren braudtring/das ist/d(er) glaub/ym selbs eygen macht vnd nit anders thut/den(n) als hett er sie getha(n)/ßo mussen die sund ynn yhm vorschlunden(n) vn(d) erseufft werden/Denn sein vnu(e)birwindlich gerechtigkeyt/ist allenn sunden zustarck/also wirt die seele vo(n) allen yhren sunden/lauterlich durch yhre(n) malschatzts/das ist des glaubens halben/ledig vnd frey/vnd begabt/mit der ewigen gerechtickeit yhrs breu(e)dgamß Christi. Ist nu das nit ein fro(e)lich wirtschafft/da der reyche/edle/frummer breu(e)dgam Christus/das arm vorachte bo(e)ßes hu(e)rlein zur ehe nympt/vnd sie entledigt von allem u(e)bell/zieret mit allen gu(e)tern" (WA 7, 25,34–26,7, zitiert nach *Martin Luther*, Studienausgabe, Bd. 2, hg. v. *Hans-Ulrich Delius*, Berlin 1982, 277,1–12. Vgl. auch Evangelisches Kirchengesangbuch (künftig abgekürzt: EKG), Nr. 21, Strophe 4–5, wo Nikolaus Hermann diese Lehre auf singende Weise mit der Gemeinde einübt: „Er wechselt mit uns wunderlich:/Fleisch und Blut nimmt er an/und gibt uns in seins Vaters Reich/die klare Gottheit dran,/die klare Gottheit dran. //Er wird ein Knecht und ich ein Herr;/das mag ein Wechsel sein!/Wie könnt es doch sein freundlicher,/das herze Jesulein,/das herze Jesulein!" Vgl. *Marc Lienhard*, Martin Luthers christologisches Zeugnis: Entwicklung und Grundzüge seiner Christologie, Berlin 1980, 52f0.103–106. Vgl. auch *Lothar Steiger* und *Renate Steiger*, Sehet! Wir gehn hinauf gen Jerusalem: Johann Sebastian Bachs Kantaten auf den Sonntag Estomihi, Göttingen 1992 (Veröffentlichungen zur Liturgik, Hymnologie und theologischen Kirchenmusikforschung 24), 58f.

> seiner intensiven und extensiven Grösse, selbst empfunden und ausgestanden, und dadurch gemacht, daß diese Straffen insgesammt nun so gut, als getilgt wären."[40]

Zur Begründung dieser Kritik führt Reinhard, der scharfe Kritiker des deistischen Rationalismus, nun selbst ein rationalistisches Argument ins Feld. Jesus nämlich könne die ewige Strafe nicht getragen haben, da seine schwerste und größte Anfechtung in Gethsemane und am Kreuz schließlich nur ein paar Stunden gedauert habe:

> „Denn ein Elend von solcher Dauer und Grösse würde sich gar nicht in die wenigen Stunden des Leidens und Todes Jesu haben zusammendrängen lassen; man kann auch nicht begreiffen, wie ein einziges Individuum alle diese für so viele von ihm ganz verschiedene Individuen abgemessenen Straffen hätte zugleich erdulten können; die Schrift berechtigt uns gleichfalls nicht, ein Dulten der ewigen Höllenstraffen bey Christo anzunehmen."[41]

Die exinanitio Christi nicht im Sinne des genus tapeinoticon fassen zu können und zudem den nach lutherischer Sicht zwischen dem Sünder und Christus statthabenden Tausch nicht denken zu wollen, sind die Gründe dafür, daß Reinhard meint, Christus habe keineswegs alle Sündenstrafen tragen können:

> „Nur muß man sich hüten, das Wort satisfacere so zu erklären, daß es heissen soll tantum facere, quantum, qui laesus est, ex iure et iuste potest exigere. Denn alsdann führt es auf die Vorstellung, daß Christus an unsrer Statt alle uns bestimmten Straffen ausgestanden habe, welches, wie oben erinnert worden ist, nicht möglich war."[42]

Die Entschiedenheit und die Vollmundigkeit, mit denen Reinhard bisweilen gegen den „Unglauben in unsern Tagen"[43] antritt, dem der Tod Jesu nur das gewaltsame Geschick eines Sittenlehrers und politischen Aufrührers ist, setzt sich nicht in einer entschiedenen und wirklich in die Sachfragen eindringenden Wiederentdeckung der reformatorisch-orthodoxen Versöhnungslehre fort. Dennoch liegt in Reinhards Predigten gegenüber seiner Dogmatik ein hermeneutisches Plus, das sich seiner Bereitschaft verdankt, in seinen Predigten sich ganz und gar von der Sprache der Bibel leiten zu lassen:

> „So hat Christus sein Leben gegeben zur Erlösung für Viele; so hat er sein Blut vergossen zur Vergebung der Sünde; so ist er die Versöhnung für unsre Sünde, nicht allein aber für die unsrige, sondern auch für der ganzen Welt; so macht sein Blut oder sein Tod uns rein von aller Sünde; so werden wir gerecht durch dieses Blut, durch diesen Tod, und mithin ohne Verdienst, aus blosser Gnade, durch die Erlösung, die durch Jesum Christum geschehen ist."[44]

---

[40] *Reinhard*, Dogmatik (wie Anm. 38), 399.
[41] Ebd., 399f.
[42] Ebd., 406.
[43] *Reinhard*, Predigten (wie Anm. 37), Bd. I, 172.
[44] Ebd., Bd. I, 174f.

Nicht zu übersehen ist jedoch in seinen Predigten, daß er eine gewisse Überstrapazierung der biblischen Opfer- und Blutterminologie wohl in Form bestimmter Ausuferungen pietistischer Blut- und Wundenfrömmigkeit zum Anlaß nimmt, mit der Wiederanverlobung dieser im Kern ja selbst biblischen Passionsfrömmigkeit nicht vorschnell bei der Hand zu sein. Reinhard lehnt einen solchen meditativen Zugang zum Kreuzesgeschehen ab, der bei aller Vertiefung in die Wunden Jesu die eigentliche Sache, nämlich die Erwerbung der Sündenvergebung durch Christus um willen der eigenen Leidensemphase beiseite setzt. Eine solche „Empfindeley"[45]

> „wird sich nehmlich an die schauervollen Umstände hängen, die mit demselben verknüpft waren; sie wird sich die Martern vergegenwärtigen, die Jesus ausgestanden hat; sie wird sich bey den Wunden verweilen, die ihm geschlagen worden sind; sie wird nicht müde werden, sich an der rührenden Gestalt zu weiden, welche der Gekreutzigte in seiner tiefsten Niedrigkeit hatte ... sie wird endlich von gar nichts weiter wissen, von gar nichts weiter hören wollen, als vom Blute der Versöhnung, und diesen Theil der christlichen Lehre, mit sichtbarer Vernachlässigung alles Uebrigen, zur Hauptsache machen."[46]

Reinhard wendet sich hier gegen die Kombination der reformatorischen Versöhnungslehre mit einer mystisch durchdrungenen Innigkeit und Frömmigkeit, die allerdings auch schon in den altprotestantisch-orthodoxen Erbauungsbüchern und Predigten zu beobachten ist.[47] Gleichwohl ist es ihm

---

[45] Ebd., Bd. I, 177.

[46] Ebd.

[47] Es wird endlich Zeit, das seit der Aufklärung vorherrschende Vorurteil auszuräumen, demzufolge alles, was mit „Blut" und „Wunden" Christi zu tun hat, dem Pietismus zuzuordnen und zuzurechnen sei. Vielmehr hat bereits die Orthodoxie auf die mittelalterliche und mystische Passionsfrömmigkeit zurückgegriffen und eine Blut- und Wundenfrömmigkeit gestiftet, die jedoch – und das ist wichtig zu wissen – reformatorisch interpretiert wurde und mit den reformatorisch-theologischen Errungenschaften vereinbart wurde. Auffällig ist zum Beispiel, daß die Blut- und Wundenmetaphorik – verglichen mit Luther etwa – bei Johann Gerhard stark in den Vordergrund tritt. Johann Gerhard als Seelsorger und Erbauungsschriftsteller ist bisher über den Gerhard der Loci-Dogmatik vergessen worden. Gerade für Gerhard, den orthodoxen Meister der begrifflichen Distinktion und der höchsten theologischen Klarheit, sind auf einmal die Wunden Jesu die Fluchtburg für die geängsteten Gewissen: „WJltu irgend hinfliehen/so fliehe zu deinem HErrn Christo/der ruffet freundlich zu sich alle die mühseelig vnd mit Sünden beladen sind ... Verbirge dich in seine heilige Wunden" (*Johann Gerhard*, Handbüchlein wieder den Tod und Anfechtungen in Todes Nöthen verteutschet, in: HOROLOGIUM MORTIS Oder Todesseyger, hg. v. *Michael Walther*, Wolffenbüttel [sic!] 1622, 180). Ein weitverbreiteter Topos der orthodoxen Theologie – zumal der Seelsorgetheologie – ist auch der Vergleich der Flucht des Angefochtenen in die Wunden Christi mit der Flucht der Taube in die Felsspalte nach Hld 2,14. Diese Typologie benutzend rät Gerhard, „in die Geistlichen Felßlöcher vnd Wunden deines Seeligmachers" (ebd., 182) zu fliehen. Die Wundenmetaphorik avanciert bei Gerhard und in der lutherisch-orthodoxen Theologie insgesamt immer stärker zum Platzhalter für die gesamte Versöhnungslehre und für deren applicatio. Daher spricht Gerhard von den „Wunden/ daraus die Ström der Barmhertzigkeit fliessen dann es mangelt jhnen nicht an Röhrn vnnd Löchern/dadurch sie außlauffen vnnd zu dir rinnen" (ebd.). Es wird also künftig zu beachten sein, daß die pietistische Frömmigkeit dort, wo sie innerhalb der Passionsmeditation das Blut

hoch anzurechnen, daß er den zweifellos auch vorhandenen abusus der Blut- und Wundenfrömmigkeit nicht einfach unreflektiert zum Anlaß nimmt, nun jede Art dieser Frömmigkeit abzulehnen, welcher das Blut Christi und die dadurch erworbene Gerechtigkeit zentraler Glaubensinhalt ist. Reinhard nämlich bringt den rechten Brauch der Blut- und Opfersprache selbst wieder in Schwang, wird selbst zum Begründer einer gegen die Zeitläufte der Aufklärungstheologie sich wendenden Versöhnungslehre, die das Blut Christi als metaphorischen Platzhalter für den großen Zusammenhang der gesamten Christologie und Anthropologie verstehen lehrt. Beeindruckend ist es, wie er die Rede vom versöhnenden Blut Christi zumindest in homiletischer Weise neu einübt und seinen Hörern neu anverloben will:

> „Die Befreyung von unsern Sünden soll er seyn, dieser Tod, dieß faßt alles in sich, was sich von ihm sagen läßt; von unsern Sünden soll uns das Blut Jesu rein machen, und diese Sünden hat er geopfert an seinem Leibe auf dem Holz, auf daß wir denselben abgestorben, der Gerechtigkeit leben sollen. Vergeblich ist also dieser Tod, vergeblich ist das Blut der Versöhnung für euch geflossen; ihr machet euch der schädlichsten Mißverständnisse schuldig, die hier möglich sind, wenn die Art, wie ihr den Tod Jesu betrachtet, weder euer Gewissen beruhigt, noch euer Herz bessert ... Aber wenn ihr mit freudigem Herzen ruffen könnet: wir sind Gott versöhnet durch den Tod seines Sohnes; wenn ihr einstimmen könnet in die Worte des Trostes: nun wir denn sind gerecht worden, durch den Glauben, so haben wir Friede mit Gott durch unsern Herrn, Jesum Christ; wenn ihr euch vor Gott das Zeugniß geben könnet, daß das Blut Christi euer Gewissen reinigt von den toden Werken zu dienen dem lebendigen Gott (Röm 5,1; Hebr 9,14); wenn es euer ganzer Wandel beweiset, daß ihr mit Christo der Sünde abgestorben seyd und der Gerechtigkeit lebet: dann ist der Endzweck des Todes Jesu bey euch erreicht (Röm 6,2)."[48]

Den Mut jedoch, zur letztgültigen Schärfe der Versöhnungslehre orthodoxer Art zurückzufinden, hat Reinhard, der neo-orthodoxe Theologe der Aufklärungszeit, nicht aufgebracht. Gerade was die Ablehnung der Rede vom Zorn Gottes anlangt, ist Reinhard gewiß ein Kind seiner Zeit. Anders als Leß etwa vermag er es jedoch, der moralistischen Entstellung der Rechtfertigungslehre aus dem Weg zu gehen. Die Zueignung der durch Christus erworbenen Gerechtigkeit ist bei Reinhard nicht von der moralisch-sittlichen Integrität des Glaubenden abhängig. Die Werke folgen vielmehr aus dem Glauben.

Noch stärker als bei Reinhard tritt die Lehre von der Versöhnung des Sünders mit Gott durch das stellvertretende Leiden und Opfer Christi bei dem Züricher Prediger Johann Kaspar Lavater (1741–1801) in den Vordergrund.[49] „Nicht nur als Lehrer, nicht nur als Beyspiel der Tugend, nicht nur

---

und die Wunden Jesu zum Gegenstand der Betrachtung wählt, stärker auf dem Boden der lutherischen Orthodoxie steht, als dies bisher angenommen worden ist.

[48] *Reinhard*, Predigten (wie Anm. 37), Bd. I, 185f.

[49] Vgl. *Weigelt* (Stille im Lande [wie Anm. 14], 97), der richtig sieht, daß Zinzendorfs Blut-

als Wunderthäter, göttlicher Gesandter, Gottes Sohn, wird Christus in dem Evangelio uns vorgestellt – sondern als Erlöser, Entsündiger, Versöhner, Versöhnopfer."[50] Konsequent biblische Dogmatik betreibend argumentiert Lavater, daß es entschieden zu kurz greift, wenn man den Kreuzestod Jesu als Tod eines bloßen Blutzeugen bezeichnet. Biblisch gesehen sei es ja gerade die differentia specifica des Todes Jesu, daß er um der Reinigung der Menschen von der Sünde willen gestorben sei. Kein Märtyrertod jedenfalls – so Lavater – habe diese sündenvergebende Kraft. Der Sache nach kritisiert Lavater die deistische Jesulogie mittels der paulinisch-reformatorischen Kategorie des „pro me", wenn er sagt:

> „So nützlich der Tod eines Märtyrers zur Bekräftigung seiner Lehre, oder vielmehr zur Bezeugung, seyn mag – so heißt doch ein solcher Tod in der gewöhnlichen Sprache nie – ein Opfertod für andre, ein Versöhnopfer für die Sünden der Welt, und ich glaube nicht, daß ein Apostel je von dem Blute eines Märtyrers gesagt haben würde – Es reinigt mich von der Sünde."[51]

Von größerer Eigenständigkeit als bei Reinhard zeugt indes die argumentative Auseinandersetzung Lavaters mit der Akkommodationstheorie. Eine Akkommodation im eigentlichen Sinne des Wortes ist nach Lavater nicht, daß sich die biblischen Skribenten gewissen zeitbedingten Vorurteilen und Begriffen der Juden sollen anbequemt haben, die nun vermittels einer höheren Kritik auszuscheiden seien. Sondern die eigentliche Akkommodation ist dort zu sehen, wo Gott Mensch wird und sich dem menschlichen Geschlecht anbequemt in einer Weise, die alles andere ist als eine historisch bedingte oder abergläubisch bloß vorgestellte. Die Akkommodationstheorie – so Lavater – läuft Gefahr, den Blick für die Kondeszendenz Gottes zu verstellen. Lavater argumentiert dabei ähnlich wie Johann Georg Hamann:[52]

---

und Wundentheologie Lavater „geradezu anstößig" gewesen ist. Richtig ist auch, daß in Lavaters Versöhnungslehre eine „bleibende Beeinflussung durch die Aufklärung deutlich" ist (ebd., 99). Weigelt erhebt allerdings nicht, wie sehr sich Lavater von der aufgeklärten Verstümmelung der Versöhnungslehre abgesetzt hat, also einen Mittelweg zwischen konsequent aufgeklärter und pietistischer Theologie beschritten hat. Insgesamt ist nämlich die Front Lavaters gegen die aufgeklärte Destruktion der christlichen Lehre in seinen Schriften oft viel deutlicher markiert als diejenige gegen manche Übertreibung der Wundenfrömmigkeit auf pietistischer Seite. Zudem hat Lavater je länger, desto mehr wieder ein positives Verhältnis zur Sprache des Blutes bekommen, wie im Folgenden zu zeigen ist.

50 *Johann Kaspar Lavater*, Nachgelassene Schriften, 5 Bde., hg. v. *Georg Geßner*, Zürich 1801–1802, Bd. II, 7 Vgl. auch ebd., Bd. II, 12: Jesus tritt „nicht nur als Lehrer, Aufklärer, Mund Gottes; nicht nur als Beyspiel der Tugend, als Muster der Religion ... auch nicht bloß als rettender Wunderthäter, als vollkommenster Repräsentant der Gottheit" auf. Sondern das, was den Erlöser im eigentlichen Sinne als solchen ausmacht, ist „seine Aufopferung und freywillige Hingebung in den Tod."

51 Ebd., Bd. II, 16.

52 Vgl. *Johann Anselm Steiger*, Bibel-Sprache, Welt und Jüngster Tag bei Johann Peter Hebel: Erziehung zum Glauben zwischen Überlieferung und Aufklärung, Göttingen 1994 (APTh 25), 100; *Helgo Lindner*, Johann Georg Hamann über Bibel und Offenbarung, in: ThBeitr 6, 1975, 198–206 (hier besonders 205).

„Ich entsage lieber heut als Morgen dem Christenthum, wenn das, wovon die Apostel mit Juden und Heiden mit so großem Ernste sprachen, worauf sie unaufhörlich zurückkommen – worauf sie alles gründen, woraus sie alles herleiten, eine bloße Nebensache, ein Bedürfniß bloß ihrer Zeit – und nichts als eine Akkommodation nach den Schwachheiten ihrer Zeitgenossen war. Ja, eine Akkommodation – wie die Menschwerdung des Sohnes Gottes Eine ist – - aber, in keinem andern Sinne."[53]

Stärker als Reinhard hat sich Lavater obendrein der klassisch-typologischen Auslegung zugewandt. Ausgehend von der Exodus 12 heranziehenden Kreuzigungserzählung in Johannes 19 interpretiert Lavater den Tod Christi von der alttestamentlichen Geschichte der Einsetzung des Passahfestes her. Christi Tod ist in der Schlachtung der Passahlämmer längst präfiguriert. Christus selbst ist das Passahlamm, dem die Beine nicht gebrochen werden dürfen (Johannes 19,33; Exodus 12,10.46 zitiert in Johannes 19,36).

„Wenn nun ein Christ=gewordener Israelite – zum Israeliten sagte: Christus ist das für uns geschlachtete Osterlamm, so konnte dabey nichts anders gedacht werden, als: ‚Dem Tode Jesu haben wir unser Leben – unsre Wiedereinsetzung in die Harmonie mit Gott – so gewiß zu danken, als der Israelite dem geschlachteten Osterlamm und der Besprengung seiner Thür mit dessen Blute, seiner Erstgebohrnen Rettung und Schonung zu danken hatte, oder zu danken haben glauben mußte. Und so gewiß der Israelit auf keine Schonung seiner Erstgeburt hätte Rechnung machen dürfen, der sich, das zu schlachten befohlene Lamm, zu schlachten geweigert hätte – so hätte der Mensch auf das Leben, das durch Christum nun den Menschen zu Theil werden kann, keinen Anspruch, wenn Christus nicht gekreutzigt worden wäre.‘"[54]

Wenngleich Lavater im aufgeklärten, um die Emanzipation der Juden bemühten jüdisch-christlichen Dialog und in seiner Auseinandersetzung mit Moses Mendelssohn keine glückliche Hand bewiesen hat, so hat er doch richtig erkannt, daß gerade in der christlichen Versöhnungslehre, bei all ihrer Unterschiedenheit gegenüber der jüdischen Opfertheologie, doch unveräußerliche Gemeinsamkeiten von Christen und Juden zu finden sind.

In geradezu hymnisch-poetischer Weise lehrt Lavater, die biblische Blutsprache neu nachzusprechen, indem er sie etwa auf die paulinische Parallelisierung von Adam und Christus (Römer 5) überträgt. Das Blut Christi sei es paradoxerweise, welches die Kleider der Glaubenden aufhelle und der Herrlichkeit entgegenführe, ja endlich auch die Leiber der Heiligen dem verherrlichten Leib Christi gleichförmig machen werde. Hier wachsen Eschatologie und Versöhnungslehre zusammen. Die Lehren vom munus sacerdotale und von der im letzten Buch der Dogmatik abgehandelten glorificatio des Glaubenden reflektieren sich gegenseitig:

---

[53] *Lavater*, Schriften, Bd. II, 34f.
[54] Ebd., Bd. II, 30f.

„Wie wir in Adam sterben, so werden wir in Christo und durch Ihn lebendig. Wie wir Sterblichkeit erbten mit Adams Blut, so erben wir Unsterblichkeit mit Christi Blut – Es wallt geistig und himmlisch in dem inwendigen Menschen, der an Christum glaubt – Es reinigt uns von aller Sünde – allem Uebergewichte der sinnlichen Natur, aller Tödtlichkeit. Unsre Kleider werden heller, im Blute des Lamms; und unsre Körper, in denen sein himmlisches Blut wallt, wie in unsern irdischen Körpern irdisches Blut, werden gleichförmig seinem herrlichen Leibe."[55]

Ähnlich wie Luther kann Lavater darum auch sagen, daß durch Christi Tod der Tod des Menschen tot sei, und daß Christus als das Leben selbst durch seinen Tod den Tod als ganzen auf sich nimmt und ihn in sein Gegenteil, ins Leben verkehrt. 2. Korinther 5,15 und Römer 6,6 auslegend sagt Lavater:

„Sein Tod ist unsers Todes Tod; wir dürfen nun sicherlich glauben, daß wir auch mit Ihm leben, ja seines Lebens Genossen werden. Tod ist nicht Tod mehr für den Glaubenden, um des Todes Jesu willen. Besprengt mit seinem Blute, bethaut und tingiert mit den Strahlen seiner verherrlichten Menschheit – dringt der Glaubende vom Tod in's Leben, kommt nicht in's Gericht, spührt vom Tode nichts, hat im Sterben kein Idee vom Tode, stirbt nicht."[56]

Im Rekurs auf die biblischen Texte eröffnet sich Lavater ein neuer Zugang zur Rede vom für uns erworbenen Verdienst Christi,[57] zum Theologumenon der Stellvertretung und zur Opferterminologie. Auch, was den Zorn Gottes gegen die Sünde angeht, beginnt Lavater damit, bei der orthodoxen Lehre in die Schule zu gehen.

„‚Christus hat uns versöhnt, und, wenn man will, den Zorn Gottes für uns gestillt' – das ist, die Strafen der Sünde, die übeln Folgen der Sünde, deren Aufhebung und Vertilgung nicht in unsrer Gewalt steht, vertilgt, aufgehoben, von uns weggelenkt. Zorn Gottes ist Strafe, üble Folgen der Sünde; diese vertilgen, könnte heißen: Den Zorn Gottes stillen"[58].

Dennoch merkt man diesen Formulierungen an, daß Lavater mit der Integration der biblischen Aussagen über den endzeitlichen Zorn und das Gericht Gottes in seine sonst so biblische Theologie Schwierigkeiten hat.

---

[55] Ebd., Bd. II, 106f.

[56] Ebd., Bd. II, 104f. Vgl. *Martin Luther*, Tesseradecas consolatoria pro laborantibus et oneratis (1520), WA 6, 104–134: „Proinde mors iam mortua est fidelibus nihilque habet terribilem praeter speciem et larvam" (WA 6, 123,18f.). Der Tod wird zum Beginn des Lebens, weswegen der Christ den Tod lieben soll: „Ita (misericordia dei) mors, quae homini peccati poena fuit, Christiano peccati finis et vitae ac iusticiae inicium facta est: quocirca qui vitam et iustitiam amat, ministram et officinam earum mortem non exhorreat sed amet necesse est, Alioquin nec ad vitam nec ad iustitiam unquam perveniet" (WA 6, 124,5–8). Christus hat durch seinen Tod den Tod ins Leben verkehrt, und mehr noch: Er hat den Tod geheiligt, zu einem Heiligen gemacht, denn es steht fest, „Ihesum Christum filium dei suo sanctissimo contactu omnes passiones, ipsam adeo mortem consecrasse ac sanctificasse, maledictionem benedixisse, ignominiam glorificasse, paupertatem ditasse" (WA 6, 118,8–11).

[57] *Lavater*, Schriften, Bd. II, 104.

[58] Ebd., Bd. II, 90.

Dieser Eindruck erhärtet sich besonders dort, wo Lavater es ablehnt, vom auf Christus lastenden Zorn des Vaters zu sprechen:

„Nie spricht die Schrift von einem Zorn Gottes, der durch das Blut Christi gekühlt und gestillt werden sollte, oder mußte; nie von einem Zorn Gottes gegen den Mittler, als Stellvertreter, als Schulden=Uebernehmer, als repräsentativen Büßer der Sünden des Menschengeschlechts. Und davon, wenn so was in den Hauptbegriff von Genugthuung hätte entrieren müßen, hätte doch klar und bestimmt gesprochen werden sollen."[59]

Den Anselmschen Begriff von der satisfactio möchte Lavater daher auch nur im Sinne der oboedientia activa beibehalten wissen: als aktive Gebotserfüllung Jesu. Das Theologumenon von der Verletzung und Beleidigung Gottes durch die Gebotsübertretung des Menschen und dem daraus resultierenden Zorn Gottes, der Genugtuung verlangt, ist für Lavater wie für die meisten anderen Aufklärungstheologen eine menschliche Vorstellung, die Gottes nicht würdig ist. Die orthodoxe Wechselseitigkeit der Versöhnung, nach der Gott durch das blutige Opfer seines Sohnes mit den Menschen versöhnt worden ist und sie mit ihm, wird daher auch bei Lavater in eine Einlinigkeit hinein aufgelöst. Die Menschen sind mit Gott versöhnt, nicht aber Gott mit den Menschen. „Nur kein Wort von einer Strafgerechtigkeit. Kein Wort von einer ehrenrettenden Genugthuung – kein Wort von einem zu besänftigenden Zorn. – Nicht einmal, welches ich wohl zu merken bitte – heißt es – Gott sey mit uns, sondern immer nur: Wir seyen mit Gott versöhnt."[60] An dieser Stelle schlägt Lavaters biblische Theologie in eine Art biblizistischen Positivismus um, der die biblischen Aussagen über das endzeitliche Zornesgericht nicht mit der biblischen Versöhnungslehre in Zusammenhang zu bringen vermag. Dabei schlägt bereits Paulus selbst diesen Bogen, wenn er sagt: „Darum preiset Gott seine Liebe gegen uns, daß Christus für uns gestorben ist, da wir noch Sünder waren. So werden wir ja viel mehr durch ihn bewahret werden vor dem Zorn, nachdem wir durch sein Blut gerecht worden sind" (Römer 5,8f). Daß sich Lavater jedoch in der Ablehnung des wechselseitigen Charakters der Versöhnung letztendlich gegen die Bibel selbst wendet, ist ihm nicht bewußt.

Obendrein mag Lavater auch an der juridischen Begrifflichkeit der Anselmschen Versöhnungslehre nicht so recht Gefallen finden.[61] Die lutherisch-orthodoxen Theologen hatten Anselms „Cur Deus homo" erneut aufgegriffen und durch die lutherische Rechtfertigungslehre interpretiert in

---

[59] Ebd., Bd. II, 88.

[60] Ebd., Bd. II, 86. Vgl. ebd., Bd. II, 18: „Die Verwerfer der Versöhnungslehre, sag' ich, werfen diesen Theologen mit Recht vor: ,Wie könnt Ihr von einer solchen ehrenrettenden Genugthuung sprechen, da die Apostel kein Wort davon sprachen? Wie von einer unendlich beleidigten Gottheit sagen? Wie dürft ihr ein solches Fundament zu Eurer Versöhnungslehre legen, wozu ihr keinen Stein aus den apostolischen Predigten und Briefen finden könnt?'" Vgl. *Weigelt*, Stille im Lande (wie Anm. 14), 98f.

[61] Vgl. *Lavater*, Schriften, Bd. II, 86f.

ihre Dogmatiken hineingenommen.[62] Die Anselmsche Begrifflichkeit, die Rede vom meritum Christi und von der satisfactio – so jedoch Lavater – sei nicht biblisch und darum schon problematisch. Dabei fragt er nicht danach, ob diese nicht als Interpretation des in der Bibel anders Gesagten fungieren könne. Hierin liegt ein Reflexionsdefizit, insbesondere i. b. auf die Versöhnungslehre, zumal sich Lavater sonst mit großer Kunst die Freiheit nimmt, biblische Inhalte mit eigenen, also auch nicht selbst biblischen Worten auszulegen, zum Beispiel wenn er von der Menschwerdung des Gottessohnes als „Genießbarwerden" spricht.

Trotz aller Unterschiede zwischen entschiedenen Neologen oder gar Deisten auf der einen und den der Orthodoxie sich verpflichtet wissenden Theologen auf der anderen Seite gibt es doch eine Gemeinsamkeit, die nicht übersehen werden kann. Sowohl Bahrdt, Leß, Jerusalem, Reinhard als auch Lavater – und weitere Namen könnten hier leicht hinzugefügt werden[63] – kapitulieren vor der Aufgabe, die sich auf 2. Korinther 5, Hebräer 9 und andere Texte gründende Versöhnungslehre mit Römer 1,18 zu verbinden: „Denn Gottes Zorn vom Himmel wird offenbart über alles gottlose Wesen und Ungerechtigkeit der Menschen, die die Wahrheit in Ungerechtigkeit

---

[62] Vgl. zum Thema: *Gustaf Aulén*, Die drei Haupttypen des christlichen Versöhnungsgedankens, in: ZSTh 8, 1931, 501–538, der zeigt, daß Luther die sich von Anselm von Canterbury herschreibende scholastische Versöhnungslehre zuspitzt und die klassische Thematik verschärft, indem er „zu den Mächten des Verderbens, die von Christus besiegt werden, nicht nur, wie die alte Kirche, Sünde, Tod und Teufel rechnet, sondern auch das Gesetz und den Zorn, notabene den Zorn Gottes, rechnet" (ebd., 521). Die göttliche Spannung ist bei Luther nicht nur die zwischen der Gerechtigkeit Gottes und seiner Barmherzigkeit, sondern noch schärfer die „Spannung zwischen Zorn und Liebe" (ebd., 523). Es ist also nicht so sehr wie bei Anselm Christus als Mensch, der die satisfactio leistet. Sondern die Zuspitzung bei Luther besteht darin, „daß die göttliche Liebe selbst auf dem Wege der stellvertretenden Selbsthingabe den Zorn und den Fluch überwindet" (ebd.). Vorschnell jedoch meint Aulén dann, „daß die nachreformatorische Orthodoxie zu der scholastischen Versöhnungslehre zurückkehrte" (ebd., 526). Das stimmt so nicht, denn die orthodoxe Theologie hat zwar die Anselmsche Begrifflichkeit wieder stärker in den Vordergrund treten lassen, nie jedoch unter Hintansetzung dessen, was Aulén die Zuspitzung der Versöhnungsthematik durch Luther nennt. Trotz vieler wichtiger Gedanken bietet auch *Karl Heim* (Die Haupttypen der Versöhnungslehre, in: ZThK NF 19, 1938, 304–319) insbesondere hinsichtlich der Orthodoxie keine Klärung.

[63] Zu Seiler siehe oben Anm. 36. Johann Ludwig Ewald hat noch etwas schärfer als sein Freund Lavater der Rede vom Zorn als attributum divinum zu neuem Leben verholfen (vgl. hierzu *J. A. Steiger*, Ewald [wie Anm. 5], 110.417f.). Die christologische Zweinaturen-Lehre ist für Ewald der theologische Anlaß, um auch der ersten Person der Trinität „anthropomorphe" Epitheta beizugeben, so auch den Zorn, der das Gegenstück der väterlichen Liebe Gottes ist. Ewald etabliert in seiner Theologie eine ganze Menge von genuin reformatorischen Theologumena neu. Dennoch hat er es in der Versöhnungslehre nicht geschafft, zur vollen Schärfe der Orthodoxie hindurchzudringen. Hier teilt Ewald die Lavatersche Schwäche. Vgl. *Johann Ludwig Ewald*, Predigten über die wichtigste und eigenthümlichste Lehren des Christenthums, Zweites Heft: Ueber die großen Zwecke des Todes Jesus, Lemgo 1787, (siehe *J. A. Steiger*, Ewald [wie Anm. 5], Bibliographie Nr. 24) 11: „‚Die Bibel sagt nicht, Gott sey auf Jesus erzürnt gewesen; Er hab' ihn wirklich als einen Sünder angesehen, als einen Sünder bestraft.' Das hab' ich nie in der Bibel finden können, und Niemand hat mir's daraus bewiesen."

aufhalten." So grundverschieden die eben vorgestellten Theologen auch denken und so sehr sie sich deswegen auch miteinander streiten, so sehr liegen sie doch in dieser Hinsicht in einem Spital miteinander krank. Alle scheitern sie an der biblischen Dialektik von Zorn und Liebe, Gerechtigkeit und Barmherzigkeit Gottes. Alle entdecken hierin eine Aporie, die in der gesamten Theologiegeschichte nur selten in Angriff genommen worden ist.[64] Sowohl der Deismus als auch die aufgeklärte Neo-Orthodoxie betreiben mehr oder minder stark ein sacrificium intellectus – als genitivus subjectivus wohlgemerkt verstanden. Die einen opfern aus vernünftigen Gründen die gesamte Opfertheologie. Schließlich könne nicht vernünftig gedacht werden, daß ein Gerechter für die Sünden anderer bestraft wird. Die Vernunft opfert die Predigt vom Opfer Christi, von der Stellvertretung und am Ende die gesamte Christologie. Die anderen verteidigen die Lehre von der Stellvertretung und dem sündenvergebenden Opfer Christi, stoßen sich aber daran, daß vernünftigerweise nicht gedacht werden könne, daß Jesus den vermeintlichen Zorn Gottes und die ewige Verdammnis gespürt haben solle. Auch hier findet – wenn auch in viel begrenzterem Maße – ein sacrificium intellectus statt: Die Vernunft trägt die biblische Dialektik von Zorn und Liebe Gottes auf den Altar des rationalistischen Zeitgeistes.

Es könnte also scheinen, als behielte Albrecht Ritschl recht, der in seinem epochemachenden Werk „Rechtfertigung und Versöhnung"[65] die These aufgestellt hatte, schon Luther habe innerhalb seiner Unterscheidung von Deus absconditus und Deus revelatus in Christo die „Vorstellung" vom Zorn Gottes nur noch als uneigentliche Rede beibehalten. Luther habe hierdurch mit der für aufgeklärte Begriffe unbedingt nötigen Bereinigung der Versöhnungslehre von dem Gott unwürdigen Begriff des Zornes zwar begonnen, sie aber nicht systematisch zuende geführt.[66] Dies sei jedoch

[64] So zum Beispiel von *Lucius Caelius Firmianus Lactantius*, De ira Dei. Vom Zorne Gottes: Lateinisch und deutsch, hg. v. *Heinrich Kraft* und *Antonie Wlosok*, Darmstadt 1957.

[65] Vgl. Anm. 14.

[66] Da nach *Ritschl* (a. a. O [Anm. 14], 215) „die Reformatoren die Aufgabe der Versöhnungslehre unerledigt gelassen" haben , komme es nun darauf an, die reformatorische Theologie auch in Sachen Versöhnungslehre konsequent zuende zu führen. Die Dialektik von Liebe und Zorn Gottes kann Ritschl in ihrer unauflösbaren Spannung nicht fassen. Wenn feststeht, „daß Gott Liebe ist, dem Sünder wohl will" (ebd., 222), dann folge daraus notwendig, daß die Rede vom Zorn Gottes zurücktreten müsse. „Dadurch wird aber auch der Grundsatz, daß Gott den Sündern im Allgemeinen zürne und ihre Bestrafung erziele, nothwendig eingeschränkt" (ebd.). Ritschl legt hier als Beurteilungskategorie einen Rationalismus zugrunde, der weder der reformatorischen Theologie noch auch der von ihr verhandelten Sache in irgendeiner Weise gerecht werden kann. Zwar hat Ritschl recht, wenn er sagt: „Zürnen und Richten sind das für Gott fremde Werk" (ebd., 222f.). Das berechtigt aber noch lange nicht, zu behaupten, daß nur von „dem scheinbaren Zorne Gottes" (ebd., 222) die Rede sein könne. Ritschl erhebt hier seine eigene „bereinigte" Versöhnungslehre zum Vater des Gedankens einer vermeintlich bereits reformatorischen „Reinigung" der Versöhnungslehre, die den Reformatoren selbst nur nicht derart bewußt geworden sei. Völlig unkompatibel mit dem Quellenbefund ist die Meinung Ritschls, daß „Luther durchscheinen läßt, daß Christus eigentlich doch nicht von Gottes Zorn getroffen, von ihm verdammt und verlassen worden sei" (ebd., 224). Luther sei eben nur nicht

zurecht dann in der Aufklärungstheologie geschehen, in der alle noch so verschieden denkenden Theologen in diesem Punkte zumindest einig gewesen seien: Christus habe nicht den Zorn Gottes erdulden und damit besänftigen müssen, er habe nicht das gesamte Menschengeschlecht im göttlichen Strafgericht repräsentieren müssen, und er habe nicht die ewige Verdammnis gespürt. In dieser Sicht der Dinge stimmen die meisten Darstellungen zur Geschichte der Versöhnungslehre[67] mit Ritschl überein. Die vorliegende Untersuchung könnte hier also enden, wenn es nicht – was bisher in der Forschung nicht genügend thematisiert worden ist – in der Aufklärungszeit selbst eine Bewegung gegeben hätte, zur orthodoxen Versöhnungslehre zurückzukehren. Diese reformatorisch-theologische Strömung hat sich in den Konflikt mit der gesamten zeitgenössischen Theologie begeben, sowohl mit der rationalistischen als auch mit der supranaturalistischen Richtung.

IV. Das erneute Aufleben der genuin reformatorischen Versöhnungslehre bei Justus Christoph Krafft (1732–1795)

Die Schwäche der neo-orthodoxen Versöhnungslehren liegt darin, daß sie meinen, Versöhnung könne nur einseitig als Versöhnung der Menschen mit Gott, nicht aber Gottes mit den Menschen gedacht werden. Verliert die Versöhnung jedoch diese Wechselseitigkeit, hört sie damit gleichzeitig auf, Versöhnung im wahren Sinne zu sein. Wenn Gott nämlich nicht durch die

„systematisch mit jenen Gedanken verfahren" (ebd., 223). Nun aber sei es an der Zeit, dies nachzuholen, und „so braucht auch Christus, um die Menschen zum Vertrauen auf Gott zu erlösen, nicht wirklich seiner Gerechtigkeit genug zu thun, oder die Verdammniß der Menschen an ihrer Stelle zu ertragen. Aber so weit hat Luther seine Voraussetzungen nicht entwikkelt" (ebd.). So jedenfalls betreibt man nicht Theologiegeschichte, sondern liberale Geschichtsklitterung unter dem Deckmantel des Historismus.

67 *Baur*, (a. a. O. [Anm. 14], 538) meint, alle Verteidiger der kirchlichen Versöhnungslehre innerhalb der Aufklärungszeit lehnten den Gedanken ab, „daß in Gott selbst eine Veränderung erfolgt, Gott erst durch Christi Tod zur Gnade gegen die Menschen bewogen worden sey." *Ritschl* (a. a. O. [Anm. 14], 419f.) faßt zusammen: Die Verteidiger „lassen von der strengen Form der vertheidigten Lehre so viel nach, daß sie vielmehr nur einen graduellen Abstand gegen die Aufklärung darstellen als einen Gegensatz." *Emanuel Hirsch* (Geschichte der neuern evangelischen Theologie im Zusammenhang mit den allgemeinen Bewegungen des europäischen Denkens, Bd. 4, Gütersloh 1952, 110) resümiert: „Die Verteidiger der alten Lehre bestätigen ihrerseits, wie unvermeidlich die allgemeinen Bewegungen unsrer Geistes- und Theologiegeschichte zur Kritik am Alten führen ... Die Genugtuung Jesu, sein Tragen der Strafen für uns, konnte nur mit der Notwendigkeit, den Straferlaß der Sündenvergebung an uns mit der Wahrung des Strafexempels zu verbinden, begründet werden. So rücken im Kampf gegen den Geist der neuen Zeit Grotius und die Orthodoxie zusammen." Ähnlich auch *Wenz* (wie Anm. 2), Bd. I, 209f. *Karl Aner* (Die Theologie der Lessingzeit, Halle (Saale) 1929, 290) hat nicht tief genug gegraben, wenn er sagt: „Der einzige bedeutende Verfechter der traditionellen Versöhnungslehre war jener Erlanger Seiler, der uns mehrfach im Kampf gegen die Neologie entgegentritt." Seiler ist – wie gesehen – längst nicht der einzige ernstzunehmende Verfechter der traditionellen Lehre. Obendrein hat auch Seiler in seiner Verteidigung bereits denjenigen Zugeständnisse gemacht, die er kritisiert (vgl. Anm. 36).

Sünde Schaden gelitten hat, wenn seinem Wesen und seiner Gerechtigkeit durch die Sünde kein Eintrag geschehen ist und wenn Gott durch die Sünde nicht wahrhaft und wirklich in Mitleidenschaft gezogen worden ist, dann degeneriert die Botschaft von der Versöhnung mit Gott zu einer bloßen Worthülse, die ein Nachdenken über die Beziehung Gottes zur Welt und die der Menschen zu Gott im eigentlichen Sinne unmöglich macht. Dann mutiert Gott in ein Wesen, das affektlos ist und nicht einmal durch die Verletzung seines heiligen Willens zu affizieren ist. Und dann wird letztendlich auch die Botschaft vom Leiden Gottes selbst am Kreuz ihres eigentlichen Inhalts entleert. Denn der Passion Christi geht die Passion Gott-Vaters voraus, der durch die Verletzung seines heiligen Willens selbst zum Leidenden wird. Nur wer predigen kann, daß Gott durch die Sünde in Mitleidenschaft gezogen worden ist und über die Sünder zornig ist, wie ein Liebender zuweilen über das Geliebte zürnt und sich damit selbst Leid antut, kann dann auch den wirklich evangelischen Kern der christlichen Botschaft predigen: Daß Gott nämlich seinen Zorn gegen sich selbst kehrt und sich selbst in seinem Sohn ewig verdammt, um die geliebten menschlichen Geschöpfe in Schutz zu nehmen und der ewigen Verdammnis zu entreißen. Der Richter richtet seinen Zorn und sein Gericht gegen sich selbst, um seiner Liebe Ausdruck zu verleihen. Der ewige Gott geht selbst ein in seine Schöpfung, indem er Fleisch und Blut annimmt, um durch sein eigen Fleisch und Blut sich mit den Menschen und sie mit sich selbst auszusöhnen.

Die Versöhnung und die Erlösung finden statt, indem das Zornesgericht nicht als opus trinitatis ad extra über das menschliche Geschlecht hereinbricht, sondern gewissermaßen als opus trinitatis ad intra sich vollzieht. So befindet sich Gott als Zürnender und Liebender schon vor seiner Menschwerdung in der exinanitio. Er kann nämlich seinen Zorn und seine Liebe nur dergestalt miteinander vereinbaren, daß er den Plan faßt, seinen Zorn gegen sich selbst zu wenden, mit sich selbst blutig ins Gericht zu gehen, Richter also und Gerichteter gleichzeitig zu sein. Gott selbst erniedrigt sich, indem er mit seinem Versöhnungsplan zum göttlichen Suizidalen wird, Schöpfer des Blutes und blutiges Opfer in einem ist, Wunden schlägt und Wunden heilt, zürnt und Zorn erträgt, Ankläger und Angeklagter, Urteilsverkünder und Verurteilter in einem ist. In diesem Sinne ist es nicht genug, davon zu sprechen, daß Christus alle menschlichen Sünden zugeeignet worden sind, wenn dabei nicht gleichzeitig in Erinnerung gehalten wird, daß es der wahre Gott und wahre Mensch und also auch Gott-Vater selbst ist, der hier in Rede steht und im göttlichen Gericht um der sündigen Menschen willen und an deren Statt Rede und Antwort steht. Gott also eignet sich an, was nicht sein ist, lädt sich die Sünde auf, wird selbst zum Sünder und muß für die Sünder bluten. Das Blut Christi hat also nicht nur seinen Sitz im Leben in der Versöhnungslehre. Vielmehr ist das Blut Christi selbst der Sitz des Lebens, das lebendige Wasser, das aus der Seitenwunde Jesu fließt (vergleiche Johannes 7,38; 19,34; Sacharja 14,8). Gott also nimmt Fleisch und Blut an, lädt sich damit die Sünde auf, wird selbst zum Sünder und muß für die Sünde bluten.

Ganz im Verborgenen, irgendwo im Hessischen nahe der Stadt Frankfurt hat der weithin unbekannt gebliebene reformierte Dorfprediger Justus Christoph Krafft dieses Proprium der christlichen Botschaft mitten in der Aufklärungszeit wiederentdeckt. Er hat mit dieser Wiederentdeckung kein Aufsehen erregt, hat seine Predigten auch nur widerwillig in den Druck gegeben. Aber er hat, ohne jemals Beachtung in der Erforschung der Theologiegeschichte gefunden zu haben, als Davidsgestalt den Kampf mit dem übermächtigen Goliath der gesamten Palette der oben dargestellten aufgeklärten Versöhnungslehren aufgenommen: als Prediger, dem es um das Seelenheil und die Beruhigung der Gewissen zu tun war.

Justus Christoph Krafft (1732–1795) studierte „Gottesgelahrtheit" bei seinem Vater Johann Wilhelm Krafft in Marburg sowie bei Johann Lorenz Mosheim, Johann David Michaelis und Christoph August Heumann in Göttingen, der universitären Hochburg der Aufklärung. Seit 1769 war Krafft Prediger der deutsch-reformierten Gemeinde Frankfurt, die sich in Bockenheim versammelte.[68] Erklärtes Ziel dieses Predigers war es, die verlorengegangene reformatorische Theologie, besonders die Rechtfertigungs- und Versöhnungslehre wiederzugewinnen:[69]

> „Ja was noch mehr ist, in so ferne es nach der Natur der Dinge möglich war, litte Gott selbst für uns. Freylich kann Gott nicht leiden noch sterben; aber er war doch in Christo, er war auf das innigste und genauste mit Jesu vereiniget, der für uns leiden und sterben mußte. Es wurde derjenige gekreuzigt, *der Gott am nächsten war*; und in so fern konnte auch Paulus sagen: *daß Gott seine Gemeinde mit seinem eignen Blute erkauft habe*"[70] (Apostelgeschichte 20, 28).

Gott selbst leidet, indem er seinen Sohn leiden läßt, erkauft die Gemeinde durch sein eigen Blut. Ja, Gott ist sich selbst Feind, wenn er sich den Menschen gegenüber als Feind erzeigt. Aber noch als Feind der Menschen

---

[68] Am 9. 7. 1769 hielt Krafft seine Antritts=Predigt bey der Reformirten deutschen Gemeinde zu Frankfurt am Mayn, die sich zu Bockenheim versammlet. Gehalten den 9. Julii 1769, Frankfurt am Mayn o. J.

[69] Vgl. die Vorrede zu *Justus Christoph Krafft*, Wahrheiten und Gebote der christlichen Lehre; in Predigten vorgetragen. Erster und Zweyter Band, Frankfurt am Mayn und Leipzig 1783. Krafft wendet sich hier sowohl gegen die Neologen, die meinen, „daß Jesus Christus weiter nichts, als ein großer Lehrer und glänzendes Muster der Tugend gewesen sey" (ebd., IVf.), aber auch gegen die, die zwar eine christozentrische Theologie vertreten, aber doch Abstriche an der Rechtfertigungs- und Versöhnungslehre machen: „Allein, indem sie behaupten, daß Christus uns alles sey, so fehlt doch in ihrem Lehrgebäude die ganze protestantische Lehre von der Versöhnung Gottes, und von unsrer Rechtfertigung durch Christum ... Nach ihrer Meynung ist kein Zorn in Gott ... darum hat er auch keiner Versöhnung nöthig. Die Welt ist mit ihm, nicht er mit der Welt versöhnt worden" (ebd., Vf.). Krafft weiß also genau, daß er an mehreren Fronten gleichzeitig und ziemlich allein steht.

[70] *Krafft*, Wahrheiten, Bd. I, 447f.

hegt Gott einen gnädigen Zorn gegen die Menschen, da er sich durch den Glauben in Mitleidenschaft ziehen lassen will, sich durch die Allmacht des Glaubens überwinden lassen will.

> „So läßt, meine Geliebte! Gott noch immer die Seinigen bisweilen in Noth und ins Gedränge kommen, und stellet sich als einen Feind gegen sie an; aber nicht in der Absicht, daß er sie verderben will, sondern sie sollen nach ihrer Art mit ihm ringen und kämpfen, nehmlich mit Gebet und Flehen, und wenn dieses auf die rechte Weise geschiehet, so sollen sie ihn auch besiegen, und Israeliten oder Ueberwinder Gottes werden."[71]

Die Geschichte vom Kampf Jakobs mit Gott am Jabbock (Genesis 32,22–27) ist hierfür die Beispielgeschichte, aus der Krafft seine Hörer und Leser lernen lassen will, „wie man im Gebete mit Gott kämpfen müsse, um ihn zu besiegen, und den Segen, den man begehret, von ihm zu erhalten."[72]

Nur weil Krafft anders als der sich selbst für orthodox haltende Lavater die Dialektik von Gottes liebendem Zorn und seiner zürnenden Liebe den Reformatoren kongenial als ein vergrabenes Pfund wieder ausgräbt, kann er sich gegen die gesamte Aufklärungstheologie auflehnend an der wirklich wechselseitigen Versöhnung festhalten: „Wo feindselige Partheien mit einander versöhnt werden, da wird die Feindschaft von der einen Seite so wohl, als von der andern aus dem Wege geräumt."[73] Ja, die „Aussöhnung Gottes mit den Menschen"[74], die sowohl von den Neologen als auch von den Supranaturalisten aus der Theologie ausgeschieden worden ist, muß nach Krafft vorangehen und ist überhaupt erst die Bedingung der Möglichkeit der Aussöhnung der Menschen mit Gott.

Gott vollzieht sein Gericht über seinen Sohn schon „in dem Garten Gethsemane, da der göttliche Zorn nicht anders als ein Feuer vom Himmel herab in seine Seele fiel; da rief er: *Gott hilf mir! Vater, ists möglich, so gehe dieser Kelch vor mir über.*"[75] Den Glaubenden wird Christus in Gethsemane und am Kreuz zum speculum irae divinae, zum Spiegel des Zornes, durch den die Gotteserkenntnis den Menschen gleichzeitig zur Erkenntnis seiner selbst und seines Sünderseins führt: „Ein jeder unter uns schaue also in diesen Spiegel des göttlichen Zorns recht hinein, und nehme da zu Herzen, was wir allesamt durch unsre Sünden verdient hatten, und was aus uns allen würde geworden seyn, wenn Jesus nicht gekommen wäre, und sich in solche Angst

---

71 Ebd., Bd. II, 154f.

72 Ebd., Bd. II, 155.

73 Ebd., Bd. I, 433. Vgl. ebd., Bd. I, 432: „Sehet, das ist unsre Feindschaft gegen Gott, daher kommt es nun, daß Gott auch des Menschen Feind ist, so wie nehmlich der Mensch von Natur ist; du bist feind allen Uebelthätern, sagt David Psalm 5. Nicht als ob Gott den Menschen, der seine Creatur ist, hassete; er hasset nur das Böse, nicht den Menschen."

74 Ebd., Bd. I, 434.

75 Ebd., Bd. I, 356.

und Noth dahingegeben hätte."[76] Für Krafft ist – wie auch für Luther[77] – Christus der Spiegel, in dem der Mensch erkennt, was das Zornesgericht Gottes eigentlich dem Menschen zugedacht hat, es dann aber aus lauter Gnade seinem Sohn zugeeignet hat. Und nur weil Christus der Zornesspiegel ist, kann er dann auch zum Gnadenspiegel werden, der den Menschen die Glaubensgerechtigkeit imputiert.

Martin Luther hat in seiner Auslegung von Psalm 22 in den „Operationes in Psalmos" die exinanitio Christi konsequent zuende gedacht, die Lehre vom genus tapeinoticon eigentlich begründet und die Erniedrigung Christi als ein Vorlaufen des Gottessohnes zum Jüngsten Gericht gefaßt. Christus hat in seiner Gottverlassenheit den ewigen Zorn und die ewige Verdammnis gespürt und die Menschen insgesamt im Gericht repräsentiert. Die lutherische Orthodoxie ist Luther hierin gefolgt.[78]

---

[76] Ebd., Bd. I, 369.

[77] Ähnlich *Luther*, WA 2, 137,32–35: „Wa Christo eyn nagell seynn hend adder füß durch martert, soltestu ewige solch und noch erger negell erleyden, alßo dan auch geschehn wirt denen, die Christus leyden an yhn laßen vorloren werden, dan dißer ernster spiegel, Christus, wirt nit liegen noch schimpfen ..." Vgl. etwa auch *Sebastian Sperber*, Geistliche Harnischkammer. Das ist/Auszug etlicher schöner Trostsprüche/wider die fürnembsten geistlichen anfechtung, Wittenberg 1571, L IIIr: „Derhalben sollen wir nicht in sicherheit gerathen/sondern den Spigel des Sons Gottes ansehen/der da am creutz also hengt."

[78] *Luther*, WA 5, 602f. Sich an die klassische Auslegung der Zweinaturen-Lehre anschließend sagt Luther zunächst eher referierend: „Conceditur ab omnibus, in Christo simul fuisse summum gaudium et summam tristitiam, item summam infirmitatem et summam virtutem, ita summam gloriam et summam confusionem, ita summam pacem et summam turbationem, ita summam vitam et summam mortem ..." (WA 5, 602,21–25). Diese Dialektik in soteriologischer Hinsicht konsequent zuende denkend hebt Luther die klassische Christologie dann auf eine höhere Ebene und wendet das eben Gesagte neu: „Quid ergo dicemus? simul Christum summe iustum et summe peccatorem, simul summe mendacem et summe veracem, simul summe gloriantem et summe desperantem, simul summe beatum et summe damnatum? Nisi enim haec dixerimus, non video, quomodo a deo derelictus sit ... Cum autem percussio dei, qua pro peccatis percutit, non solum poena mortis sit, sed et pavor atque horror perturbatae conscientiae, quae iram aeternam sentit et sic habet, ac si inaeternum esset derelinquenda et proiicienda a facie dei ... certe pronum sequitur, et ipsum fuisse passum pavorem horroremque conscientiae perturbatae et iram aeternam gustantis. Dicit enim Apostolus ad heb. 4., quod tentatus sit per omnia in similitudinem absque peccato. Et iterum ‚debuit per omnia fratribus assimilari, ut misericors fieret'" (WA 6, 602,32–603,22). Vgl. *Lienhard* (wie Anm. 39), 89–93. Zur Rezeption dieses reformatorischen Propriums durch die lutherische Orthodoxie vgl. etwa *David Hollaz*, Examen Theologicum Acroamaticum Universam Theologiam Thetico-Polemicam Complectens, pars prima – pars quarta, 2 tom., Stargard 1707, ND: Darmstadt 1971. Folgende Zitate stammen alle aus tom. secundus, pars tertia. Wie Luther lehrt Hollaz, daß Christus für die Menschen das göttliche Gericht ausgestanden und sie im Gericht repräsentiert hat. Christus „in judicio DEI totum genus humanum repræsentat, & omnia omnium hominum peccata portat, anxie conqveritur" (ebd., 288). Hierbei hat Christus den Zorn Gottes gespürt: „Iram DEI sensit CHRISTUS ob peccata aliena hominum in se translata" (ebd., 289). Den Zorn Gottes spüren bedeutet, die ewige Pein zu fühlen und zu ertragen: „Sustinuit dolores intensivè gravissimos doloribus æternis damnatorum æquipollentes" (ebd.). Wie für Krafft ist Christus auch nach Hollaz ein „speculum iræ , gratiæ & virtutis" (ebd., 288). Darin besteht die satisfactio im soteriologisch-orthodoxen Sinne, daß Christus uns „a poenis æternis ... liberavit" (ebd., 239). Durch Christi Leiden ist ein „meritum" erworben (ebd.) und dem erzürnten Gott eine

Genau dieses reformatorisch-lutherische Proprium der soteriologisch reflektierten Christologie bricht nun bei Krafft, ausgerechnet einem Theologen reformierter Herkunft, im Kontext der Theologie der Aufklärungszeit erneut durch. Bis in die Wortwahl hinein schließt sich Krafft an Luther an, wenn er Psalm 69,3 („ich versinke in tiefem Schlamm, da kein Grund ist") auf Christi schwerste Anfechtung im Garten Gethsemane bezieht:

> „Es findet sich aber in diesen Worten noch ein anderes Bild, das gewissermaßen noch stärker ist, nehmlich das Bild eines Menschen, der in einen *grundlosen Schlamm* gerathen ist ... Was muß bey einem solchen Menschen für eine Angst seyn, da er einen fast unvermeidlichen Untergang vor sich siehet! So war nun auch Jesu bey seinen Leiden zu Muth. Es war dasselbe so groß, so heftig, daß er nicht nur seinen leiblichen Tod vor Augen sahe, denn davor furchte er sich nicht, durch den kam er zur Ruhe von seiner schweren Arbeit; sondern es kam ihm nicht anders vor, als ob seine Seele in den ewigen Tod versinken, und von den Fluthen des göttlichen Zorns so überwältigt werden würde, daß er ganz verzagen und vergehen müßte. Von einem solchen Leiden können wir uns hier ordentlicher Weise keine Vorstellung machen, weil wir nichts davon erfahren haben; nur diejenigen mögen etwas davon zu sagen wissen, die wirklich mit der Verzweiflung gerungen haben, oder die Verdammten in der Hölle; denn die Empfindung, die diese von der Last des göttlichen Zorns haben, die auf ihnen liegt, die hatte Jesus jetzt auch."[79]

An Krafft ist zu lernen, daß sowohl die Neologie als auch der sich gegen sie wendende supranaturalistische Orthodoxismus daran kranken, daß sie die Prolepse nicht denken können: Die Prolepse nämlich des Jüngsten Gerichtes über Christus im Garten Gethsemane, der als Gerichteter den ewigen Tod fühlen und schmecken mußte. Hier wird die tiefste Erniedrigung des Allerhöchsten epiphan. Die alte, sich von Offenbarung 2,11 herschreibende Unterscheidung von erstem und zweitem, leiblichem und ewigem Tod, die Luther von seinem Lehrer Staupitz übernommen hat und dann auf die Christologie angewandt hat,[80] wird von Krafft zu neuem Leben erweckt.

---

vollkommene satisfactio geleistet. So ist dem beleidigten und verletzten Gott Genüge getan: „Satisfactio est actus offici Sacerdotalis, qvo CHRISTUS ex decreto divino consummatissima obeodientia activa & passiva justitiæ divinæ peccatis hominum læsæ satisfecit" (ebd., 238). Bei aller Neurezeption der Anselmschen Begrifflichkeit ist in der orthodoxen Versöhnungslehre an keiner Stelle zu beobachten, daß das reformatorische Fundament verlassen wird, wie oft behauptet wird. Vielmehr ist das Thema der imputatio der durch Christus erworbenen Gerechtigkeit immer mit im Blick (vgl. ebd., 240f.). Die Versöhnungslehre wird hier nicht verrechtlicht, sondern die radikale soteriologische Interpretation des Leidens Christi ist der Kern, um den alles andere kreist.

[79] *Krafft*, Wahrheiten (wie Anm. 69), Bd. I, 360f.

[80] Vgl. *Johann von Staupitz*, De imitanda morte Jesu Christi (1515), in: Johann von Staupitzens sämmtliche Werke, Bd. 1: Deutsche Schriften, hg. v. *Joachim Karl Friedrich Knaake*, Potsdam 1867, 50–88: 53f.: „Dem gantzen ersten tode folget nach vnd henget ann der ewig todt ader besser das ewige sterben, das dan recht anfecht, Wan die vordampten vorlassenen selen mit vordampten leiben wider durch gots gestrengs vrteil tzu ewigem sterben voreint werden, do wird wol entpfindung aber alle tzeit mit pein vnd schmertzen [sein]."

Tod des Leibes ist es, wenn die Seele den Leib verläßt. Tod der Seele ist es, wenn Gott die Seele verläßt. Der ewige Tod aber, der zweite Tod, den Christus in Gethsemane und auf Golgatha geschmeckt hat, ist, wenn der Leib und die gottverlassene Seele wieder zusammen kommen und ewig nicht leben und nicht sterben können. Diese ewige Schmach hat Christus an unserer Statt getragen und dadurch in ihr Gegenteil, in das ewige Leben verwandelt.

Dennoch ist die tiefste Erniedrigung Christi nach Krafft nicht ein bloß transitorisches Stadium in Christi Leidensgeschichte. Genuin Luthersch spielt Krafft nämlich die exaltatio nicht gegen die exinanitio aus. Auch als der Erhöhte befindet sich Christus noch in der Erniedrigung, indem er mit den Menschen mitleidet und als intercessor Fürbitte für die Menschen bei Gott hält. Aber mehr noch: Krafft radikalisiert diesen Gedanken, indem er predigt, daß Christus immer wieder neu an des schuldig gewordenen Menschen Stelle in die Gerichtsschranken des göttlichen Zornesgerichtes tritt und Gott daran erinnert, daß er sein Gericht bereits an ihm, Christus, vollzogen habe. Die Stellvertretung des Menschengeschlechts im Gericht läßt sich also nicht historice verbuchen. Bis zum Jüngsten Tag gehört es zum priesterlichen Geschäft des Erhöhten, vor Gottes Gerichtsschranken zu treten.

> „Nun sehet, so lockt Jesus auch uns noch immer durch sein Wort und durch seine Diener, die dasselbe an seiner statt verkündigen, weil er selbst in den Himmel eingegangen ist, und nicht mehr unmittelbar zu uns redet; er lockt uns so besonders durch die Lehre von der Versöhnung. Denn da stellet er sich uns in seiner entsetzlichen Seelenangst vor, und ruft uns gleichsam zu: Sünder ich stehe jetzt an deiner Stelle in dem göttlichen Gerichte, und siehe, siehe doch, wie mir zu Muth ist! Da stellet er sich uns in der Schmach, in den Martern, in der Trostlosigkeit vor, in welcher er am Kreuze hieng, und ruft uns gleichsam zu: jetzt leide ich, Sünder, was du verdienet hast!“[81]

Die Erhöhung löst also nicht einfach die Erniedrigung ab. Sondern die Erhöhung ist die Erhöhung des Erniedrigten, der erniedrigt bleibt. Und es ist auch ein Akt der Kondeszendenz, daß Christus selbst durch den Mund seiner Botschafter die Menschen flehentlich bitten muß, sich mit Gott versöhnen zu lassen (2. Korinther 5,20): „O Herr, wie lässest du dich so weit zu uns herab, daß du uns so gar bitten und auf das liebreichste ermahnen lässest, uns mit dir versöhnen zu lassen!“[82] Kraffts Versöhnungslehre lebt von dieser hochreflektierten Dialektik: Die Versöhnung des Menschen mit Gott ist nur denkbar als Versöhnung auch Gottes mit den Menschen, als ein Akt Gottes, der seinen Zorn gegen sich selbst richtet und sich selbst in Mitleidenschaft zieht. Stellvertretung ist nur dann denkbar, wenn Christus an die Stelle der Menschen tritt und vor dem göttlichen Gericht erscheint –

[81] *Krafft*, Wahrheiten, Bd. I, 471 f.
[82] Ebd., Bd. I, 474.

und das nicht nur einmal, sondern ein für allemal und deswegen immer wieder neu. Stellvertretung ist aber auch ein Akt der Verkündigung. Die Botschafter treten an Christi Statt und richten flehentlich die Bitte des Stellvertreters aus, sich doch mit dem Vater aussöhnen zu lassen. Hier ist Christus mediator im wahren Sinne, indem er coram Deo Fürbitte leistet und coram hominibus um die Bereitschaft bittet, sich aussöhnen zu lassen. Hier wiederum treten berufene Menschen in das Mittel und vermitteln im Auftrag Gottes das göttliche Wort.

Gott ist in seinem menschgewordenen Sohn nicht nur Gegenstand menschlicher Erfahrung geworden (vergleiche 1. Johannesbrief 1,1), sondern ist selbst Subjekt solcher Erfahrung geworden. Gottes Erfahrung der tiefsten Niedrigkeit ist die Bedingung der Möglichkeit dafür, daß er fortan mit den Leiden der Menschen mitleidet. Durch sein Leiden ist Christus fähig geworden, auch in seiner sessio ad dextram patris als Seelsorger in voller Sympathie den Menschen nahe zu sein. Im Anschluß an Hebräer 4,15 entwickelt Krafft diesen Gedanken der compassio Christi (als genitivus subjectivus verstanden), der sich wiederum der reformatorischen Seelsorge-Theologie verdankt:[83]

> „Der größte Trost, den uns das Leiden Jesu giebt, beruhet allemal darauf, daß er für uns gelitten habe; denn darauf gründet sich die Vergebung unsrer Sünden, ohne welche wir nichts von Gott hoffen können. Aber wenn wir diese durch ihn erlangt haben, so ist uns sein Leiden auch um deßwillen sehr tröstlich, weil er dadurch Erfahrung bekommen hat, wie uns in unsern Leiden zu Muth ist, wie sie einem menschlichen Herzen können zusetzen, und wie sehnlich alsdann das Verlangen nach Hülfe ist. Da nun er, der in seinem eignen Leiden diese Erfahrung bekommen hat, zur Rechten Gottes sitzet, und unser Fürsprecher bey Gott ist, so können wir nun, wenn wir auch leiden müssen, desto gewisser versichert seyn, daß er Mitleiden mit uns haben, daß er sich unsrer annehmen, und seine Hülfe so sehr beschleunigen werde, als es nur immer seine Weisheit und unsre ewige Wohlfahrt, wofür er am meisten sorget, zuläßt. Da ist das, was der Apostel Hebr. 2 und 4 sagt: *Wir haben nicht einen Hohenpriester, der nicht Mitleiden haben könnte mit unsrer Schwachheit, sondern der allenthalben versucht worden ist, wie wir, doch ohne Sünde; denn worinnen er gelitten hat und versucht worden ist, kann er helfen denen, die da Versuchung leiden*, d.i. er ist desto williger dazu."[84]

[83] Vgl. hierzu *Johann Anselm Steiger*, Die Geschichts- und Theologie-Vergessenheit der heutigen Seelsorgelehre: Anlaß für einen Rückblick in den Schatz reformatorischer und orthodoxer Seelsorgeliteratur, in: KuD 39, 1993, 64–87: 74. Zur Bedeutung des Mitleidens Christi mit den Angefochtenen und Betrübten bei Ewald vgl. *J. A. Steiger*, Ewald (wie Anm. 5), 332f. Daß Christus noch als der Erhöhte mit den Menschen mitleidet, sich also auch in der exaltatio noch in der exinanitio befindet, ist eine wichtige Grundeinsicht reformatorischer consolatio. Vgl. *Luther*, WA 6, 132,11–13: „Quare si dolemus, si patimur, si morimur, huc feratur intutus, et fortiter credamus ac certi simus, quod non nos aut non soli sed Christus et Ecclesia nobiscum dolet, patitur, moritur."

[84] *Krafft*, Wahrheiten, Bd. I, 378. Krafft benutzt für die biblische Fundierung der Predigt des Mitleids Christi die loci classici Hebr 2,17 und 4,15, die auch Luther in seiner Auslegung von Ps 22 verwendet (vgl. oben Anm. 78). Vgl. auch *Krafft*, Wahrheiten, Bd. I, 374f.: Das Verspre-

Dies ist der erste Trost, und Christus ist der erste Seelsorger.

Krafft ist fähig, Gottes zornige Liebe und seinen liebenden Zorn zusammenzudenken. Er läßt Gott nicht zu einem zornigen und willkührlichen Despoten degenerieren, der durch ein blutiges Opfer besänftigt werden muß. Vielmehr ist es selbst schon ein Akt der Liebe Gottes zu den Menschen, daß Gott seinen Zorn gegen sein eigen Fleisch und Blut wendet. Ja, selbst im Zornesgericht über seinen Sohn ist Gott noch der Liebende, indem er seinem Sohn wie einst dem Elia in der Wüste (1. Könige 19,5) einen Engel zugesellt, der ihm zum Tröster und Seelsorger wird (Lukas 22,43). Gerade in diesem unauflösbaren Kontrast gewinnen sowohl die göttliche Liebe als auch der väterliche Zorn ihre Konturen:

> „Endlich hatte auch Jesus Stärkung an seiner Seele nöthig, um seine Leiden mit Geduld und mit standhaftem Vertrauen auf Gott zu tragen; und wie wir lesen, daß ihm in seinem Seelenleiden ein Engel vom Himmel erschienen sey und ihn gestärkt habe, so ist auch wohl kein Zweifel, daß Gott in seinen ganzen Leiden, da er ihn mit der einen Hand schlug, mit der andern gleichsam aufrecht gehalten und gestärkt habe, welches er überhaupt bey seinen Kindern zu thun pflegt."[85]

Der Zorn Gottes und Gottes therapeutische conservatio im biblischen Sinne strafen und erhalten Christus gleichzeitig. Das Gericht über Jesus besteht darin, daß er, obgleich ihm Gott nahe ist, doch nur den fernen Gott spürt. Die reformatorische Unterscheidung von Deus revelatus und Deus absconditus wird hier erneut virulent: „Denn ob ihm [scilicet Christus] Gott, sein Vater, schon wirklich in seinen schwersten Leiden nahe war, so fühlte er doch nicht den nahen Gott, sondern vielmehr einen Gott, der ihn verlassen, der sich von ihm entfernt hatte, worüber er eben so bitterlich noch am Kreuze klagte"[86].

Es ist nicht nur die Aufgabe Christi, des intercessors, Gott seine Wunden vorzuhalten und ihn daran zu erinnern, daß das Zornesgericht bereits stattgefunden hat. Es ist auch ein Glaubensakt, Gott seinen Sohn vorzuhalten, um Gott an seine Verheißung zu erinnern, daß er um des Blutes seines Sohnes willen den Glaubenden die Vergebung der Sünden versprochen hat:

> „‚*Ich habe bezahlet, was ich nicht geraubt habe*' [vergleiche Psalm 69,5]; erkenne also, daß es auch deine Schuld ist, die er bezahlet hat, und halte sein Leiden Gott vor; sprich zu ihm: Herr, ich bin der Knecht, der dir zehntausend Pfund schuldig geworden ist, ich habe nicht, um zu bezahlen [vergleiche Matthäus 18,24]; aber

---

chen Gottes, den Glaubenden zu rechtfertigen, gilt um so gewisser, „da du an Jesu einen Hohenpriester hast, der Mitleiden mit deiner Schwachheit haben kann, da er selbst gelitten hat und so schwer versucht worden ist, und sich nun desto treulicher der Seinigen in ihrem Leiden bey Gott annimmt."

[85] Ebd., Bd. I, 358. Vgl. ganz ähnlich Luther, WA 4, 656,29–33: „Ach wie ein trostlicher Gott ist das! Item si dicet: ‚cave si tibi choream excito und pfeiff dir, ßo werd ich dir ein schlappen geben, wen ich aber sauer sehe, ßo werd ich dich anlachen, vorlasse dich kuhnlich drauff'. Alßo spillet Gott mitt uns ... ehr tentzelt mitt uns und steupett uns."

[86] *Krafft*, Wahrheiten, Bd. I, 383.

siehe deinen lieben Sohn an, wie der nach deinem Rath für uns gelitten, und sein Leben zum Lösegeld für uns gegeben hat! das laß auch mir zur Tilgung meiner Schuld zu gut kommen, und vergieb mir um seinetwillen meine Sünden."[87]

Immer neu rät Krafft seelsorglich predigend, Gott die Leiden seines Sohnes vorzuhalten:

„Wenn wir also nun bußfertig erkennen, daß wir wegen unsrer Sünden, und wegen des Verderbens unsers Herzens, das wir beständig noch gewahr werden, das göttliche Gericht verdient haben, so laßt uns darum nicht verzagen, sondern Gott das Leiden unsers Mittlers vorhalten, und ihn bitten, daß er uns um dessen willen begnadigen wolle."[88]

Auch hierin ist Kraffts Versöhnungslehre eine unzeitgemäße Erscheinung der Aufklärungszeit: Es wird nicht abstrakt über die Möglichkeit oder Unmöglichkeit des göttlichen Zornes gestritten. Vielmehr kommt die Versöhnungslehre dort zu ihrer eigentlichen Bestimmung, wo die Menschen durch die Predigt angereizt werden, sich das Versöhnungswerk Christi glaubend anzueignen:

„Nimm also, o Sünder, zu dem gekreuzigten Jesu deine Zuflucht. Durch sein Opfer kannst du allein Vergebung deiner Sünden erlangen. Auf ihn setze alle deine Hofnung, und richte dein ganzes Verlangen und Bestreben dahin, daß du in ihm erfunden werden, und mit Wahrheit mögest sagen können: auch für mich hat Jesus sein Blut vergossen, auch für mich ist er gestorben!"[89]

In dieser Hinsicht ist es kein Zufall, daß Krafft am Streit um die Versöhnungslehre nicht als Verfasser von grundsätzlichen Traktaten teilnimmt, sondern predigt, um Glauben zu stiften. Und durch diesen Glauben allein streckt der Mensch die Hand aus und ergreift das, was ihm durch den Glauben zum Greifen nahe wird, eignet sich das Versöhnungsgeschehen an, indem es ihm gepredigt wird. „Wenn wir diese Liebe Gottes bey einer lebendigen Erkenntniß unsers Elends und Verderbens im Glauben ergreifen, und uns zueignen, so werden wir nicht nur der Gnade Gottes theilhaftig, sondern es wird auch dadurch in unserm Herzen die alte Feindschaft gegen Gott getilget."[90] Auch diese Diktion, daß der Glaube nämlich ergriffen ist

---

[87] Ebd., Bd. I, 370.
[88] Ebd., Bd. I, 421. Vgl. zur Sache *J. A. Steiger*, Theologie-Vergessenheit (wie Anm. 83), 82.
[89] *Krafft*, Wahrheiten, Bd. I, 343.
[90] Ebd., Bd. I, 449.

von der Gnade und gleichzeitig zugreift und sich das ihm zugedachte Heil zueignet, ist genuin Luthersch,[91] aber auch orthodox.[92]

Obendrein gewinnt bei Krafft auch das reformatorische Theologumenon des extra nos neue Relevanz, und zwar nicht als eine Beziehung zwischen einer transzendenten Gottheit und einem weltimmanenten Ich. Sondern der Glaube erhält ein anderes Ich, das im tröstenden Wort Gottes seine Heimat hat: ein neues Ich, das in einem Selbstverhältnis zu sich steht, außer sich ist und daher mit sich biblisch zu reden beginnt – ein Ich, das ekstatisch Gesellschaft bekommt und sich selbst predigend anredet. Wenn wir

> „ein herzliches Verlangen haben, durch Jesum Vergebung und Gnade zu erlangen, so sollen wir auch lernen, seine Versöhnung uns zuzueignen, unser Herz damit zu beruhigen, und die Sprache zu führen: Ich bin versöhnt mit Gott! auch mir ist Barmherzigkeit wiederfahren!“[93]

Der Glaube ist darum kein bloß intellektueller Akt, sondern auch ein haptischer, der die Versöhnung ergreift und hierin Christus an die Hand nehmen will.

Der Glaube ist aber obendrein – auch hierin ist Krafft ganz reformatorischer Theologe – ein visueller Akt. Denn der Glaube hält Gott nicht nur die

---

[91] Das Ergreifen der Gnade gehört für Luther zu den Wesensmerkmalen des Hochmutes des Glaubens, genauso wie das „Keckwerden“. Vgl. *Luther*, WA 2,141,3–7: „Das heist dann got recht erkennet, wan man yhn nit bey der gewalt ader weyßheit (die erschrecklich seynd), sundernn bey der gute und liebe ergreifft, da kan der glaub und zuvorsicht dan besteen und ist der mensch alßo warhafftig new ynn got geporen.“ Vgl. auch seine Weihnachtspredigt von 1529 über Lk 2, wo Luther predigt, daß alles darauf ankomme, die Predigt der Engel vom Himmel ins Herz zu fassen, sich anzueignen und zu ergreifen: „Das ist das ander gülden Stück im Euangelio, nemlich die wort des Engels, und diese wort sollen wir ergreiffen und lernen, denn sie geben uns die Geburt zu eigen“ (WA 29, 652,24f./653,12f.). Im „Unterricht der Beichtkinder über die verbotenen Bücher“ (1521), rät Luther, man solle, wenn der Priester einem die Absolution vorenthalte und sie von der Auslieferung von Druckschriften abhängig machen wolle, „doch einen trotzigen glawben behalten“ (WA 7, 295,1). Hier ergreift der Glaube die Lossprechung und erlangt sie direkt von Gott: „Wo mensch nit absolviert, da absolviert got“ (WA 7, 293,7). – Die Terminologie des Ergreifens findet sich auch in der orthodoxen Theologie immer wieder, etwa in der anonymen Schrift: Evangelische Gnaden=Ordnung, Wie eine Seele von der Eignen Gerechtigkeit und Frömmigkeit herunter, und zum Erkenntniß ihres sündigen Elends gebracht, Hierauf aber Zu den Wunden=Hölen JESU geleitet werde…, Neue Auflage, Hamburg 1746. Dort wird der Glaube in folgende Entwicklungsphasen eingeteilt wird: „Scriver theilts in den verlangenden und umfangenden Glauben: Lutherus ins a) Begehren, (wie geschrieben stehet: Er begehret mein, so will ich ihn aushelfen.) (Ps. 91,14.) b) ins Ergreiffen. (Phil. 3,3.) c) Und ins Zueigenen“ (ebd., 86f.).

[92] Vgl. die zuletzt genannte anonyme Schrift; ferner etwa *Leonhard Hutter*, COMPENDIUM LOCORUM THEOLOGICORUM, EX SCRIPTURIS SACRIS ET LIBRO CONCORDIÆ Antehac collectum OPERA ET STUDIO LEONHARDI HUTTERI … Jst aber jetzo/allgemeiner Christenheit/und sonderlich der lieben Schul=Jugend/zum besten/Die Deutsche Version/Wie sie der Autor Seel. selbst übersetzet hat/auff jedem Blat hiebey gefüget, Braunschweig 1661: „Warümb zehlest du den Glauben unter die Ursachen der Rechtfertigung? Dieweil allein der Glaube das Mittel und das Werckzeug ist/damit wir Christum/und also in Christo/solche Gerechtigkeit/die vor Gott gilt/ergreiffen“ (ebd., 159; vgl. ferner ebd., 166).

[93] *Krafft*, Wahrheiten (wie Anm. 69), Bd.I, 463f.

Wunden seines Sohnes vor, sondern der Glaubende selbst schaut Christus an. Im Anschauen Christi sind die Glaubenden und Gott eins miteinander, und wer Christus sieht, sieht immer auch den Vater (Johannes 12,45). Dem Glaubenden wird im Schauen auf den Gekreuzigten das ewige Leben zuteil. Zu- und Aneignung des Heils vollziehen sich in einem Augenblick, der ein ewiger, nie enden wollender ist. Diese visuell-reformatorische Theologie[94] entwickelt Krafft anhand einer typologischen Auslegung von Numeri 21. So wie die Israeliten von den Schlangenbissen geheilt wurden, indem sie auf die erhöhte Schlange blickten, so werden die Glaubenden von der alten Schlange des Teufels erlöst, indem sie auf den Gekreuzigten schauen. Krafft benutzt hier eine Typologie wohlgemerkt, die selbst biblisch ist und zu den orthodoxen Auslegungstopoi gehört: Johannes 3,14.

> „So wie nun die Israeliten, die von den giftigen Schlangen waren gebissen worden, das Leben erhielten, wenn sie die eherne Schlange anschaueten, so sollen auch wir, ob wir schon das Gift der Sünde in uns haben, das von der alten Schlange, dem Teufel, in uns ist gebracht worden, dennoch nicht verlohren gehen, sondern das ewige Leben haben, wenn wir nur den gekreuzigten Christum mit wahrem Glauben anschauen.“[95]

Darüber hinaus predigt Krafft auch das „Protevangelium“ Genesis 3,15 und entdeckt in ihm in klassischer Weise die erste Weissagung auf Christus im Alten Testamanet.[96]

Daneben zieht Krafft auch Exodus 12 als Vorabbildung des Versöhnungsgeschehens heran. Das Versprechen Gottes, die Erstgeburt der Israeliten um des an die Türpfosten gestrichenen Blutes des Passahlammes willen zu verschonen, und das Kreuzesgeschehen bilden einander ab und kommentieren sich gegenseitig. Diese klassische Typologie, die „in diesem geschlachte-

---

[94] Die Bildung eines Christenmenschen besteht nach Luther darin, daß er sich das Gnadenbild, nämlich Christus, einbildet, es sich „fürbildet“. So fordert Luther die Betrübten und durch ihre Sünde Angefochtenen immer wieder dazu auf, daß sie sollen „der gnaden bild ansehen/vnd dasselb bild mit aller crafft yn sich bilden vnd vor augen haben. Der gnaden bild/ist nit anders/ dan Christus am Creutz vnd alle seyne lieben heyligen“ (WA 2, 689, 27–29, zitiert nach: Studienausgabe [wie Anm. 39], Bd. 1, 236,15–17). Der Mensch schiebt vermittels einer communicatio idiomatum Sünde, Tod, Hölle und Verderben auf Christus, indem er auf ihn sieht. „Sich ßo magstu deyn sund sicher ansehen/außer deyne(m) gewißen/sich da seynd sund nymer sund/da seynd sie vberwunden/vnd yn Christo vorschlunden“ (WA 2, 689,37–690,1; Studienausgabe, Bd. I, 236,24–26). Vgl. auch die Strophe 10 des bekannten Liedes „O Haupt voll Blut und Wunden“ von Paul Gerhardt: „Erscheine mir zum Schilde,/zum Trost in meinem Tod/und laß mich sehn dein Bilde/in deiner Kreuzesnot./Da will ich nach dir blicken,/da will ich glaubensvoll/dich fest an mein Herz drücken./Wer so stirbt,/der stirbt wohl“ (EKG, Nr. 63).

[95] *Krafft*, Wahrheiten, Bd. I, 336.

[96] Vgl. etwa *Johann Gerhard*, LOCORVM THEOLOGICORVM TOMVS TERTIUS, Tübingen 1764, 443a: „Finis incarnationis proximus & immediatus est humani generis redemtio; summus & mediatus, gloriae divinae manifestatio. De priori fine loquuntur haec scripturae dicta. Gen. III. 15. semen mulieris conteret caput serpentis; hoc est, Filius Dei ex matre virgine nascetur verus homo, ut potestam ac regnum diaboli destruere, ac lapsum genus humanum redimere possit . . .“

ten Osterlamm ein Bild von dem gekreuzigten Jesu" findet,[97] stellt keine zwanghafte Ausbeutung des Alten Testaments dar. Vielmehr ist diese Typologie selbst von kanonischem Rang, da schon die Kreuzigungserzählung im Johannesevangelium Exodus 12 zur Deutung des Kreuzigungsgeschehens heranzieht. Christus werden – anders als den anderen Delinquenten – die Beine nicht gebrochen, was von Johannes als eine Erfüllung der Bestimmung von Ex 12,10.46 gedeutet wird: „Ihr sollt ihm kein Bein brechen" (zitiert in Johannes 19,36). Zudem findet die Verurteilung Jesu in der Stunde des Passah-Rüsttages statt, in der die Passahlämmer geschlachtet wurden (Johannes 19,14). Im Johannesevangelium wird demnach das erzählerisch entfaltet, was Paulus in 1. Korinther 5,7 auf den Punkt bringt: „Wir haben auch ein Osterlamm, das ist Christus, für uns geopfert." Darüber hinaus ist selbstverständlich auch die typologische Zusammenschau der Kreuzigung mit dem Amt des Hohenpriesters (Leviticus 16) im Sinne des Hebräerbriefes bei Krafft ständig virulent und gegenwärtig:

> „Nehmet ferner den Hohenpriester des alten Bundes, der mußte auf den grossen Versöhnungstag ein Versöhnopfer für die Sünde des ganzen Volks schlachten, und mit dem Blute desselben in das Allerheiligste eingehen, und es Gott gleichsam vorzeigen. Und sehen wir nicht auch hier ein Bild von unserm wahren Hohenpriester Jesu Christo, der erst sich selbst für uns hat aufgeopfert, und alsdann in seine Herrlichkeit, in den Himmel ist eingegangen, um da in Kraft seines vergoßnen Bluts für uns zu bitten?"[98]

Die Typologie ist in der alles nivellierenden Aufklärungstheologie ein Gegengift gegen die alles Unangenehme im Alten Testament wegwischende Akkommodationstheorie. Bei Krafft dient sie dazu, das durch moralistische und rationalistische Exegese gepeinigte Alte Tetsament zu rehabilitieren. Aber mehr noch: Die typologische Exegese ist nicht Ausdruck eines christlichen Antijudaismus. Sondern an Krafft läßt sich zeigen, daß die typologische Hermeneutik ganz im Gegenteil die effizienteste Vorbeugung gegen den Antijudaismus ist. Denn erst, wo die Versöhnungslehre aufgegeben und die Passionsgeschichte rationalistisch historisiert wird, kann überhaupt die Frage aufkommen, wer nun eigentlich historice betrachtet an Jesu Tod schuldig sei: Die Juden oder die Römer, wobei sich dann meistens der Haß gegen die Juden entlädt. Krafft dagegen veranschaulicht durch typologische Auslegung, daß der versöhnende Tod Christi schon von Ewigkeit her Bestandteil des Heilsplanes Gottes gewesen ist. Die Juden – wie auch die Römer – sind nichts weiter gewesen als Werkzeuge, um die längst geplante Sündenvergebung Wirklichkeit werden zu lassen:

---

97 *Krafft*, Wahrheiten, Bd. I, 335.
98 Ebd., Bd. I, 335f.

> „Können wir also wohl zweifeln, daß der Kreuzestod Jesu schon dazumal von Gott beschlossen gewesen sey, da er dem Mose den Befehl gab, jene eherne Schlange aufzurichten? Und sind nicht die Weissagungen und Vorbilder, die wir bisher alle blos aus den Schriften Mosis haben angeführt, sind sie nicht hinlänglich uns zu überzeugen, daß die Juden, da sie Jesum ans Kreuz brachten, nichts weiter gethan haben, als was die Hand und der Rath Gottes schon längst bestimmt hatten, daß es geschehen sollte?"[99]

Nicht nur die Juden allein, sondern auch die Heiden waren Gottes Werkzeuge. Indem Krafft Psalm 2,2 („Die Könige der Erde lehnen sich auf, und die Herren ratschlagen mit einander wider den Herrn und seinen Gesalbten") auslegt und auf die Passionsgeschichte bezieht, predigt er:

> „Mit wie vielem Rechte konnten also jene Christen sagen: daß, ob gleich Herodes und Pontius Pilatus, die Heiden samt dem Volke Israel sich miteinander vereinigt hätten, Jesum zu tödten und auszurotten, sie dennoch im Grunde weiter nichts gethan, als daß sie ausgeführt hätten, was Gottes kräftiger Rath schon längst beschlossen hatte, daß es geschehen solle."[100]

Die Weisheit Gottes hat sich der Juden zuerst und auch der Griechen bedient (vergleiche Römer 1,16 mit Römer 2,9f.), um allen Menschen die Vergebung der Sünden, die Versöhnung und die Erlösung vom ewigen Zorn zu erwerben.

Wenngleich Christus bei Krafft zunächst der gnädige Anwalt der Sünder bei Gott ist (1. Timotheus 2,5, 1. Johannesbrief 2,1), so bleibt er dennoch auch Richter, wenn auch ein Richter, der langsam zum Zorn ist (Exodus 34,6). Denn wenn das Gnadenangebot des gerichteten Richters von den Menschen ausgeschlagen und zurückgewiesen wird, wenn also sein Bußruf zum Glauben kein Gehör findet, dann tritt Christus, der Gerichtete, wieder auf die Seite des Richters. Das Gleichnis vom unnützen Feigenbaum (Lukas 13,6–9) auslegend predigt Krafft:

> „Gott, der Herr des Weinbergs, sagte zu ihm [scilicet Christus], als dem Weingärtner: *haue den unfruchtbaren Feigenbaum ab, was hindert er das Land!* Jesus, als der Weingärtner, sprach zu ihm: *Herr, laß ihn noch dieses Jahr, daß ich ihn umgrabe und bedünge, ob er vielleicht noch Frucht bringt*; sehet, das war die Fürbitte Jesu am Kreuze; Aber was setzte er nun hinzu? *wo nicht*, sprach er, wenn er auch alsdann keine Frucht bringt, *so haue ihn ab*; sehet, das sind nun die Bitten in unserm Texte. Wenn die Langmuth, die Jesus den Ungläubigen und Sündern erbeten hat, an ihnen vergeblich gewesen ist, dann tritt er selbst auf die Seite der göttlichen Gerechtigkeit, und fordert selbst dieselbe gegen den Sünder auf; nicht aus Rachsucht, so wenig, als Gott aus Rachsucht strafet; sondern aus Eifer für die Ehre Gottes; indem seine Sache auch Gottes Sache ist, und diejenige, die ihn verachten, zugleich auch den verachten, der ihn gesandt hat."[101]

---

[99] Ebd., Bd. I, 336f.
[100] Ebd., Bd. I, 338.
[101] Ebd., Bd. I, 408.

Anhand von Lukas 13 veranschaulicht Krafft den Dialog zwischen der gestrengen Gerechtigkeit Gottes und seiner überfließenden Gnade. Die Gnade sei selbst eine gerechte, da sie sich vorbehalte, wieder auf die Seite der Gerechtigkeit zu treten, so sie kein Gehör finde.

Wer nun vermutet, daß sich eine derart orthodox-reformatorische Versöhnungslehre wie die in Kraffts Predigten notwendigerweise in eine ebenfalls genuin reformatorische Rechtfertigungslehre hinein fortsetzen müsse, der wird von Krafft nicht enttäuscht. Denn Krafft etabliert völlig im Gegenzug zum zeitgenössisch weit verbreiteten Moralismus stehend die Lehre von der Rechtfertigung allein aus Glauben neu und lehrt das Theologumenon von der imputatio iustitiae alienae auf biblisch-paulinische Weise. Unter Heranziehung von Römer 4,3 stellt Krafft mit Paulus Abraham als das urtypische Beispiel der iustificatio hominis coram Deo vor:

> „Eben darum heist diese Rechtfertigung eine Rechtfertigung aus Gnade, weil Gott den Gläubigen für gerecht in seinem Gerichte erklärt, und ihn als einen Gerechten behandelt, ob er schon nichts weniger als ein vollkommner Gerechter ist, sondern sich selbst als einen Gottlosen, als einen Sünder vor ihm bekennet und demüthiget.“[102]

Schon in der Vorrede zu seinen Predigten hatte Krafft gefordert, die Rechtfertigungslehre müsse als Kern des evangelischen Trostes endlich wiedergewonnen werden.[103] Nun sagt er:

> „Aber wie sehr wird doch dieser Weg in unsern Tagen verkannt! Die meisten stehen in der Einbildung, durch Tugend und Rechtschaffenheit müsse man die Gnade Gottes erlangen. Wenn ihnen also ihr Gewissen einigermassen aufwacht, und ihnen zeigt, daß sie bey ihrem Leben und Wandel vor Gott nicht bestehen können, so fallen sie gleich darauf, daß sie durch Besserung die Gnade Gottes suchen wollen; sie machen sich also von groben Sünden loß, verrichten gute Werke, geben Allmosen und dergleichen, und wenn sie dann meynen, sie hätten sich einen Schatz guter Werke gesammlet, so wollen sie ihr Gewissen damit beruhigen, und denken, nun könnten sie in dem göttlichen Gerichte bestehen. Aber, lieber Mensch, heißt denn das nicht *mit Werken umgehen* [Römer 4,4], und seine eigne Gerechtigkeit vor Gott aufrichten?“[104]

In diesem sittlich-enthusiastischen Moralismus vieler Aufklärungstheologen erkennt Krafft genau das Übel wieder, das die Reformatoren als Grundsünde des Menschen entlarvt haben: Die hybride Meinung des natürlichen Menschen nämlich, seine Gerechtigkeit aus eigenen Kräften vor Gott aufrichten zu können und unter Vorweisung guter Werke gar im Gericht Gottes bestehen zu können. Hiergegen reformatorische Aufklärung betreibend sagt Krafft:

---

102 Ebd., Bd. I, 665.

103 Vgl. Anm. 69.

104 *Krafft*, Wahrheiten, Bd. I, 667.

„Nehmen wir ihn nun gläubig an, der uns von Gott *zur Gerechtigkeit* gemacht ist, so spricht uns Gott um seinetwillen gerecht, und weil wir dieser Gerechtigkeit durch den Glauben theilhaftig werden, so rechnet uns Gott denselben zur Gerechtigkeit, weil dieser Glaube die Gerechtigkeit Jesu in sich faßt, wie ein Ring einen Edelstein."[105]

Wer in wahrhafter Reue Psalm 130,3 nachbete („*wenn du willst Sünde zurechnen, Herr, wer wird vor dir bestehen?*"[106]) und durch den Glauben Gnade begehre, dem werde die von Christus erworbene Gerechtigkeit angerechnet.

Krafft hat die Versöhnungslehre konsequent eschatologisiert und reformatorisch restituiert, indem er die ein für allemal geschehene und bis zum Jüngsten Tag andauernde Stellvertretung des Sünders im Gericht durch Jesus Christus zu neuer Geltung hat kommen lassen. Krafft hat diese radikale Rückwendung zur Theologie der Reformation durch eine Neubelebung der Rechtfertigungslehre konsequent zuende geführt. Diese epochal höchst bedeutende Denkbewegung inmitten der geistesgeschichtlichen Großwetterlage der Aufklärung hat ihren Grund letztendlich in der Christologie. Denn Krafft scheut nicht davor zurück, die exinanitio Christi im Sinne Luthers als eine Entäußerung bis in die tiefsten Tiefen der Schmach und des ewigen Todes hinein zu denken und zu predigen. Gott selbst befinde sich in der exinanitio, da er mit Christus mitleide und seine strafende Gerechtigkeit gegen seinen eigenen Sohn wende. Aber auch nach dem Versöhnungswerk befinde sich Gott weiterhin in Niedrigkeit. Denn Gott habe sich durch seine Verheißung, den Glaubenden um des Blutes seines Sohnes willen gnädig sein zu wollen, zum Schuldner derer gemacht, die im Glauben Gnade begehren. So wie der erhöhte Christus betteln und die Menschen bitten muß, sich durch sein Blut mit Gott doch versöhnen zu lassen, so werde Gott an uns schuldig, stehe in unserer Schuld. Wer Schuld vergibt, werde selbst schuldig:

„So wie wir nun, wenn wir jemand etwas versprechen, das wir ihm nicht schuldig sind, dennoch seine Schuldner werden, wenn er unser Versprechen hat angenommen, so wird auch Gott gleichsam unser Schuldner, und wir bekommen ein Recht auf seine Verheissungen, so bald wir sie gläubig haben angenommen; um so viel weniger kann es uns also befremden, wenn die Schrift vom Glauben besonders sagt, daß uns Gott *den* zur Gerechtigkeit rechne."[107]

---

105 Ebd.
106 Ebd., Bd. I, 659.
107 Ebd., Bd. I, 666.

V. Die reformatorisch-orthodoxe Metakritik an der aufgeklärten Versöhnungslehre in der Dichtertheologie Friedrich Gottlieb Klopstocks und Christian Friedrich Daniel Schubarts

Indes muß noch von einer anderen geistes- und theologiegeschichtlich höchst bedeutenden Bewegung gesprochen werden, die typisch und symptomatisch für die Zeit der Aufklärung ist. Je tiefer man nämlich eindringt in diese Epoche, desto mehr prägt es sich einem ein, daß besonders die Theologie dieser Zeit ein höchst bedeutsames Gegengewicht in der Poetik findet. Je mehr nämlich zum Beispiel die klassische Versöhnungslehre aus den aufklärerisch-zeitgenössischen Predigten, Dogmatiken und aus der sonstigen theologischen Literatur verschwindet, desto mehr taucht sie in der Dichtung wieder auf. Schultheologie und Dichtertheologie verhalten sich zueinander wie kommunizierende Röhren, könnte man sagen. Das, was dort der aufgeklärten und vernünftigen Kritik zum Opfer fällt, tritt hier, nämlich in der Dichtertheologie, oft umso stärker wieder hervor.[108]

Dies läßt sich nicht zuletzt an dem gefeierten Friedrich Gottlieb Klopstock (1724–1803) explizieren, dessen Metakritik an der theologisch-aufgeklärten Vernunftkritik noch längst nicht genügend erhoben worden ist.[109] Die kon-

---

108 Vgl. *Albrecht Schöne*, Säkularisation als sprachbildende Kraft, Göttingen ²1968 (Palaestra 226), der gezeigt hat, daß im Zuge der Aufklärung – besonders bei Pfarrersöhnen – die Sprache der Lutherbibel in die Dichtung hinein sich verlagert. Ähnlich ist dies auch bei Johann Peter Hebel zu beobachten, der – obwohl nicht aus einer Pfarrerfamilie stammend – die biblische Sprache zu einem wichtigen Fundament seiner Kalendergeschichten werden läßt (vgl. *J. A. Steiger*, Hebel [wie Anm. 52], 11–21 und passim).

109 Trotz mannigfaltiger Versuche ist die theologische Bedeutung Klopstocks noch nicht wirklich erhoben worden. Hierzu nämlich bedürfte es nicht nur des Vergleiches, etwa des Messias mit der reformatorischen Theologie, sondern besonders auch der Inbeziehungsetzung Klopstocks mit der Frömmigkeit der lutherischen Orthodoxie. Es hat überhaupt keinen Sinn, Klopstocks angewandte Theologie sofort dem Pietismus zuzuordnen, nur weil man fälschlicherweise meint, jeder, der vom Blut und den Wunden Jesu redet, sei deswegen schon Pietist (siehe oben Anm. 47). Zu den unzulänglichen Versuchen Walter Lichs, Joseph Müllers und anderer, Klopstock auf Biegen und Brechen zum Pietisten zu machen, vgl. *Gerhard Kaiser*, Klopstock: Religion und Dichtung, Kronberg (Taunus) ²1975 (1962), 12f. Kaiser selbst sieht die Sache differenzierter (ebd., 166–174), wenngleich auch bei ihm kein großes sachliches Verständnis für die lutherisch-orthodoxe Blut- und Wundenfrömmigkeit Klopstocks, die aus der reformatorischen Versöhnungslehre selbst fließt, vorhanden ist und er froh ist, „von der etwas abstrus anmutenden Ornamentik der Klopstockschen Religion zu den Fundamenten zurück" (ebd., 174) kehren zu dürfen. Wie sehr man in der bisherigen Klopstock-Forschung meinte, Klopstock von der vermeintlich starren, toten und dogmatistischen Orthodoxie abheben und im selben Atemzug als pietistisch geprägt bezeichnen zu können, kann man schon studieren an der Arbeit von *Franz Muncker*, Friedrich Gottlieb Klopstock: Geschichte seines Lebens und seiner Schriften, Stuttgart 1888 (siehe besonders Seite 88). Auch *Gisela Mroz* (Klopstocks Verhältnis zum Pietismus, unveröfftl. Diss. phil., Bonn 1944, 146) läßt erkennen, daß sie sich um eine Inbeziehungsetzung des Werkes Klopstocks mit der Frömmigkeit der Orthodoxie überhaupt nicht bemüht hat, wenn sie behauptet, „dass dem tiefen und reichen Gemüt des Dichters der gefühlsselige und gemütswarme Pietismus mehr entsprach als die erstarrte und trockene Orthodoxie". Auch sie hält jede Form von „Wundenkult" für pietistisch,

sequent-reformatorische Metakritik, die Krafft auf homiletische Weise sowohl an der deistischen als auch an der neo-orthodoxen Versöhnungslehre artikuliert, kleidet sich bei Klopstock in ein poetisches Gewand, in das Kleid einer großen Ode: des „Messias". Klopstocks Hexameter-Dichtung ist nicht nur eine Hommage an die antike Dichtung. Mehr noch: Bei ihm wachsen das Erbe der antiken Klassik und die reformatorische Theologie zusammen in eine höchst spannungsreiche Synthese hinein. Mit aller Entschiedenheit nämlich kleidet Klopstock schon im Prolog des „Messias" all diejenigen Punkte der Versöhnungslehre dichterisch ein, die im Grunde bei allen Parteien der aufgeklärten Schultheologie in Ungnade gefallen sind, und formuliert so das Alte poetisch neu. Klopstock hat nicht die geringsten Schwierigkeiten damit, von der Versöhnung des göttlichen Zorns durch das Opfer Christi zu sprechen, hat auch keine Vorbehalte, dichtend zu predigen, daß

---

ohne zu wissen, daß Klopstock gerade in dieser Hinsicht von der orthodoxen Erbauungsliteratur beeinflußt sein könnte, ohne deswegen schon Pietist zu sein (vgl. ebd., 153). Genau diesem Irrtum sitzen auch *Max Freivogel* (Klopstock, der heilige Dichter, Bern 1954 [Basler Studien zur deutschen Sprache und Literatur 15], 65) und *Joseph Müller* (Die Religiosität in Klopstocks „Messias", unveröfftl. Diss. phil., Münster 1937, 49 und passim) auf. Trotz einiger Unschärfen in der Begrifflichkeit, die *Kaiser* (a. a. O., 13) zurecht beklagt, hat *Karl Kindt* (Klopstock, Berlin-Spandau [2]1948) doch an vielen Stellen richtig das orthodoxe Gepräge des Messias gesehen (vgl. ebd., 358–360) und die orthodoxe Rechtfertigungs- und Versöhnungslehre als theologisches Fundament des gesamten Epos beschrieben (ebd., 362 u. ö.). Schwerlich indes wird man den Messias als eher undogmatischen Ausfluß der Klopstockschen Subjektivität charakterisieren dürfen, wie es *Klaus Hurlebusch* (Friedrich Gottlieb Klopstock, in: TRE, Bd. 19, Berlin/New York 1990, 271–275: 272f.) tut: „Klopstocks Bibelrezeption war weniger von theologischer Lehre, sondern mehr von der eigenen ‚ganzen Seele' bestimmt." Das ist schlechterdings kein Gegensatz, weil der Messias durch und durch in Dichtung gesetzte Dogmatik ist. Auch das Urteil, „Luthers Theologie hingegen mußte ihm [scilicet Klopstock] weitgehend fremd bleiben, mit Ausnahme ihres personalen Bezugs und ihrer Christozentrik" (ebd., 273), übersieht besonders die augenscheinliche Nähe Klopstocks zu Luther in Sachen Versöhnungslehre. Die Herausarbeitung dessen, wie Klopstock die reformatorisch-orthodoxe Theologie und Frömmigkeit beerbt und auf seine Weise künstlerisch-poetisch transformiert hat, steht noch aus und kann hier nur ansatzweise begonnen werden. Einen solchen Vergleich jedoch anzustellen, ist schon deswegen umso dringlicher, weil *Oskar Walzel* (Barockstil bei Klopstock, in: Festschrift: Max H. Jellinek zum 29. V. 1928 dargebracht, Wien/Leipzig 1928, 167–190) die bestechende Verwandtschaft des Messias mit der Dichtung des Barock aufgezeigt hat und weil *Jörn Dräger* (Typologie und Emblematik in Klopstocks „Messias", unveröfftl. Diss. phil., Göttingen 1971) nachgewiesen hat, daß Klopstock auf emblematische Weise „einen ‚mundus symbolicus' im Sinne des mittelalterlichen und barocken Weltbildes" (ebd., 232) schafft und dabei das Überlieferte gleichzeitig einbringt „in eine völlig neue stilgeschichtliche Lage" (ebd.). Auch *Hans-Henrik Krummacher* (Bibelwort und hymnisches Sprechen bei Klopstock, in: Jahrbuch der Deutschen Schillergesellschaft 13, 1969, 155–179) hat darauf hingewiesen, daß Klopstock sowohl biblisch-theologisch als auch poetisch der geistlichen Dichtung des 17. Jahrhunderts nahesteht und eben deswegen, das Überkommene weiterbildend, frei mit seinen Wurzeln umgehen kann. Auch eine Erhebung des biblisch-theologischen Gehalts und der bibelsprachlichen Prägung des Messias ist bisher noch nicht geleistet worden. Zu den Oden vgl. *Adolf Halm*, Klopstocks Oden und die Bibel, unveröfftl. Diss. phil./vierseitiger Auszugsdruck, Greifswald 1923. Halm macht in seiner leider unveröffentlicht gebliebenen Arbeit völlig zurecht darauf aufmerksam, „daß die Einwirkung der Bibel auf Klopstocks Gedichte weitaus größer sei, als die Forschung bisher erkannt habe" (Auszug, ebd., 4).

Christus den ewigen Tod empfunden hat. Indem Klopstock Christus auf sein seit Ewigkeit von der Trinität beschlossenes Versöhnungswerk vorausblicken läßt, läßt er ihn sagen:

„Hier lieg ich, göttlicher Vater,
Noch nach deinem Bilde geschmückt mit den Zügen der Menschheit,
Betend vor dir: bald aber, ach bald wird dein tödtend Gericht mich
Blutig entstellen, und unter den Staub der Todten begraben.
Schon, o Richter der Welt, schon hör' ich fern dich, und einsam
Kommen, und unerbittlich in deinen Himmeln dahergehn.
Schon durchdringt mich ein Schauer dem ganzen Geistergeschlechte
Unempfindbar, und wenn du sie auch mit Zorne der Gottheit
Tödtetest, unempfindbar! Ich seh den nächtlichen Garten
Schon vor mir liegen, sinke vor dir in niedrigen Staub hin,
Lieg', und bet', und winde mich, Vater, in Todesschweiße.
Siehe, da bin ich, mein Vater. Ich will des Allmächtigen Zürnen,
Deine Gerichte will ich mit tiefem Gehorsam ertragen.
Du bist ewig! Kein endlicher Geist hat das Zürnen der Gottheit,
Keiner je, den Unendlichen tödtend mit ewigem Tode,
Ganz gedacht, und keiner empfunden. Gott nur vermochte
Gott zu versöhnen. Erhebe dich, Richter der Welt! Hier bin ich!
Tödte mich, nimm mein ewiges Opfer zu deiner Versöhnung."[110]

Hier wird das heidnische Erbe – die Hexameter-Dichtung – zum neuen Träger und zur neuen Artikulationsform der alten, angegriffenen und beschnittenen reformatorischen Versöhnungslehre und ihrer orthodoxen Ausgestaltung. Immer wieder in seinem Messias greift Klopstock auf die orthodoxe Lehre vom munus sacerdotale zurück, setzt sie in Beziehung zu den klassischen, einschlägigen biblischen Texten und vergegenwärtigt auf eine beeindruckend bibelsprachliche und dichterische Weise gleichzeitig die alte Lehre in neuer Form und Sprachgestalt. Dogma und Bibel stellt Klopstock in ein lebendiges Miteinander, verflüssigt die alte Lehre und wird darüber zum Dichtertheologen. Denn als Dichter erfüllt er die Aufgabe der Predigt, Bibeltext und Dogma in eine neue sprachliche Form zu gießen. Und da verwundert es nicht, daß gerade die Gethsemane-Szene im „Messias" immer wieder auftaucht und Jesus ganz im Sinne der Auslegung Luthers zu Psalm 22 besungen, ja gepredigt wird. Christus hat in Gethsemane den ewigen Tod empfunden. Diese Aussage wird bei Klopstock zum Grundstein aller Empfindsamkeit, einer Innerlichkeit also, die nicht bloß abstrakt bleibt, sondern in Christi Leiden und Empfindung des ewigen Zorns ihren sachlichen, soteriologischen Grund hat.

„Über den Staub der Erde gebückt, die, im Graun vor dem Richter,
Gegen sein Antlitz herauf mit stillem Schauer erbebte,
Und im Beben den Staub zahlloser Kinder von Adam,

[110] *Friedrich Gottlieb Klopstock*, Werke und Briefe: Historisch-kritische Ausgabe, hg. v. *Horst Gronemeyer* u. a., Abteilung Werke: IV, Bd. 1–2: Der Messias: Text, hg. v. *Elisabeth Höpker-Herberg*, Berlin/New York 1974, hier: Bd. 1, 4 (1. Gesang, Zeile 111–128).

Alle verdorrten Gebeine der todten Sünder, bewegte, [Hesekiel 37,2]
Lag der Messias, mit Augen, die starr auf Tabor gerichtet,
Nichts erschaffenes sahn, des Richtenden Antlitz nur schauten,
Bang, mit Todesschweiße bedeckt, mit gerungenen Händen,
Sprachlos, aber gedrängt von Empfindungen! Stark, wie der Tod trifft,
Schnell, wie Gottes Gedanken, erschütterten Schauer auf Schauer,
Auf Empfindung Empfindung, des ewigen Todes Empfindung
Den, der Gott war, und Mensch. Er lag, und fühlt', und verstummte.
Aber da immer bänger die Bangigkeit, heißer die Angst ward,
Dunkler die Nacht, gewaltiger klang die Donnerposaune; [Exodus 20,18]
Da stets tiefer bebte der Tabor unter Jehovah;
Statt des Todesschweißes, vom Antlitz des Leidenden Blut rann:
Hub er vom Staube sich auf, und streckte gen Himmel die Arm' aus."[111]

Zudem läßt Klopstock sachlich angemessen Christus als intercessor auftreten und fürbittend vor Gott treten, um ihn zu bitten, den Menschen um seiner Wunden und seines Blutes willen Vergebung zu schenken. Auch hier läßt sich Klopstock vollkommen von der Sprache der Bibel leiten und lenken und wirkt in seinen poetischen Text eine ganze Menge von biblischen Zitaten und Anspielungen hinein, zu denen auch das „Protevangelium" (Genesis 3,15) gehört.

„Gott der Liebe, mein Vater, um dieser quellenden Wunden!
Dieser blutigen Krone, die meiner Schläfe sich eingrub!
Dieser Todesangst, die mir die Gebeine durchschüttert!
Dessen, was ich litt, jetzt leide, noch leiden werde!
Dieser Liebe willen, mit der ich, erniedrigt zum Tode,
Bis zu dem Tod' am Kreuze, das Heil der Menschen vollende:
Hör mich, und laß, die ich liebe, getreu bis ans Ende mir bleiben!
Trostvoll sterben! den Lohn der Überwinder empfangen! [Offenbarung 2,10f]
Also dacht', und betet' in sich Er, der von der Welten
Anfang starb, der Herr, barmherzig, und gnädig, und duldend, [Exodus 34,6]
Voller Güte, voll Treu! der ewige Hohepriester
Betet so, da er jetzt zum Allerheiligsten einging.
Aber er wandte vom Grabe sein menschenliebendes Auge
Gegen das todte Meere, wo Adramelech und Satan
Lagen. So wie sich der Blick des sterbenden Gottversöhners
Wandte, so ward, von fliegendem erderschütternden Schrecken,
Bis in die nächtliche Tiefe des todten Meers, er begleitet!
Und da sanken die beyden Verworfnen zur niedrigsten Stufe
Ihres Elends hinab. Der Rathschluß Gottes in Eden:
Jesus soll der Schlange den Kopf zertreten! er wurde
Nun vollendet. Seitdem der Gottversöhner am Kreuze
Blutete, fühlte die Hölle des Überwinders Gerichte!"[112]

---

[111] Ebd., Bd. 1, 110f. (5. Gesang, Zeile 367–382).
[112] Ebd., Bd. 1, 201f. (10. Gesang, Zeile 74–94).

Klopstock steht mit dieser poetischen Metakritik an der die Versöhnungslehre so oder anders verkürzenden Aufklärungstheologie nicht allein. In Christian Friedrich Daniel Schubart (1739–1791) findet er einen Mitstreiter, denn die Lektüre des ‚Messias' ist für ihn ein programmatisches theologisches Bildungserlebnis gewesen. Schubart nämlich, der aufgeklärte, republikanische, ja von manchen als Jakobiner und Revolutionär gefürchtete Publizist und Herausgeber der „Deutschen Chronik"[113], war in theologischer Hinsicht nichts anderes als ein rechtgläubiger Christ. An ihm ist zu beobachten, in welch eine spannungsreiche und lebendige Verbindung eine entschieden politische Aufklärung und die theologische Orthodoxie sich zu begeben fähig waren. Die reformatorische Versöhnungslehre wird bei Schubart zu einem zentralen Thema der geistlichen Dichtung. Für Schubart ist Christi Blut der Grund aller Seligkeit, die den Glaubenden in den Sakramenten zugeeignet wird. Das Blut Christi tritt in Schubarts Gedichten selbst als intercessor auf. Das Blut Christi wird personifiziert und beginnt zu sprechen. Es stellvertritt die sündigen Menschen vor Gott und schreit nach Vergebung:

> „Wir fallen nieder, und wir beten:
> Gott! Vater! Schöpfer! zürne nicht!
> Wie? einen Wurm, den willst du tödten,
> Der unter dir im Staube kriecht? [Psalm 22,7]
> Verschone doch, der Würmer Seyn
> Ist deiner Rache viel zu klein.
>
> Doch nein! Es sind doch diese Würmer
> In deines Himmels Augen groß;
> Weil er, dein Sohn, der Höllenstürmer,
> Für sie Sein theures Blut vergoß.
> Sein Blut, das durch den Himmel schreit:
> Barmherzigkeit, Barmherzigkeit!"[114]

Die applicatio dieser sündenvergebenden Kraft des Blutes Christi indes findet im Abendmahl statt, dort, wo den Kommunikanten unter der Gestalt des Weines das Blut des Gekreuzigten selbst verabreicht wird – ein reformatorischer Gedanke, der in dieser Klarheit bei Klopstock nicht in den Vordergrund tritt wie bei Schubart. Der Gnadenstuhl (Römer 3,25) sei im Abendmahl zu finden und aufzusuchen:

---

113 Vgl. *Christian Friedrich Daniel Schubart*, Gesammelte Schriften und Schicksale, 8 Bde., Stuttgart 1839–1840, ND in 4 Bde.: Hildesheim 1972. Vgl. Schubarts Autobiographie: *Christian Friedrich Daniel Schubart*, Leben und Gesinnungen. Von ihm selbst, im Kerker aufgesetzt, 2 Theile, hg. v. *Ludwig Schubart*, Stuttgart 1791–1793; ferner *David Friedrich Strauß*, Christian Friedrich Daniel Schubart's Leben in seinen Briefen, 2 Bde., Berlin 1849. Eine theologische Untersuchung zu Schubarts Werk ist längst überfällig, fehlt aber.

114 *Christian Friedrich Daniel Schubart*, Ein plötzlicher Tod, in: *ders.*, Sämmtliche Gedichte, von ihm selbst herausgegeben, 2 Bde., Stuttgart 1785, Bd. I, 328–332: 331.

„Sünden, eure Höllenschmerzen
Treiben mich zum Gnadenstuhl; [Römer 3,25]
Denn ihr brennt in meinem Herzen,
Wie in einem Schwefelpfuhl!
Und es schlagen Feuerflammen
Ueber meinem Haupt zusammen.

Ach, wo bist du, Freund der Seele
Arzt der Kranken, wo bist du?
Tropfen nur von deinem Oele
Heilen große Wunden zu. [Lukas 10,34]
Ach, so träufle in das Herze
Lindrung nach dem Höllenschmerze.

Krank, mühselig und beladen [Matthäus 11,28]
Lieg ich auf den Knieen hier,
Rede doch dein Wort der Gnaden:
Kommt, ihr Sünder her zu mir,
Für die Last auf eurem Rücken
Euch mit Labsal zu erquicken.

Doch, o Freude! schon erschallet
Diese Trostesstimme dort,
Und der Tempel wiederhallet
Jenes gnadenvolle Wort:
Jesus tröstet! rufet! winket!
Kommt ihr Müden, ess't und trinket!

Gehst du? O ihr Füße sinket
Vor dem Donner, der euch droht
Wer unwürdig ißt und trinket,
Ißt Gericht und trinket Tod. [1. Korinther 11,29]
Sprich, verklagendes Gewissen,
Bin ich fähig zum Genießen?

Nein! so donnert mein Gewissen,
Sünder, nein, das bist du nicht!
Und du eilst mit schnellen Füßen
Zum Verderben, zum Gericht.
Schau! von diesem Kelche flammen
Blitze, die von fern verdammen.

Doch ich eile, weil mein Herze,
Den Gedanken stammeln kann:
(Diesen Himmel nach dem Schmerze!)
Jesus nimmt die Sünder an. [Lukas 15,2]
Und der Buße Thränen rollen, [Hebräer 12,17]
Wenn die Donner tödten wollen.

Mit Marien Magdalenen
Fall' ich auf mein Angesicht,

Und es sprechen tausend Thränen:
Richter! ach, verstoß mich nicht! [Psalm 27,9]
Sieh auf Zähren, Buß' und Reue,
Sey ein Vater und verzeihe.

Nun ich wandle zum Altare
Als ein armer Sünder hin,
Esse, trinke und erfahre,
Daß ich ausgesöhnet bin.
Ganze Freudenströme fließen
Auf mein durstendes Gewissen.

Fromme Seele, zitt're weiter
Nicht vor Krankheit, Hölle, Tod!
Denn nun sind sie, deine Kleider,
In dem Blut des Lammes roth. [Offenbarung 7,14]
O Versöhner, stürb ich heute
Noch in diesem Feierkleide!" [Sacharja 3,4][115]

Schubart verwendet den Topos „Blut Christi" als pars pro toto des sakramentalen Vollzugs der Sündenvergebung, der Glaubensstiftung und der Tröstung der erschreckten, angefochtenen und irrenden Gewissen:[116]

„Zwar vor Gott bin ich ein Sünder;
Aber ich
Zähle mich
Unter seine Kinder,
Die in Einfalt zu ihm treten, [Weisheit 1,1]
Und zu ihm
Ungestüm
Um Erbarmung beten.

Flossen nicht im Kelch' und Bade
(Seele sprich!)
Auch für dich
Ströme seiner Gnade? [Johannes 7,38]
Nun, was kann dich jetzt verdammen?
Höllengluth?
Christi Blut,
Löschet diese Flammen.

Ist das Grab weit aufgerissen:
Meine Brust
(Welche Lust!)
Stählt ein gut Gewissen. [1. Timotheus 1,19]
Sanft, wie meine Triebe waren,

115 *Schubart*, An einem Communiontage, in: ebd., Bd. I, 289–292.

116 Zur Thematik des getrösteten Gewissens vgl. etwa: *Harald Diem*, Luthers Lehre von den zwei Reichen untersucht von seinem Verständnis der Bergpredigt aus: Ein Beitrag zum Problem: „Gesetz und Evangelium", München 1938 (BhEvTh 5), 42–50 u.ö.

Schlaf' ich ein!
Mein Gebein!
Wird der Herr bewahren [Psalm 34,21]."[117]

Eine schöne Zusammenfassung der Versöhnungslehre Schubarts bietet sein Gedicht „Gethsemane". Ganz in der Art Luthers wird Christus hier als derjenige besungen, der den gesamten Zorn Gottes, das ganze Weltgericht getragen hat, dem die Sünde der Welt Wunden geschlagen hat.

„Wer ist der große Sterbende?
Der dorten in Gethsemane
In schauervoller Einsamkeit
So müde, so verlassen schreit:

Ich bin betrübt bis in den Tod, [Matthäus 26,38]
In allen Adern wühlt der Tod.
Da lieg ich wie ein Wurm vor dir, [Psalm 22,7]
Mein Vater, nimm den Kelch von mir.

Doch allgewaltig schrecken sie
Die Donner von dem Sinai, [Exodus 20,18]
Und aus des Richters Auge bricht
Ein unerbittliches Gericht.

Fallt nieder, Sünder, betet! wacht!
Und seht die fürchterliche Nacht,
Die über jenem Manne hängt,
Der dorten mit dem Tode ringt. [Lukas 22,44]

Schwer liegt auf ihm des Richters Grimm,
Die Füße brechen unter ihm.
Und aus gepreßten Adern dringt
Sein Todesschweiß, mit Blut vermengt. [Lukas 22,44]

Noch brennt der Rache tiefe Gluth,
Noch trinkt die Erde Schweiß und Blut,
Die unter ihm vor Angst sich regt
Und ihrer Todten Staub bewegt.

Es liegt auf seinem Rücken ganz
Des Richters Zorn, die Hölle ganz.
Und Tod auf Tod, und Grab auf Grab
Stürzt donnernd in die Seel' hinab.

Er redet nicht, er winselt nur
Und die mitklagende Natur [Römer 8,19–22]
Spricht jeden Seufzer tausendfach
Den Felsen und Gebirgen nach.

---

[117] *Schubart*, Die Sprache des guten Gewissens im Tode, in: *ders.*, Gedichte, Bd. I, 385–389: 387f.

Weltrichter, warum schlägest du
Mit hohem Arme auf ihn zu?
Es schreckt der Antwortdonner mich:
Für Sünder blutet Er, für dich. [1. Johannesbrief 1,7]

Ja, unsre Sünden drücken dich;
Nicht deine, Herr, so fürchterlich!
Wir weckten Gottes Eiferglut,
Wir färbten deinen Schweiß mit Blut.

O Mittler! zeige mir nur nicht
Die Miene vor dem Weltgericht.
Im Blutschweiß lieg' ich arm und bloß,
Der dir von deiner Stirne floß.

Wenn nun der größte Menschenfeind,
Der Satan, mit dem Tod erscheint,
Und meiner müden Seele graut,
So rede diese Erde laut.

Dann steigt ein Jauchzen in die Höh',
Gethsemane, Gethsemane!
Mein Heldenglauben segnet dich,
Dort floß auch Schweiß und Blut für mich."[118]

Wie bei Klopstock findet auch bei Schubart die aus der aufgeklärten Theologie weitenteils verbannte Versöhnungslehre reformatorischer Provenienz im geistlichen Gedicht eine neue Heimat. Alle orthodoxen Propria der Versöhnungslehre, die selbst von den neo-orthodoxen Theologen abgelehnt worden sind, finden sich bei Klopstock und Schubart in poetischer Brechung wieder. Schubart allerdings hat das Ganze noch konsequenter sakramentstheologisch zuende gedacht. Aber sowohl Klopstock als auch Schubart stehen in der Tradition der hymnischen und gesanglichen Umsetzung der orthodoxen Loci-Dogmatik und ihrer Versöhnungslehre in den Passionschorälen. Die orthodoxe Dogmatik findet bei Krafft eine homiletische Nische, bei Klopstock und Schubart jedoch eine poetische und hymnische. Alle drei Theologen sind darin miteinander verwandt, daß sie nicht mit bloß theoretischen Schriften in den Streit mit der aufgeklärten Theologie eintreten, sondern das schwerste Geschütz gegen den theologischen Zeitgeist aufbieten, nämlich die applicatio der alten Lehre in der Predigt und im Gesang der Gemeinde Jesu Christi. Deismus und Neologie auf der einen Seite und die Neo-Orthodoxie auf der anderen Seite haben mehr oder weniger stark in rationalistischer Weise die Versöhnungslehre entweder ganz geopfert oder aber zumindest die reformatorischen Eckdaten derselben dem Zeitgeist als Opfer dargebracht. Gegen dieses sacrificium, das der aufgeklärte Intellekt vornimmt, bieten die zuletzt behandelten Theologen der Sache nach die vom Glauben erleuchtete Vernunft auf. Dieser Glaube ist

[118] *Schubart*, Gethsemane, in: ebd., Bd. I, 270–272.

nicht bereit, die Versöhnungslehre zu opfern – weder ganz noch teilweise. Sondern diese Metakritik und Glaubenskritik ergreift das sacrificium Christi neu und eignet es sich auf neue Weise wieder an. Kein sacrificium intellectus fordert diese reformatorische Metakritik an der Opferkritik. Die Vernunft soll die Versöhnungslehre nicht opfern, und die Rechtgläubigkeit soll die Vernunft nicht auf den Opferaltar tragen. Vielmehr soll der Intellekt des Menschen durch die Predigt der Versöhnung erleuchtet werden und das uns zugut geschehene Opfer Gottes sich aneignen.

Hierauf wird künftig in der Erforschung der Theologiegeschichte der Aufklärungszeit stärker zu achten sein: Die schärfste Kritik erfährt die vernünftige Kritik auf der Ebene der applikativen Theologie: In den Predigten von eher unbekannten Theologen und in der Dichtertheologie, die in der Aufklärungszeit zu einer Nische der orthodoxen Theologie avanciert und ein unschätzbares Potential konstruktiver reformatorischer Kritik entfaltet.

Albrecht Ritschl – und nicht nur er – hat die These vertreten, daß die Versöhnungslehre sich seit der Reformationszeit und zumal während der Zeit der Aufklärung einer immer stärker zunehmenden Bereinigung von allem „Unvernünftigen“ und „Gott Unanständigen“ erfreut habe. Daß hierin Ritschls persönliche Abneigungen gegen die reformatorische Versöhnungslehre eine nicht unerhebliche Rolle gespielt haben dürften, ist nicht zu übersehen. Schon alleine Justus Christoph Krafft, aber auch Klopstock und Schubart, von denen man nie gedacht hätte, daß sie auch nur ein aufgeklärtes Wässerchen zu trüben vermochten, verunreinigen und falisifizieren diese These von der vermeintlichen Bereinigung. Denn die Partei derer, die mitten in der Aufklärungszeit weder dem Rationalismus, noch dem Deismus, noch der Neologie, noch dem oft versteinerten und bornierten Orthodoxismus angehört haben, ist stärker, als man gemeinhin zuzugeben bereit ist. Dies – so meine ich – ist eine wichtige theologiegeschichtliche und theologische Erkenntnis, die sich dem, der mit viel Geduld die unbekannten Theologen zwischen den bekannten erforscht, immer tiefer einprägen und bestätigen wird.

Horst Weigelt

Die Beziehungen Lavaters zu Abt Jerusalem und zu anderen Mitgliedern des Collegium Carolinum

Das Collegium Carolinum, 1745 von Herzog Karl I. in seiner Residenzstadt Braunschweig als akademisches Erziehungs- und Bildungsinstitut gegründet, zählte im 18. Jahrhundert zu den bedeutenden Zentren der deutschen Aufklärung. Wie viele andere hat auch Johann Kaspar Lavater (1741–1801) mit mehreren Mitgliedern dieser Akademie, insbesondere mit ihrem Initiator und Direktor, dem bedeutenden Neologen Johann Friedrich Wilhelm Jerusalem (1709–1789), Abt von Riddagshausen, in Kontakt gestanden.

Im folgenden soll zunächst auf die Anfänge der Beziehungen Lavaters zu den Carolinern, besonders zu Jerusalem, eingegangen werden. Sodann wird vor allem das Verhältnis zwischen den beiden Theologen Lavater und Jerusalem in den Blick genommen werden.[1] Schließlich wird es um die späten Beziehungen Lavaters nach Braunschweig gehen. Hierbei soll sein Verhältnis zu Jerusalem nach seinem letzten Besuch in Braunschweig im Sommer 1786 anläßlich seiner Reise nach Kopenhagen dargestellt werden.

I.

Die Anfänge der persönlichen Beziehungen Lavaters zu den Carolinern reichen zurück in die Zeit seiner ausgedehnten Studien- und Bildungsreise, zu der er am 8. März 1763 von Zürich aus aufgebrochen war.[2] Eigentliches Ziel dieser Reise war Barth in Schwedisch-Pommern, wo der Präpositus und Pfarrer Johann Joachim Spalding wirkte. Ein längerer Aufenthalt bei

---

1 Hierzu siehe auch *Andrea Ehlert*, „Euer Hochwolgebohren nehme ich mir die Ehre ...": J. F. W. Jerusalem in seinen Briefen, in: Abt Johann Friedrich Wilhelm Jerusalem (1709–1789), hg. v. *Klaus Erich Pollmann* , Braunschweig 1991, 77–85 (Braunschweiger Werkstücke, Reihe A, Bd. 32). Weil den einschlägigen Werken und Briefen Lavaters zu wenig und der Lavaterforschung kaum Aufmerksamkeit geschenkt wurde, sind die in diesem Beitrag gebotenen Ausführungen zum Briefwechsel Jerusalems mit Lavater vielfach unpräzis und teilweise unrichtig.

2 Über die Bildungsreise siehe *Horst Weigelt*, Johann Kaspar Lavater: Leben, Werk und Wirkung, Göttingen 1991, 8–11. Demnächst wird das umfangreiche Diarium, das Lavater auf seiner Studien- und Bildungsreise 1763/64 geführt hat, in einer kritischen Edition von Horst Weigelt herausgegeben, in der Reihe „Texte zur Geschichte des Pietismus" in Göttingen im Druck erscheinen.

diesem literarisch vielfältig ausgewiesenen Theologen war dem jungen Lavater, der wegen der Grebelaffäre seine Vaterstadt für einige Zeit verlassen mußte,[3] von seinen akademischen Lehrern, besonders von Johann Jakob Breitinger, empfohlen worden. Spalding war theologisch der gemäßigten Neologie verpflichtet, literarisch anti-gottschedisch gesinnt und philosophisch vor allem nach England hin orientiert. Seine Heimreise trat Lavater am 24. Januar 1764 in Barth an und unterbrach sie für mehrere Wochen in Berlin. Am 8. und 9. März machte er in Braunschweig Station. Er kam von Halberstadt, wo er am 7. März den Dichter Johann Wilhelm Ludwig Gleim besucht hatte. Hier in Braunschweig stattete er zusammen mit seinen zwei mitreisenden Jugendfreunden Felix Heß und Heinrich Füssli, dem später bedeutenden Historienmaler, Abt Jerusalem einen Besuch ab. Bei dieser Gelegenheit begegnete er auch anderen Carolinern.

Literarisch hatte Lavater die Caroliner allerdings schon zuvor, während seines Aufenthaltes in Barth, seinem mehrmonatigen Elysium, kennengelernt. Im Rahmen seiner breit gestreuten, vielfach recht zufällig anmutenden Lektüre hatte er sich sowohl mit den Werken des Theologen Jerusalem als auch mit denen des Übersetzers Johann Arnold Ebert und des Schriftstellers Friedrich Wilhelm Zachariae beschäftigt. Von dem Braunschweiger Theologen studierte und exzerpierte er dessen 1762 erschienenes Werk „Briefe über die Mosaischen Schriften und Philosophie“[4]. Außerdem befaßte er sich während seines Studienaufenthaltes mit dessen „Sammlung einiger Predigten“, deren erster Teil 1745 und deren zweiter 1752 erstmalig erschienen war[5].

Von Ebert las er in Barth nicht nur dessen Übersetzung von Edward Youngs „Resignation“, sondern verfaßte von diesem Gedicht auch eine Rezension.[6] Da er des Englischen jedoch nicht hinreichend mächtig war, nahm er bei der vergleichenden Beurteilung der Übersetzung mit dem

---

[3] Lavater hatte die korrupten Praktiken des Landvogtes Felix Grebel angeprangert und so eine gerichtliche Untersuchung erzwungen.

[4] Siehe *Lavater*, Reisetagebuch, Einträge vom 16. bis 21. September 1763, Zürich, Zentralbibliothek, FA Lav. Ms. 8. Bezüglich der bibliographischen Daten dieses Werkes Jerusalems siehe *Wolfgang Erich Müller*, Johann Friedrich Wilhelm Jerusalem: Eine Untersuchung zur Theologie der „Betrachtungen über die vornehmsten Wahrheiten der Religion“, Berlin und New York 1984 (TBT 43), 239 (Nr. 13).

[5] Siehe *Lavater*, Reisetagebuch, Eintrag vom 21. Oktober 1763, Zürich, Zentralbibliothek, FA Lav. Ms. 9: „Wir lasen darnach in Jerusalems Predigten einige Stellen von der Person Christi.“ Bezüglich der bibliographischen Daten der zweiteiligen Predigtsammlung Jerusalems siehe *Müller* (wie Anm. 4), 239 (Nr. 3 und 8).

[6] Siehe *Lavater*, Reisetagebuch, Einträge vom 6. August, 2. und 3. Oktober 1763, Zürich, Zentralbibliothek, FA Lav. Ms. 7 und 9. Die Rezension (Die Gelassenheit im Leiden an die Frau B ... Das wäre meines Herzens Freud und Wonne, wenn ich dich mit fröhlichen Munde loben sollte. Ps. 63.6. Ein Gedicht von Dr. Eduard Young. Aus dem englischen übersetzt, von J. A. Ebert. Prof. Braunschweig/im Verlag der fürstl. Waysenhaus Buchhandlung 1763) erschien in: Ausführliche und kritische Nachrichten von den besten und merkwürdigsten Schriften unsrer Zeit nebst andern zur Gelehrtheit gehörigen Sachen, 5. St, Lindau und Leipzig 1764, 324–332.

englischen Original dankbar die Hilfe seines Reisegefährten und Freundes Füssli in Anspruch.[7] In der Besprechung würdigte er Eberts Fähigkeit als Übersetzer und benutzte ein Young-Zitat zu einem heftigen Angriff auf Voltaire. Bei der Charakterisierung von Youngs Werk beschränkte er sich auf eine häufige Wiedergabe ausgewählter Zitate aus Eberts Übersetzung. Außerdem beschäftigte sich Lavater während seines Aufenthaltes bei Spalding mit Eberts Übersetzung von Richard Glovers „Leonidas".[8] Von Zachariae lernte Lavater in Barth einige Gedichte kennen: „Die vier Stufen des Weiblichen Alters", „Die Tageszeiten" sowie das scherzhafte Studentenepos „Der Renomiste. Ein komisches Heldengedichte".[9]

Zur ersten persönlichen Begegnung Lavaters mit den Mitgliedern des Collegium Carolinum kam es in Braunschweig am 8. und 9. März 1764. Obgleich er nur etwa eine halbe Stunde im Hause Jerusalems weilte[10], dachten beide noch lange daran. Jerusalem erinnerte sich dreiundzwanzig Jahre später noch minutiös genau an den Ablauf dieses Zusammenseins,[11] und Lavater rechnete fünf Jahre später in einem Brief diese Begegnung „unter die glücklichsten" seines Lebens.[12] Für Lavaters damalige theologische Position ist es aufschlußreich, daß er eine Woche nach dieser Begegnung an Spalding schrieb: Jerusalem „denkt wie wir und Diterich von unserm Herrn; Clarke sagt ihm noch zu wenig von ihm."[13] Er konstatierte also keinen Unterschied in der Christologie zwischen Jerusalem und Spalding sowie zu sich selbst. Dabei ist zu beachten, daß sich Lavater – worauf hier nicht näher eingegangen werden kann – während seines Aufenthaltes in Barth der Aufklärungstheologie seines Gastgebers und väterlichen Freundes geöffnet und zugewandt hatte.

Aber nicht nur mit Jerusalem, sondern auch mit anderen Gelehrten am Carolinum ist Lavater damals in Braunschweig zusammengetroffen. Über-

---

7 Siehe *Lavater*, Reisetagebuch, Eintrag vom 3. Oktober 1763, Zürich, Zentralbibliothek, FA Lav. Ms. 9.

8 Siehe *Lavater*, Reisetagebuch, Einträge vom 13. u. 14. sowie 17. Oktober 1763, Zürich, Zentralbibliothek, FA Lav. Ms. 9; *Richard Glover*, Leonidas, ein Heldengedicht: Aus dem Englischen übersetzt nach der 3ten Ausgabe von J. A. Ebert, Hamburg 1749.

9 Siehe *Lavater*, Reisetagebuch, Einträge vom 22. und 24. September sowie 11. Oktober 1763, Zürich, Zentralbibliothek, FA Lav. Ms. 8. Im Diarium hat sich Lavater jedoch nicht näher über diese Gedichte geäußert.

10 Siehe Brief: Lavater an Eltern, 7./15. März 1764, Zürich, Zentralbibliothek, FA Lav. Ms. 570, Nr. 58.

11 Siehe Brief: Jerusalem an Lavater, 22. Juli 1786, Zürich, Zentralbibliothek, FA Lav. Ms. 515, Nr. 271.

12 Siehe Brief: Lavater an Jerusalem, 22. Januar 1768 [recte 1769!], Zürich, Zentralbibliothek, FA Lav. Ms. 567, Nr. 125.

13 Brief: Lavater an Spalding, 14. März 1764, Zürich, Zentralbibliothek, FA Lav. Ms. 581, Nr. 70. Bei dem im Brief erwähnten Diterich handelt es sich um den auch literarisch hervorgetretenen Theologen Johann Samuel Diterich (1721–1797), seit 1770 Oberkonsistorialrat; der englische Theologe und Philosoph Samuel Clarke (1675–1729) wurde aufgrund seiner Boyle Lectures (1704/1705) eines verdeckten Deismus bezichtigt.

liefert ist eine Begegnung Lavaters mit Zachariae,[14] Professor ordinarius Poëseos, und mit Ebert, der sich in erster Linie als Übersetzer von Werken englischer Dichter hervorgetan hat. Ferner lernte Lavater damals auch Professor Konrad Arnold Schmid und Karl Christian Gärtner, den Herausgeber der „Bremer Beiträge", kennen. Bei letzteren war er einen ganzen Abend lang zu Gast.[15] Noch unmittelbar unter dem Eindruck dieses Zusammenseins stehend, schrieb Lavater an Spalding:

> „Ich finde keine Worte, Ihnen zu sagen, welche Hochachtung und Liebe Gärtner verdient. Seine Einsichten sind sehr helle und ausgebreitet; sein Geschmak fein und richtig; sein Herz ganz ohne Falschheit; er ist ein Christ, der sich seines Christenthums nicht schämt; und o wie viel wie viel hat das schon auf sich. Ebert scheint auch würdig zu seyn Youngs Nächte übersetzt zu haben; Zachariä ist der schönste Mann, den ich gesehen, aber in seiner Miene fehlet Tiefsinn und Ernst. Schmidt [...] verdiente auch bekannte zu seyn. Seine geistliche Oden und Lieder auf die Geburt Christi sind in ihrer Art größtentheils Meisterstüke zum wenigsten in Ansehung der Poesie, sie sind lateinisch und deutsch".[16]

Auch nachdem Lavater am 26. März 1764 von seiner Studienreise wieder nach Zürich zurückgekehrt war, hat er die Braunschweiger nicht aus den Augen verloren. Jedenfalls hat er sogleich nach dem Erscheinen des ersten Bandes von Jerusalems „Betrachtungen über die vornehmsten Wahrheiten der Religion" im Jahre 1768 dieses Werk gelesen.[17] Wie sehr Lavater offensichtlich dieses bedeutende theologische Werk Jerusalems geschätzt hat, wird daran deutlich, daß er seinem Freund und einstigen Reisegefährten Felix Heß auf seinem Sterbebett daraus die Abhandlung über die „Himmlische Glückseligkeit" vorgelesen hat.[18]

Intensiviert wurden die Beziehungen zwischen dem Zürcher Pfarrer und den Carolinern dann, als Lavaters Jugendfreund Johann Georg Zimmermann, bislang Arzt im aargauischen Brugg, im Sommer 1768 einen Ruf als großbritannischer Leibarzt an den Hof nach Hannover erhielt. Noch vor seiner Übersiedlung wies Lavater ihn brieflich auf diejenigen Personen hin, deren Bekanntschaft er in dem unweit entfernten Braunschweig unbedingt

[14] Hierzu und dem Folgenden siehe ebd.

[15] Siehe Brief: Lavater an Eltern, 7./15. März 1764, Zürich, Zentralbibliothek, FA Lav. Ms. 570, Nr. 58.

[16] Brief: Lavater an Spalding, 14. März 1764, Zürich, Zentralbibliothek, FA Lav. Ms. 581, Nr. 70.

[17] Hinweise auf die Lektüre finden sich in folgenden Briefen: Lavater an Zimmermann, 21. Juni 1768, Zürich, Zentralbibliothek, FA Lav. Ms. 589c; Lavater an Jerusalem, 22. Januar 1768 [recte 1769!], ebd., Ms. 567, Nr. 125. Bezüglich der bibliographischen Daten dieses Werkes Jerusalems siehe *Müller* (wie Anm. 4), 240 (Nr. 17, vgl. Nr. 22–24). In diesem Zusammenhang sei auf folgende günstige Auswahlausgabe hingewiesen: *Johann Friedrich Wilhelm Jerusalem*, Betrachtungen über die vornehmsten Wahrheiten der Religion, hg. v. *Wolfgang Erich Müller* (Niedersächsische Bibliothek Geistlicher Texte 2), Hannover 1991.

[18] Siehe *Johann Kaspar Lavater*, Denkmal auf Herrn Felix Heß, weyland Diener Göttlichen Wortes in Zürich, in: *ders.*, Vermischte Schriften, Bd. 1, Winterthur [1774], 147f. Felix Heß starb am 3. März 1768.

suchen sollte. In einem Schreiben nannte er den „scharfsinnigen – und in seiner Stimme Ton den ehrlichen Hofmann" zeigenden Jerusalem, den Schriftsteller Zachariae, dessen „hohes Personnage in Gold und Silber, und die Bonvivantische Miene, und die hohen Augenbrauen" ihm „einige characteristische Züge von einem Deutschen Profeßor ins Gedächtniß graben" werden, und schließlich Ebert, der eine „außerordentliche Kenntniß alles deßen" besitze, „was zu England gehört".[19]

Tatsächlich wurde Zimmermann zu einer nicht unwichtigen Mittelsperson zwischen Lavater und den Carolinern. Einerseits informierte er den Zürcher Prediger sporadisch über das Ergehen der Braunschweiger Gelehrten,[20] andererseits unterrichtete er diese über das Befinden seines Freundes.[21]

II.

Im Jahre 1768 vollzog sich bei Lavater eine theologische Umorientierung.[22] Während er bis dahin, das heißt seit seinem Aufenthalt bei Spalding[23], einer milden Neologie anhing, erhielt sein Denken und Wollen nun eine neue „christologische" Ausrichtung. Es ging ihm fortan zuerst und vor allem um manifestes, aufweisbares Christuserleben. Er verlangte nach sensitiver Transzendenzerfahrung in der Immanenz. Allerdings soll damit nicht behauptet werden, daß Lavater damit die Aufklärungstheologie völlig hinter sich gelassen habe. Vielmehr ist er mit einzelnen ihrer Elemente weiterhin verbunden geblieben.

Selbstverständlich blieb Jerusalem Lavaters theologische Umorientierung nicht verborgen, zumal dieser selbst ihm mehrere seiner Schriften hatte zukommen lassen. Nach dem allerdings nur teilweise erhaltenen Briefwechsel handelt es sich zumindest um folgende Publikationen: Durch Zimmermanns Vermittlung erhielt Jerusalem im August 1768 den ersten Band von

---

19 Brief: Lavater an Zimmermann, 21. Juni 1768, Zürich, Zentralbibliothek, FA Lav. Ms. 589c.

20 Siehe zum Beispiel die Briefe: Lavater an Zimmermann, [7.] November 1772 und 3. März 1777, Zürich, Zentralbibliothek, FA Lav. Ms. 587, Nr. 29 u. 71.

21 Siehe zum Beispiel die Briefe: Zimmermann an Jerusalem, 15. November 1768, 19. Februar 1769, 26. Januar, 10. Juni 1770 und 22. Juni 1770, Wolfenbüttel, Niedersächsisches Staatsarchiv, 298 N 302, Bl. 63r-v, 65r-66v, 68r-v, 70r-71v, 72r-v.

22 Über Lavaters theologische Neuorientierung siehe *Weigelt*, Lavater (wie Anm. 2), 14–19.

23 Briefe: Lavater an Heinrich Heß, 5. Mai 1763, Zürich, Zentralbibliothek, FA Lav. Ms. 565, Nr. 134: „Spalding ist der philosophische Christ, den ich lange schon suchte"; Lavater an Eltern, 2. September 1763, ebd., Ms. 570, Nr. 33: „Im Schulstaube lernt man gewiß das Große der Religon nicht – man macht eine Wortwißenschaft aus ihr, wobey man was zu denken glaubt; ich erschrak vor meiner eigenen Unwißenheit und der Dunkelheit meiner Begriffe, sobald ich von Sp. in das offenere Feld der deutlichen und reinen Vorstellungen der Religion hineingeführet wurde".

Lavaters „Aussichten in die Ewigkeit“[24] – vorab bogenweise – zugesandt.[25] Auch Lavaters Übersetzung von Charles Bonnets naturphilosophischem Werk „La palingénésie philosophique“, dessen zweiten Teil er 1769 unter dem Titel „Bonnets philosophische Untersuchung der Beweise für das Christenthum“ veröffentlicht hat,[26] war Jerusalem bekannt.[27] Lavater hatte sie mit einer Zuschrift an Mendelssohn versehen, in der er diesen aufforderte, Bonnets Ausführungen zu widerlegen, wenn er dessen Beweisgründe für das Christentum als falsch ansehe; andernfalls sollte er tun, „was Klugheit, Wahrheitsliebe, Redlichkeit“ ihn tun hießen: „Was Socrates gethan hätte, wenn er diese Schrift gelesen, und unwiderleglich gefunden hätte“.[28]

Ob Jerusalem dann auch unter den Empfängern des im September 1769 versandten Traktates „Drey Fragen von den Gaben des Heiligen Geistes“[29] gewesen ist, konnte bislang nicht eindeutig geklärt werden. Allerdings spricht einiges durchaus dafür, zumal Lavater sehr daran gelegen war, diese Abhandlung einer Reihe von prominenten Theologen zur Begutachtung vorzulegen. Gesichert ist dagegen, daß er Jerusalem das im Frühjahr 1771 gedruckte Schreiben sandte,[30] in welchem er um Hinweise auf historisch zuverlässig bezeugte Wunderberichte aus der Alten Kirche, aus der Reformationszeit und aus der Gegenwart bat. Gestützt auf diese Mitteilungen plante er eine „Untersuchung“, ob

> „der Elende, dem keine menschliche Weisheit und Kraft helfen kann, auch izt noch, die allmächtige Kraft Christi, gleich den ersten Christen, sich zu Nutze machen – ob der Christ des achtzehnten Jahrhunderts so gut als der des ersten in eine unmittelbare und augenscheinliche Gemeinschaft mit Gott durch Christum gelangen könne“.

---

[24] *Johann Kaspar Lavater*, Aussichten in die Ewigkeit: In Briefen an Herrn Joh. Georg Zimmermann, königl. Großbrittannischen Leibarzt in Hannover, 4 Bde., Zürich 1768–1778.

[25] Siehe Brief: Zimmermann an Lavater, 15. August 1768, Zürich, Zentralbibliothek, FA Lav. Ms. 533, Nr. 178.

[26] Herrn Carl Bonnets ... philosophische Untersuchung der Beweise für das Christenthum. Samt desselben Ideen von der künftigen Glückseligkeit des Menschen, [übersetzt und hg. v. *Johann Kaspar Lavater*,] Zürich 1769.

[27] Siehe Brief: Zimmermann an Jerusalem, 26. Januar 1770, Wolfenbüttel, Niedersächsisches Staatsarchiv, 298 N 302, Bl. 70r–71v.

[28] Philosophische Untersuchung (wie Anm. 26), unpaginiert (An Herrn Moses Mendelssohn, in Berlin); vgl. *Moses Mendelssohn*, Gesammelte Schriften, Bd. 7: Schriften zum Judentum 1, bearbeitet von *Simon Rawidowicz*, Stuttgart 1974, 27.

[29] [*Johann Kaspar Lavater*,] Drey Fragen von den Gaben des Heiligen Geistes. Allen Freunden der Wahrheit zur unpartheyisch-exegetischen Untersuchung vorgeleget ... Im September 1769.

[30] Ein Exemplar dieses vierseitigen Privatdruckes findet sich in Wolfenbüttel, Niedersächsisches Staatsarchiv , 298 N 302 Bl. 18r–19v; auszugsweise eingerückt bei *Georg Geßner*, Johann Kaspar Lavaters Lebensbeschreibung von seinem Tochtermann, Bd. 1, Winterthur 1802, 49–51. Das gedruckte Exemplar, das Lavater an Jerusalem abgehen ließ, trägt das handschriftlich eingetragene Datum vom 28. Mai. Außerdem hatte Lavater noch folgendes Postskriptum mit eigener Hand hinzugefügt: „Eüere Hochw. dürfen sich nicht bemühen, mir selber zuschreiben. Ein einziges Wort an H. Zimmermann, oder noch lieber, durch irgend einen Candidaten wird schon meine ganze Dankbarkeit verdienen“.

Ferner schickte er Jerusalem seine „Betrachtungen über sich selbst".[31] Dieser hat sie zusammen mit seinen Angehörigen erfreut gelesen, wobei sich jedes Familienmitglied „ein Vergnügen" daraus machte – so schrieb er an Lavater –, „mit Ihnen gleiche Empfindungen zu haben".[32] 1774 ließ ihm Lavater auch das „Denkmahl"[33] zukommen, eine Schrift zum Gedenken an seinen früh verstorbenen Jugendfreund Johann Felix Heß, der – wie erwähnt – mit ihm zusammen Jerusalem auf der Studienreise besucht hatte.[34] Am Tag nach der Lektüre dieser Gedächtnisschrift schrieb Jerusalem an Lavater: „Gestern Abend wurde das Denkmal Ihres liebenswürdigen seeligen Freundes mit eben den zärtlich wehmütigen Empfindungen gelesen, wann Sie es aufgesetzt; es fielen hier auch noch Thränen auf sein Grab; und was für ein schönes Denkmaal für Ihr eigenes edles Herz". Schließlich hat sich Jerusalem auch in Lavaters „Physiognomik" vertieft.[35] Hierbei handelte es sich um die „Physiognomischen Fragmente",[36] die zwischen 1775 und 1778 in vier dicken Folianten erschienen sind. Jerusalem hatte Lavaters bereits seit langem im Freundeskreis angekündigte „Fragmente" – „bey aller der Zuversicht" in dessen „scharfsinnigem Beobachtungsgeist" – zwar mit gewisser Bangigkeit erwartet, war aber dann von dem vorliegenden Werk sehr angetan; vor allem war er über „die Stärke und das Colorit" des „Ausdrucks entzückt"[37].

Mit an Sicherheit grenzender Wahrscheinlichkeit hat Lavater aber Jerusalem seine theologische Neuorientierung auch unmittelbar mitgeteilt. Da sein Insistieren auf buchstäblich handgreifliche Christuserfahrung jedoch vielfach – und nachweislich auch bei Jerusalem – auf Kritik und Ablehnung gestoßen war, sandte er am 14. September 1769 an Zimmermann einen Zettel mit chiffrierten Versen, den er versiegeln und an Jerusalem weiterreichen sollte. Mittels dieses Schriftstückes wollte Lavater zu gegebener Zeit beweisen, daß sein Ausschauhalten nach manifester Transzendenzerfahrung nicht vergeblich gewesen sei. Die aufschlußreiche Briefpassage Lavaters an Zimmermann lautet:

---

31 Es läßt sich nicht ausmachen, ob es sich um die 1770 in Zürich erschienene Schrift „Nachdenken über Mich Selbst", um das 1772 anonym in Leipzig publizerte Werk „Geheimes Tagebuch. Von einem Beobachter Seiner Selbst" oder um das 1773 in Leipzig gedruckte Werk „Unveränderte Fragmente aus dem Tagebuche eines Beobachters seiner Selbst" handelt.

32 Brief: Jerusalem an Lavater, 7. Mai 1774, Zürich, Zentralbibliothek, FA Lav. Ms. 515, Nr. 268.

33 *Johann Kaspar Lavater*, Denkmal auf Johann Felix Heß, weyland Diener Göttlichen Wortes, Winterthur 1774.

34 Hierzu und dem Folgenden siehe Brief: Jerusalem an Lavater, 7. Mai 1774, Zürich, Zentralbibliothek, FA Lav. Ms. 515, Nr. 268.

35 Siehe Brief: Jerusalem an Lavater, 9. Juli 1775, Zürich, Zentralbibliothek, FA Lav. Ms. 515, Nr. 269.

36 *Johann Kaspar Lavater*, Physiognomische Fragmente, zur Beförderung der Menschenkenntniß und Menschenliebe, 4 Bde., Leipzig und Winterthur 1775–1778.

37 Brief: Jerusalem an Lavater, 9. Juli 1775, Zürich, Zentralbibliothek, FA Lav. Ms. 515, Nr. 269.

„Ich bitte Dich, lieber Freund, beyliegende in Zifern, wozu der Schlüßel beygefügt ist, abgefaßte Verse, sorgfältig aufzubewahren; und die Innlage, welches ein gleiches Stück ist, noch mit Deinem Petschaft zu versiegeln, das Datum darauf zu schreiben, und Herrn Abt Jerusalem, als ein Vermächtniß von mir, oder unter was für einen Titel Du es sonst gut finden magst, ohne Fehl zur Verwahrung zuübergeben, bis ich gestorben bin, oder es ihn sonst öffnen heiße. Fürchte Dich nicht, mein Lieber! Fürchte Dich nicht! Ich weiß, an wen ich glaube ... Du wirst mir danken; und die Wahrheit wird triumphiren. Nun kein Wort mehr! Verzeihe! Verzeihe ... es wird zwar eine Zeit kommen, da Du zu mir sagen wirst: Verzeihe! Verzeihe!“[38]

Zimmermann hat den Empfang dieses Schreibens samt der Anlagen in seinem Antwortbrief bestätigt,[39] jedoch gab er diese erst Ende Januar 1770 an Jerusalem weiter. Er habe sie aus „zärtlicher Besorgnis“ um die „Ehre“ seines Jugendfreundes bislang zurückbehalten. Nun übersende er sie, weil er von der unbedingten Diskretion Jerusalems überzeugt sei. Trotzdem merkte er in seinem Begleitschreiben an: „Nur bitte ich mir das vollkommenste Stillschweigen über die Sache aus, denn das Hirn meines Lavaters scheint mir wahrlich etwas krank.“[40] Die Versiegelung des Zettels war für ihn absurd und deshalb stellte er es Jerusalem frei, schon jetzt das Siegel zu erbrechen.

Nach den erhaltenen Quellen ist es zwischen Jerusalem und Lavater nur über die Eschatologie zu einer theologischen Auseinandersetzung gekommen. Jerusalem hat an Lavaters Eschatologie[41] mehrfach Kritik geübt, wobei er dazu von Zimmermann gedrängt worden war. Dieser hatte nämlich, wie schon erwähnt, Jerusalem den ersten Band der „Aussichten in die Ewigkeit“

---

[38] Brief: Lavater an Zimmermann, 14. September 1769, Zürich, Zentralbibliothek, FA Lav. Ms. 589c.

[39] Siehe Brief: Zimmermann an Lavater, 29. Januar 1770, Zürich, Zentralbibliothek, FA Lav. Ms. 533, Nr. 189. In diesem Brief hat der erfahrene Arzt Zimmermann übrigens deutlich artikuliert, was er von dem Insistieren auf manifeste Christuserfahrung hielt: „Ich gestehe Dir aufrichtig, ob ich gleich vormals sehr gewünscht habe, daß Dein Traum von der Kraft des Glaubens und des Gebethes wahr sey, daß ich itzt noch weit mehr wünsche, Du möchtest in Deinem Leben diesen Traum niemals gehabt haben. ... Ich sage es Dir vor dem Angesichte Gottes, so ist es wahrhaftig Zeit, Dich den Händen der Ärzte zu übergeben. Die Moralisten unter Deinen Freunden müssen Dich überführen können, daß Du bey der größten eingebildeten Demuth doch vielleicht ein Mensch bist, der mehr Eigendünkel hat als kein Mensch in der Welt. Dein Vater, Schmitz, Hirzel, sollten vorzüglich Dein Hirn verwahren“.

[40] Brief: Zimmermann an Jerusalem, 26. Januar 1770, Wolfenbüttel, Niedersächsisches Staatsarchiv, 298 N 302, Bl. 70r–71v.

[41] Zur Eschatologie Lavaters siehe unter anderem *Peter-Michael Nikolitsch*, Diesseits und Jenseits in Johann Caspar Lavaters Werk: „Aussichten in die Ewigkeit“ 1768 bis 1774 vor dem Hintergrund seiner religiösen Entwicklung – ein Beitrag zum Christologieverständnis Lavaters, unveröfftl. theol. Diss., Bonn 1977; *Horst Weigelt*, Das Verständnis vom Zwischenzustand bei Lavater: Ein Beitrag zur Eschatologie im 18. Jahrhundert, in: PuN 11, 1985, 111–126; *ders.*, Die Vorstellung vom Zustand der Seele zwischen Tod und Auferstehung bei Johann Kaspar Lavater und Johann Gerhard Hasenkamp: Aspekte zum Problem des Zwischenzustandes, in: MEKGR 33, 1984, 343–361.

bogenweise zukommen lassen und ihn um seine Antwort gebeten, die für seinen Freund Lavater „unendlich wichtig seyn wird, zumal wenn sie ohne die geringste Schonung und grade von dem Herzen weggesprochen ist".[42]

Die Kritik, die Jerusalem in einem an Zimmermann gerichteten Schreiben[43] ausführlich dargelegt hat, war offensichtlich der Sache nach dezidiert, jedoch der Form nach moderat. Jerusalem hat erstens unumwunden erklärt, er hege im Gegensatz zu Lavater die Hoffnung, daß auch die frommen Heiden selig werden.[44] Damit wandte er sich gegen die von Lavater in dem sechsten Brief seiner „Aussichten" vertretene Vorstellung, daß nur durch Christus das Heil vermittelt werde.[45] Jerusalem wollte dagegen unbedingt daran festhalten, daß alle moralisch ‚Guten' in den Himmel kommen. So ging er davon aus, dort beispielsweise auch Sokrates anzutreffen.

Zum anderen kritisierte Jerusalem Lavaters eschatologische Vorstellungen von einem Zwischenzustand der Seele. Sein Verständnis von der Beschaffenheit der Seele zwischen Tod und Auferstehung hatte dieser im siebenten Brief seiner „Aussichten" dargelegt.[46] Wie Lavater war Jerusalem von der Unsterblichkeit der Seele überzeugt, wollte aber mit Luther an der Vorstellung eines Seelenschlafes zwischen Tod und Auferstehung festhalten.[47] Jedoch räumte er bereitwillig ein, daß ihm diese Annahme angesichts des Umlaufs von Berichten über Totenerscheinungen noch einige Schwierigkeiten bereite.

Schließlich hat Jerusalem Lavaters Vorstellungen vom Millennium kritisiert. Lavater war im achten Brief der „Aussichten" davon ausgegangen, daß

---

42 Brief: Zimmermann an Jerusalem, 15. November 1768, Wolfenbüttel, Niedersächsisches Staatsarchiv, 298 N 302, Bl. 63r–v.

43 Dieses ausführliche Schreiben Jerusalems an Zimmermann vom November 1768 (vgl. *Geßner*, Lebensbeschreibung (wie Anm. 30), 321 f.) ist nicht mehr greifbar. Mit an Sicherheit grenzender Wahrscheinlichkeit ist jedoch das in *Johann Kaspar Lavater*, Aussichten in die Ewigkeit, Bd. 2, 2. Aufl., Zürich 1770, XXIV–XXIX ohne Verfasserangabe abgedruckte Brieffragment ein Teil von diesem Schreiben Jerusalems an Zimmermann. Diese Annahme ergibt sich nach einem Vergleich mit Lavaters Antwortschreiben vom 22. Januar 1768 [recte 1769!] aus inhaltlichen und semantischen Gründen. Zimmermann hatte das Originalschreiben an Lavater weitergesandt; siehe Brief: Zimmermann an Lavater, 23. Dezember 1768, Zürich, Zentralbibliothek, FA Lav. Ms. 533, Nr. 181: „Hier hast Du einen langen Brief von Herrn Abt Jerusalem an mich, Deine Aussichten in die Ewigkeit betreffend; ich bitte dem würdigen Manne ja darauf zu antworten". Der Inhalt von Jerusalems Schreiben an Lavater, datiert vor dem 23. Dezember 1768, ergibt sich aus dem Brief: Lavater an Jerusalem, 22. Januar 1768 [recte 1769!], ebd., FA Lav. Ms. 567, Nr. 125; auszugsweise gedruckt bei *Geßner*, Lebensbeschreibung (wie Anm. 30), 322–329.

44 Siehe Brief: Lavater an Jerusalem, 22. Januar 1769, Zürich, Zentralbibliothek, FA Lav. Ms. 567, Nr. 125.

45 Siehe *Johann Kaspar Lavater*, Aussichten in die Ewigkeit, Bd. 1, 2. Aufl., Zürich 1770, 112–148 (6. Brief).

46 *Lavater*, ebd., 149–187 (7. Brief); siehe besonders 184: „Ich kann aber deswegen doch nicht mit denen einstimmig seyn, die daher auf einen völlig gedanken- und empfindungslosen bis zur Auferstehung ununterbrochen fortdauernden Schlaf der Seele schliessen".

47 Siehe Brief: Lavater an Jerusalem, 22. Januar 1768 [recte 1769!], Zürich, Zentralbibliothek, FA Lav. Ms. 567, Nr. 125.

bei der Parusie Christi auserwählte entschlafene Christen einer ersten Auferweckung gewürdigt würden, um am messianischen Reich teilzunehmen.[48] Zusammen mit dem Messias würden sie und die noch lebenden Christen tausend Jahre herrschen. Während dieser Zeit werde vor allem eine Mission unter den Juden stattfinden, ehe am Ende der tausend Jahre eine allgemeine Auferstehung der Toten erfolge. Dann werde das Jüngste Gericht stattfinden, an dem wiederum diejenigen mitwirken dürften, die bereits der ersten Auferstehung teilhaftig geworden seien.

Lavater hat sich mit Jerusalems Kritik an seiner Eschatologie im Januar 1769 zunächst nur in einem sehr ausführlichen Brief an diesen auseinandergesetzt[49]. Wenig später hat er aber auch öffentlich dazu Stellung genommen. Ohne Jerusalem namentlich zu erwähnen, ging er im Vorwort zum zweiten Band der „Aussichten" auf dessen Kritik an seiner Millennium-Vorstellung ein.[50] Er versuchte die Gründe darzulegen, die ihn veranlaßten, diese Kritik zurückzuweisen.

Hinsichtlich der Annahme Jerusalems, daß auch die „natürlich guten Mitgeschöpfe" „Seligkeit erlangen" werden, erklärte Lavater, daß auch er dies wünsche.[51] Dies sei aber nur dann möglich, wenn sie Christus „kennen und lieben". Er sei überzeugt, Sokrates würde, sobald er Christus sehe, ein guter Christ werden. Für Lavater war also der Zugang zum Heil ohne Christus nicht denkbar. Er ging jedoch davon aus, daß sich jedem Menschen irgendwie die Möglichkeit eröffne, Christus zu begegnen. Allerdings meinte er, daß sich nicht viele Menschen finden würden, die Sokrates glichen.

Die von Jerusalem dezidiert verteidigte Vorstellung vom Seelenschlaf war für Lavater, wie aus seiner umfangreichen Entgegnung hervorgeht, zunächst aus biblischen Gründen nicht annehmbar.[52] Er verwies nacheinander auf die Beispielgeschichte vom reichen Mann und armen Lazarus (Lukas 16,19–31), auf das Wort Jesu an den einen Schächer am Kreuz (Lukas 23,43), auf die Vision des Stephanus bei seinem Martyrium (Apostelgeschichte 7,55f.), auf die Entrückung des Paulus ins Paradies (2. Korinther 12,1–4) sowie auf die Erscheinung des Mose und Elia auf dem Berg der Verklärung (Matthäus 17,1–13 par.). Sodann ging er auf umlaufende Berichte von Totenerscheinungen ein, wobei er ausdrücklich auf die ihm so fest bezeug-

---

[48] *Lavater*, Aussichten 1 (wie Anm. 45), 188–266 (8. Brief).

[49] Brief: Lavater an Jerusalem, 22. Januar 1768 [recte 1769!], Zürich, Zentralbibliothek, FA Lav. Ms. 567, Nr. 125; auszugsweise gedruckt bei *Geßner*, Lebensbeschreibung (wie Anm. 30), 322–329.

[50] *Lavater*, Aussichten 2 (wie Anm. 43), XXIX–CXL. In diese umfangreiche Apologie des Millenniums hat Lavater wiederholt Passagen aus seinem Antwortschreiben an Jerusalem vom 22. Januar 1768 [recte 1769!] eingerückt, ohne sie jedoch als Zitate kenntlich zu machen.

[51] Siehe hierzu und dem folgenden Brief: Lavater an Jerusalem, 22. Januar 1768 [1769!], Zürich, Zentralbibliothek, FA Lav. Ms. 567, Nr. 125; vgl. *Lavater*, Aussichten 2 (wie Anm. 43), 100.

[52] Brief: Lavater an Jerusalem, 22. Januar 1768 [1769!], Zürich, Zentralbibliothek, FA Lav. Ms. 567, Nr. 125.

ten Berichte von Swedenborg rekurrierte. Von ihnen wollte er allerdings nur diejenigen in Betracht ziehen, die Kant in seiner Schrift „Träume eines Geistersehers“ angeführt hatte.[53] Also nicht nur aufgrund neutestamentlicher Zeugnisse, sondern auch aus Gründen der Naturbeobachtung meinte Lavater die Vorstellung von einem Schlaf der Seelen zwischen Tod und Auferstehung zurückweisen zu müssen.

Besonders angelegen sein ließ er sich in seinem persönlichen Schreiben an Jerusalem[54] sowie in seinen „Aussichten“[55] schließlich die Verteidigung eines messianischen Reiches zwischen Parusie und Jüngstem Gericht. An der Vorstellung eines solchen Zwischenreiches meinte er nicht nur deshalb festhalten zu müssen, weil sich im Neuen Testament Hinweise darauf fänden. Vielmehr berief er sich vor allem auf einige alttestamentliche Verheißungen von einem irdischen Reich, das gemäß des Schemas von Verheißung und Erfüllung seine Realisation finden werde. Da aber die Propheten des Alten Bundes, insbesondere Ezechiel, das messianische Reich übereinstimmend als auf dieser Erde sich konstituierend dargestellt hätten, dürfe, ja müsse man ein solches irdisches Reich erwarten. Auch die frühen Kirchenväter hätten mit einem messianischen Reich auf dieser Erde gerechnet. Die Annahme, dieses Reich sei mit der Kirche spirituell bereits angebrochen, verwarf Lavater ausdrücklich als unbiblisch. Eine solche Spiritualisierung könne sich nicht auf die Heilige Schrift berufen. Daneben verteidigte er in seinem Privatbrief an Jerusalem den sich aus dem 12. Kapitel des Danielbuches abzulesenden Verlauf der Weltgeschichte und verwies auf einen 1749 erschienenen holländischen Kommentar zu diesem Buch. Sein Freund Johann Jakob Heß habe die dortigen „Erklärungen und Calculs“ überprüft und für zutreffend befunden.[56]

Obgleich also Jerusalem an Lavaters Eschatologie theologische Kritik geübt und sie privat und öffentlich zurückgewiesen hat, blieben beide weiterhin miteinander verbunden. Jerusalem ließ Lavater an seinem Ergehen teilnehmen; gelegentlich hat er ihm auch Ereignisse aus Familie und Freundeskreis mitgeteilt. So hat er ihm den Suicid seines Sohnes Karl Wilhelm, des braunschweigischen Legationssekretärs bei der Visitationsbehörde am Reichskammergericht in Wetzlar, am 30. Oktober 1772 angezeigt.[57] Allerdings scheint er ihm keine näheren Einzelheiten über dessen tragische Selbsttötung – unter anderem wegen der unerwiderten Liebe zu Elisabeth Herd, der Gattin des kurpfälzischen Legationssekretärs – berichtet zu haben. Karl

---

53 Vgl. *Immanuel Kant*, Träume eines Geistersehers, 2. Teil, 1. Hauptstück, in: *ders.*, Werke in zehn Bänden, hg. v. *Wilhelm Weischedel*, Bd. 2, Darmstadt 1968, 965–970.

54 Brief: Lavater an Jerusalem, 22. Januar 1768 [recte 1769!], Zürich, Zentralbibliothek, FA Lav. Ms. 567, Nr. 125.

55 *Lavater*, Aussichten 2 (wie Anm. 43), XXIX–CXL; vgl. Anm. 45.

56 Siehe Brief: Lavater an Jerusalem, 22. Januar 1768 [recte 1769!], Zürich, Zentralbibliothek, FA Lav. Ms. 567, Nr. 125.

57 Hierzu und dem Folgenden siehe Brief: Lavater an Zimmermann, 14. März 1775, Zürich, Zentralbibliothek, FA Lav. Ms. 587, Nr. 100.

Wilhelm Jerusalem wurde dann das literarische Vorbild für Goethes „Werther". Wiederholt ging Jerusalem in Briefen an Lavater aus jener Zeit auf sein persönliches Ergehen ein; so führte er beispielsweise in einem Schreiben vom 7. Mai 1774 beredte Klage über das Nachlassen seiner Kräfte. Hierbei verwies er den Freund auf das seines Empfindens nach „ermüdende und gedehnte"[58] dritte Stück des zweiten Teiles seiner „Betrachtungen über die vornehmsten Wahrheiten der Religion". Gelegentlich erbat er auch seinen Rat, so hinsichtlich des Philosophen und Mathematikers Georg Jonathan Holland,[59] den er für einen äußerst einflußreichen Posten in Vorschlag gebracht hatte. Lavater sollte über Hollands geistige Fähigkeiten, sittliche Eigenschaften und religiöse Einstellung Auskunft geben. Irrtümlicherweise war Jerusalem nämlich davon ausgegangen, Lavater kenne ihn persönlich[60].

Auch Lavater ließ seinerseits den Braunschweiger Freund an seinem Ergehen teilnehmen. Darüberhinaus machte er ihn auch mit seinem Freundeskreis bekannt. So wies er in seinem Schreiben[61] vom 21. Mai 1774 hin auf seinen „Führer" und „Begleiter" Johann Jakob Heß, seinen „Freund und Gevatermann" Johann Tobler und seinen „Herzensfreund" Johann Konrad Pfenniger. Er charakterisierte sie und machte auf ihre Publikationen aufmerksam.

Wie sehr Lavater Jerusalem trotz aller theologischen Gegensätze geschätzt hat, wird nicht zuletzt aus dem 1776 im Druck erschienenen zweiten Band seiner „Physiognomische(n) Fragmente" deutlich. Ohne Jerusalem namentlich zu nennen, stellte er hier dessen Schattenriß folgendermaßen vor: „Die Silhouette eines der trefflichsten Männer Deutschlands, dessen Gelehrsamkeit unermeßlich, dessen Verstand durchaus lichthelle, dessen Imagination unerschöpflich reich, dessen Herz unbeschreiblich edel – dessen Charakter äussert sanft ist."[62] Hinsichtlich der Qualität der Silhouette, die er von Zimmermann erhalten hatte,[63] äußerte er die Vermutung, daß infolge des

---

[58] Brief: Jerusalem an Lavater, 7. Mai 1774, Zürich, Zentralbibliothek, FA Lav. Ms. 515, Nr. 268.

[59] Siehe Brief: Jerusalem an Lavater, 9. Juli 1775, Zürich, Zentralbibliothek, FA Lav. Ms. 515, Nr. 269. Über Georg Jonathan Holland siehe ADB XII, 748f.

[60] Siehe Brief: Lavater an Jerusalem, 18. Juli 1775, Zürich, Zentralbibliothek, FA Lav. Ms. 567, Nr. 126. Lavater hat sich aber nach Holland erkundigt; siehe Brief: Lavater an S. Benelle, 8. Juli 1775, ebd., FA Lav. Ms. 552, Nr. 46. Allerdings hatte Jerusalem inzwischen anderweitig Informationen erhalten; siehe Brief: Jerusalem an Lavater, 20. Juli 1775, ebd., FA Lav. Ms. 515, Nr. 270.

[61] Siehe Brief: Lavater an Jerusalem, 21. Mai 1774, Wolfenbüttel, Niedersächsisches Staatsarchiv, 298 N 302, Bl. 20r–21r.

[62] *Lavater*, Physiognomische Fragmente 2 (wie Anm. 36), 109.

[63] Siehe Brief: Lavater an Zimmermann, 11./12. Februar 1776, Zürich, Zentralbibliothek, FA Lav. Ms. 587, Nr. 61. Interessant ist, daß Lavater auch Ebert um die Herstellung und Übersendung eines Brustbildes von Jerusalem gebeten hat; siehe Brief: Lavater an Ebert, 20. Juni 1773, Wolfenbüttel, Herzog August Bibliothek, Cod.-Guelf. Sammlung Vieweg, Nr. 990.

Lichtkegels die untere Gesichtshälfte länglich verzerrt worden sei.[64] Aus dem Porträt meinte er folgendes herauslesen zu können:

> „Die Nase, verglichen mit anderen Silhouetten, zeigt meines Bedünkens vorzüglichen Reichthum der Einbildungskraft. Der Umriß der Stirne zeigt weniger Stärke, als Reichthum; zeigt mehr Feinheit und Deutlichkeit des Denkens, mehr Empfänglichkeit, als vordringende Schöpfungskraft. Die Höhe des Schädels scheint, wie ich zu vermuthen Ursache habe, reiches Gedächtniß, der Hintertheil des Kopfes – zarte Empfindsamkeit auszudrücken."[65]

Während der 1770er Jahre scheint Lavater jedoch mit anderen Carolinern nicht korrespondiert zu haben, sieht man einmal von dem gelegentlichen Briefwechsel mit Ebert ab[66]. Auch dessen Publikationen hat er weiterhin verfolgt. So las er zum Beispiel 1769 dessen Vorrede zur deutschen Übersetzung von John Jortins Abhandlungen über die Wahrheit der christlichen Religion.[67]

III.

Zu einer erneuten Intensivierung der Beziehungen Lavaters zu Jerusalem sowie zu anderen Carolinern kam es, als er im Sommer 1786 auf seiner Reise nach Norddeutschland wiederum Braunschweig besuchte.[68] Dieser Aufenthalt fand auf der Rückreise von Bremen[69] nach Zürich statt. Lavater hatte seine Route nämlich über Braunschweig gelegt, wo er am 10. Juli eintraf.[70] Überraschend stellte sich hier auch sein in Göttingen Medizin studierender Sohn Heinrich ein, getrieben von der Sehnsucht nach dem Vater.[71] Lavater besuchte vor allem Jerusalem;[72] außerdem traf er noch mit anderen Caroli-

---

64 Siehe *Lavater*, Physiognomische Fragmente 2 (wie Anm. 36), 109.

65 Ebd.

66 Siehe Briefe: Lavater an Ebert, 17. April und 20. Juni 1773, Wolfenbüttel, Herzog August Bibliothek, Cod.-Guelf. Sammlung Vieweg, Nr. 989 u. 990.

67 Siehe Brief: Lavater an Zimmermann, 31. Mai 1769, Zürich, Zentralbibliothek, FA Lav. Ms. 589c. Ebert war auch der Übersetzer von Jortins „Discourses on the Truth of the Christian Religion" (London 1746), die 1769 in Hamburg auf deutsch erschienen.

68 Auf dieser Reise (vgl. *Weigelt*, Lavater [wie Anm. 2], 44f.) hat Lavater kein Tagebuch geführt. Jedoch hat er ein Verzeichnis der Personen angelegt, denen er auf dieser Reise begegnet ist (siehe: Zürich, Zentralbibliothek, FA Lav. Ms. 17.3). Für diese Reise ist auch das Erinnerungsbuch „Nolle me Nolli" heranzuziehen, das er während der Fahrt für seinen in Göttingen studierenden Sohn Heinrich geführt hat.

69 In Bremen wollte sich Lavater für seine Berufung an die Gemeinde von St. Ansgarius bedanken. Er hatte jedoch den ehrenvollen Ruf abgelehnt und sich für ein Verbleiben an der St. Petersgemeinde in Zürich entschieden.

70 Hierüber siehe Brief: Lavater an Jerusalem, 26. August 1786, Zürich, Zentralbibliothek, FA Lav. Ms. 567, Nr. 127.

71 Siehe Brief: Heinrich Lavater an Mutter, 12. Juli 1786, Zürich, Zentralbibliothek, FA Lav. Ms. 518, Nr. 84.

72 Hierzu und dem Folgenden siehe Brief: Lavater an Jerusalem, Dezember 1786, auszugs-

nern zusammen,[73] so mit Gärtner, Ebert und Schmidt, die er schon von seinem vorigen Aufenthalt her kannte. Erstmalig lernte er außerdem Johann Joachim Eschenburg kennen. Das Zusammentreffen fand anscheinend überwiegend im Hause Jerusalems statt, der am Abend der Ankunft Lavaters ihm zu Ehren eine Einladung gegeben hat. Tags darauf hat der greise Jerusalem dann den allein weiterreisenden Lavater, der in seinem Gepäck dessen Büste mit sich führte,[74] trotz regnerischen Wetters noch bis Antoinettenruh begleitet.[75] Übrigens kam es hier zu später Stunde auch noch zu einer Begegnung mit der verwitweten Herzogin Charlotte Philippine von Braunschweig-Wolfenbüttel, der Schwester Friedrichs II., und der herzoglichen Familie.[76]

In den 1780er Jahren wurde das persönliche Verhältnis zwischen Lavater und Jerusalem immer enger. Der Briefwechsel, der allerdings nicht rege gewesen zu sein scheint, nahm einen sehr vertraulichen Charakter an. Das Gefühl der Verbundenheit wurde so innig, daß Lavater den um 32 Jahre älteren Freund in seinen Briefen nun mit „Papa“ anredete;[77] Jerusalem nannte ihn jetzt „mein lieber Sohn“.[78] Sicherlich geht man aber nicht fehl in der Annahme, daß es zu diesem geradezu familiären Umgang vor allem auf Initiative des vertrauensseligen Lavaters gekommen ist.

Nachdem Lavater von seiner Reise nach Zürich zurückgekehrt war, sah er sich bald neuerlichen heftigen Angriffen von seiten der Aufklärer ausgesetzt. An Jerusalem schrieb er: „Ich bin ein glücklicher Mensch, obgleich ich gerade diese Tage, mehr wie lange nie, durch armselige Tracassirien, besonders der Jesuitismusgrille wegen, zu leiden habe.“[79] Der Berliner Verleger und Publizist Friedrich Nicolai hatte Lavater bezichtigt, ein Handlanger der Kryptokatholiken und ein Werkzeug der im Verborgenen agierenden Jesuiten zu sein. Als solchen hatte er ihn im Anhang zum siebenten Band seiner „Beschreibung einer Reise durch Deutschland und die

---

weise gedruckt bei *Johann Kaspar Lavater*, Hand-Bibliotheck für Freunde, Bd. 4, Zürich 1790, 14f.

[73] Siehe: Zürich, Zentralbibliothek, FA Lav. Ms. 17.3 (Personen, die er auf der Reise nach Bremen getroffen 1786).

[74] Siehe Brief: Lavater an Jerusalem, 26. August 1786, Zürich, Zentralbibliothek, FA Lav. Ms. 567, Nr. 127; vgl. Brief: Lavater an Johann Lorenz Benzler, 26. August 1786, ebd., Ms. 552, Nr. 51. Die Büste Jerusalems ist übrigens auf der Fahrt verlorengegangen.

[75] Antoinettenruh liegt unweit von Wolfenbüttel.

[76] Brief: Lavater an seine Frau, 13. Juli 1786, Zürich, Zentralbibliothek, FA Lav. Ms. 571, Nr. 31; vgl. ferner die Briefe: Charlotte Philippine Herzogin von Braunschweig-Wolfenbüttel an Lavater, 19. Juli 1786, ebd., Ms. 505, Nr. 157; Lavater an Charlotte Philippine, Herzogin von Braunschweig-Wolfenbüttel, 26. August 1786, ebd., Ms. 556, Nr. 8.

[77] Frühester Beleg siehe Brief: Lavater an Jerusalem, 26. August 1786, Zürich, Zentralbibliothek, FA Lav. Ms. 567, Nr. 127.

[78] Frühester Beleg s. Brief: Jerusalem an Lavater, 15. November 1786, Zürich, Zentralbibliothek, FA Lav. Ms. 515, Nr. 272.

[79] Brief: Lavater an Jerusalem, 26. August 1786, Zürich, Zentralbibliothek, FA Lav. Ms. 567, Nr. 127.

Schweiz“[80] angeprangert. Nun ließ Nicolai öffentlich verlauten, ihm sei hinterbracht worden, daß Lavater im Juli 1786 in Halle – also auf seiner Rückreise nach Zürich – behauptet habe, er, Nicolai, sei der Urheber eines deistischen Glaubensbekenntnisses, das man in Süddeutschland und in der Schweiz durch Kolporteure vertreibe; durch Unterschriftensammlungen unter dieses Glaubensbekenntnis versuche man eine radikal aufklärerische Vereinigung zustande zu bringen.[81]

Lavater fühlte sich verleumdet und diskreditiert, da er davon überzeugt war, daß er diese Äußerung weder der Form noch dem Inhalt nach getan hatte. Er war entschlossen, von Nicolai einen förmlichen Beweis für seine Behauptung zu verlangen. Andernfalls wollte er in Berlin ein Gericht anrufen, um einen öffentlichen Widerruf zu erwirken. Er verfaßte daher eine kurze Replik, die er zur Begutachtung an seine Freunde sandte, unter anderem auch an Jerusalem.[82] Er suchte dessen väterlichen Rat, ob er sie überhaupt und wenn ja, ob er sie in dieser oder in einer anderen Form – „ich denke noch kürzer, noch sanfter, aber nicht furchtloser“ – drucken lassen sollte. Jerusalem riet in seinem Antwortschreiben dringend davon ab, die Gerichte zu bemühen, falls Nicolai „fortführe den Urheber dieser Beschuldigung“ zu verschweigen.[83] Dadurch werde sich die Auseinandersetzung nur zuspitzen und verlängern und für ihn, Lavater, „als leydenden Theil auch noch so viel kränkender werden“ – vorausgesetzt ein „Justitz Collegium“ in Berlin sei überhaupt bereit, eine solche Klage anzunehmen. Stattdessen solle Lavater erwägen, ob es nicht viel leichter und erfolgversprechender sei, wenn er in einem Journal zunächst Nicolais „neue kränkende Beschuldigung“ als eine „vorsetzliche Erdichtung“ bezeichne. Dann könne er erklären, er erachte Nicolai trotz mancher schwerer Bezichtigungen für einen solchen Ehrenmann, daß er keinen Augenblick daran gedacht habe, „ihn selbst für den Erfinder“ der Anschuldigung zu halten. Hierauf könne er ihn ernstlich und dringend bitten, „den Angeber dieser boshaften Beschuldigung namentlich bekannt (zu) machen, um von dem alsdan den Beweis seiner Lüge fordern zu können“. Schließlich solle Lavater in seiner Zeitungsanzeige noch darauf hinweisen, daß er – falls sich Nicolai seinem Verlangen verschlösse oder ausweiche – das „Publicum darüber richten laßen“ wolle,

---

80 *Friedrich Nicolai*, Beschreibung einer Reise durch Deutschland und die Schweiz, im Jahre 1781. Nebst Bemerkungen über Gelehrsamkeit, Industrie, Religion und Sitten, Bd. 7, Berlin und Stettin 1786. Der Anhang zum siebten Band erschien auch separat gedruckt: *Ders.*, Untersuchung der Beschuldigungen des Herrn Prof. Garbe wider meine Reisebeschreibung durch Deutschland und die Schweiz. Nebst einigen Erläuterungen die nützlich auch wohl gar nöthig seyn möchten, Berlin und Stettin 1786.

81 Hierzu und dem Folgenden siehe *Jürgen Sang*, Der Gebrauch öffentlicher Meinung, Hildesheim u. a. 1985.

82 Siehe Brief: Lavater an Jerusalem, 18. Oktober 1786, Wolfenbüttel, Niedersächsisches Staatsarchiv, 298 N 302, Bl. 22.

83 Siehe Brief: Jerusalem an Lavater, 15. November 1786, Zürich, Zentralbibliothek, FA Lav. Ms. 515, Nr. 272.

„aus was für Absichten und Ursachen er jemanden, den Sie hiermit laut für einen Verläumbder erklärten, gegen Sie verbergen und Ihnen seinen Namen zu nennen sich weigern würde".

Wohl nicht zuletzt auch unter dem Eindruck dieses Schreibens hat Lavater auf die Anrufung eines Gerichtes verzichtet. Aber auch von dem weiteren „Gebrauch öffentlicher Meinung" sah er – zumindest vorläufig – ab. Stattdessen veröffentlichte er Ende des Jahres eine Schrift mit dem Titel „Rechenschaft an Seine Freunde; zweytes Blat. Ueber Jesuitismus und Catholizismus".[84] Obgleich das Manuskript bereits im Sommer fertig gewesen war, hatte sich die Herstellung des Buches aus drucktechnischen Gründen monatelang verzögert.[85] Sehr zu bezweifeln ist, ob Lavater das Manuskript dieser Kontroversschrift vor der Drucklegung auch an Jerusalem zur Durchsicht gesandt hat[86].

Vier Jahre nach dem Tod von Jerusalem ist Lavater im Sommer 1793 dann bekanntlich zu einer weiteren Reise nach Deutschland und Dänemark aufgebrochen. Sein Ziel war diesmal Kopenhagen, um hier das Nordische Orakel näher kennenzulernen.[87] In Kopenhagen bestand nämlich seit etwa 1789 eine kleine Geheimgesellschaft, deren Mitglieder angeblich mit Christus und Geistern realen, medialen Kontakt hatten. Sie behaupteten auch mit dem Apostel Johannes, der gemäß Johannes 21, 23 noch auf Erden weile, in persönlicher Verbindung zu stehen. Mittelpunkt dieses Kreises war Prinz Karl von Hessen-Kassel, der Schwager des geisteskranken Königs Christian VII. von Dänemark und Schwiegervater des Erbprinzen Friedrich.

Die Reiseroute führte Lavater bemerkenswerterweise diesmal nicht über Braunschweig; vielmehr umging er diese Stadt sowohl auf der Hin- als auch auf der Rückreise. Fühlte er etwa, so möchte man fragen, daß ihm dort nach dem Tode Jerusalems[88] von den übrigen Carolinern wohl kaum eine begeisterte Aufnahme zuteil geworden wäre? Vielleicht spielte es auch eine Rolle, daß seit der Mitte der achtziger Jahre das Verhältnis Lavaters zu Nicolai immer spannungsreicher geworden war, während das der meisten Caroliner zu Nicolai immer positiver wurde, was besonders von Eschenburg gilt.

---

[84] *Johann Kaspar Lavater*, Rechenschaft an Seine Freunde. Zweytes Blat. Ueber Jesuitismus und Catholizismus an Herrn Professor Meiners in Göttingen, Winterthur 1786.

[85] Siehe Brief: Lavater an Christoph Meiners, 28. Oktober 1786, Zürich, Zentralbibliothek, FA Lav. Ms. 574, Nr. 14.

[86] Siehe Brief: Lavater an Jerusalem, 26. August 1786, Zürich, Zentralbibliothek, FA Lav. Ms. 567, Nr. 127: „Alle Tage giengs mir im Kopf herum: ‚Wird es wohl Papa Jerusalem nicht ungern sehen, wenn ich Ihm ein drukfertiges Manuskript über diesen so äußerst delikaten Punkt zur Prüfung sende? – Ach! daß wir uns näher wären!"

[87] Siehe *Weigelt*, Lavater (wie Anm. 2), 58–61.

[88] Jerusalem verstarb am 2. September 1789 und liegt in der Klosterkirche Riddagshausen begraben.

IV.

Zwischen Lavater und Jerusalem hat sich über viele Jahre hinweg eine immer engere Freundschaft entwickelt. Dies ist insofern überraschend, als gleichzeitig die Divergenzen in ihren theologischen Positionen immer deutlicher erkennbar wurden. Nach den erhaltenen Quellen hat jedoch nur Jerusalem ein einziges Mal in ihrem Briefwechsel die Unterschiede angesprochen. Aber auch dies geschah nur, weil er ausdrücklich dazu aufgefordert worden war.

Worauf ist es zurückzuführen, daß Jerusalem und Lavater trotzdem in so vertrauter Beziehung zueinander standen? Hierfür gibt es vor allem zwei Gründe. Einmal hat sich bei Jerusalem, der in seinen theologischen Äußerungen alle provozierenden Formulierungen vermied, der Ausbau seines neologischen Systems[89] so allmählich vollzogen, daß dies vielfach kaum wahrgenommen wurde. Auch Lavater hat den Umfang und die Relevanz dieser Entwicklung nicht erkannt. Nur so ist es zu verstehen, daß er Jerusalem zur Weiterarbeit an seinem grundlegenden neologischen Werk, den „Betrachtungen", ermuntert hat. An Zimmermann schrieb er: „Bitte irgend einen Freund von Herrn Abbt Jerusalem demselben zu der Fortsetzung seiner unschätzbaren Betrachtungen zu nöthigen, sonst müssen wir Jahr und Tage darauf warten, und das Buch ist uns unentbehrlich."[90] Darüberhinaus ist noch zu beachten, daß Lavater seine Zeitgenossen gemeinhin stets so gesehen hat, wie er sie bei der ersten Kontaktaufnahme kennengelernt und beurteilt hat. Er war – vor allem bei Freunden – kaum bereit, theologische Entwicklungen und Modifikationen zu sehen und zu akzeptieren. Auch bei Jerusalem hat Lavater nach den erhaltenen Quellen keinerlei theologische Veränderungen bemerkt.

Zum anderen muß aber beachtet werden, daß Jerusalem entsprechend seinem dezidiert ethischen Religionsverständnis auf Ausgleich bedacht gewesen ist. In die gleiche Richtung wirkten auch seine Güte und seine Altersmilde.

Das Fortbestehen der Freundschaft zwischen Lavater und Jerusalem ist deshalb wohl besonders auf letzteren zurückzuführen. Er ist es gewesen, der als väterlicher Freund dem um mehr als eine Generation jüngeren Lavater stets die Treue gehalten hat, auch als dieser – nach seiner theologischen Umorientierung im Jahre 1768 – einen Weg beschritten hat, dem er nicht folgen konnte und wollte. Lavater hat das Verständnis und die Aufnahme,

---

89 Zur Theologie Jerusalems siehe *Müller* (wie Anm. 4), passim (Literatur!); *ders.*, Von der Eigenständigkeit der Neologie Jerusalems, in: NZSTh 26/27, 1984/85, 289–303; *ders.*, Zu den Divergenzen zwischen Predigten und Dogmatik bei J. F. W. Jerusalem, in: JGNKG 84, 1986, 145–156; *ders.*, Aufgeklärte Religion versus Theologie: Grundlinien der Religionsauffassung von J. F. W. Jerusalem, in: *Pollmann* (wie Anm. 1), 33–41.

90 Brief: Zimmermann an Jerusalem, 15. November 1768, Wolfenbüttel, Niedersächsisches Staatsarchiv, 298 N 302, Bl. 63r–v.

die er bei Jerusalem gefunden hat, in Dankbarkeit anerkannt. Die räumliche Distanz bedauernd, schrieb er 1786 in einem Brief[91] an den Hochbetagten: „Ach! daß wir uns näher wären!“, und schloß: „Ich umarme Sie kindlich dankbar“!

[91] Brief: Lavater an Jerusalem, 26. August 1786, Zürich, Zentralbibliothek, FA Lav. Ms. 567, Nr. 127.

Stephan Holthaus

Prämillenniarismus in Deutschland

Historische Anmerkungen zur Eschatologie der Erweckten im 19. und 20. Jahrhundert

1. Einleitung

Der deutschsprachige theologische Buchmarkt verzeichnete 1992 und 1993 die Herausgabe zweier umfangreicher Bücher in der Sektion Eschatologie: John F. Walvoords Buch „Brennpunkte biblischer Prophetie" und J. D. Pentecosts Studie „Bibel und Zukunft".[1] Beide Autoren gehen in ihren Werken von einem eschatologischen Konzept aus, das für deutsche Verhältnisse recht eigenwillig erscheint: Sie vertreten den sogenannten Prämillenniarismus.[2] Walvoord und Pentecost präsentieren damit eine eschatologische Überzeugung, die besonders in „evangelikalen Kreisen"[3] des Protestan-

[1] *John F. Walvoord*, Brennpunkte biblischer Prophetie: Was kommt auf uns zu?, Neuhausen-Stuttgart 1992, 412 S. (das englischsprachige Original erschien 1991); *J. D. Pentecost*, Bibel und Zukunft: Untersuchungen endzeitlicher Aussagen in der Bibel, Dillenburg 1993, 672 S. (das englischsprachige Original erschien schon 1958 und wurde zu einem Standardwerk des amerikanischen Prämillenniarismus). Walvoord war Präsident des Dallas Theological Seminary in Dallas (Texas), an welchem auch Pentecost unterrichtete und das als amerikanische Kaderschmiede des Prämillenniarismus gilt.

[2] Der Begriff „Prämillenniarismus" ist ein Neologismus aus dem amerikanischen Sprachraum. Er verbindet die lateinischen Worte „mille" und „annum" mit der Vorsilbe „prae", meint also wörtlich übersetzt „vor den 1000 Jahren" und bezieht sich dabei auf die Wiederkunft Jesu Christi auf die Erde. Leider werden verschiedene andere Schreibweisen in der Literatur benutzt. Eindeutig falsch ist die Verwendung von nur einem „n". Unsicherheit herrscht auch über die Endung des Wortes. So trifft man häufig die Form „Prämillenialismus" als direkte Übersetzung aus dem Amerikanischen an. Der Theologischen Realenzyklopädie (siehe *Richard Bauckham*, Chiliasmus IV: Reformation und Neuzeit, in: TRE, Bd. 7, Berlin/New York 1981, 737–745: 742) sowie den frühen Übersetzungen aus dem Amerikanischen (z. B. *W. E. Blackstone*, Der Herr kommt!, Chemnitz 1909) folgend verwenden wir die Schreibweise „Prämillenniarismus".

[3] Der Begriff „evangelikal" wird heute für protestantische Gruppierungen in der Tradition der Erweckungsbewegungen gebraucht. Charakteristisch sind die Betonung eines individuellen Bekehrungserlebnisses, ein starker missionarischer Drang und die Überzeugung von der Autorität und Glaubwürdigkeit der Bibel als Wort Gottes. Zum Bereich „Evangelikalismus" vgl. exemplarisch *Mark Ellingsen*, The Evangelical Movement: Growth, Impact, Controversy, Dialog, Minneapolis 1988; *Friedhelm Jung*, Die deutsche Evangelikale Bewegung – Grundlinien ihrer Geschichte und Theologie, Frankfurt 1992. Heute schätzt man die Zahl der Evangelikalen weltweit auf mindestens 300 Millionen.

tismus eine große Verbreitung gefunden hat. Dabei darf diese besondere Form des Chiliasmus nicht einfach als unbedeutendes Relikt einer schwärmerischen Erweckungsfrömmigkeit abgetan werden, denn sie bestimmt mit Macht auch das soziologische Erscheinungsbild großer Teile des Protestantismus. Apokalyptische Endzeitsysteme haben immer Auswirkungen auf das politische und gesellschaftliche Verhalten entsprechender Kreise. Die Wahl des amerikanischen Präsidenten Reagan im Jahre 1980 wurde z. B. nicht unerheblich durch Vertreter des Prämillenniarismus beeinflußt. Apokalyptische Gruppen innerhalb der amerikanischen Gesellschaft ließen sich durch die Angst vor dem „Doomsday" für eine konservative Wahl motivieren.[4]

Aus welchen historischen Wurzeln entwickelte sich dieser Prämillenniarismus? Wodurch wurde er hervorgebracht? Welche konkreten Auswirkungen hatte diese Überzeugung auf den Protestantismus des 19. und 20. Jahrhunderts? Wir werden in diesem Beitrag festellen, daß der Prämillenniarismus sich nicht nur auf den so vielfältigen religiösen Markt der Vereinigten Staaten von Amerika reduzieren läßt, sondern schon im 19. Jahrhundert auch weite Teile der erwecklichen Frömmigkeit im deutschsprachigen Raum geprägt hat. Leider ist dieser Tatbestand durch die Entwicklung der kirchlichen Eschatologie der neueren Zeit in den Hintergrund getreten und wurde wissenschaftlich bis heute nicht untersucht. Paul Althaus, dessen Studie über „Die letzten Dinge"[5] in gewisser Hinsicht bis heute den Konsens widerspiegelt, lehnte Biblizismus und Chiliasmus kategorisch ab. Er schrieb über den eschatologischen Biblizismus: „Zwischen ihm und uns liegt das Zeitalter der historischen Kritik. Durch deren Feuer muß alles hindurchgegangen sein, was heute als ‚Biblizismus' will auftreten können. Der ältere Biblizismus hat sich ganz überwiegend der historisch-kritischen Schriftforschung verschlossen."[6] Auch die ihm nachfolgende „konsequente Eschatologie", die „Religionsgeschichtliche Schule" und die modernen politischen Theologien haben die Auseinandersetzung mit dem Chiliasmus in den Hintergrund gedrängt und demgegenüber einer entmaterialisierten Jenseitshoffnung den Weg geebnet. Trotzdem haben wir es in unserer Zeit mit einem starken Anwachsen der evangelikalen Kreise und damit auch ihrer Eschatologie zu tun. Schon deshalb scheint es angebracht, nach den geschichtlichen Wurzeln dieser Überzeugung zu fragen.[7]

---

[4] Zur Politik dieser „Neuen Christlichen Rechten" in den USA vgl. *Erling Jorstad*, The New Christian Right 1981–1988: Prospects for the Post-Reagan Decade, Lewiston 1987 (SAR 25); *Meinrad Scherer-Emunds*, Die letzte Schlacht um Gottes Reich: Politische Heilsstrategien amerikanischer Fundamentalisten, Münster 1989 (RTKPB 6); *James Richard Southern*, Fundamentalism and Political Activism: A Study of the New Christian Right, unveröfftl. Diss. Claremont Graduate School, Claremont, CA 1987.

[5] Vgl. *Paul Althaus*, Die letzten Dinge, Gütersloh ^{6}1956 (^{1}1922), 71–73.258–279.

[6] Ebd., 260.

[7] Leider gibt es bis heute keinerlei Vorarbeiten, auf die zurückgegriffen werden konnte.

2. *Begriffserklärung und -differenzierung*

Die Begriffsbestimmungen der unterschiedlichen eschatologischen Anschauungen sind bis heute in der deutschsprachigen Theologie ungenügend. Allgemein spricht man bei Vertretern unserer Themenstellung von „Chiliasten", ohne nähere Differenzierungen vorzunehmen. Chiliasmus meint die Erwartung einer tausendjährigen irdischen Friedenszeit unter der Herrschaft Christi vor der endgültigen zukünftigen Ewigkeit des himmlischen Reiches. Die exegetische Grundlage für den Chiliasmus findet sich hauptsächlich in Offenbarung 20,1–7, wo von einem Tausendjährigen Königreich Christi gesprochen wird, in dem der teuflische Drache gebunden und der Messias sichtbar herrschen wird. Aber auch die alttestamentlichen Prophetien über die Herrschaft des Messias auf der Erde müssen in diesem Zusammenhang berücksichtig werden (zum Beispiel Jesaja 2,2–4.11,6–9.65,17–25; Micha 4,1–5). Erst kürzlich hat Ulrich Gäbler darauf hingewiesen, daß innerhalb der Erweckungsbewegung des 19. Jahrhunderts zwei Richtungen von Chiliasmus zu unterscheiden sind: eine „premillenarische" und „postmillenarische Konzeption".[8] Auch Richard Bauckham hat in jüngster Zeit für die Einführung dieser grundlegenden Unterscheidung plädiert.[9] In der wissenschaftlichen Literatur der angelsächsischen Länder hat sich diese Differenzierung seit langem eingebürgert und dürfte auch im deutschsprachigen Raum klärend wirken.[10]

2.1 Spielarten des Chiliasmus

Diese zwei Anschauungen des Chiliasmus – Postmillenniarismus und Prämillenniarismus – lassen sich folgendermaßen skizzieren:

Anhänger des Postmillenniarismus erwarten die wörtlich verstandene Wiederkunft Jesu nach („post") einem irdischen Friedensreich, das hier auf der Erde aufgerichtet werden wird. Die Aussagen der Offenbarung des Johannes versteht man zeitgeschichtlich erfüllt im 1. Jahrhundert n. Chr., sie

---

Dieser Tatbestand überrascht angesichts der weiten Verbreitung von prämillenniaristischen Entwürfen im 19. und 20. Jahrhunderts.

[8] *Ulrich Gäbler*, „Auferstehungszeit": Erweckungsprediger des 19. Jahrhunderts. Sechs Porträts, München 1991, 172. Gäbler bildet in direkter Übersetzung aus dem Englischen fälschlicherweise den Begriff „premillenarisch", statt „prämillennarisch" oder „prämillenniaristisch".

[9] *Bauckham* (wie Anm. 2), 739.

[10] Auch Paul *Althaus* (a. a. O., 305) unterschied schon die zwei Arten des Chiliasmus: den „milden Chiliasmus" Speners und Bengels, welche die Wiederkunft Jesu *nach* dem „Zwischenreich" annahmen, und den „strengen Chiliasmus" von Hofmanns, Franks und Auberlens, welche mit der Wiederkunft Christi *vor* dem Tausendjährigen Reich rechneten. Diese grundsätzliche Differenzierung wird auch in der angelsächsischen Welt für die verschiedenen Formen des Chiliasmus vorgenommen, wobei man andere Begriffe wählte, die leider in der deutschen Übersetzung zu Zungenbrechern geworden sind.

hätten daher keine Bedeutung für die Zukunft der Welt. Das Reich Gottes breite sich durch die Verkündigung des Evangeliums in der Welt aus. Nach einer langen Zeit der Gerechtigkeit und des Wohlstandes würde Christus auf die Erde zurückkommen. Diese optimistische Sicht der Zukunft mit einer starken Tendenz zur Christianisierung der Gesellschaft wurde schon von Augustin vertreten. Heute ist sie vor allen Dingen unter den strengen Calvinisten in den USA verbreitet, war jedoch schon eine treibende Kraft während der „ersten" Erweckungsbewegung Amerikas unter Jonathan Edwards (1703–1758).[11]

Vertreter des Prämillenniarismus erwarten dagegen die Wiederkunft Jesu vor („prae") einem Tausendjährigen Reich, das allein durch Jesu Macht aufgerichet wird. Erst nach dieser Königsherrschaft Christi würde das Endgericht für die Völker stattfinden. Die Aussagen in Offenbarung 20,1–7 werden dabei wörtlich verstanden. Krieg, Terror und Abfall von Gott wiesen darauf hin, daß wir kurz vor der Wiederkunft des Herrn leben, so daß in diesen Kreisen eine ausgeprägte Naherwartung vorherrscht. Der Prämillenniarismus wird besonders von Baptisten, Darbysten, Adventisten sowie zum Teil auch von Presbyterianern und Lutheraner vertreten. Er hat sich in Amerika seit 1790 stark ausgebreitet und gilt dort bis heute als eine bekannte und verbreitete eschatologische Überzeugung.[12]

2.2 Spielarten des Prämillenniarismus

Aber auch diese für deutsche Verhältnisse schon ungewohnte Differenzierung zwischen Postmillenniarismus und Prämillenniarismus genügt kaum, um die vielfältigen Ansätze des Chiliasmus klar zu strukturieren. Denn innerhalb des prämillenniaristischen Lagers lassen sich noch einmal zwei Ausprägungen unterscheiden:

1. Der historische Prämillenniarismus. Er interpretiert die Visionen der Bücher Daniel und Offenbarung als symbolische Präfigurationen der gesamten Kirchen- und Weltgeschichte. Aus diesem Grund versucht man, in Geschichte und Gegenwart Hinweise für die Erfüllung von Gottes Prophezeiungen zu finden. Auch werden die Gläubigen der Jetztzeit für einen kommenden Entscheidungskampf mit antichristlichen Mächten vorbereitet. Wichtige Anhänger des historischen Prämillenniarismus im 19. Jahr-

[11] Zur Eschatologie in Amerika zur Zeit Edwards vgl. die Studie von *Ruth H. Bloch*, Visionary Republic: Millennial Themes in American Thought, 1756–1800, Cambridge 1985. Diese positive Sicht der Zukunft hatte mit der damaligen Situation in Amerika zu tun und gründete sich auf die Lehren von Daniel Whitby. Man träumte von einem christlichen Amerika ohne Leid und Verfolgung.

[12] Grundsätzlich unterscheidet man davon im angelsächsischen Bereich noch einmal die Vertreter des „Amillenniarismus", die zwar von der Glaubwürdigkeit der Bibel ausgehen und mit einem zweiten Wiederkommen Jesu rechnen, das Tausendjährige Reich jedoch sinnbildlich verstehen und nicht mit einer wörtlichen Erfüllung rechnen.

hundert waren vor allen Dingen Johann Tobias Beck (1804–1878)[13] und Carl August Auberlen (1824–1864)[14]. In der Apokalypse des Johannes erkannte man die Kräfte und Potenzen der Geschichte des Gottes- und Weltreiches, die in einem stetigen Kampfe miteinander stünden. Johannes zeige dabei nur die bedeutenden Übergänge der Geschichte auf („Reichsgeschichtliche Auslegung"), nicht jedoch die Einzelheiten der Kirchengeschichte. Damit verbunden war die kirchengeschichtliche Auslegung der sieben Sendschreiben der Apokalypse.[15]

2. Der futuristische Prämillenniarismus. Er bringt die Weissagungen über die letzten Tage ausschließlich mit der Zukunft und dem Volk Israel in Verbindung. Der Abfall von Gott würde in dieser Zeit zunehmen, der Antichrist am Ende der Trübsalszeit von Gott selbst vernichtet werden. Die wörtlich zu verstehenden Prophezeiungen in Offbarung 4–19 ständen als Gerichtshandeln Gottes der Erde noch bevor, und zwar in naher Zukunft. Zwar könne man die Sendschreiben kirchengeschichtlich auslegen, nicht aber die nachfolgenden Kapitel, die sich alle erst in Zukunft erfüllen würden.

Gerade der futuristische Prämillenniarismus breitete sich in den letzten 100 Jahren in der angelsächsischen Welt stark aus. Dabei spielte ein dahinterstehendes hermeneutischen Konzept eine entscheidende Rolle, nämlich der sogenannte Dispensationalismus.[16] Er geht in seinen Grundformen auf den Engländer John Nelson Darby (1800–1882)[17] zurück und wurde in den USA unter anderem durch die „Scofield-Reference-Bible" populär. Der Dispensationalismus unterscheidet grundsätzlich zwischen Israel und der neutestamentlichen Gemeinde. Israel sei das irdische Volk Gottes, die Gemeinde das himmlische Volk. Beide Völker hätten heilsgeschichtlich nichts miteinander zu tun, die Gemeinde sei als Zwischeninstanz nur in die Heilsgeschichte eingeschoben worden. Die Geschichte Gottes mit den Menschen unterteilen Dispensationalisten in bestimmte „Heilszeiten" (englisch „dispensations"), in denen Gott auf besondere Weise mit den Menschen gehandelt habe. Die letzte Heilszeit sei das zukünftige Tausendjährige Reich, in dem Christus auf der Erde herrschen und die abgebrochene Heilslinie mit Israel wieder aufnehmen werde. Diesen Ereignissen gehe eine siebenjährige Trübsalszeit

---

[13] Zur Biographie Becks vgl. die wenig kritische Arbeit von *Bernhard Riggenbach*, Johann Tobias Beck: Ein Schriftgelehrter zum Himmelreich gelehrt, Basel 1888. Beck wirkte an der Universität Tübingen als Gegenpol zu Ferdinand Christian Baur.

[14] Auberlen studierte unter Beck in Tübingen, war zunächst Vikar bei Hofacker und später ab 1851 Theologieprofessor in Basel.

[15] Diese Auslegungsvariante findet sich interessanterweise schon bei *Heinrich Horchen* und *Johann Jacob Nisener*, Schrifftmässige Untersuchung der Send-Schreiben an die sieben Gemeine in Asien, Herborn 1693.

[16] Vgl. das Standardwerk von *Charles Caldwell Ryrie*, Dispensationalism Today, Chicago 1965, eine Verteidigungsschrift gegen Angriffe auf den Dispensationalismus. Ryrie wandte sich hier selber gegen extreme Auslegungen der Dispensationalisten in der Vergangenheit (Ultradispensationalismus).

[17] Zu Darbys Theologie vgl. die Arbeit von *Erich Geldbach*, Christliche Versammlung und Heilsgeschichte bei John Nelson Darby, Wuppertal [3]1975.

voran, zu deren Beginn die Gemeinde Jesu entrückt werde (Vortrübsalsentrückung). In Anlehnung an Daniel 9,25–27 erwartet man die „70. Jahrwoche Daniels“, in der Israel als Gottes Volk und die gesamte Erde die Gerichte der Offenbarung erfahren würden. Dispensationalisten vertreten – was ihre eschatologischen Ansichten betrifft – also einen futuristischen Prämillenniarismus. Sie gehen von einer wörtlichen Auslegungen der Schrift aus, besonders was die prophetischen Stellen betrifft. Dieses hermeneutische System hat sich seit Ende des 19. Jahrhunderts von Amerika herkommend stark ausgebreitet und prägt bis heute große Teile der evangelikalen Bewegung.

3. Prämillenniarismus in Deutschland

3.1 Wurzeln des deutschen Prämillenniarismus

Seit der Reformation war in Deutschland eine gewisse Aversion gegen jede Art von Millenniarismus weit verbreitet.[18] Die negativen Erfahrungen mit den sogenannten Schwärmern wie Thomas Müntzer und mit dem Täuferreich von Münster 1534/35 waren dafür ausschlaggebend. In der Auslegung der Offenbarung des Johannes herrschte die welt- und kirchengeschichtliche Auffassung vor, wobei eine Deutung auf die unmittelbaren Ereignisse der reformatorischen und nachreformatorischen Zeit im Vordergrund stand. Im Papsttum erblickte man spätestens seit Luther den Antichristen. Immerhin sprach auch Martin Luther vom baldigen Anbruch des „Jüngsten Tages“.[19] Aber schon die Anhänger der Orthodoxie waren in der Auslegung vorsichtig und unterdrückten jedes Aufflammen eines Chiliasmus. Apokalyptische Gruppen wie Paracelsisten und Weigelianer blieben in ihrer Wirkung beschränkt.

3.1.1 „Historischer“ Pietismus

Im 17. Jahrhundert blühte jedoch der Gedanke an ein Tausendjähriges Reich wieder auf, angestoßen zunächst durch Johannes Coccejus (1603–69) und Jahre später besonders durch Campegius Vitringa (1659–1722).[20] Andere Impulse kamen von dem Calvinisten Johann Heinrich Alsted (1588–1638)

---

[18] Zur Geschichte des Prämillenniarismus in Deutschland siehe *Stephan Holthaus*, Fundamentalismus in Deutschland: Der Kampf um die Bibel im Protestantismus des 19. und 20. Jahrhunderts, Bonn 1993 (Biblica et Symbiotica 1), 373–451.

[19] Vgl. seine Adventspredigt von 1522 zu Luk 21,25–36, abgedruckt in WA, Bd. 10, I.2, 93–120.

[20] Coccejus sah das Tausendjährige Reich noch in der Vergangenheit, hielt aber an der weltgeschichtlichen Auslegung im Sinne der Rekapitulationsexegese fest. Vitringa lehrte dagegen einen überzeugten Prämillenniarismus und wirkte damit auf den Pietismus. Zu Coccejus vgl. *Gottlob Schrenk*, Gottesreich und Bund im älteren Protestantismus vornehmlich bis Johannes Coccejus: Ein Beitrag zur Geschichte des Pietismus und der heilsgeschichtlichen Theologie, Giessen ^{2}1985 (^{1}1923).

und von den Puritanern aus England.[21] Auch Philipp Jakob Spener (1635–1705) sprach ab 1674 von der „Hoffnung auf bessere Zeiten“ und erwartete die Bekehrung der Juden und den Fall Babylons.[22] August Hermann Franckes (1663–1727) Aktivismus ist wiederum ohne seine optimistische Eschatologie nicht zu verstehen. Im Pietismus Johann Albrecht Bengels (1687–1752) und im Radikalpietismus wurden dann eschatologische Einzelheiten besonders spekulativ ausformuliert.[23] Bengel berechnete die Wiederkunft Jesu nach den Zahlenangaben des Buches Daniel und der Apokalypse auf das Jahr 1836. Aber nicht nur in Deutschland, auch in England waren die Stoßkraft eines Oliver Cromwell oder George Fox nicht ohne die starke Naherwartung denkbar. Ebenso der Spätpietismus: auch er brachte Spekulationen über die nahenden Gerichte der Apokalypse hervor. Im gesamten 18. Jahrhundert ist in den pietistischen Kreisen die Hoffnung auf die baldige Wiederkunft Christi nicht verstummt. Daran konnten die Vertreter des Prämillenniarismus im 19. Jahrhundert anknüpfen.

3.1.2 Angelsächsische Theologie

Die historischen Wurzeln des neuzeitlichen futuristischen Prämillenniarismus in Deutschland liegen aber nicht nur im Pietismus, sondern auch in

---

21 Bei Alsted sei erinnert an seine Schrift *Johann Heinrich Alsted*, Diatribe de mille annis apocalypticis, Herborn/Frankfurt a. M. 1627. Ein zweiter Druck erschien 1630. Zur Eschatologie der Puritaner vgl. exemplarisch *Iain H. Murray*, The Puritan Hope: Revival and the Interpretation of Prophecy, Edinburgh 1971.

22 Vgl. *Philipp Jakob Spener*, Pia Desideria, hg. v. *Kurt Aland*, Berlin ³1964; *Martin Brecht*, Philipp Jakob Spener, sein Programm und dessen Auswirkungen, in: Geschichte des Pietismus, Bd. 1: Der Pietismus vom siebzehnten bis zum frühen achtzehnten Jahrhundert, hg. v. *Martin Brecht*, Göttingen 1993, 299–301, 306. Zur ganzen Debatte um Speners Eschatologie siehe *Johannes Wallmann*, Philipp Jakob Spener und die Anfänge des Pietismus, Tübingen ²1986, 324–354; *ders.*, Pietismus und Chiliasmus: Zur Kontroverse um Philipp Jakob Speners ‚Hoffnung besserer Zeiten‘, in: ZThK 78, 1981, 235–66. Spener bezeichnete seine Eschatologie wohl nie direkt mit dem Begriff „Chiliasmus“, wenn sich auch ab 1674 inhaltliche Äußerungen in diesem Sinne immer wieder in seinen Schriften finden. Zur Diskussion um Speners Eschatologie vgl. auch die Gegenposition von *Kurt Aland*, Spener – Schütz – Labadie?, in: ZThK 78, 1981, 206–234. Aland geht davon aus, daß bei Spener kein Chiliasmus vorliegt.

23 Bengel kombinierte die kirchengeschichtliche mit der chiliastischen Deutung der Offenbarung und wurde durch seine Datierung des Anbruches des Millenniums auf den 18. 6. 1836 bekannt. In der württembergischen Tradition schlossen sich ihm Friedrich Christoph Oetinger, Johann Michael Hahn und Christian Gottlob Pregizer an, wobei die heilsgeschichtliche Begründung Bengels mit theosophischen Gedankengängen verbunden wurde. Dabei stand der Universalismus des Heils im Sinne der Apokatastasis im Mittelpunkt der Eschatologie. Zum württembergischen Chiliasmus geben sachkundige Informationen: *Friedhelm Groth*, Die „Wiederbringung aller Dinge“ im württembergischen Pietismus: Theologiegeschichtliche Studien zum eschatologischen Heilsuniversalismus württembergischer Pietisten des 18. Jahrhunderts, Göttingen 1984 (AGP 21); *Martin Brecht*, Chiliasmus in Württemberg im 17. Jahrhundert, in: PuN 14, 1988, 25–49. Zur Eschatologie des Radikalpietismus vgl. *Walter Nordmann*, Die Eschatologie des Ehepaares Petersen, ihre Entwicklung und Auflösung, in: ZVKGS 26, 1930, 83–108, und ZVKGS, 27, 1931, 1–19.

der angelsächsischen Welt.[24] Angestoßen durch die Exzesse der Französischen Revolution kam es in England und Amerika Anfang des 19. Jahrhunderts zu einer ausgeprägten apokalyptischen Bewegung, die das Kommen des Herrn in naher Zukunft erwartete. Bibelkreise sammelten sich zur Auslegung der prophetischen Stellen der Schrift. Edward Irving, ein Wegbereiter der Katholisch-apostolischen Gemeinden, war bekannt für seine ausgeklügelten Endzeitlehren.[25] John Nelson Darby, einer der Väter der „Plymouth-Brethren", war ebenfalls ein häufiger Gast der damaligen prophetischen Konferenzen in Albury.[26] Prophetische Schriften fanden reißenden Absatz, so die Bücher von Abraham Cummings, Samuel Osgood, Joshua Spaulding, George Stanley Faber, William Cuninghame und James Hatley Frere.[27] Lewis Way weckte das Interesse an der Rückführung der Juden nach Palästina. Viele dieser Theologen vertraten den historischen Prämillenniarismus, der sich im Gewande der „Milleriten" auch in Amerika breitmachte.

Der Siegeszug des futuristischen Prämillenniarismus ist dann erst Ende des 19. Jahrhunderts in Amerika zu beobachten. Die Ernüchterung über das Blutbad des amerikanischen Bürgerkrieges trug zur Ausbreitung dieser Sicht erheblich bei. Große prophetische Konferenzen fanden schon seit 1868 in verschiedenen Städten der USA statt. Spezielle Sommercamps an ausgewählten Orten führten die prophetisch Interessierten jährlich für mehrere Tage zusammen. Propagandisten waren George C. Needham, James Inglis, James H. Brookes, Nathanael West und Arnold C. Gaebelein[28]. Aber auch der bekannte Evangelist Dwight Lyman Moody hielt sich zu diesen Kreisen, ebenso die Missiologen Hudson Taylor und Henry Grattan Guinness.

In unserem Jahrhundert wurden besonders das Moody-Bible-Institute in Chicago[29] und das Dallas Theological Seminary in Dallas (Texas)[30] zu den Kaderschmieden des futuristischen Prämillenniarismus. Grundlegende lite-

---

[24] Vgl. die grundlegende Studie von *Timothy P. Weber*, Living in the Shadow of the Second Coming: American Premillennialism, 1875–1982, Chicago ^{2}1987 (^{1}1979). Webers Arbeit gibt einen hervorragenden Einblick in Geschichte und Phänomenologie des Prämillenniarismus in den USA.

[25] Zu Irving vgl. die Biographie von *Margaret Oliphant*, The Life of Edward Irving, Minister of the National Scotch Church, London 1862. Irving übersetzte auch die wichtige eschatologische Schrift des Spaniers Lacunza ben Ezra 1827 ins Englische: *Juan Josafat Ben-Ezra*, The Coming of Messiah in Glory and Majesty, London 1827.

[26] Zu Darbys Theologie finden sich bei *Geldbach* (wie Anm. 17) wichtige Hinweise.

[27] Vgl. *Ernest Sandeen*, The Roots of Fundamentalism: British and American Millenarianism. 1800–1930, Chicago 1970.

[28] Zu Person und Einfluß von Gaebelein vgl. *David A. Rausch*, Arno C. Gaebelein, 1861–1945: Irenic Fundamentalist and Scholar, New York 1983 (SAR 10).

[29] Zur Geschichte des Institutes vgl. *Gene A. Getz*, MBI: The Story of Moody Bible Institute, Chicago 1986.

[30] Die Entstehung und Wirkungsgeschichte des Dallas Theological Seminary untersucht *John David Hannah*, The Social and Intellectual History of the Origins of the Evangelical Theological College, unveröfftl. Diss. University of Texas, Dallas 1988.

rarische Werke waren William E. Blackstones (1841–1935) Buch „Jesus is Coming" (1886) und die „Scofield-Reference-Bible" (1909), Bücher, die in Millionenauflagen vertrieben und auch ins Deutsche übersetzt wurden. Bekannt wurden in den siebziger Jahren unseres Jahrhunderts die Bücher des Prämillenniaristen Hal Lindsey.[31]

Der vom Pietismus herkommende Chiliasmus und der angelsächsische Prämillenniarismus verbanden sich nun im deutschsprachigen Raum zu einer spezifischen Konstellation. Diese Impulse wurden von den Freikirchen und den Kreisen der späteren Gemeinschaftsbewegung aufgenommen, wobei die pietistische Tradition eher die landeskirchlichen Kreise beeinflußte.

3.2 Historische Entwicklung des deutschen Prämillenniarismus

Der historische Prämillenniarismus im deutschsprachigen Raum wurde im 19. Jahrhundert besonders durch die Heilsgeschichtliche Theologie populär. Johann Christian Konrad von Hofmann (1810–1877)[32] verstand die Aussagen der Apokalypse als „Einsicht in die letzten Dinge"[33]. Er war überzeugt von der zukünftigen Wiederherstellung Israels und von der Existenz eines Tausendjährigen Reiches. Obwohl es ihm nicht um eine ausgefeilte prämillenniaristische Eschatologie ging, verschaffte der angesehene Erlanger Theologe dem Chiliasmus doch wieder Respekt und Ansehen in der Theologie. Ebenso beeinflußte der von der württembergischen Theosophie und der heilsgeschichtlichen Theologie herkommende Basler Systematiker Carl August Auberlen mit seiner „reichsgeschichtlichen Auslegung" der Offenbarung Generationen von Pfarrern und Theologen im Lager des „Biblizismus".[34] Nach Auberlen wäre der Prophet Daniel die Grundlage für die Auslegung des letzten Buches der Bibel. Seine generalisierende Exegese

[31] *Hal Lindsey* und *Carole C. Carlson*, Alter Planet Erde wohin?: Im Vorfeld des Dritten Weltkrieges, Wetzlar 1971; *dies.*, Satan kämpft um diese Welt: Das Drama des verlorenen Paradieses, Wetzlar 1973; *Hal Lindsey*, Sind wir die letzte Generation?, Wetzlar 1976. Nach Lindsey geben die apokalyptischen Stellen der Bibel genaue Hinweise über die derzeitigen politischen Konstellationen. Lindsey deutete zum Beispiel den „König des Nordens" auf Rußland, der in Zukunft gegen Israel marschieren wird. Der schlimmste Feind Israels sei jedoch das wiedererwachte römische Reich im Gewand der Europäischen Gemeinschaft. In seiner Eschatologie spielte die kommende „Schlacht von Harmagedon" eine wichtige Rolle.

[32] Zu seiner Biographie vgl. *Friedrich Mildenberger*, Hofmann, Johann Christian Konrad v., in: TRE, Bd. 15, Berlin/New York 1985, 477–479; *Paul Wapler*, Johannes v. Hofmann, Leipzig 1914. Seine Theologie behandelt *Eberhard Hübner*, Schrift und Theologie: Eine Untersuchung zur Theologie Joh. Chr. K. von Hofmanns, München 1956.

[33] *Johann Chistian Konrad von Hofmann*, Weissagung und Erfüllung im alten und neuen Testamente: Ein theologischer Versuch, Bd. II, Nördlingen 1844, 318.

[34] Grundlegend war hier *Carl August Auberlen*, Der Prophet Daniel und die Offenbarung Johannis in ihrem gegenseitigen Verhältniß betrachtet und in ihren Hauptstellen erläutert, Basel ^{3}1874 (^{1}1854). Auch Robert Samuel Louis Gaussen, von Hofmann und Kliefoth vertraten diese Auslegung.

zeigte sich beispielhaft in der Identifizierung der Hure Babylon mit der verweltlichten Gottesgemeinde der Heilsgeschichte. Die Ausbrüche der Französischen Revolution deuten nach ihm die letzten Gerichte Gottes an. Grundsätzlich verteidigte auch Auberlen die Existenz eines zukünftigen Tausendjährigen Reiches und war von der kommenden Wiederherstellung Israels überzeugt. Vor dem Beginn des Reiches werde Christus auf die Erde zurückkommen. Wahrscheinlich hat kaum ein anderes Buch im 19. Jahrhundert den Prämillenniarismus in Deutschland so stark gefördert, wie Auberlens Entwurf über Daniel und die Offenbarung.

Aber auch in Kreisen des Neuluthertums finden sich prämillenniaristische Züge, obwohl gerade hier die Aversion gegenüber dem Chiliasmus besonders stark war. August Friedrich Christian Vilmar (1800–1868) hielt zum Beispiel an der Überzeugung eines futuristischen Chiliasmus fest.[35] Anhand der Auslegung der Offenbarung sah er den Abfall der Heidenwelt in der Französischen Revolution und dem aufkommenden Kommunismus vorgeschattet.[36] Vor der ersten Auferstehung und dem Tausendjährigen Reich werde der Antichrist und die Weltmonarchie alle Menschen verführen, Israel jedoch errettet werden.

Wie unterschiedlich die Varianten aber auch innerhalb der futuristischen Offenbarungsauslegung sein konnten, wird an Theodor Kliefoth (1810–95) und seiner endgeschichtliche Auslegung deutlich.[37] Obwohl er die Offenbarung als ein Buch für die Zukunft verstand und selbst die Sendschreiben kirchengeschichtlich auslegte, lehnte er ein zukünftiges Tausendjähriges Reich ab. Kliefoth sprach von einer Bekehrung der Juden und sah auch auf die Kirche eine Trübsalszeit zukommen, resümierte aber über den Chiliasmus: „Wir halten demnach dafür, daß die Lehre vom 1000jährigen Reich in der Weissagung des Neuen Testaments nicht begründet, mithin nicht ein Dogma, sondern eine des Schriftgrundes entbehrende Hypothese ist."[38] Eine streng lutherische Grundhaltung stand hier im Hintergrund. Von daher kam es bei Kliefoth und manchen anderen lutherischen Theologen zu paradox anmutenden Standpunkten: futuristische Auslegung der Apokalypse und doch Ablehnung des Chiliasmus.[39]

---

[35] *August Friedrich Christian Vilmar*, Dogmatik: Akademische Vorlesungen, hg. v. *Karl Wilhelm Piderit*, 2. Teil, Gütersloh 1874. Ähnliche Gedanken finden sich auch bei Wilhelm Löhe.

[36] Ebd., 309. Vilmar spricht von einem Beginn des Abfalls vor 200 Jahren, sieht also auch Vorläufer schon im 17. Jahrhundert.

[37] *Theodor Kliefoth*, Christliche Eschatologie, Leipzig 1886.

[38] Ebd., 188. Kliefoth wollte die sieben Jahre der Trübsalszeit nicht wörtlich, sondern sinnbildlich verstehen (ebd., 135). Einen ähnlichen Ansatz vertrat *August Ebrard*, Christliche Dogmatik, Königsberg 1851/52. Auch er rechnete mit einem weiteren Abfall der Kirche und der Bekehrung der Juden bis zur Wiederkunft Jesu.

[39] Diese Einstellung findet sich dann ausgeprägt in seinem Kommentar *Theodor Kliefoth*, Die Offenbarung Johannes, 3 Bde., Leipzig 1874. Die Offenbarung prophezeie zwar allein zukünftige Ereignisse, aber kein Millennium.

Auch Franz Delitzsch (1813–90) hielt an einer futuristischen Auslegung der Offenbarung und am Prämillenniarismus fest.[40] Über den letzten Teil der Offenbarung konnte er schreiben: „Diese Weissagungen sind eschatologisch im eigentlichen Sinne. Sie lassen sich nicht als von der bereits abgelaufenen Geschichte überholt ansehen.“[41] Charakteristisch für den Judenfreund Delitzsch war zudem seine Überzeugung von der zukünftigen Restitution des jüdischen Volkes im verheißenen Land.[42] Sein Engagement in der „Judenmission“ fand seinen entscheidenden Auslöser in der biblischen Überzeugung von der Rückführung der Juden nach Palästina. Delitzsch wirkte durch seine Bücher wie kaum ein anderer in die erwecklichen und konfessionellen Kreise des 19. Jahrhunderts hinein. Grundsätzlich läßt sich also feststellen, daß besonders im 19. Jahrhundert die starre Ablehnung des Chiliasmus in der lutherischen Theologie abnahm und neue eschatologische Konzeptionen wie der Prämillenniarismus auf fruchtbaren Boden fielen.

Mehr noch als der Konfessionalismus war aber die deutsche Erweckungsbewegung in großen Teilen von einer eschatologischen Naherwartung geprägt. Fast alle Erweckungsprediger Anfang des 19. Jahrhunderts haben die Französische Revolution und das Auftreten Napoleons als Zeichen der Endzeit interpretiert. Die nahende Ankunft des Herrn trieb zu verstärkten Anstrengungen in der Missionierung der Heiden. Heinrich Jung-Stilling (1740–1817) entfachte mit verschiedenen Romanen die Endzeitstimmung.[43] Über seine Vertraute Juliane von Krüdener (1764–1825) wirkten seine Gedanken in vielen Teilen Europas. Auch Gottfried Menken (1768–1831), Erweckungsprediger in Bremen, sprach von einer zukünftigen Rückkehr Israels zum Glauben an den Messias und vom Auftreten des Antichristen. Durch die Wiederkunft des Heilands würde jedoch der Antichrist auf 1000 Jahre gebunden und Jesus eine „Christokratie“ aufrichten. Menken rechnete mit der Wiederkunft Christi 2000 Jahre nach dem ersten Auftreten Jesu.[44] Ebenso war sich Ludwig Hofacker (1798–1828) bewußt, daß er als Prediger in der letzten Zeit kurz vor der Wiederkunft Jesu stehe. In seiner Antrittspredigt in Rielingshausen sagte er: „Der Herr der Ernte hat mich hierher

---

40 Nach *George Dollar*, A History of Fundamentalism in America, Sarasota ^{2}1983, 45–47, schrieb Delitzsch auch einen Brief an die prophetische Konferenz 1886 in Chicago, in dem er sich positiv über den Prämillenniarismus geäußert haben soll.

41 *Franz Delitzsch*, Sind die Juden wirklich das auserwählte Volk?: Ein Beitrag zur Lichtung der Judenfrage, Leipzig 1889, 36 (SIJL 22).

42 Ebd., 61. Delitzsch konnte sich aber in derselben Schrift auch gegen ein „chiliastisches Judaisieren“ wenden (ebd., 4). In seiner Eschatologie war er von Christian August Crusius geprägt. Zu Delitzschens Eschatologie vgl. *Siegfried Wagner*, Franz Delitzsch: Leben und Werk, Giessen ^{2}1991, 83.

43 Vgl. *Max Geiger*, Aufklärung und Erweckung: Beiträge zur Erforschung Johann Heinrich Jung-Stillings und der Erweckungstheologie, Zürich 1963. Über Jung-Stillings Eschatologie allgemein informiert *Gerhard Schwinge*, Jung-Stilling am Hofe Karl Friedrichs in Karlsruhe: Zu seinem 170. Todestag, in: ZGO 135, 1987, 183–205.

44 *Gottfried Menken*, Versuch einer Anleitung zum eignen Unterricht in den Wahrheiten der heiligen Schrift, in: Des Dr. theol. Gottfried Menken Schriften, Bd. 6, Bremen 1858, 246–48.

gestellt, um in der letzten betrübten Zeit Seelen für Ihn zu werben ...“[45] Alle revolutionären Umtriebe waren ihm ein Greuel und Zeichen des bevorstehenden Abfalls von Gott.

Einen eigenwilligen Ansatz vertrat Ludwig Harms (1808–1865), der Erweckungsprediger der Lüneburger Heide.[46] Er sah ab Kapitel 4 der Offenbarung eine Beschreibung noch zukünftiger, aber in Bälde anbrechender Ereignisse der Endzeit. Der Reiter auf dem weißen Pferd sei Napoleon gewesen, wie überhaupt die Revolution und die böse Demokratie aus Frankreich gekommen seien. Harms sah den totalen Abfall der Landeskirchen „vorprogrammiert“. Die wahren Gläubigen würden aus der lutherischen Kirche in die Separation gedrängt werden. Die Wiederherstellung des Gottesvolkes in der Offenbarung beziehe sich daher nicht auf Israel, sondern auf die wahren Lutheraner der Endzeit. Der Papst sei der Antichrist, der alle Gläubigen verfolge, bevor Christus den letzten Sieg davontragen werde. Die Missionserfolge der Neuzeit seien ein weiterer Beleg für die baldige Wiederkunft Christi. An der Auslegung von Harms wird deutlich, wie gerne die Exegeten der futuristischen Auslegung bestimmte Prophezeiungen auf sich selber oder auf den unmittelbaren Kontext ihrer eigenen Situation bezogen. Damit war nicht nur eine verhängnisvolle Scheinlegitimation ihres Anliegens verbunden, sondern man entwickelte damit auch eine Begründung für die Ablehnung und die Restriktionen von Seiten der etablierten Kirchen. So erscheint es nicht verwunderlich, daß der Prämillenniarismus gerne von separatistischen Gruppen aufgenommen worden ist.

Einen großen Einfluß auf die Erweckten im 19. Jahrhundert hatte ohne Zweifel das bekannte „Bibelwerk“ von August Dächsel (1818–1901), erschienen zwischen 1862 und 1880. Dächsel sah in der Apokalypse des Johannes die „Entfaltung des Reiches Gottes“ vorgeschattet[47] und berechnete ein genaues Datum für die letzte Zeit: Im Jahre 1897 würde sich die Herrschaft des antichristlichen Zeitgeistes durchsetzen. Die in der Offenbarung erwähnten 1260 Tage deutete er auf Jahre und bezog sie auf die Zeit von 637 bis 1897. Das Tier mit den sieben Häuptern sei der kommende Antichrist, der aus Frankreich kommen werde. Ab 1900 würde die Welt Zeuge der Bekehrung des jüdischen Volkes werden. 1992 sei das Jahr des Auftretens des persönlichen Antichristen, der dreieinhalb Jahre später durch die Wiederkunft Christi getötet und damit abgesetzt würde. Mit Dächsel verstärkte sich das spekulative Element des Prämillenniarismus, wie wir es schon bei Bengel und Jung-Stilling fanden. Dabei lag die Gefahr nahe, durch

---

[45] *Albert Knapp*, Leben von Ludwig Hofacker, Heidelberg [4]1872, 172 (vgl. auch 373–74). Den Hinweis verdanke ich *Gäbler* (wie Anm. 8), 171.

[46] *Louis Harms*, Die Offenbarung St. Johannis: Eine Erklärung des letzten Buches der Bibel, Hermannsburg [12]1920. Das Werk beruht auf einer Mitschrift von Predigten Harms vor dem Jahre 1865. Die folgenden Gedanken finden sich auf den Seiten 101–114.

[47] Die Bibel oder: Die ganze Heilige Schrift Alten und Neuen Testaments, Bd. 7/2. Abt.: Die Offenbarung Johannis, hg. v. *August Dächsel*, Leipzig 1881, 1.

die Berechnung von genauen Daten entweder große Furcht und Unsicherheit zu verbreiten, oder aber – wie im Falle Dächsels – eine gefährliche Sicherheit der Gläubigen angesichts der beruhigenden Ferne der Ereignisse zu erwecken.

Eines der populärsten Werke zum Prämillenniarismus veröffentlichte 1876 in Erstauflage der Naumburger Domprediger Ernst Mühe unter dem Titel „Das enthüllte Geheimnis der Zukunft“.[48] Mühe war stark von Löhe, Ludwig Harms und Dächsel geprägt. Auch er meinte erkannt zu haben, daß „das Auftreten des Antichristus und die erste Wiederkunft Christi nahe“ seien. In einer Art „Katechismus der Hoffnung“ bot er ein Kompendium der persönlichen und globalen Eschatologie. Nach Mühe sei heute eine zweifache Wiederkunft Jesu zu predigen: zur Vernichtung des kommenden Antichristen und zum Endgericht am Ende des Tausendjährigen Reiches.[49] Der persönliche Antichrist würde bald die ganze Welt verführen und die Christen verfolgen. Erst die Intervention Jesu könne seine Machtentfaltung eindämmen und seine Heerscharen vernichten. Nach der ersten Auferstehung würde dann Jesus Christus selber sein tausendjähriges Friedensreich in Jerusalem errichten. An dessen Ende müsse der Satan noch einmal losgelassen werden, um die Gläubigen zu prüfen und die Ungläubigen gerichtsreif zu machen. Am Ende aber würde Gott seinen Gegenspieler endgültig in den Feuersee werfen. Wann wird der Antichrist erscheinen? Mühe schloß sich in seinen Berechnungen dem Bibelwerk von Dächsel an. Da die Welt nur 7000 Jahre Bestand habe, müsse der Antichrist im Jahre 1992 auftreten. Nach seiner 3 1/2jährigen Regentschaft würde Christus ihn 1995 vernichten und sein Reich aufbauen. Mühes Werk, das eine erstaunliche Verbreitung fand, verlängerte damit die Linie von Bengel über Jung-Stilling zu Dächsel. Obwohl er die Vortrübsalsentrückungslehre ablehnte, war er ganz entscheidend für die Ausbreitung der futuristischen Offenbarungsauslegung und des Prämillenniarismus verantwortlich.

In Württemberg und Bayern wirkte zur gleichen Zeit Pfarrer Christoph Cloeter (1823–1894)[50]. Auch er vertrat den futuristischen Prämillenniarismus.[51] Die Siegelgerichte (Offenbarung 6,1–8,5) begannen nach Cloeter mit

---

48 *Ernst Mühe*, Das enthüllte Geheimnis der Zukunft oder: Die letzten Dinge des Menschen und der Welt, Konstanz [15]1933 ([1]1876). Mühes Werk war außerordentlich populär und fand unter allen prämillenniaristischen Schriften in Deutschland wohl die weiteste Verbreitung.

49 Ebd., 84. Jesu erste Wiederkunft würde auch die Aufrichtung des „sabbatlichen Königreichs“ des Volkes Israel bewirken.

50 Zu Cloeter vgl. [*Prediger Köhler*], Samuel Gottfried Christoph Clöter, Ansbach 1896; *Hermine Cloeter*, Ein Herold des „Königreiches Jesu“: Zur Geschichte der süddeutsch-österreichischen Auszugsbewegung nach Kaukasien am Ende des 19. Jahrhunderts, in: JGGPrÖ, 68/69, 1953, 3–15. Cloeter war Herausgeber der Zeitschrift „Brüder-Bote“.

51 *Christoph Cloeter*, Die Offenbarung Johannes: Ein allgemeinverständlicher Leitfaden des Messias, Augsburg 1861. In diese Richtung ging auch *ders.*, Eine Heerde unter Einem Hirten im Königreich Jesu auf Erden vor dem jüngsten Tag, Stuttgart 1859. Darin gab er schon die später klassisch gewordenen Zeichnungen über die Weltgeschichte samt Endzeitfahrplan heraus. Das Ende der Gemeindezeit datierte er mit einem Fragezeichen auf das Jahr 1870.

der Französischen Revolution, Napoleon sei der Reiter auf dem weißen Pferd gewesen. Seit 1806 befinde man sich in der antichristlichen Zeit, woraus die Gemeinde bald entrückt werde. Ähnlich wie Jung-Stilling bewirkte Cloeter eine Auswanderung von württembergischen Erweckten nach Rußland. Nach Hesekiel 38,2 und 39,1 seien Rußland, Moskau und Tobolsk die „Bergungsorte" für die Endzeitgemeinde.[52]

Innerhalb des Pietismus in Württemberg war in Anlehnung an Bengel, Oetinger, Hahn und Pregizer die Erwartung eines futuristischen Friedensreiches auch im 19. Jahrhundert stark vertreten.[53] Vater und Sohn Blumhardt sind zum Beispiel in ihrer Verkündigung des Reiches Gottes ohne die dahinterstehende chiliastische Theologie nicht zu verstehen.[54] Johann Christoph Blumhardt (1805–1880) rechnete mit einer erneuten Geistausgießung auf die Kirche am Ende der Zeit, bevor Christus wiederkomme.[55] Andererseits konnte er sich kritisch gegenüber den spekulativen Endzeitauslegungen der Chiliasten äußern.[56] Auch Sohn Christoph Blumhardt (1842–1919) wußte um die Naherwartung des kommenden Reiches, betonte aber mehr die sozialethischen Konsequenzen und die Allversöhnungslehre.

Prämillenniaristische Impulse aus der angelsächsischen Welt wurden in den fünfziger Jahren des 19. Jahrhunderts in den entstehenden Freikirchen aufgenommen. Einen klassischen Dispensationalismus mit seiner Vortrübsalsentrückungslehre findet sich wohl erstmals bei Carl Brockhaus (1822–1899)[57], dem Vater der deutschen Brüderbewegung, der Anfang der fünfziger Jahre mit John Nelson Darby in Verbindung getreten war.[58] Die Trennung von Israel und Gemeinde bedinge nach Brockhaus die Entrükkung der Gemeinde Jesu vor der Trübsalszeit. Denn erst dann werde Gott wieder den Heilsfaden mit seinem irdischen Volk Israel aufnehmen. Auch

---

[52] Einen Bergungsort ganz anderer Art postulierten dagegen die Anhänger der „Tempelgesellschaft" unter Christoph Hoffmann (1815–1885): Durch die Wiederherstellung des irdischen Tempels in Jerusalem könne die Wiederkunft Christi beschleunigt werden.

[53] Vgl. die grundlegenden Hinweise bei *Friedhelm Groth*, Chiliasmus und Apokatastasishoffnung in der Reich-Gottes-Verkündigung der beiden Blumhardts, in: PuN 9, 1984, 56–67.

[54] Darauf hat Groth zu Recht gegen Scharfenberg und Sauter hingewiesen.

[55] Groth, Chiliasmus (wie Anm. 53), 78–79. Blumhardt versteht diese Geistausgießung als eine Restitution der urgemeindlichen Zustände.

[56] Ebd., 80–81. Blumhardt betonte dagegen die alttestamentlichen Prophezeiungen über das ewige Friedensreich. Sein Grundprinzip lautete: „Warten und Eilen". Groth (ebd., 82) faßt zusammen: „Resümierend läßt sich hier zu J. Chr. Blumhardts Stellung zum Chiliasmus sagen, daß Blumhardt als charismatischer Verkündiger und Seelsorger zwar den strengen heilsgeschichtlich-chiliastischen Systemen seiner württembergischen Vorgänger sehr kritisch gegenübersteht, daß er aber dennoch wesentliche Grundgedanken von deren Chiliasmus mit diesen gemeinsam hat."

[57] Sein biographischer Lebensweg wurde erst kürzlich nachgezeichnet von *Rolf-Edgar Gerlach*, Carl Brockhaus – ein Leben für Gott und die Brüder, Wuppertal 1994.

[58] *Carl Brockhaus*, Der Unterschied zwischen der Ankunft Christi zur Aufnahme Seiner Heiligen und Seiner Erscheinung mit ihnen in Herrlichkeit, Elberfeld ^{5}1896. Die Lehre von der Entrückung der Gemeinde vor der Trübsal findet man auch in den Schriften von C. H. Mackintosh, H. C. Voorhoeve und Emil Dönges, alles Vertreter der Brüderversammlungen.

würden alle Prophezeiungen über die Trübsalszeit niemals die Gemeinde erwähnen, sondern allein das Volk Israel. Ähnliche Gedanken wie bei Brockhaus finden sich einige Jahre später auch in Schriften der Baptisten und bei Predigern der Freien evangelischen Gemeinden in Deutschland.[59] In diesen Freikirchen ist der Prämillenniarismus bis heute vertreten.

Auch der Neupietismus der Gemeinschaftsbewegung war stark von den eschatologischen Modellen des Prämillenniarismus geprägt. Schon 1868 hatte Heinrich Wilhelm Rinck, Inspektor der Evangelischen Gesellschaft, sich für die Lehre vom Tausendjährigen Reich und die baldige Rückkehr Israels nach Palästina eingesetzt.[60] Zusammen mit den Professoren Heinrich W.J. Thiersch, Ludwig von Gerlach, Carl August Auberlen und Eduard Riggenbach war er überzeugt, daß der Antichrist in Kürze erscheinen würde. Ähnliche Gedanken findet man um die Jahrhundertwende bei Otto Stockmayer, Ernst Modersohn, Johannes de Heer, Carl Heinrich Rappard und anderen.[61] Auf der Blankenburger Allianzkonferenz propagierten einige amerikanische Heiligungsprediger den Prämillenniarismus, so zum Beispiel Henry Grattan Guinness und Reuben Archer Torrey. Einen großen Einfluß hatte auch Ernst Ferdinand Ströter[62] (1846–1922), ein Methodist, der lange Jahre ein führender Dispensationalist in Amerika gewesen war und später die deutschen Allversöhnerkreise um sich sammelte. Ströter wurde Herausgeber des Organs „Das prophetische Wort".

Besonders die Zeit nach dem Ersten Weltkrieg brachte eine Flut von Broschüren über das nahende Weltende mit sich. Autoren waren Ernst Schreiner[63], Ferdinand Brockes[64], Jakob Kroeker[65], Otto von Peinen[66],

---

59 Prämillenniaristisch geprägt waren Julius Köbner, Julius Herrmann, Karl F. W. Meyer, C. Dreßler, Walter Hoffmann, Carl August Flügge, Gustav Nagel, Leopold Bender, Richard Schmitz, Bernhard Peters, Karl Engler, Friedrich Heitmüller und E. F. Ströter. Für Belege siehe *Holthaus* (wie Anm. 18), 412–429.

60 *Heinrich Wilhelm Rinck*, Die Zeichen der letzten Zeit und die Wiederkunft Christi: Erklärung der Haupt-Abschnitte der Offenbarung Johannis, für die auf ihren Herrn wartende Gemeinde, Basel [2]1880 ([1]1868).

61 Belege bei *Holthaus* (wie Anm. 18), 395–411.

62 Vgl. *Karl Kupisch*, Ströter, Ernst Ferdinand, in: RGG, Bd. 6, Tübingen [3]1962, 419. Ab 1911 wurde Ströter zum führenden Vertreter der Allversöhnungslehre in Deutschland.

63 Vgl. zum Beispiel *Ernst Schreiner*, Die gewaltigen Zeichen der Zeit und ihre Mahnung, Stuttgart 1919.

64 Brockes, ein führender Mann der Gemeinschaftsbewegung, schrieb das Buch „Die Wiederkunft Christi in ihrer Bedeutung für die Gemeinde Gottes und für die Menschheit" (Gotha 1922).

65 Kroeker, Leiter des Missionswerkes „Licht im Osten", wurde durch seine Auslegung des Alten Testamentes bekannt. Zu seinem Prämillenniarismus vgl. *Jakob Kroeker*, Weltstaat und Gottesreich im Lichte des Propheten Daniel. Kap. 1–6, Wernigerode 1928.

66 Otto von Peinen war lange Jahre Sekretär der „Deutschen Christlichen Studenten-Vereinigung" und später Pfarrer in Frankfurt. Zur Eschatologie äußerte er sich in dem Buch *Otto von Peinen*, Weltreich und Gottesreich: Ein Beitrag zur Gegenwartsfrage nach Offenbarung und Geschichte, Gotha 1932.

Bernhard Keller[67] und Georg Thaidigsmann[68]. In der Zeit des Dritten Reiches war die bekannteste Flugschrift des Prämillenniarismus die Broschüre von Friedrich Hoffmann „Der weiße Herzog"[69]. Für Hoffmann war das Deutsche Reich seit 1871 das achte Haupt in der Vision der Apokalypse. Die Wunde am Kopf sei der verlorene Erste Weltkrieg. Hoffmanns Charakterisierung des Antichristen löste in Deutschland eine Welle von Unruhe unter den Gläubigen aus, denn seine 1929 veröffentlichte Beschreibung traf verblüffend genau auf Adolf Hitler zu. Nach anfänglichem Erfolg durch einen übersteigerten Nationalismus werde nach Hoffmann der Antichrist dann zusammen mit den „Vereinigten Staaten Europas" und mit China gegen Israel marschieren.

Besonders um die Jahrhundertwende wurden die klassischen Werke der englischsprachigen Prämillenniaristen ins Deutsche übersetzt. Die umfangreichen eschatologischen Bücher des eben angeführten Missiologen Henry Grattan Guinness (1835–1910)[70] vertieften die Zahlenspielereien: 1870 sei der Wendepunkt der Weltgeschichte, 1917 werde der Staat Israel wiedererstehen.[71] 1909 erschien das Standardwerk des amerikanischen Prämillenniarismus in deutscher Sprache, William E. Blackstones Buch „Der Herr kommt!"[72]. Verleger war ein Vertreter der Gemeinschaftsbewegung in Deutschland, Gottlob Koezle. Im dispensationalistischen Sinne wurde in diesem Buch von der Entrückung der Gemeinde vor der Trübsal gesprochen. Andere wichtige prämillenniaristische Werke, die damals ins Deutsche übersetzt wurden, waren die Bücher von Philip Mauro[73], Johann A.

---

[67] Keller, Pfarrer in Döbeln, stand der deutschen Gemeinschaftsbewegung nahe und war ein beliebter Schriftsteller in diesen Kreisen. Seine Auslegungen der prophetischen Bücher der Bibel haben viele Auflagen erlebt, so zum Beispiel „Der Prophet Daniel für bibelforschende Christen erklärt" oder „Die Offenbarung des Johannes für bibelforschende Christen erklärt".

[68] Thaidigsmann war lutherischer Pfarrer in Waldbach und Entringen. Zu seinen eschatologischen Werken zählen: *Georg Thaidigsmann*, Rom, Babel – Jerusalem: Der Menschheitsgang im Licht der Schrift bis zur Vollendung des Gottesreichs, Karlsruhe 1928; *ders.*, Die Gegenwart unter dem Zeichen des Abschlusses und des jetzigen Zeitlaufs: Blicke in Schrift und Zeit, Gotha 1931; *ders.*, Vom kommenden Reich, Gotha 1932; *ders.*, Das Kreuzesgeheimnis als Schlüssel zur Schrift, Geschichte und Gottesreich: Ein biblischer Leitfaden durch Schrift und Geschichte, Gotha 1937.

[69] *Friedrich Hoffmann*, Der weiße Herzog, Selbstverlag 1929. Später gab es viele maschinenschriftliche Kopien der Broschüre, die z. T. heimlich in den Gemeinden weitergereicht wurden.

[70] Zur Biographie von Guinness vgl. *Michele Guinness*, The Guinness Legend, London 1990, 48–276. Guinness gründete das „East London Institute for Home and Foreign Missions", ein Vorläufer der späteren Bibelschulen. Er beeinflußte theologisch auch den amerikanischen Prämillenniarismus, besonders Needham, Gordon und A. B. Simpson.

[71] *Henry Grattan Guinness*, Das nahende Ende unsers Zeitalters im Lichte der Geschichte, Weissagung und Wissenschaft, 2 Bde., Berlin 1888–89. Vgl. auch *ders.*, Licht für die letzten Tage: Eine historische und prophetische Studie, Berlin 1892; *ders.*, Schlüssel zu der Apokalypse oder die sieben Deutungen der symbolischen Prophezeiungen, Berlin 1901.

[72] *William E. Blackstone*, Der Herr kommt!, Chemnitz [1909]. In Amerika erreichte das Buch eine Millionenauflage und wurde weltweit in 40 Sprachen übersetzt.

[73] Mauro, ein Rechtsanwalt aus New York, wechselte später jedoch ins Lager der Amillen-

Seiss[74] und Ethelbert Bullinger[75]. 1921 erschien die Grundschrift der Dispensationalisten von Cyrus Ingwer Scofield „Teile das Wort der Wahrheit recht".[76] Die berühmte Bibel der Dispensationalisten, die Scofield-Reference-Bible, wurde dagegen erst 1972 auf Deutsch vorgelegt.[77]

Beachtlich war der Einfluß des Prämillenniarismus auf die entstehenden „Glaubensmissionen" um die Jahrhundertwende. Der Schwede Frederik Franson (1852–1908)[78], ein Zögling Moodys und Initiator von vierzehn verschiedenen Missionsgesellschaften, gab den Anstoß zur Gründung der Allianz-China-Mission in Barmen im Jahre 1891. 1899 erschien sein Buch „Die Himmelsuhr" in deutscher Übersetzung, in dem er die Wiederkunft Jesu auf die allernächste Zukunft datierte.[79] Wichtiger wurde dann der Einfluß des Engländers Hudson Taylor (1832–1905) auf die deutschen Glaubensmissionen.[80] Taylor war ein überzeugter Prämillenniarist und trieb sich und seine Mitarbeiter zu verstärkten Anstrengungen der Weltmission an. Sein Einfluß zeigte sich in Deutschland etwa bei der Liebenzeller Mission, dem Blankenburger Kreis der „Deutschen Evangelischen Allianz", beim Deutschen Frauen-Missions-Gebetsbund oder der Pilgermission St. Chrischona. Der Prämillenniarismus wurde die entscheidende Triebfeder der evangelikalen Glaubensmissionen. Durch die Erwartung der baldigen Wiederkunft des Herrn trieb man sich zur Eile und Dringlichkeit in Sachen Weltmission an.

4. *Zur Bedeutung des Prämillenniarismus*

Die erwecklichen und konfessionellen Kreise des 19. und 20. Jahrhunderts haben aus ihrer eschatologischen Überzeugung ihre Dynamik und Stoßkraft

---

nialisten. Vgl. sein Buch *Philip Mauro*, Des Menschen Zahl: Der Höhepunkt der Kultur, Gotha o.J.

74 Seiss, ein deutschstämmiger lutherischer Pastor in Amerika, vertrat den Prämillenniarismus insbesondere in *Johann A. Seiss*, Die Offenbarung Jesu Christi, 2 Bde., Neumünster 1908.

75 Bullinger, ein bekannter Bibelausleger aus England, war „Ultradispensationalist". In deutscher Sprache erschien: *Ethelbert Bullinger*, Die Apokalypse oder Der Tag des Herrn, Barmen 1904.

76 *Cyrus Ingwer Scofield*, Teile das Wort der Wahrheit recht, Wernigerode 1921. Die amerikanische Ausgabe erschien schon 1888 unter dem Titel „Rightly Dividing the Word of Truth".

77 Die Neue Scofield Bibel mit Erklärungen: Die Heilige Schrift nach der deutschen Übersetzung D. Martin Luthers, hg. v. *Cyrus Ingwer Scofield*, Pfäffikon ^{3}1978 (^{1}1972). Übersetzerin war Gertrud Wasserzug-Traeder, Gründerin der Bibelschule Beatenberg in der Schweiz. Eine neue Ausgabe mit dem Text der Elberfelder Übersetzung erschien 1992 im Brockhaus Verlag in Wuppertal.

78 Zu Franson vgl. die Dissertation von *Edvard Paul Torjesen*, A Study of Frederik Franson: The Development and Impact of his Ecclesiology, Missiology, and Worldwide Evangelism, Los Angeles 1984.

79 *Frederik Franson*, Die Himmelsuhr oder: Das prophetische Wort, Barmen [1899].

80 Vgl. dazu die wichtige Disssertation von *Andreas Franz*, Mission ohne Grenzen: Hudson Taylor und die deutschsprachigen Glaubensmissionen, Gießen 1993.

erhalten. Die Überzeugung von der krisenhaften Situation der Welt führte zu einer starken Naherwartung der Wiederkunft des Herrn und zu missionarischen und apologetischen Anstrengungen. Der Prämillenniarismus als eschatologischer Hintergrund dieser Kreise prägte neben der strengen Bindung an die Heilige Schrift ihre gesamte Frömmigkeit und Theologie. Ohne diese eigenwillige apokalyptische Überzeugung ist daher dieser Teil des deutschen und internationalen Protestantismus nicht zu verstehen.

Die entscheidende Basis des Prämillenniarismus ist die wörtliche Auslegung der biblischen Prophetie. Prämillenniaristen stehen damit in der Tradition des protestantischen Fundamentalismus.[81] Die Bibel ist für sie eine unfehlbare und irrtumslose Offenbarung, die korrekte Informationen auch in geschichtlichen und naturwissenschaftlichen Bereichen gibt. Jesus Christus selber habe das Alte Testament als glaubwürdiges Gotteswort akzeptiert und damit ein Vorbild gegeben. Gleiches gelte für das Neue Testament, das von Gott wörtlich inspiriert sei. Nur auf dem Hintergrund dieser Hermeneutik kann man die Eschatologie des Prämillenniarismus verstehen. Schon Carl August Auberlen wußte um den Ausgangspunkt seiner Eschatologie: „Die historische Auffassung der Bibel bleibt das Fundament, an dem wir immer noch, ja erst jetzt recht zu arbeiten haben; aber nur wenn wir sie als Wort Gottes auch an uns betrachten, kann es zu einem lebendigen und geistlichen Verständnis derselben kommen."[82] Die literalistische Auslegung der Bibel führte dazu, daß im Zweifelsfall Zahlen und Angaben der prophetischen Bücher nicht symbolisch, sondern wörtlich verstanden wurden. Die politischen Tagesereignisse wurden mit den eschatologischen Aussagen der Bibel in Einklang gebracht. Ohne die Überzeugung von einer irrtumslosen Offenbarung Gottes in der Bibel und von einer wörtlichen Auslegung derselben ist der Prämillenniarismus nicht zu verstehen. Jegliche Kritik an ihm muß deshalb bei den exegetischen Fragestellungen ihren Anfang nehmen. Prämillenniarismus war und ist zuallerst eine Bibelbewegung, die aus der Kraft des Wortes ihre Überzeugungsmacht gewinnt.

Prämillenniaristische Ideen haben sich insbesondere in gesellschaftlichen Krisenzeiten verstärkt. Die optimistische Sicht eines sich ausbreitenden Reiches Gottes war spätestens nach der Französischen Revolution als utopische Schwärmerei entlarvt worden. Das Exil des Papstes 1798 wurde als Erfüllung von Daniel 7 und Offenbarung 13 interpretiert. Der Substanzverlust der Kirchen durch die rationalistische Aufklärung zeigte deutlich, daß die Zeiten der Reformation und des Pietismus vorbei seien. Die zunehmende Bibelkritik tat ein übriges. Neologie und Rationalismus galten als glaubenszersetzende Philosophien. David Friedrich Strauss' 1835/36 erschienenes

[81] Allerdings muß hier betont werden, daß nicht alle Fundamentalisten den Prämillenniarismus vertraten. Besonders der orthodoxe Calvinismus des Princeton-Seminars lehnte diese Art von Eschatologie scharf ab. Trotzdem konnte es zu Koalitionen dieser so ungleichen Partner kommen.

[82] Auberlen (wie Anm. 34), XIII.

„Leben Jesu" wurde als Frontalangriff auf den christlichen Glauben verstanden, ebenso Darwins Evolutionslehre. Unter diesen Aspekten sind große Teile der Erweckungsbewegung als „antiaufklärerisch" zu verstehen und nur so konnten sich pessimistische Zukunftssichten ausbreiten. Klagen über den „Zeitgeist" in Kirche und Gesellschaft waren bei Erweckten wie Konfessionalisten beliebt. Später bekam der Prämillenniarismus durch die beiden Weltkriege, die Weltwirtschaftskrise und die Inflation weiteren Zulauf. In Amerika ist zudem der Bürgerkrieg zu nennen, der die pessimistischen Zukunftsprognosen verstärkte. Verunsicherung machte sich durch die rasende Entwicklung der modernen Technik und die Zunahme des Säkularismus breit. Prämillenniaristen haben diese Tendenzen immer als „Zeichen der letzten Zeit" betrachtet, die in der Bibel schon vorhergesagt worden seien. Deshalb bestätigte die scheinbar negative Entwicklung des 19. Jahrhunderts nur die Prämillenniaristen in ihrer Überzeugung, das Ende der Welt stünde kurz bevor. Trotzdem war ihre Perspektive der Zeitanalyse einseitig negativ. Immer wieder haben nachfolgende Generationen von Prämillenniaristen ihre eigene Zeit als noch gottloser und damit apokalyptischer beurteilt als ihre Vorgänger.[83]

Die Überzeugung von der baldigen Wiederkunft Jesu hatte starke Auswirkungen auf die Frömmigkeit der Prämillenniaristen. Da Jesus Christus bei seiner Wiederkunft eine reine Gemeinde sehen wolle, müsse man unbedingt nach seinen Vorschriften leben. Dieses „Leben am Rande der Ewigkeit" brachte allerdings auch einen ethischen Druck auf die Gläubigen hervor. Durch rigoristische Verhaltensnormen versuchte man, die Gemeindeglieder vor den Versuchungen der sündigen Welt zu schützen. Immer wieder hieß es, man sei „die letzte Generation". Die Grundfrage, ob man auf die Wiederkunft Jesu gut vorbereitet sei, prägte den Lebensstil der prämillenniaristischen Gemeinden. Der Gedanke, daß Christus bei seiner Wiederkunft den Gläubigen bei einer sündigen Tat überraschen könnte, führte zu einer starken Betonung des Heiligungslebens, so daß diese Erweckten immer als „streng-gläubig" galten. Mit ihrer puritanisch anmutenden Ethik haben sie trotzdem eine starke Anziehungskraft auf Außenstehende ausgeübt und bieten in einer pluralistischen Zeit der Unsicherheit Hilfe und Orientierung.

Die Erwartung der baldigen Wiederkunft Jesu wirkte zudem auf die Evangelisation. Man war davon überzeugt, daß es nach dem zweiten Kommen Christi keine Möglichkeit mehr gäbe, sich für Gottes Heilshandeln zu „entscheiden". Deshalb galt als oberste Priorität, so viele Menschen wie möglich für Jesus zu retten. Daraus resultierte in Amerika das Schlagwort von der „Evangelisation der Welt in dieser Generation" (John Mott).[84] Mit

---

[83] Zu den Argumentationen der neueren deutschen Prämillenniaristen vgl. die informative Studie von *Franz Stuhlhofer*, „Das Ende naht!": Die Irrtümer der Endzeitspezialisten, Giessen 1992.

[84] *Denton Lotz*, „The Evangelization of the World in this Generation": The Resurgence of a Missionary Idea among the Conservative Evangelicals, unveröfftl. Diss., Hamburg 1970.

Hilfe der entstehenden „Glaubensmissionen", die stark prämillenniaristisch geprägt waren, schuf man sich zudem eigene Missionsstrukturen. Zu erwähnen sind hier unter anderem die Liebenzeller Mission, die China-Allianz-Mission, die Kieler-Mission, St.-Chrischona-Mission, Wiedenester-Mission. Auch die Evangelisationsbemühungen der Gemeinschaftsbewegung haben auf diese Weise ihre Motivation bekommen. Außerdem herrschte die Überzeugung vor, daß die Missionsanstrengungen der Gläubigen auch den Zeitpunkt der Wiederkunft Christi beeinflussen könnten (vgl. Matthäus 24,14). Erst wenn allen Nationen der Welt das Evangelium gepredigt worden sei, könne Jesus Christus wiederkommen. Deshalb bekommt diese letzte Generation von Christen eine herausgehobene Bedeutung und Verantwortung. Die großen Anstrengungen der neuzeitlichen Mission sind ohne diese eschatologische Prägung nicht denkbar.

Die Rückkehr der Juden nach Palästina und die Errichtung des Staates Israel im Jahre 1948 verstärkten die Naherwartung der Prämillenniaristen und führten zu einem starken Zulauf. Schon im 19. Jahrhundert hatten Prämillenniaristen wie Jung-Stilling, Menken, Dächsel, Mühe, von Hofmann, Delitzsch und andere von einer Rückführung der Juden nach Palästina gesprochen. Die Judenmission entsprang dieser eschatologischen Überzeugung. Hier lag nun ein sichtbarer Beweis vor, daß die Prophezeiungen der Bibel wahrhaftig seien. Deshalb würden sich auch die anderen Voraussagen der „70. Jahrwoche" Daniels bald erfüllen. Von hier aus versteht sich auch der heute manchmal übersteigerte „Philojudaismus" der Prämillenniaristen gegenüber dem Staat Israel und seiner Politik.

Innerhalb des Prämillenniarismus findet sich eine Betonung von Feindbildern und Verschwörungstheorien. Auslöser war zunächst die Französische Revolution. Sie stand als Paradebeispiel für die gesamte antichristliche Aufklärung, wie sich bei Jung-Stilling, Harms, Vilmar, Dächsel und Cloeter erkennen läßt. Hinter der Revolution vermutete man humanistische Kräfte und Geheimbünde wie Illuminaten und Freimaurer.[85] Später traten andere Gruppierungen ins Gesichtsfeld: Den Katholizismus verband man mit der Hure Babylon und sah ihn als Drahtzieher der antichristlichen Verschwörung (Thaidigsmann). Hitler oder Mussolini galten als endzeitliche Antichristen. Rußland und China wurden mit dem König aus dem Norden und dem Osten in Verbindung gebracht, die gegen Israel marschieren werden (Wim Malgo, Hal Lindsey). Die Europäische Gemeinschaft galt lange Zeit als der „Zehn-Staaten-Bund" aus dem Buch Daniel. Aber auch der Völkerbund, die UNO, der Islam, das Judentum, der Weltkirchenrat und die New-Age-Bewegung wurden mit dem Antichristen in Verbindung gebracht. Der

---

[85] Die alte Verschwörungstheorie in Bezug auf die Geheimbünde wird auch in neuerer Zeit von den Prämillenniaristen betont und steht in einer eigentümlichen Diskrepanz zur Logenmitgliedschaft bekannter Erweckungsprediger wie Finney, Chalmers, von Kottwitz, Bost und Malan. Dabei ist jedoch zu beachten, daß es unterschiedliche Ausprägungen der Freimaurerei gab und gibt.

Hang zur Spekulation übermannte an diesem Punkt manche evangelikalen Bibelausleger.

Prämillenniaristen haben auch vor konkreten Zahlenangaben nicht zurückgeschreckt und sahen sich dabei in Übereinstimmung mit Johann Albrecht Bengel. Jung-Stilling schürte die Naherwartung mit konkreten Vorgaben. Die adventistischen Vertreter errechneten das Jahr der Wiederkunft Christi auf 1843, da nach Daniel 8,14 2300 Jahre nach der Zerstörung des Tempels Jesu Wiederkunft stattfinden werde. Frederik Franson errechnete 1897, Henry Grattan Guinness sprach vom Jahr 1917, William Blackstone von 1916–34. Dächsel verlegte die Entrückung auf die neunziger Jahre unseres Jahrhunderts, ebenso Thaidigsmann und Mühe. Hal Lindsey datierte in neuerer Zeit die achtziger Jahre als letztes Datum der Wiederkunft Christi. Andere waren vorsichtiger, sprachen jedoch von der Wiederkunft Christi „zu ihren Lebzeiten". Zwar distanzierte man sich von den als sektiererisch verurteilten Zahlenberechnungen der Adventisten und Zeugen Jehovas und betonte immer wieder die Aussage Jesu, daß „niemand Tag und Stunde wisse" (Matthäus 24,36), aber ungefähre Berechnungen seien legitim und die „Zeichen der Zeit" dem fleißigen Bibelforscher ersichtlich.[86] Auch an diesem Punkt wurde das spekulative Erbe zum Verhängnis.

Eine prämillenniaristische Eschatologie war, wie wir sahen, nicht nur ein amerikanisches Phänomen. Ähnliche Konzepte hat es in Deutschland ebenfalls gegeben. Das 19. Jahrhundert verzeichnete sowohl innerhalb des Konfessionalismus wie auch besonders in den Erweckungsbewegungen ein neues Fragen nach den Zeichen der Zeit und der baldigen Wiederkunft Jesu Christi. Die Naherwartung fußte auf einem überzeugten Biblizismus und hatte Auswirkungen auf alle Bereiche des Lebens. Dieser Faden ist im 20. Jahrhundert weitergesponnen worden und wird bis heute in den evangelikalen Kreisen mehr oder weniger vertreten. Weltweit dürfte sich diese eschatologische Sicht zahlenmäßig unter der protestantischen Christenheit schon in der Mehrheit befinden.

---

[86] Generell waren Prämillenniaristen immer unpolitisch, wenn es auch an diesem Punkt in neuerer Zeit zu einer Gesinnungsänderung gekommen ist. Die Erwartung einer kommenden Schlacht in Harmagedon mit dem Eingriff bestimmter namentlich genannter Staaten macht deutlich, daß der Prämillenniarismus indirekt auch sehr politisch sein konnte.

Reinhard Buschbeck

„Lobe mit Abrahams Samen“

Beobachtungen im Gesangbuch[1]

Beim Singen des in der Weltchristenheit verbreiteten Liedes „Lobe den Herrn, den mächtigen König der Ehren“ von Joachim Neander (1650–1680) mag eine Wendung im letzten Vers auffallen: „Alles, was Odem hat, lobe mit Abrahams Samen!“ Die ganze Menschheit wird hier aufgerufen, das Lob des Schöpfers zu singen. Aus ihr herausgenommen, ihr gegenüber gestellt aber werden Abraham, der Stammvater Israels, und seine Nachkommen. Es klingt wie ein Appell: Laß dein Lob zusammenklingen mit dem des Volkes Gottes; es geht im Lobpreis Gottes allen voran![2]

Der Dichter bezeichnet als Vorlage für sein Lied den 103. Psalm, ein Lied Israels. Am Schluß seiner Nachdichtung nennt er die Herkunft seiner Vorlage. Es gehört den Nachkommen Abrahams, sie singen es als erste, und in ihr Lob stimmt der mit ein, der dieses Lied mitsingt. Die Rede von „Abrahams Samen“ findet der Dichter nicht im 103. Psalm, dafür aber in Psalm 105,5 f.: „Gedenket seiner Wunderwerke, ... ihr, der Same Abrahams, seines Knechtes.“ Und in Jesaja 51,2 heißt es: „Schauet Abraham an, euern Vater ...“ Die gleiche Redewendung findet sich auch in dem von alttestamentlichen Vorbildern bestimmten Lobgesang der Maria in Lukas 1,55: „Wie er geredet hat zu unsern Vätern, Abraham und seinem Samen ewiglich.“

In Galater 3,29 heißt es: „Seid ihr Christi, so seid ihr ja Abrahams Same und nach der Verheißung Erben“. Einer weit zurückreichenden theologischen Tradition, die sich auch bei Luther findet, folgend könnte Neander mit „Abrahams Samen“ auch die Kirche gemeint haben, die sich an die Stelle Israels gesetzt und seine Nachfolge angetreten hat, dessen Namen und Titel

[1] Vortrag auf einer Klausurtagung des Studienkreises Kirche und Israel der Evangelischen Landeskirche in Baden und Festgabe für die private Festschrift für Freiherr von Adelsheim zum 75. Geburtstag. Für den Druck überarbeitet.

[2] Diese Lied findet sich im „Evangelischen Kirchengesangbuch“ (= EKG) unter der Nr. 234, im neuen „Evangelischen Gesangbuch“ (= EG) unter der Nr. 316/317. In EG 316 ist die oekumenische Fassung des Liedes abgedruckt, wie sie sich auch im „Gotteslob“, dem katholischen Gesangbuch, findet. In ihr ist die hier zur Erörterung stehende Zeile geändert und heißt nun: „Lob ihn mit allen, die seine Verheißung bekamen.“ Damit ist eine der wenigen Erwähnungen Abrahams im Gesangbuch gestrichen. Umsomehr ist es zu begrüßen, daß die Gesangbuchkommission der Evangelischen Kirche Deutschlands in EG 317 die Originalfassung des Liedes abgedruckt und damit erhalten hat.

auf sich überträgt und sich nun das „Israel rechter Art" nennt.[3] Dann wäre sein Vers als ein missionarischer Ruf der Kirche an die Heidenwelt zu verstehen: Alles, was Odem hat, ihr Menschen, ihr Heiden, stimmt in das Lob Gottes ein mit seiner Kirche, dem wahren Israel, den Nachkommen Abrahams.

Das Umfeld Joachim Neanders legt jedoch die Deutung nahe, daß er mit „Abrahams Samen" nicht nur das Israel der Vergangenheit, sondern auch das seiner Gegenwart meint und damit einen die Israelvergessenheit der Christenheit durchbrechenden Aufruf ergehen läßt: Kein Lob Gottes ist zu denken ohne Israel. Abrahams Same ist nicht die Kirche, Israel hat seinen eigenen Weg. Durch Christus aber ist die Kirche an Israel gewiesen, ja unlösbar mit ihm verbunden, hineingenommen in sein Gotteslob.

In unmittelbarer Nachbarschaft zu Joachim Neanders Lied findet sich im Gesangbuch das Lied von Johann Jakob Schütz (1640–1690) „Sei Lob und Ehr dem höchsten Gut". Da heißt es in den Versen 5 und 6:

„Der Herr ist noch und nimmer nicht
von seinem Volk geschieden;
er bleibet ihre Zuversicht,
ihr Segen, Heil und Frieden.
Mit Mutterhänden leitet er
die Seinen stetig hin und her.
Gebt unserm Gott die Ehre!

Wenn Trost und Hilf ermangeln muß,
die alle Welt erzeiget,
so kommt, so hilft der Überfluß,
der Schöpfer selbst, und neiget
die Vateraugen denen zu,
die sonsten nirgends finden Ruh.
Gebt unserm Gott die Ehre!"[4]

Wen meint Schütz mit „seinem Volk": Israel oder die Kirche? Der immer wiederkehrende Refrain der Strophen „Gebt unserm Gott die Ehre!" findet sich in 5.Mose 32, dem Lied des Mose, in dem er vor seinem Tod noch einmal die Geschichte Israels mit seinem Gott besingt. Schütz nimmt die Aufforderung zum Gotteslob auf und rühmt in den ersten drei Versen Gott den Schöpfer. In Vers 4 beschreibt er in der Ich-Form mit anrührenden Worten Errettung und Erlösung des Einzelnen aus seiner Not. Die Verse 5 und 6 nun bringen zum Ausdruck, daß der Schöpfer und Erlöser sich in der Art und Weise finden und erkennen lasse, wie er mit seinem Volk Israel umgehe. Man könnte meinen, der Dichter habe Römer 11,1f. gelesen, wo Paulus fragt: „Hat denn nun Gott sein Volk verstoßen?" und die aus tiefstem Herzen kommende Antwort gibt: „Das sei ferne! Gott hat sein Volk nicht

---

[3] Vgl. EKG 195,4; EG 299,4.

[4] EKG 233; EG 326.

verstoßen, welches er zuvor ersehen hat." Oder Römer 11,29: „Seine Gaben und Berufung können ihn nicht gereuen".

Etwas von dem Pathos der paulinischen Aussagen schwingt mit, wenn der Dichter emphatisch ausruft: „Der Herr ist noch und nimmer nicht von seinem Volk geschieden!" Und Jesaja 49,15f. folgend benennt er Gott als Mutter: „Kann auch ein Weib ihres Kindleins vergessen, daß sie sich nicht erbarme über den Sohn ihres Leibes? Und ob sie desselben vergäße, so will ich doch dein nicht vergessen. Siehe, in die Hände habe ich dich gezeichnet" – in die Mutterhände, mit denen er sein Volk segnend leitet. Im 6. Vers stellt er neben die Bezeichnung Gottes als Mutter die des Vaters, der sein ruhelos irrendes Volk nicht aus den Augen läßt. Das Bild vom ewigen, gehetzten, umherirrenden, heimatlosen Juden wird auch dem Dichter nicht unbekannt gewesen sein. Gerade dieser Beschreibung des jüdischen Schicksals stellt er die Zusagen der Psalmen gegenüber: „Wirf dein Anliegen auf den Herrn, der wird dich versorgen und wird den Gerechten nicht ewiglich in Unruhe lassen" (Psalm 55,23). Oder: „Die Augen des Herrn merken auf die Gerechten und seine Ohren auf ihr Schreien" (Psalm 34,16, zitiert in 1.Petrus 3,12).

In Vers 8 nennt der Dichter zwei Gruppen: „Ihr, die ihr Christi Namen nennt, gebt unserm Gott die Ehre! Ihr, die ihr Gottes Macht bekennt, gebt unserm Gott die Ehre!" Meint er Juden und Christen, die auf je ihre Weise und doch miteinander verbunden den einen Gott preisen? Hinter der Zeile in Vers 8 „Die falschen Götzen macht zu Spott; der Herr ist Gott, der Herr ist Gott!" erscheint die Gestalt des Propheten Elia in der Geschichte vom Gottesurteil auf dem Berge Karmel (1.Könige 18). Wieder fragen wir, wie schon bei Joachim Neander: Hat nicht Johann Jakob Schütz die alttestamentlichen Redewendungen benutzt, um damit die christliche Kirche zu beschreiben, wie es in der Tradition zu allermeist geschah? Hat er nicht die bedrängte Kirche, insbesondere die kleine Gruppe der wahren Gläubigen im Auge, die Gott als sein wahres Volk mit Mutterhänden leitet und mit Vateraugen führt? Was berechtigt demgegenüber zur Annahme, daß Schütz hier Israel in Vergangenheit und Gegenwart im Auge gehabt hat?

Aus der Lebensgeschichte der beiden Dichter erfährt man, daß sie einander 1673 in Frankfurt am Main in einer kirchen- und theologiegeschichtlich bedeutsamen Zeit begegnet sind, die durch Philipp Jakob Speners (1635–1705) Reformschrift „Pia desideria" bestimmt wurde. Joachim Neander[5] stammte aus Bremen, studierte dort Theologie und wurde beeinflußt durch den reformierten Pfarrer Theodor Undereyk (1635–1693) sowie durch die Theologie des ebenfalls aus Bremen stammenden Professors Johannes Coccejus (1603–1669). Coccejus lehrte die Bibel unter dem Gesichtspunkt der Bundesschlüsse Gottes mit Israel und der Völkerwelt neu lesen (Föderaltheologie) und ermöglichte damit auch ein neues Verstehen und

---

[5] Zur Biographie Neanders siehe: *J.K. Iken*, Joachim Neander, Bremen 1880; *Helmut Ackermann*, Joachim Neander, Düsseldorf 1980.

eine neue Würdigung des Alten Testaments. Neanders Lieder sprechen immer wieder vom „Bundesgott" und von der „Bundestreue". Seinem Gesangbuch gab er den Titel „Bundeslieder und Dankpsalmen". Nach seinem Studium wurde er Hauslehrer bei mehreren Frankfurter Kaufmannsfamilien, die zur reformierten Gemeinde gehörten, und begleitete deren Söhne zum Studium nach Heidelberg (1671–1673). Noch war das Schloß nicht zerstört, und die Schönheit der die liebenswerte Universitätsstadt umgebenden Natur des Neckartals und des Königstuhls mag in die Verse Neanders eingeflossen sein, wenn er etwa in „Wunderbarer König" (EKG 235; EG 327), wozu er auch die Melodie komponierte, oder in dem Lied „Himmel, Erde, Luft und Meer" (EKG 496; EG 504) Gottes gute Schöpfung besang. Zurückgekehrt nach Frankfurt war er Predigtkandidat bei der reformierten Gemeinde, fand aber auch in den lutherischen Kreisen der Stadt Anschluß. Dort lernte er den theologisch gebildeten Juristen Johann Jakob Schütz kennen und durch ihn auch Philipp Jakob Spener.

Johann Jakob Schütz[6] wurde 1640 in Frankfurt am Main als Sohn eines Juristen geboren, der aus einer württembergischen Pfarrerfamilie stammte. Zu seinen Vorfahren zählte der berühmte Theologe Jakob Andreae. Er studierte in Tübingen Jura und erwarb den Doktorgrad. In Frankfurt war er zunächst Anwalt, später Reichsrat, ein in seinem Beruf erfolgreicher, vermögender Mann. Sein ausgeprägtes theologisches Interesse führte ihn mit Philipp Jakob Spener zusammen, der 1666 aus Straßburg nach Frankfurt gekommen war. Schütz wurde einer seiner wichtigsten Mitarbeiter und theologischen Gesprächspartner. Er ist es wohl gewesen, der Spener den Anstoß gab zur Begründung der „Collegia pietatis".[7]

Joachim Neander mag in seinem Frankfurter Jahr an diesen Versammlungen teilgenommen haben und durch Schütz auch einbezogen gewesen sein in die kirchenreformerischen Überlegungen, die dann 1675 zur Veröffentlichung der „Pia desideria" von Spener führten. Das Interesse von Schütz galt insbesondere solchen Kreisen, in denen in der Zeit nach dem Dreißigjährigen Krieg chiliastische Vorstellungen gepflegt wurden, wo man also unter Berufung auf Offenbarung 20 ein Tausendjähriges Reich der Herrschaft Christi erwartete, in dem sich alle Verheißungen der Bibel erfüllen würden. Ein Goldenes Zeitalter, vergleichbar dem Paradies am Anfang aller Zeit, wurde vor dem Ende der Geschichte dieser Welt erhofft. Zwei Kennzeichen für das Kommen des Tausendjährigen Reiches werden von den chiliastischen Theologen immer wieder genannt: zum einen das Ende des Papsttums, der Fall Babylons nach Offenbarung 18 und 19, welchen man auf die römische Kirche deutete; zum anderen die Erfüllung der paulinischen Verheißung von der Bekehrung des jüdischen Volkes nach Römer 11 – die

---

[6] Zur Biographie von Schütz siehe *Johannes Wallmann*, Philipp Jakob Spener und die Anfänge des Pietismus, Tübingen ^{2}1986 (BHTh 42) 299–307.

[7] Vgl. *Markus Matthias*, Collegium pietatis und ecclesiola: Philipp Jakob Speners Reformprogramm zwischen Wirklichkeit und Anspruch, in: PuN 19, 1993, 46–59.

Vision also einer Oekumene aus Juden und nicht länger voneinander getrennten Christen!

Schütz muß diese Gedanken Spener so überzeugend vorgetragen haben, daß er sie in seine „Pia desideria" aufnahm. Da jedoch die offizielle Theologie und Kirche chiliastisches Gedankengut wegen der damit häufig verbundenen phantastischen Spekulationen und Konventikelbildungen zumeist ablehnte, fand Spener, der sich nicht auf diese Richtung festlegen lassen wollte, eine andere Überschrift für das, was auch ihm bedeutsam für die Zukunft erschien. „Von der Hoffnung besserer Zeiten" schrieb er, in denen Israel und eine vereinte Christenheit zum gemeinsamen Gotteslob sich zusammenfinden würden:

> „Sehen wir die heilige Schrifft an/so haben wir nicht zu zweifflen/daß GOTT noch einigen bessern zustand seiner Kirchen hier auff Erden versprochen habe. Wir haben 1. die herrliche weissagung S. Pauli und von ihm geoffenbahretes geheimnuß/Rom. 11/25. 26. Wie/nachdem die fülle der Heyden eingegangen/gantz Israel solle selig werden. Daß also/wo eben nicht das gantze/gleichwol ein merckliches grosses theil/der biß daher noch so verstockt gewesenen Juden zu dem HERRN bekehret werden sollen. Wohin auch/... viele ort der Propheten in dem Alten Testament/Hos. 3/4. 5. etc. zielen werden. Wie dann nechst den alten Kirchenvättern/auch fast die vornehmste unserer Kirchenlehrer dieses geheimnuß auß gedachtem Apostolischem ort bekandt haben. Obwol wir nicht bergen/daß nebens unserm sonst werthen Praeceptore D. LUTHERO unterschiedliche der Unserigen/... dergleichen von Paulo gemeynt zu seyn/wie der buchstabe gleichwol lautet/in zweiffel haben ziehen wollen/und darvor halten/es seye solche verheissung schon allerdings in den von der Apostel zeiten biß daher bekehrten Juden zur gnüge erfüllet ...
>
> Nechstdeme/haben wir auch noch ein grössern falle deß Päbstischen Roms zu erwarten. Dann ob zwar ihm ein mercklicher stoß von unserm S. Herrn LUTHERO gegeben worden/so ist doch desselben geistliche gewalt noch viel zu groß/als daß wir sagen solten/daß die weissagung Offenbahr. c. 18. und c. 19. gantz erfüllet seye ...
>
> Erfolgen nun diese beyde stücke/so sihe ich nicht/wie gezweiffelt werden könne/daß nicht die gesamte wahre kirche werde in einen viel seligern und herrlichern stande gesetzt werden/als sie ist. Dann wo die Juden sollen bekehret werden/so muß ... bereits die wahre Kirche in heiligerem stande stehen/als sie jetzund ist/daß deroselben heiliger wandel zugleich ein mittel jener bekehrung werde ... Vielmehr ist zu hoffen/daß mit heiligem eiffer gleichsam in die wette die gesamte auß Juden und Heyden versamlete Kirche GOtt in einem glauben und dessen reichen früchten dienen/und sich an einander erbauen werde."[8]

Welche Bedeutung die ihm von Schütz nahegebrachte Israelfrage für Spener gehabt hat, geht daraus hervor, daß er in der lateinischen Ausgabe der „Pia Desideria" von 1678 und in der deutschen Neuauflage von 1680 einen Anhang „über die bevorstehende herrliche Bekehrung des jüdischen Vol-

---

[8] *Philipp Jacob Spener*, Pia Desideria, hg. v. *Kurt Aland*, Berlin ^{2}1955 (KlT 170), 43,31–45,9.

kes" beifügte.[9] Spener hat hier Stellungnahmen von Theologen aus der ganzen Kirchengeschichte zu Römer 11,25f. zusammengetragen, die die These untermauern, daß die Bekehrung Israels noch ausstehe. Er weist durch Zitate nach, daß Luther seine anfänglich positive Einstellung zu den Juden geändert und damit die nachfolgende Theologengeneration beeinflußt habe. Das Thema „Luther und die Juden" wird hier zum erstenmal abgehandelt und eine neue Einstellung zur Beziehung Israel-Kirche von der Schrift her vorgeschlagen. Das ist nicht ohne Wirkung geblieben. Es kam zu einer neuen Blüte der Judaistik in den theologischen Fakultäten. Diese rückte die Juden als mögliche Gesprächspartner wieder ins Bewußtsein, ließ christliche Theologen neu nach der jüdischen Auslegung der Bibel und nach jüdischem Glaubensleben fragen. Die Eskalation des Antijudaismus hat es jedoch nicht verhindern können. Auch ist es zu keinem wirklichen Dialog zwischen Juden und Christen, zwischen Kirche und Synagoge gekommen, weil alles unter dem Vorzeichen der „Judenmission" stand.[10]

Schütz, und vielleicht mehr als wir wissen auch Neander, haben die Gedanken Speners mitgedacht und mitgetragen. Von daher begründet sich auch die hier geäußerte Annahme, daß ihre Lieder davon etwas spüren lassen: Lob deinen Gott, o Christenheit, nicht ohne Israel – lobe mit Abrahams Samen. Denn der Herr ist noch und nimmer nicht von Israel geschieden – der Bund ist ungekündigt.[11]

Während Joachim Neander 1674 Frankfurt verließ und schon bald, kaum dreißig Jahre alt, starb, entfremdete sich Johann Jakob Schütz im Laufe seines weiteren Lebens immer mehr von der Kirche. Er schloß sich den „Saalhof-Pietisten" an, die ein spirituelles Eigenleben führten und in deren Kreisen eine Auswanderung nach Amerika erwogen wurde. Schütz löste sich schließlich ganz von der Kirche und wurde ohne geistliche Begleitung begraben. Sein Lied „Sei Lob und Ehr dem höchsten Gut" wurde dennoch eines der beliebtesten Chorälen der evangelischen Christenheit und ist deshalb auch im neuen „Evangelischen Gesangbuch" zu finden (EG 326). Es wäre wünschenswert, dort unter Vers 5 die Bibelstelle Römer 11,25f. zu zitieren, damit Sänger des Liedes darauf hingewiesen wird, daß der Dichter hier mit „seinem Volk" Israel und die Juden gemeint hat.

---

9 *Philipp Jacob Spener*, Pia Desideria: Oder herrzliches Verlangen nach Gottgefälliger Besserung der wahren Evangelischen Kirchen, Frankfurt am Main 1680, 345–390 (= *ders.*, Schriften, hg. v. *Erich Beyreuther*, Bd I, Hildesheim/New York 1979, 491–536). – Zur Bedeutung Speners für die „Judenmission" vgl. *Hans-Ludwig Althaus*, Speners Bedeutung für Heiden- und Judenmission, in: Lutherisches Missionsjahrbuch 1961, 22–44.

10 Eine neue Begegnung mit Israel ist der Kirche nach Auschwitz aufgetragen – nicht unter missionarischem Vorzeichen, sondern im Geist des Dialogs. Daß sich gerade im Gespräch mit Israel Christen verschiedener Konfessionen zusammenfinden und die neu gewonnenen Erkenntnisse in ihre Kirchen tragen wollen, ist vielleicht ein Stück Erfüllung der „Hoffnung besserer Zeiten".

11 Zur hier vorgelegten Interpretation vgl. grundsätzlich *Siegfried Riemer*, Philosemitismus im deutschen evangelischen Kirchenlied des Barock, Stuttgart 1963.

Johannes Wallmann

Fehlstart

Zur Konzeption von Band 1 der neuen „Geschichte des Pietismus"[1]

Eine umfassende Darstellung der Geschichte des Pietismus gehörte von Anfang an zu den Aufgaben, die sich die 1964 gegründete „Historische Kommission zur Erforschung des Pietismus" neben anderen Aufgaben (Texteditionen, Bibliographien, Arbeiten zur Geschichte des Pietismus, ein Jahrbuch) gestellt hat. Mit dem vorliegenden Band beginnt dieses Vorhaben realisiert zu werden.

Als Herausgeber des Gesamtwerkes zeichnet auf dem linken Titelblatt ein vierköpfiges Herausgeberteam: Martin Brecht, Klaus Deppermann, Ulrich Gäbler und Hartmut Lehmann. Nach dem Tod von Klaus Deppermann († 1990) sind es allerdings nur noch drei Herausgeber. Der vorliegende erste Band „Der Pietismus vom 17. bis zum frühen 18. Jahrhundert" – so die vom Titelblatt leicht abweichende Schreibweise auf dem Schutzumschlag und auf den Verlagsprospekten – ist von Martin Brecht herausgegeben. Er hat auch den zweiten Band „Der Pietismus des 18. Jahrhunderts" übernommen. Der dritte Band „Der Pietismus des 19. und 20. Jahrhunderts" wird von Ulrich Gäbler besorgt werden. Der abschließende vierte Band „Motive und Wirkungen" (Arbeitstitel) wird thematische Beiträge über den Pietismus enthalten und liegt in der Hand von Hartmut Lehmann.

Bereits die Anlage des Gesamtwerks läßt erkennen: konzeptionell wird ein Pietismusbegriff zugrunde gelegt, der alle bisherigen historischen Darstellungen des Pietismus an temporaler Ausdehnung weit übertrifft. Im Gegensatz zum kirchlichen Sprachgebrauch, wo man bis zur Gegenwart von einem lebendigen Pietismus weiß, wird in der Kirchengeschichtswissenschaft, darüber hinaus auch der Geschichts- und Literaturwissenschaft der Pietismus stets als eine Erscheinung des 17. und 18. Jahrhunderts aufgefaßt. Die nach der Phase der Aufklärung seit dem frühen 19. Jahrhundert begegnenden Weiterbildungen und Renaissancen werden üblicherweise unter die Begriffe „Erweckungsbewegung" und „Neupietismus" rubriziert und auf diese Weise begrifflich vom klassischen Pietismus unterschieden.

[1] Der Pietismus vom siebzehnten bis zum frühen achtzehnten Jahrhundert. In Zusammenarbeit mit *Johannes van den Berg, Klaus Deppermann, Johannes* [recte: Johann] *Friedrich Gerhard Goeters* und *Hans Schneider* hg. v. *Martin Brecht* (= Geschichte des Pietismus, Bd. 1), Göttingen 1993. XI + 584 S.

Dieser Sprachgebrauch liegt bis zum heutigen Tage den Lexika, kirchengeschichtlichen Darstellungen und Handbüchern zugrunde, zuletzt noch dem Faszikel „Der Pietismus" im Handbuch „Die Kirche in ihrer Geschichte" (Göttingen 1990). Martin Brecht hatte sich bisher auf diesen Sprachgebrauch festgelegt, wenn er für eine – kurzfristige – Erweiterung des Pietismusbegriffs auf Erscheinungen des späten 18. und des beginnenden 19. Jahrhunderts (bis ca. 1815) plädierte und hierfür den Begriff „Spätpietismus" empfahl.[2] Unausgesprochen hat Brecht seinen früheren Vorschlag jetzt revoziert. Andererseits hatte von den Herausgebern bereits Hartmut Lehmann diesen weiten Begriff angewandt in seinem Buch „Pietismus und weltliche Ordnung in Württemberg vom 17. bis zum 20. Jahrhundert" (Stuttgart 1969). Daß nach dem Verlagsprospekt in Band 2 ein Beitrag „Der späte Pietismus in Deutschland und in der Schweiz (1770–1815)" vorgesehen ist, zeigt allerdings, daß es zwischen der Gesamtkonzeption und den Einzeldarstellungen noch Unausgeglichenheiten gibt.

Ob es sinnvoll und für die historische Forschung gewinnbringend ist, eine temporale Ausweitung des Pietismusbegriffs auf das 19. und 20. Jahrhundert vorzunehmen, wird man erst nach Erscheinen der übrigen Bände beurteilen können. Es spricht sicherlich manches dafür – vor allem, wenn man Kirchengeschichte nicht mehr im nationalen, sondern internationalen Rahmen betreibt. Begriffliche Unterscheidungen zwischen Pietismus und Erweckungsbewegung, so angebracht sie für die mitteleuropäische Kirchengeschichte sind, lassen sich auf den angelsächsischen Raum nicht übertragen. Es spricht auch manches dagegen. Ob in einer Zeit immer schärferer und speziellerer Begriffsbildung ein so weitgefaßter, notwendig unbestimmt werdender Begriff noch als heuristisches Prinzip brauchbar ist und für das 19. und 20. Jahrhundert ähnliche Erschließungskraft haben kann wie für die beiden Jahrhunderte zuvor, wird man fragen müssen. Hier bleibt das vollständige Erscheinen des Werkes abzuwarten.

Ebenso wie in zeitlicher wird im vorliegenden Band auch in räumlicher Hinsicht der Pietismusbegriff weiter gespannt als üblich. Die niederländische Frömmigkeitsbewegung des 17. Jahrhunderts, die bereits Albrecht Ritschl an den Anfang der Geschichte des Pietismus setzte, wird einbezogen, darüber hinaus aber auch ein um 1600 entstehender englischer Pietismus. Davon wird bei der Vorstellung der Konzeption dieses Bandes gleich noch zu reden sein.

Im Unterschied zu den bisherigen Darstellungen der Geschichte des Pietismus, die – von Albrecht Ritschl (1880–86), Eugen Sachsse (1884), Martin Schmidt (1972), Erich Beyreuther (1978), F. Ernest Stoeffler (1965–73) bis hin zu Johannes Wallmann (1990) – der Feder jeweils eines Autors entstammen, haben sich die Herausgeber dazu entschlossen, arbeitsteilig „jeweils

---

[2] *Martin Brecht*, Der Spätpietismus – ein vergessenes oder vernachlässigtes Kapitel der protestantischen Kirchengeschichte, in: PuN 10, 1984, 124–151.

größere Komplexe von möglichst kompetenten Sachkennern" (S. V) darstellen zu lassen. Für den vorliegenden ersten Band ist dies nur begrenzt gelungen, die folgenden Bände werden diesem Prinzip wohl stärker folgen. Nur für die Kapitel über die Niederlande (II), den deutschen reformierten Pietismus (V) und den radikalen Pietismus (VII) ließen sich kompetente, auf diesen Feldern durch langjährige eigene Forschungen ausgewiesene Mitarbeiter gewinnen. Die schon bei früherer Gelegenheit beklagte Mißlichkeit – „Für das Verhältnis von Puritanismus und Pietismus hat sich trotz intensiver Suche derzeit kein Bearbeiter finden lassen"[3] – ließ sich offensichtlich nicht beheben. So ist von den Herausgebern Klaus Deppermann in die Bresche gesprungen für das Kapitel „Der englische Puritanismus" (I). Da andere zugesagte Beiträge nicht einliefen, mußte, wie Brecht im Vorwort berichtet, er selbst einspringen und nachträglich zu den beiden von ihm übernommenen Kapiteln über Johann Arndt und die neue Frömmigkeitsbewegung (III) sowie über Philipp Jakob Spener (VI) zwei weitere über den Spiritualismus (IV) und über August Hermann Francke und den hallischen Pietismus (VIII) übernehmen. Neben der Einleitung hat Brecht vier der acht Kapitel des Bandes geschrieben. Da sie zugleich die umfangreichsten sind, entstammt dieser Band zu zwei Dritteln seiner Feder. Man geht sicherlich nicht fehl in der Annahme, daß Brecht, wenn er dies vorausgesehen hätte, den ganzen Band lieber allein geschrieben hätte. Das wäre der Einheitlichkeit der Konzeption zugute gekommen. Denn hier, beim Verhältnis zwischen der in der Einleitung entfalteten Konzeption und den Einzelkapiteln liegen die großen Probleme, die es schwierig, ja unmöglich machen, von einem gelungenen Start zu sprechen.

Wenden wir uns zunächst der in der Einleitung (S. 1–10) vorgestellten Konzeption zu. Sie ist recht knapp gehalten und entbehrt leider einer forschungsgeschichtlichen Fundierung. Die „interessante Geschichte der Darstellung des Pietismus" (S. 3) ist seltsamerweise auf den abschließenden Band verschoben. Derartiges gehört doch wohl an den Anfang. Es ist überaus mißlich, daß man in einzelnen Kapiteln über den gegenwärtigen Forschungsstand des jeweiligen Teilgebietes informiert wird, über die bisherigen Darstellungen der Geschichte des Pietismus aber nichts erfährt.

„Der Pietismus entstand um die Wende vom 16. zum 17. Jahrhundert aus der Kritik an den bestehenden kirchlichen und geistigen Verhältnissen ..." (S. 3). So heißt es gleich auf der ersten Seite der Einleitung. Mit diesem Satz wird für Deutschland die übliche Rede von Philipp Jakob Spener und den Anfängen des Pietismus außer Kurs gesetzt. Der Pietismus – nicht nur in einem weiteren Sinn als Frömmigkeitsrichtung, sondern im spezifischen Sinn als sozial faßbare neue Frömmigkeitsbewegung[4] – soll nicht in den

---

[3] M. Brecht im Vorwort zu dem in die Vorbereitungsphase dieser „Geschichte des Pietismus" gehörenden, unterschiedliche Diskussionsstimmen umfassenden Themaband „Die Anfänge des Pietismus", PuN 4, 1979, S. 6.

[4] Brecht wendet sich (S. 6) ausdrücklich gegen die von mir vorgeschlagene, inzwischen in

1670er Jahren mit Spener, sondern um die Wende vom 16. zum 17. Jahrhundert mit Johann Arndt seinen Anfang haben. Spener wird zu einer Gestalt in der dritten Generation des Pietismus; für die durch ihn aufkommende Bewegung wird das Adjektiv „pietistisch" sogar in Anführungszeichen gesetzt.[5]

Zugleich mit dieser Vordatierung der Anfänge erfolgt eine räumliche Ausweitung des Pietismusbegriffs. „Diese Bewegung ist nicht auf Deutschland beschränkt, sondern hat sich von Anfang an auf das ganze protestantische Europa ... erstreckt." Der oben zitierte Satz lautet vollständig: „Der Pietismus entstand um die Wende vom 16. zum 17. Jahrhundert aus der Kritik an den bestehenden kirchlichen und geistigen Verhältnissen fast gleichzeitig in England, den Niederlanden und Deutschland" (S. 3). Neu ist hier weniger die Einbeziehung der niederländischen Frömmigkeitsbestrebungen des 17. Jahrhunderts in die Geschichte des Pietismus. Sie findet sich, wie gesagt, bereits bei Albrecht Ritschl. Neu ist die Integration des Puritanismus in die Geschichte des Pietismus. Zwar wird hier ein altes Petitum erfüllt. Schon Ernst Troeltsch ließ den Pietismus in England entstehen. August Lang sah in William Perkins und der Schule von Cambridge die Anfänge des Pietismus. F. Ernest Stoeffler sprach vom „Pietism among the Puritans". Nach dem Zweiten Weltkrieg ist die Rede von einem englischen Pietismus in der deutschen Historiographie aber aufgegeben worden, mit der Ausnahme von Kurt Aland, der, wenn er vom Pietismus sprach, regelmäßig hinzufügte, dabei vom englischen Pietismus zu schweigen. Jetzt wird auf diesen Ansatz, der in keiner der bisherigen Geschichten des Pietismus

der Pietismusforschung weithin rezipierte Differenzierung zwischen Pietismus im weiteren Sinn (die im lutherischen Deutschland hauptsächlich durch Johann Arndts „Wahres Christentum" propagierte Frömmigkeit) und Pietismus im engen und spezifischen Sinn (die durch Spener initiierte Bewegung). Für Brecht ist dieser Vorschlag ein „Kompromiß", der angesichts des Vergleichs mit der außerdeutschen Entwicklung nicht ratsam erscheine (S. 8). Die Unterschiede zwischen Arndt und Spener seien „auch nicht größer als die zwischen manchen späteren Richtungen des Pietismus" (S. 6). Brecht fügt hinzu: „Wallmanns Auffassung, die Arndtsche Frömmigkeitsbewegung sei eher literarisch gewesen und als soziales Phänomen schwerlich zu fassen, dürfte trotz einzuräumender Probleme kaum haltbar sein" (S. 9, Anm. 16). Ich habe freilich die Arndtsche Frömmigkeit nicht als eine literarische Bewegung bezeichnet, sondern als eine nur in literarischen Texten faßbare Frömmigkeit, wogegen uns erst seit Spener der Pietismus als „eine von ihrer Umwelt durch Gruppenbildung unterschiedene Erscheinung des sozialen Lebens" begegnet (*Johannes Wallmann*, Die Anfänge des Pietismus, in: PuN 4, 1979, 11–53: 47). Auch Brecht konstatiert für die Arndtsche Frömmigkeitsbewegung vor Spener: „Faßbare fromme Gruppierungen gab es innerhalb der Territorialkirchen eigentlich nicht, sie waren einstweilen auch nicht intendiert" (S. 186). Das ist genau der Punkt, auf den ich den Finger gelegt habe, um erst bei Spener von den Anfängen des Pietismus im spezifischen Sinn zu reden. – Meine Unterscheidung zwischen Pietismus im weiteren und im engeren Sinn ist übrigens nicht originell, sondern findet sich schon in Max Webers bekanntem Aufsatz „Die Protestantische Ethik und der Geist des Kapitalismus" (*Max Weber*, Die Protestantische Ethik, hg. *Johannes Winckelmann*, München/Hamburg 1965, 143f.).

[5] Vgl. die Überschrift von Kap. VI.6: „Das Aufkommen der ‚pietistischen' Bewegung und der Streit um sie" (S. 329).

durchgeführt wurde, zurückgegriffen.[6] „Der große Vorzug dieses Konzeption liegt darin, daß der nahezu parallele Aufbruch der neuen Frömmigkeitsbewegung um 1600 in England, den Niederlanden und Deutschland und damit erst die Dimension des Phänomens Pietismus sichtbar wird" (S. 5). Brecht fährt fort: „Die Anfänge des Pietismus und damit die protestantische Kirchengeschichte des 17. Jahrhunderts werden eigentlich erst verstehbar, wenn man den Pietismus sofort in seiner ganzen Breite erfaßt" (S. 5). Die übliche Einschränkung, der Pietismus sei die bedeutendste Frömmigkeitsbewegung des Protestantismus neben dem Puritanismus, wird fallengelassen. Pauschal kann jetzt gelten: „Der Pietismus ist die bedeutendste Frömmigkeitsbewegung des Protestantismus seit der Reformation" (S. 1).

Eine beeindruckende Konzeption, auf deren Durchführung man gespannt sein muß. Von einem Abhängigkeitsverhältnis zwischen den einzelnen Pietismen ist nicht die Rede. Der vorliegende Band nimmt sich lediglich vor, „zunächst nebeneinander das gleichzeitige Aufkommen und die erste Ausgestaltung des Pietismus in England, den Niederlanden und Deutschland darzustellen" (S. 8).

Geht man die einzelnen Kapitel des Bandes durch, neugierig, wie die Konzeption von dem in England, den Niederlanden und Deutschland parallel um 1600 aufbrechenden Pietismus durchgeführt wird, so erlebt man seine Überraschungen. Um das Fazit vorwegzunehmen: Diese Geschichte des Pietismus basiert auf einer Konzeption, die durchzuführen in den Einzelkapiteln gar nicht ernsthaft versucht wird, ja die den Mitarbeitern entweder nicht bekannt gewesen zu sein scheint oder doch, soweit sie zur Kenntnis genommen wurde, entweder abgelehnt oder einfach ignoriert worden ist.

Kapitel I „Der englische Puritanismus" (S. 11–55) bringt auf knapp vierzig Textseiten eine zusammengedrängte Darstellung der Geschichte des Puritanismus in dem Jahrhundert von 1560 bis 1660 (mit einem Ausblick auf die Zeit bis zur Toleranzakte von 1689 auf S. 51). Aus der meist englischsprachigen neueren Literatur schöpfend, nur bei William Perkins zuweilen auf die Quellen zurückgehend, wird von Klaus Deppermann die Geschichte der puritanischen Reformbewegung innerhalb der anglikanischen Kirche beschrieben bis zur puritanischen Revolution, den Bürgerkriegen und der

[6] Brecht nennt (S. 5) als Vorgänger seiner Konzeption August Lang und F. Ernest Stoeffler, hätte hier aber vor allem Kurt Aland nennen müssen, denn allein bei Aland findet sich bereits die Behauptung von dem beinahe gleichzeitigen Beginn des Pietismus in England, den Niederlanden und in Deutschland (vgl. *Kurt Aland*, Geschichte der Christenheit, Bd. 2: Von der Reformation bis in die Gegenwart, Gütersloh 1982, 211: „Der Pietismus tritt im 17. Jahrhundert beinahe *gleichzeitig in verschiedenen Ländern* [Hervorhebung von Aland] ... auf. Wir finden ihn zunächst ... in Holland und in England, dann in Deutschland ..."). Dagegen hat August Lang ausdrücklich auf dem zeitlichen Prä des Pietismus in England gegenüber Deutschland bestanden und zustimmend F. Loofs zitiert „England hat den Pietismus ... vor uns erlebt" (*August Lang*, Puritanismus und Pietismus, Neukirchen 1941, 10 Anm. 8). Auch bei Stoeffler habe ich nicht die Behauptung vom gleichzeitigen Aufkommen des Pietismus in den drei Ländern England, Niederlanden und in Deutschland gefunden, wenngleich seine Darstellung dem nahekommt.

Ära Cromwell. Auf dem zur Verfügung stehenden knappen Raum kann dies natürlich nur abrißhaft und in engem Rahmen geschehen. George Fox und die Quäker werden nicht behandelt – da dem Pietismus schon früh eine Nähe zum Quäkertum unterstellt wurde, was auch in den folgenden Beiträgen des Bandes häufig erwähnt wird (S. 250. 269. 272. 317. 458. 522), klafft hier eine bedauerliche Lücke. Von einer um 1600 im Puritanismus entstehenden Frömmigkeitsbewegung, die Pietismus genannt werden könnte, wird nicht geredet. Die im Hinblick auf den festländischen Pietismus interessanten, bereits von Werner Bellardi als „Vorstufen der Collegia pietatis" gewerteten „Prophesyings", Versammlungen, wo mehrere Geistliche in Anwesenheit von Laien die Bibel auslegten, datieren bereits aus der Zeit um 1570. Allenfalls die um 1590 zu beobachtende Konzentration im Puritanismus auf Erbaulichkeit und persönliche Erfahrung könnte als Parallelbewegung zum Pietismus aufgefaßt werden, was aber nirgendwo ausdrücklich geschieht. Auf die Literatur, die bisher von einem englischen Pietismus sprach (E. Troeltsch, A. Lang, F.E. Stoeffler), wird kein Bezug genommen. Das Kapitel hätte auch für ein ganz anderes Handbuch geschrieben sein können, im Rahmen einer „Geschichte des Pietismus" mutet es wie ein Irrläufer an. Da es an einer neueren zusammenfassenden Darstellung des englischen Puritanismus fehlt, wird man diese knappe Zusammenfassung begrüßen können, auch wenn es Schwächen bei der Behandlung theologischer Sachverhalte gibt.[7]

Für das Kapitel II „Die Frömmigkeitsbestrebungen in den Niederlanden" (S. 57–112) wurde mit Jan van den Berg ein überaus kompetenter Kenner der niederländischen Kirchengeschichte gewonnen, dessen Darstellung man mit Gewinn liest, weil sie auf die Quellen zurückgeht und die Forschung wirklich voranbringt. Einleitend nimmt van den Berg zur Frage der Terminologie Stellung, wobei er die von der älteren deutschen Forschung aufgebrachte, teilweise von der neueren niederländischen Forschung übernommene Rede von einem *niederländischen Pietismus* im 17. Jahrhundert sehr kritisch beurteilt. „Mit noch mehr Recht könnte man vom ‚niederländischen Puritanismus' reden" (S. 58). Die Diskussion mit der älteren deutschen Forschung, die man im Beitrag von Deppermann vermißt – hier also mit Heppe, Ritschl, Goeters –, wird eingehend und überwiegend kritisch geführt. Ergebnis: „Um der Eigenart der niederländischen Frömmigkeitsbewegungen Rechnung zu tragen, soll im folgenden bei Anerkennung der Verwandtschaft der Reformbewegung mit Pietismus und Puritanismus, auf diese Begriffe so weit wie möglich verzichtet werden" (S. 58). Deutlicher kann man sich nicht von dem eingangs konzipierten weiten Pietismusbegriff distanzieren. Im Unterschied zu anderen niederländischen Forschern (S. van der Linde, C. Graafland) will van den Berg auch nicht einfach statt vom

[7] Die von William Perkins bekämpfte Lehre von der praedestinatio ex praevisa fide wird als eine Lehre von Hans Denck vorgestellt (S. 27) – es handelt sich um die auf der Synode von Dordrecht verurteilte Lehre der Arminianer.

niederländischen Pietismus von der „Nadere Reformatie" reden. Auf diesen Begriff könne die Gesamtheit der niederländischen Frömmigkeitsbestrebungen des 17. Jahrhunderts nicht gebracht werden, da auch außerhalb der in der reformierten Volkskirche beheimateten „Nadere Reformatie" bei Taufgesinnten, Kollegianten und anderen Randgruppen und Einzelgestalten, auch bei den gewöhnlich nicht zur „Nadere Reformatie" gerechneten Coccejanern dem Puritanismus und dem Pietismus verwandte Frömmigkeitsbestrebungen zu finden seien. Van den Bergs Beitrag, der unsere Kenntnis der niederländischen Frömmigkeitsgeschichte des 17. Jahrhunderts erheblich fördert, votiert nicht für weitere, sondern für engere und präzisere Begriffe.[8] Ich selbst habe einmal bei einer Analyse der Forschungssituation den niederländischen Forschern eine Schlüsselstellung zugeschrieben für die Beantwortung der Frage, ob wir künftig einen engen oder einen weiten, die reformierten Niederlande einschließenden Pietismusbegriff verwenden sollen.[9] Der Beitrag von van den Berg legt es nicht gerade nahe, weiterhin von einem niederländischen Pietismus zu reden.

Von einem englischen und einem niederländischen Pietismus des 17. Jahrhunderts ist also im vorliegenden Band nichts zu finden. Bleibt zu fragen, wie die These von dem um 1600 entstehenden Pietismus in den Deutschland betreffenden Kapiteln durchgeführt wird. Blickt man auf das Kapitel V über die Anfänge des deutschen reformierten Pietismus (S. 241–277), die von J. F. Gerhard Goeters einer die bisherige Forschung kritisch aufarbeitenden und zugleich eigenständig weiterführenden Darstellung unterzogen werden, so läßt schon die Überschrift „Der reformierte Pietismus in Deutschland 1650–1690" erkennen, daß von einer um 1600 entstehenden Bewegung nicht gehandelt wird. Wie in der bisherigen Forschung wird von Goeters der Anfang des reformierten Pietismus eng mit dem Wirken von Theodor Undereyck (1635–1693), einem Zeitgenossen Speners, verbunden. Der Hinweis auf den bisher kaum beachteten Peter Streithagen (1591–1653), dessen postum (1658) veröffentlichtes Buch über die Wiedergeburt als erste deutschreformierte Monographie zu diesem pietistischen Thema gewertet wird, bestätigt nur, daß in der ersten Hälfte des 17. Jahrhunderts von einem reformierten Pietismus in Deutschland nicht zu reden ist.

Die ganze Beweiskraft für die Tragfähigkeit der These von einem schon um 1600 entstehenden Pietismus liegt also bei Martin Brecht und den von ihm verfaßten Kapiteln über das Gebiet der lutherischen Konfession. Doch von seinen Mitstreitern bei der Durchführung der Konzeption im Stich

[8] Nur gelegentlich wird das Adjektiv „pietistisch", in Anführungszeichen gesetzt, zur Bezeichnung der Frömmigkeit der Kollegianten verwandt (S. 66). Ohne Einschränkung wird lediglich bei den niederländischen Lutheranern von „Pietisten" gesprochen. So wird Friedrich Breckling ein „Autor vieler pietistischer Werke" und „einer der führenden lutherischen Pietisten in den Niederlanden" genannt (S. 67).

[9] *Wallmann*, Anfänge (wie Anm. 4), 29.

gelassen, hat ihm offensichtlich der Mut gefehlt, die gesamte deutsche Kirchengeschichte des 17. Jahrhunderts für den Pietismus in Beschlag zu nehmen. Auch von Brecht wird die im Eingang entwickelte Konzeption im Ernst gar nicht durchgeführt.

Zunächst: Wenn man die Anfänge des Pietismus nicht erst im letzten Drittel des 17. Jahrhunderts, sondern, wie Brecht, auf die Schwelle vom 16. zum 17. Jahrhundert datiert, dann müßten nicht nur die Anfänge des kirchlichen Pietismus, sondern auch die Anfänge des radikalen Pietismus auf diese Epochenschwelle zurückdatiert werden. Wie die Abspaltung eines linken Flügels von der reformatorischen Bewegung ist auch die Abspaltung eines radikalen Pietismus vom kirchlichen Pietismus nicht irgendwann einmal – in der dritten oder vierten Generation – erfolgt, sondern schon sehr früh, in der ersten Generation. Die Aufspaltung des Pietismus in eine kirchliche und radikale Richtung ist geradezu ein Grundphänomen der historischen Realisierung der Bewegung. Eine neue religiöse Bewegung, in der es erst in der dritten oder vierten Generation zu Spaltungen kommt, wäre wohl auch etwas sehr Seltsames.

Die begriffliche Unterscheidung zwischen den „Spiritualisten" in den ersten beiden Dritteln des 17. Jahrhunderts und den „radikalen Pietisten" im letzten Drittel verliert also bei einer Vordatierung der Anfänge des Pietismus ihren Sinn und müßte aufgegeben werden, jedenfalls für die am Rande oder außerhalb der Kirche stehenden Anhänger Johann Arndts, die Martin Schmidt und andere zum „mystischen Spiritualismus" zählten und die ich in meiner Darstellung des Pietismus unter die Überschrift „Der linke Flügel der Arndtschule" gestellt habe (Melchior Breler, Johann Angelius Werdenhagen, Christian Hoburg, Joachim Betke, Friedrich Breckling u. a.). Brecht zieht jedoch, erkennbar schon an der Gliederung des Bandes, diese Konsequenz nicht. Er behandelt im Kapitel IV unter der Überschrift „Die deutschen Spiritualisten des 17. Jahrhunderts" (S. 205–240) die Zeit zwischen Johann Arndt und Philipp Jakob Spener, also die beiden ersten Drittel des 17. Jahrhunderts, wobei neben Jakob Böhme, den schlesischen Spiritualisten im Umkreis Böhmes, den Anti-Kriegspropheten in der Zeit des Dreißigjährigen Krieges schließlich auch die radikalen Arndtianer dargestellt werden, ohne daß bei ihnen oder in ihrem Umkreis von Pietismus geredet wird. Bei Friedrich Breckling wird sogar ausdrücklich vermerkt, daß seine zahlreichen engen Kontakte zu den Pietisten nicht dazu berechtigten, ihn dem Spenerschen Pietismus zuzurechnen. Sein kirchliches Erneuerungsstreben sei nicht pietistisch, sondern „spiritualistisch" (S. 232) gewesen – dies im Widerspruch zu der zuvor von van den Berg vorgenommenen Zurechnung Brecklings zu den „lutherischen Pietisten" (vgl. oben Anm. 8). Die von Johann Arndt ausgehenden Impulse, sofern sie zu radikaler Kirchenkritik eskalierten, scheinen hier aus dem Pietismus wieder ausgewandert zu sein. Brecht mutet uns also die Annahme zu, daß es bis zum letzten Drittel des 17. Jahrhunderts keinen radikalen Pietismus, sondern nur kirchlichen Pietismus gegeben habe, was nicht gerade für die Plausibilität der vorgestellten Konzeption spricht.

Hans Schneider beginnt dann Kapitel VII „Der radikale Pietismus im 17. Jahrhundert“ (S. 391–437) mit Erörterungen über „Begriff, Wurzeln und Entstehung des radikalen Pietismus“. Ausgehend von der Beobachtung Zinzendorfs, „daß der so genannte Pietismus sich bald anfangs in 2 Branchen getheilet“ (S. 391), sieht Schneider die Genese des radikalen Pietismus „unter dem doppelten Vorzeichen von Kontinuität und Neubeginn“ (S. 392): Kontinuität in der Rezeption und Weiterbildung älterer, vor allem mystisch-spiritualistischer Gedanken, Neubeginn, insofern „das Auftreten Speners (und – weniger ausgeprägt – auf reformierter Seite das Auftreten Undereycks) ... eine neue Entwicklungsphase von neuer Qualität“ markierte (S. 392). Von „radikalem Pietismus“ kann nach Schneider erst seit den separatistischen Abspaltungen von den innerkirchlichen Erneuerungsbestrebungen Undereycks in Mülheim und Speners in Frankfurt am Main (Johann Jakob Schütz und die Saalhofpietisten) gesprochen werden, also erst im letzten Drittel des 17. Jahrhunderts. Da die Aufspaltung des Pietismus in einen innerkirchlich-reformerischen und einen radikal-separatistischen Zweig sehr früh erfolgt sein soll, wie Schneider durch das an den Anfang gestellte Zinzendorfzitat zu erkennen gibt, wird der Konzeption dieses Bandes, was die Datierung der Anfänge des Pietismus auf das frühe 17. Jahrhundert angeht, hier indirekt, aber sehr deutlich widersprochen.

Doch nun kommt die eigentliche Überraschung. Auch in dem großen, von Brecht verfaßten Kapitel III („Das Aufkommen der neuen Frömmigkeitsbewegung in Deutschland“, S. 113–203), das zuerst die Vorgeschichte des Pietismus bis in den Spiritualismus der Reformationszeit zurückverfolgt (Kaspar von Schwenckfeld, Paracelsus, Valentin Weigel), und das dann übergeht in eine ausführliche Darstellung Johann Arndts und der von ihm initiierten Frömmigkeitsbewegung des 17. Jahrhunderts bis hin zum Auftreten Speners, ist nirgendwo zu erkennen, daß hier die Geschichte des Pietismus beginnen soll. Es gibt nur den einen, sprachlich etwas verunglückten Satz am Ende des Arndt-Kapitels: „Mit ihrem Interesse an Buße, Gebet, Wiedergeburt, Heiligung und Erfahrbarkeit des christlichen Lebens ... enthielt sie [die neue Frömmigkeit Arndts] wesentliche, wenn auch nicht sämtliche Elemente des Pietismus und ist bereits darum als solcher mit Arndt als seinem Vater zu bezeichnen“ (S. 150f.). Das hier einmal verwandte Wort „Pietismus“ wird aber im folgenden wie eine heiße Kartoffel wieder fallengelassen und taucht in den folgenden Abschnitten über „Johann Valentin Andreae und die Generalreformation“ (S. 151–166), über „Das Verhältnis der lutherischen Kirche und der orthodoxen Theologie zur Frömmigkeitsbewegung“ (S. 166–187) und über „Die Blütezeit des kirchlichen Liedes im 17. Jahrhundert und die Frömmigkeitsbewegung“ (S. 188–194) nicht wieder auf, abgesehen von einzelnen Stellen, wo auf den „späteren Pietismus“ vorausgeblickt wird (S. 164. 193; vgl. S. 167. 211. 218). Gewiß muß der Historiker des Pietismus nicht ständig das Wort „Pietismus" im Munde führen. Aber mit den gelegentlichen Vorausblicken auf den „späteren Pietismus" wird die Arndtsche Frömmigkeitsbewegung doch vom Pietismus deutlich unterschieden. Gelegentliche Rückblicke in den späteren Kapiteln des Bandes auf den Pietismus vor Spener – durch Spener „bekam der Pietismus nunmehr deutlichere Konturen" (S. 280) – , hängen in der Luft. Geredet wird im Zeitraum vor Spener stets nur von der „Arndtschen Frömmigkeitsbewegung", der „neuen Frömmigkeit" und daneben vom „Spiritualismus".

Daß die Konzeption eines Gemeinschaftsunternehmens von allem Anfang an von den Mitarbeitern entweder ignoriert oder abgelehnt, schließlich auch von dem, der die Konzeption entwickelte, gar nicht ernst genommen wird, ist doch etwas außergewöhnlich und mir jedenfalls bisher in der Literatur nicht begegnet. Der Band tritt mit dem Anspruch auf, erstmals die „Dimension des Phänomens Pietismus" in der ganzen Breite sichtbar zu machen. Eine Unterscheidung zwischen Pietismus im weiteren und Pietismus im engeren Sinn wird, wie bereits erwähnt, abgelehnt. Brecht behauptet: „Bei all seiner Weite und Vielfalt ist der Pietismus darum als konsistentes und umschreibbares historisches Phänomen zu begreifen" (S. 3f.). Doch ein Pietismus, der nicht Pietismus genannt werden kann, sondern nur entweder Puritanismus oder Nadere Reformatie oder Spiritualismus oder Arndtsche Frömmigkeitsbewegung, der ist kein konsistentes historisches Phänomen, sondern ein bloßes Schemen.

Die Konzeption dieser neuen Geschichte des Pietismus kann man also getrost wieder vergessen. Ein Neuansatz, eine wirkliche Erweiterung des Pietismusbegriffs, wie seinerzeit bei Albrecht Ritschl, liegt nicht vor. Es bleibt alles beim alten. Die ersten vier Kapitel des Bandes (englischer Puritanismus, niederländische Frömmigkeitsbestrebungen, Arndtsche Frömmigkeitsbewegung im lutherischen Deutschland, Spiritualismus) behandeln die *Vorgeschichte*, also das, was Martin Schmidt zu den „vorbereitenden Kräften und Bewegungen" rechnete bzw. als „Wegbereiter und Parallelerscheinung zum Pietismus" aufführte.[10] Die übrigen vier Kapitel stellen, wie üblich, die *Geschichte* des Pietismus dar, die mit Theodor Undereyck auf reformierter und Philipp Jakob Spener auf lutherischer Seite beginnt.[11] Mißlich ist nur, daß es beim lutherischen Pietismus – im Unterschied zum

---

10 *Martin Schmidt*, Pietismus, in: RGG^3, Bd. V, Tübigen 1961, Sp. 372f.

11 Intern wird das offensichtlich auch in der Historischen Kommission zur Erforschung des Pietismus gesehen, in deren neuestem Tätigkeitsbericht es heißt: „Ein wichtiges Ereignis war die Präsentation (7. Mai 1993) des von Professor Martin Brecht herausgegebenen ersten Bandes der Geschichte des Pietismus, der die Vorgeschichte des Pietismus und die Entwicklung bis ca. 1700 abdeckt" (Tätigkeitsbericht der Kirchenkanzlei der Evangelischen Kirche der Union für die Zeit vom Januar 1992 bis Dezember 1993, S. 41). Eine solche Formulierung hätte man sich auch auf dem Schutzumschlag und in den Verlagsprospekten gewünscht, wo es weiterhin heißt, der Band „setzt mit den gleichzeitigen Anfängen des Pietismus in England, den Niederlanden und Deutschland ein".

reformierten Pietismus – keine deutliche Markierung für einen Anfang mehr gibt. Nach Brecht „erscheint Spener bruchlos als Glied der von Arndt ausgehenden Frömmigkeitsbewegung" (S. 280), der er allenfalls „deutlichere Konturen" (S. 279) gegeben hat. Da bei Spener nichts eigentlich Neues beginnt, kommt Brecht der in der Pietismusforschung bisher eher marginalen Meinung nahe, Spener sei als Theologe ein „ziemlich unbedeutender Rezeptor" gewesen.[12]

Da es mir in diesem Beitrag vornehmlich um die Konzeption dieser neuen Geschichte des Pietismus zu tun ist, verzichte ich auf eine eingehende Besprechung der einzelnen Beiträge des Bandes. Sie sind, wie schon ein Blick in das Inhaltsverzeichnis zeigt, nach recht differenten Gesichtspunkten gegliedert, dabei unterschiedlich nicht nur in der Art der Stoffbehandlung, sondern auch in der Qualität und im Forschungsertrag. Die Beiträge von van den Berg, Goeters und Schneider bestechen durch gedankliche Klarheit und Präzision, sind je in ihrer Art respektable Forschungsleistungen. Schneiders durchweg aus den Quellen gearbeitete Darstellung des radikalen Pietismus mit ihren zahlreichen, überaus inhaltsreichen, dabei sehr knapp gehaltenen Nachweisen, führt unsere Kenntnis des radikalen Pietismus erheblich weiter. Die sich in den letzten Jahren des 17. Jahrhunderts steigernde „Erwartung der endzeitlichen Wende" wird hervorgehoben. Nur ist leider dem radikalen Pietismus viel zu wenig Platz eingeräumt worden. Gottfried Arnold muß auf vier Seiten gewürdigt werden – das Kapitel über Spener zählt weit über hundert Seiten. Hier sind die Gewichte falsch verteilt. Da die Zeitgrenze für den radikalen Pietismus, entgegen dem Buchtitel und anders als beim kirchlichen Pietismus, der bis August Hermann Franckes Tod (1727) dargestellt wird, auf das Jahr 1700 gelegt ist, wird in Band 2 noch einiges über Gottfried Arnold, Johann Wilhelm Petersen, Johann Konrad Dippel und Hochmann von Hochenau zu lesen sein – glücklich kann man die ungleich gesetzte Zeitgrenze für kirchlichen und radikalen Pietismus kaum nennen.

Bei dem von Brecht verfaßten Hauptcorpus des Bandes, das offensichtlich keiner Umfangsbegrenzung unterlag, ist zu berücksichtigen, daß die Kapitel IV über die deutschen Spiritualisten des 17. Jahrhunderts und Kap. VIII über August Hermann Francke und den hallischen Pietismus unter Zeitdruck geschrieben werden mußten, um das Gesamtunternehmen nicht zu gefährden (vgl. S. V). Es verdient Respekt, wie sich Brecht innerhalb kurzer Zeit durch die immense Literatur durchgearbeitet hat, stellenweise auch durch die Quellen. Die Aufarbeitung der Forschungsliteratur über ein ganzes Jahrhundert ist schon als physische Leistung bewundernswert, auch wenn man häufig an der Wortwahl erkennt, was vor der Niederschrift gerade

---

[12] *Hermann Reiner*, Die orthodoxen Wurzeln der Theologie Philipp Jakob Speners: Ein Beitrag zur Einordnung des lutherischen Pietismus in die deutsche Theologiegeschichte, Diss. theol., Erlangen 1969, 172. Vgl. Brechts Hinweis auf diese seiner Meinung nach bemerkenswerte und nicht genügend gewürdigte Dissertation (S. 168).

gelesen wurde. Fast überall ist der gegenwärtige Forschungsstand erreicht, so daß die Darstellung als Resümee der gegenwärtigen Pietismusforschung gelten kann und somit überaus informativ ist. Als Resümee enthält sie freilich wenig Neues. Da wo Neues behauptet wird, ist es zuweilen irrig.[13] Offensichtlich fehlte die Zeit, den Stoff tiefer zu durchdringen und die Spreu vom Weizen zu sondern. Bei der Darstellung Friedrich Brecklings ertrinkt man geradezu in der Flut der dutzendweise aufgeführten Personennamen, Ortsnamen und Buchtitel (S. 228 ff.). Manches Überflüssige hätte gestrichen, manche unnötige Doublette vermieden werden können. Das Personenregister zählt 1500 Namen, darunter viele, auf die man gern verzichtet hätte, vor allem dann, wenn man nichts Sachhaltiges über sie erfährt (wie z.B. über den mehrfach genannten Spenerschwager Johann Ulrich Wildt, bei dem Nähe oder Ferne zum Pietismus im Dunkeln bleibt). Die Eile hat ihre deutlichen Spuren hinterlassen. Personennamen sind – schon auf dem Titelblatt – häufig falsch oder unvollständig geschrieben; bei den Namen pietistischer Frauen tut man gut, das Personenregister zu Rate zu ziehen, wo, offensichtlich nach dem Beitrag Schneiders, in dem sich die richtige Schreibung findet, korrigiert worden ist, was im Text leider stehenblieb. Daß bereits im ersten Satz des Vorworts für die Gründung der Historischen Kommission zur Erforschung des Pietismus eine falsche Jahresangabe gemacht wird, zeigt, mit welch heißer Nadel genäht wurde.[14] Die Literatur ist teilweise so verkürzt angegeben, daß der Leser kaum den gemeinten Titel erkennen kann.[15] Auch die Quellenangaben sind unzureichend.[16] Offen-

[13] Vgl. den leider eine Menge von Unrichtigkeiten und Mißverstehen der Quellen enthaltenden Passus über das Aufkommen der Bezeichnung „Pietisten" (S. 4), die nach Brecht (wie schon und noch deutlicher PuN 17, 1991, S. 229 behauptet) in der Hinteren Grafschaft Sponheim aufgekommen sein soll. Vgl. auch unten S. 232 ff.

[14] Das Kapitel über Johann Arndt beginnt (S. 130) mit der Feststellung, in der dreibändigen Ausgabe von Arndts „Geistlichen Schriften und Werke", hg. von Johann Jakob Rambach (1734–1736) fehlten das „Wahre Christentum" und das „Paradiesgärtlein" – beide sind in dieser bisher einzigen Gesamtausgabe Arndts natürlich enthalten und im dritten Band abgedruckt. Die Angaben über die verschiedenen Ausgaben des bald – aber nicht erst im 18. Jahrhundert, wie Brecht angibt – um ein fünftes und später um ein sechstes Buch vermehrten „Wahren Christentums" und über die Übersetzungen in andere Sprachen sind überhaus fehlerhaft, beruhen offensichtlich auf den längst veralteten Angaben von Wilhelm Koepp (1912), wogegen neuere Arndtbibliographien wie die von Dietmar Peil nicht herangezogen worden sind.

[15] Das Verzeichnis der abgekürzt zitierten Literatur (S. 141 f.) ist leider unvollständig. Zuweilen hilft, wenn man von den den Textkapiteln nachgestellten Anmerkungen zurückschlägt auf die den einzelnen Textabschnitten vorangestellten Literaturangaben. Aber auch hier finden sich Abkürzungen wie die häufige Angabe „Wallmann, Pietismus", bei der der Leser nicht erkennen kann, was gemeint ist (offensichtlich ist das in dem Beitrag von Goeters S. 274 Anm. 18 bibliographisch nachgewiesene Werk gemeint). – Für das Jahrbuch „Pietismus und Neuzeit" werden unterschiedliche Abkürzungen, teils PuN, teils JGP, verwandt.

[16] Für die Darstellung Speners, insbesondere für die Dresdner Zeit, sind Speners Briefe an Adam Rechenberg, Elisabeth Kißner und Johann Wilhelm Petersen herangezogen worden. Als Quellenangabe erfährt man, daß Kurt Aland in der Pietismus-Arbeitsstelle Münster Einsicht in die Abschriften dieser Briefe gewährte (S. 378 Anm. 2). Daß die Originale in der Universitätsbibliothek Leipzig bzw. im Archiv der Franckeschen Stiftungen in Halle liegen, erfährt man

sichtlich fehlte die Zeit, die kritisierten Autoren gründlicher zu studieren, so daß manche Polemik ins Leere läuft.[17] Klarheit der Urteilsbildung wird durch einschränkende Formeln wie das häufige „möglicherweise" oder durch Zurücknahme einer Behauptung im Nachsatz vielerorts erschwert oder unmöglich gemacht. Trotz reicher Informationen bleibt das vom Pietismus gelieferte Bild, vor allem in seiner Abgrenzung gegenüber der lutherischen Orthodoxie, konturlos. Brechts Darstellung leidet auch an einer nicht unerheblichen Vorderlastigkeit. Die Vorgeschichte bis zur Reformation wird sehr breit zurückverfolgt, die Geschichte des hallischen Pietismus da, wo es um die Ausstrahlungen geht, viel zu knapp behandelt. So werden auf nur viereinhalb Seiten „Die Beziehungen Halles zu den slawischen Völkern" dargestellt (S. 517–521), wobei Estland, Ungarn und die vom hallischen Collegium Orientale ausgehende Beziehung zum Orient gleich miteinbezogen sind. Zehn Zeilen über die Beziehungen Halles zu den Esten und Letten, zwei Sätze über Matthias Bél, den doch wohl bedeutendsten außerdeutschen Schüler August Hermann Franckes – das ist einfach zu wenig. Daß ein Großteil der Wirkungen des hallischen Pietismus in Ostmitteleuropa und Osteuropa zu suchen ist, was in der Pietismusforschung der letzten Jahrzehnte weithin verdrängt war, gegenwärtig aber wieder deutlicher zum Bewußtsein kommen sollte, ist nicht zu erkennen. Man kann nur hoffen, daß im zweiten Band einiges nachgeholt wird.

Auf die Bewertung, die Johann Arndt und seinem Einfluß auf die lutherische Kirche des 17. Jahrhunderts gegeben wird, muß jedoch noch kurz

---

nicht. Ich habe an den von der Universitätsbibliothek Leipzig angefertigten Mikrofilmaufnahmen der Originale einen erheblichen Teil der Angaben, die Brecht aus dem Rechenbergbriefwechsel entnimmt, nicht verifizieren können. Entweder sind die Münsteraner Abschriften fehlerhaft oder ihre Benutzung. – Im Vorwort wird von „sorgfältig ausgewählten Abbildungen" gesprochen. Unter den Abbildungen befindet sich (S. 303) eine von mir angefertigte Titelblattaufnahme, die einfach aus einer meiner Veröffentlichungen herauskopiert worden ist.

[17] Vgl. oben Anm. 4 und unten Anm. 19. – Martin Schmidt, der im Unterschied zu anderen Autoren nicht in den Anmerkungen, sondern wiederholt im Text kritisiert wird, wird unterstellt, er habe nicht bei Johann Arndt selbst, sondern erst bei seinen Schülern eine Rezeption spiritualistischer Gedanken erblickt (S. 150). Gerade Martin Schmidt hat aber die spiritualistischen Elemente im Denken Arndts deutlich herausgestellt; er spricht sogar von der „Vermittlerrolle des mystisch-spiritualistischen Gutes, das Johann Arndt wie kein anderer seiner Zeit aufnahm und sammelte" (*Martin Schmidt*, Wiedergeburt und neuer Mensch: Gesammelte Studien zur Geschichte des Pietismus, Witten 1969 (AGP 2), 169). Brecht steht übrigens mit seiner Gesamtkonzeption des lutherischen Pietismus viel näher bei Martin Schmidt als bei dem im Text zuweilen als Kronzeuge zitierten Kurt Aland. Wenn Brecht die Vorgeschichte des Pietismus im Spiritualismus aufsucht und die „Voraussetzungen und Wurzeln des Pietismus" bei Kaspar von Schwenckfeld, Paracelsus und Valentin Weigel findet, ohne andere zuweilen in der Forschung behauptete Wurzeln (z.B. Martin Bucer) in Betracht zu ziehen, so bezieht er eine Position, die unter den Pietismusforschern niemand deutlicher markiert hat als Martin Schmidt. Die Formel, Pietismus sei Weltverwandlung durch Menschenverwandlung, die Brecht bereits auf S. 1 aufnimmt, ist ebenfalls von Martin Schmidt übernommen, ohne daß sein Name genannt wird. Also dem ersten Vorsitzenden der Pietismus-Kommission hätte ein besseres Andenken bewahrt werden sollen.

eingegangen werden, denn sie soll ja das eigentlich Innovatorische an Brechts Darstellung sein. Brecht beansprucht, das 17. Jahrhundert insgesamt in neues Licht zu rücken. Die Arndtsche Frömmigkeitsbewegung habe die lutherische Kirche des 17. Jahrhunderts tief und umfassend geprägt. Im Gegensatz zu der bisherigen Kirchengeschichtsschreibung, in der die Arndtsche Frömmigkeitsbewegung eher als Unterströmung oder Randströmung erschien, soll sie nach Brecht die lutherische Kirche und Theologie des 17. Jahrhunderts umfassend durchdrungen haben.[18] Die Reformbestrebungen der lutherischen Orthodoxie des 17. Jahrhunderts, wie sie von Hans Leube mustergültig dargestellt wurden, werden von Brecht, der sich in dem Kap. III,4 („Das Verhältnis der lutherischen Kirchen und der orthodoxen Theologie zur Frömmigkeitsbewegung", S. 166–187) eng an Leube anlehnt, völlig für die Arndtsche Frömmigkeitsbewegung und somit für den Pietismus in Beschlag genommen. Arndt wird zum Kirchenvater des 17. Jahrhunderts, und es sind nun eher die sich Arndt widersetzenden orthodoxen Theologen, wie die Tübinger theologische Fakultät zur Zeit Lukas Osiander II. oder der Ulmer Superintendent Konrad Dieterich, die als für ihre Zeit untypisch an den Rand gesetzt werden. Der bisherige Begriff, den wir von der lutherischen Orthodoxie des 17. Jahrhunderts haben, soll nach Brecht aufgegeben werden. Pietismus und Orthodoxie sind in der Zeit zwischen Arndt und Spener die beiden Seiten der gleichen Medaille.

Bei aller grundsätzlichen Zustimmung, daß das immer noch verbreitete Klischee von der „toten Orthodoxie" einer tiefgreifenden Revision bedarf, bei aller Zustimmung auch, daß die Ausgrenzung einer sogenannten „Reformorthodoxie" aus der Masse der Orthodoxie unsinnig ist und nicht weiterhilft – meine eigenen Forschungen gehen ja in ähnliche Richtung, und ich werde von Brecht auch nicht selten als Kronzeuge zitiert – hier scheint mir der Bogen doch kräftig überspannt zu sein. Kann man das milde Urteil der kursächsischen Theologen über Jakob Böhme beim sogenannten Dresdner Verhör wirklich auf den Einfluß Arndts zurückführen (S. 213)? Kann man wirklich von den theologischen Fakultäten Wittenberg und Leipzig, deren wechselhafte Geschichte während des 17. Jahrhunderts außer Betracht bleibt, behaupten, sie hätten sich „die kritischen Forderungen Arndts in weitem Umfang zu eigen gemacht" (S. 169f.)? Kann man Württemberg im ganzen 17. Jahrhundert für die Arndtsche Frömmigkeitsbewegung reklamieren und völlig davon absehen, daß Arndts „Wahres Christentum" im 17. Jahrhundert im Herzogtum Württemberg nicht gedruckt werden durfte? Kann man in Johann Valentin Andreae den Repräsentanten der lutherischen Kirche seiner Zeit sehen und in dem Ulmer Superintendenten und Arndtgegner Konrad Dieterich, dessen Katechismuserklärung zu den verbreitetsten Lehrbüchern innerhalb der lutherischen Kirche des 17. Jahrhunderts

[18] Vgl. den Abschnitt „Die von der Frömmigkeitsbewegung geprägte Orthodoxie" (S. 185–187).

gehört und noch in Speners Berliner Zeit dem Unterricht am dortigen Gymnasium zugrunde lag, den Außenseiter? Schließlich: wenn die lutherische Orthodoxie so breit und nahezu vollständig von der Frömmigkeitsbewegung Arndts erfaßt worden ist, wie es Brecht darstellt, wenn man bei Spener gar nicht mehr von den Anfängen des Pietismus reden kann, sondern nur von einer neuen Phase innerhalb einer die gesamte lutherische Kirche im 17. Jahrhundert prägenden Frömmigkeitsbewegung, wie kann man dann den Widerstand erklären, den der Pietismus zu Speners Zeit von der lutherischen Orthodoxie erfuhr? Dafür müßte nun doch eine Erklärung gegeben werden. Ich selbst habe auf die chiliastisch geprägte Zukunftshoffnung Speners hingewiesen und auf den Kurswechsel, den er gegenüber der lutherischen Orthodoxie vornimmt, wenn er die Forderung nach allgemeiner Besserung durch obrigkeitliche Zuchtmaßnahmen aufgibt und den Hebel der Kirchenreform nicht bei der Besserung der Unfrommen, sondern bei der Sammlung und Förderung der Frommen (ecclesiola in ecclesia) ansetzt. Da Brecht diese beiden Punkte minder gewichtet – Speners Hoffnung besserer Zeiten wird beim Nachzeichnen der „Grundlinien von Speners Theologie" (S. 371–378) nur am Rande gestreift; der Begriff ecclesiola in ecclesia wird im ganzen Band, wenn das Register zuverlässig ist, nur einmal erwähnt (S. 315) –, müßte er andere Gründe nennen. Es sind doch nicht nur die von Brecht so genannten „Ausbrüche in den radikalen Pietismus", die zum Gegensatz von Orthodoxie und Pietismus geführt haben.

Wie problematisch die Konzeption von Arndt als Kirchenvater des 17. Jahrhunderts und Spener als einem nur wenig originellen Glied in der dritten Generation der Arndtschen Frömmigkeitsbewegung ist, zeigen die vielen Widersprüche und Unrichtigkeiten bei der Darstellung der „Pia Desideria" und ihrer Rezeption in der lutherischen Kirche. Dafür eine paar Beispiele. Daß Spener sein Reformprogramm nicht schon 1674 als Vorrede zu einer Ausgabe von Arndts „Wahrem Christentum", sondern erst 1675 als Vorrede zur Arndtschen Postille verfaßte, soll nach Brecht „schlüssig" damit erklärt werden, daß die Postille unverfänglich, das „Wahre Christentum" dagegen zu umstritten war und Speners Programm „von vornherein belastet" hätte (S. 293).[19] Wie denn? Wenn Arndt mit dem Frömmigkeitsstreben seines „Wahren Christentums" in der gesamten lutherischen Orthodoxie, von bloßen Ausnahmen abgesehen, rezipiert wurde, wie kann denn sein „Wahres Christentum" im Jahr 1674 in der lutherischen Kirche auf einmal so umstritten sein, daß die Berufung darauf Speners Programm belastet hätte?

[19] In einer Anmerkung (S. 379 Anm. 8) wendet sich Brecht „gegen Johannes Wallmann" und meint, es sei schwerlich das Folioformat der Postille Arndts gewesen, das Spener bewog, diesem Werk seine programmatische Vorrede beizugeben. Ich habe in der Festschrift für Martin Schmidt, auf die sich Brecht bezieht, in dem Folioformat des Postillenbandes aber nur den äußeren Ermöglichungsgrund für die Abfassung der umfänglichen Vorrede gesehen, gleichzeitig deutlich erklärt, daß nicht dieser äußere Grund, sondern innere Gründe, die ich auch benannte, entscheidend waren.

Und wenn es denn so wäre, warum hat sich dann Spener in seinen „Pia Desideria“ wiederholt gerade auf das „Wahre Christentum“, nicht auf die Postille berufen?! Hier stimmen die Dinge vorne und hinten nicht überein.

Unrichtig auch das Bild, das von der Rezeption der „Pia Desideria“ gezeichnet wird. Brecht argumentiert hier vom Spenerschen Briefwechsel her. Von den beiden engen Freunden Gottlieb Spizel in Augsburg und Elias Veiel in Ulm soll der erstere, weil er zu dem Reformprogramm nichts vorzubringen wußte, mit Spener in der Sache ganz einig gewesen sein, dagegen habe Elias Veiel ziemlich kritisch geantwortet und sei „bewußt im Bereich der Orthodoxie und in Distanz gegenüber Spener“ verblieben (S. 312). Spizel also der Pietist, der – nach Brecht schon seit seiner Leipziger Studienzeit (S. 170) – in größerer Nähe zur Arndtschen Frömmigkeitsbewegung stand als Veiel, der Orthodoxe. Tatsächlich war es nun aber Elias Veiel, der, was Brecht nicht zur Kenntnis nimmt, was aber aus dem Vorwort der meisten Ausgaben des „Wahren Christentums“ zu entnehmen ist, Arndts „Paradiesgärtlein“ mit einem empfehlenden Vorwort neu herausgab (Ulm 1679), wogegen Spizel mit Johann Arndt wenig oder gar nichts im Sinn hatte, was Spener gelegentlich auch deutlich moniert hat.[20] Nicht von Arndts „Wahrem Christentum“, sondern vom Rückgang auf Bernhard von Clairvaux und dessen mystische Jesusfrömmigkeit erwartete Spizel den entscheidenden Impuls zur Kirchenreform. Die Verzeichnung des frömmigkeitsgeschichtlichen Standorts von Spizel macht auf ein nicht unerhebliches Manko aufmerksam. Die Reklamierung aller in der lutherischen Kirche des 17. Jahrhunderts wirkenden Reformimpulse für die Arndtsche Frömmigkeit greift zu kurz und verstellt den Blick auf die viel breitere Rezeption der bernhardinischen Jesusmystik in der lutherischen Orthodoxie des 17. Jahrhunderts. Brecht hat die Rezeption der augustinisch-bernhardinischen Mystik im Luthertum des späten 16. Jahrhunderts, etwa bei Martin Moller, durchaus notiert (S. 127), die immense Weiterwirkung in der lutherischen Gebets- und Erbauungsliteratur des 17. Jahrhunderts, wie sie uns in der älteren Literatur (Hermann Beck, Konstantin Große, Paul Althaus d. Ä.) am umfassendsten erschlossen worden ist, außer acht gelassen. Ohne ein näheres Eingehen auf die weitverbreitete, sich der Sprache der bernhardinischen Braut- und Passionsmystik bedienende barocke Jesusfrömmigkeit läßt sich aber eine Frömmigkeitsgeschichte des Luthertums im 17. Jahrhundert nicht schreiben.

Irrig auch die Behauptung, die ablehnende Haltung der Straßburger theologischen Fakultät sei „zum Glück für Spener ein Einzelfall“ geblieben (S. 314). Brecht bezieht sich auf eine „leider nicht erhaltene Stellungnahme des Gießener Theologen [Philipp] Ludwig Hanneken, die Spener gern der Separatausgabe seiner ‚Pia Desideria‘ beigedruckt hätte, wenn sie deutsch

20 Vgl. Speners Brief an Gottlieb Spizel vom 3. Juni 1673: *Philipp Jakob Spener*, Briefe aus der Frankfurter Zeit 1666–1686, Bd. 1, hg. v. *Johannes Wallmann*, Tübingen 1992, 629.

abgefaßt gewesen wäre" (S. 312). Demnach hätten auch die Theologen der Gießener Fakultät, Hochburg der lutherischen Orthodoxie, den „Pia Desideria" zugestimmt. Doch Brecht ist hier einer falschen Empfängerzuweisung im Reprint der im Olms-Verlag erschienenen Spenerschen „Consilia" zum Opfer gefallen. Der fragliche Brief Speners (S. 382 Anm. 37) ist nicht an Philipp Ludwig Hanneken in Gießen gerichtet, sondern an Christian Kortholt in Kiel, wie das in der Universitätsbibliothek Kiel vorliegende Original beweist. Eine Stellungnahme Kortholts war es, die Spener gern der Separatausgabe seiner „Pia Desideria" beigedruckt hätte. Von Philipp Ludwig Hanneken erhielt Spener umgehend deutliche Kritik an seiner Postillenvorrede, insbesondere wegen seiner Zukunftshoffnung und seines Vorschlags der Collegia pietatis. Der demnächst erscheinende zweite, die Jahre 1675/76 umfassende Band der Briefe Speners aus der Frankfurter Zeit wird ein sehr viel anderes Bild von der Rezeption der „Pia Desideria" zeigen, als Brecht es bietet, der über die verschönernden Rückblicke des alten Spener nicht wesentlich hinauskommt.

Bei einer Analyse der Forschungssituation habe ich einmal im Blick auf die Arbeiten von Kurt Aland und Martin Schmidt das Fazit gezogen: „Die Nichtberücksichtigung Johann Arndts ist die Achillesferse der beiden von uns untersuchten Auffassungen".[21] Ich muß nun gegen Brecht einwenden, in der Bewertung Johann Arndts und seines Einflusses auf die lutherische Kirche des 17. Jahrhunderts viel zu weit gegangen zu sein. Auch bei Brecht liegt die Achillesferse in der Darstellung Johann Arndts und der Beurteilung seiner Wirkung, wobei ich einräume, bezüglich der sogenannten „Frömmigkeitskrise" bzw. „Frömmigkeitswende" um 1600 selbst keine befriedigenden Antworten parat zu haben. Ich meine jedoch, mit meiner Unterscheidung im Pietismusbegriff zwischen einem weiteren Sinn, wobei das Wort lieber nur adjektivisch gebraucht wird (für die Arndtsche Frömmigkeit) und einem engeren Sinn (Philipp Jakob Spener und die durch ihn initiierte Bewegung des Pietismus) den Dingen eher gerecht werden zu können. Und dies nicht nur hinsichtlich der nicht aufzugebenden Rede von Spener und den „Anfängen des Pietismus", sondern auch im Blick auf die Verwandtschaft pietistischer Frömmigkeit mit anderen religiösen Frömmigkeitsrichtungen des 17. Jahrhunderts. Mit dem weiten Sinn von Pietismus war es mir ja möglich gewesen, zuweilen auch Phänomene außerhalb des Raumes der protestantischen Kirchen als pietistisch zu bezeichnen, ohne daraus historiographische Konsequenzen ziehen zu müssen. Für Brecht dagegen ist Pietismus ein dezidiert protestantisches Phänomen. Im gleichen Zug, in dem die Schleusen zu den Niederlanden und zu England hochgezogen werden und die Wasser der dortigen Frömmigkeitsbewegungen in das Bett des Pietismus geleitet werden, werden ja die Schotten gegenüber vergleichbaren religiösen Bewegungen in der römisch-katholischen Konfessionskirche

[21] *Wallmann*, Anfänge (wie Anm. 4), 44.

dichtgemacht. Der von Brecht nur am Rand erwähnte Quietismus – merkwürdigerweise als „spanischer Quietismus“ apostrophiert (S. 4), obwohl es auch einen italienischen und französischen Quietismus mindestens gleicher Bedeutung gibt – gehört eigentlich ebenso in die weitere Geschichte des Pietismus hinein wie Puritanismus und Nadere Reformatie (man denke nur an die – im vorliegenden Band noch nicht erwähnte – Madame Guyon). In der Forschung ist seit Heinrich Heppes „Geschichte der quietistischen Mystik in der katholischen Kirche“ (1875) die Verwandtschaft zwischen Quietismus und Pietismus nicht mehr strittig gewesen; die profangeschichtliche Forschung (G. Kaiser, H. Lehmann) begreift seit langem Pietismus und Quietismus als verwandte Bewegungen innerhalb einer gleichen überkonfessionellen Frömmigkeitsbewegung des 17. Jahrhunderts. Brecht meint jedoch, wir seien noch nicht so weit, „daß sich sofort eine wirkliche Verwandtschaft konstatieren läßt“ (S. 4). Diese Behauptung ist schwer verständlich, zumal Brecht doch zuweilen selbst eine „überkonfessionelle europäische Frömmigkeitsbewegung“ im 17. Jahrhundert konstatiert (S. 186). Ist es wirklich noch zeitgemäß, die Frömmigkeitsbewegungen der protestantischen Konfessionen unter einen gemeinsamen Nenner zu bringen und sie damit von den Frömmigkeitsbewegungen in der katholischen Kirche abzugrenzen? Wir leben doch nicht mehr in der Zeit des Kulturkampfes, in der Albrecht Ritschl seine „Geschichte des Pietismus“ schrieb mit ihrer radikalen Oppositionierung von Protestantismus und Katholizismus! Martin Schmidt sprach vom Pietismus als einer „ökumenischen Erscheinung“. Davon ist im vorliegenden Band wenig zu spüren. Wir werden wohl guttun, die im Gegenzug gegen die Konfessionalisierung des abendländischen Christentums des 16. Jahrhunderts sich bildenden Frömmigkeitsbewegungen des 17. Jahrhunderts, die im Drängen auf wahres innerliches Christentum und in der Rezeption der Mystik ihre Gemeinsamkeit haben, in einem inneren Zusammenhang zu sehen, auch wenn wir dafür keinen übergreifenden Begriff haben. Wenn wir künftig darauf verzichten, beim Puritanismus und bei den niederländischen Frömmigkeitsbewegungen von Pietismus zu reden, wie sich das als Ergebnis des vorliegenden Bandes nahelegt, so bietet dieser Verzicht andererseits die große Chance, die Frömmigkeitsbewegungen des 17. Jahrhunderts in ihrer ganzen ökumenischen Weite zu überblikken.

Ich habe von einem „Fehlstart“ gesprochen, nicht von einem Scheitern. Bei einem Scheitern ist das ganze Unternehmen mißglückt. Ein Fehlstart läßt sich korrigieren. Eine solche Korrektur ist innerhalb dieses Bandes bereits von den Autoren selbst vorgenommen worden. Man sollte dies zur Kenntnis nehmen und über die mißglückte Konzeption nun nicht weiter streiten. Das Unternehmen dieser „Geschichte des Pietismus“ befindet sich jetzt in vollem Lauf. Man kann für das weitere Gelingen und das Vollenden nur alles Gute wünschen.

Rezensionen

Holtz, Sabine: Theologie und Alltag. Lehre und Leben in den Predigten der Tübinger Theologen 1550–1750 (Spätmittelalter und Reformation, Neue Reihe, Bd. 3). Tübingen, J. C. B. Mohr, 1993. XII, 479 S.

Die als geschichtswissenschaftliche Dissertation verfaßte Arbeit von Sabine Holtz ist ambitioniert. Mit ihrer interdisziplinär angelegten Detail- und Langzeitstudie (S. 1. 375. 376) will die Autorin nicht nur eine „bloße Reihenuntersuchung zur lutherischen Orthodoxie", sondern eine „exemplarische Untersuchung für die Geschichte des Protestantismus" überhaupt bieten (S. 2), die „theologische und sozialgeschichtliche Fragestellungen ... zu neuen Erklärungsansätzen" (S. 1) verknüpft. Zugleich sollen damit „neue Zugangsmöglichkeiten zum Phänomen der Volkskultur" (S. 376) erschlossen werden. Gegenstand der Untersuchung ist die „von den Theologen der lutherischen Orthodoxie geleistete Transformation von theologischer Lehre in sozialethische Handlungsanweisung, mithin die Bereitstellung sozialethischer Normen zur Integration in die Lebenswelt der Frühen Neuzeit" (S. 376; vgl. S. 1f.). Die Verfasserin geht dieser Fragestellung anhand von Predigten Tübinger Universitätstheologen aus der Zeit von 1550 bis 1750 nach.

Nach einer (A) Einleitung (Forschungsvorhaben und Methode) folgt die (B) „theoretische" (?) Grundlegung, in der die (I) staatlichen und (II) kirchlich-theologischen Rahmenbedingungen im Herzogtum Württemberg dargelegt werden sowie (III) das Begriffspaar Alltag und Frühe Neuzeit diskutiert wird (S. 49f.). Im Hauptteil C: Die/Zur Praxis der Predigt (S. 51–313) stellt die Verfasserin (I) das orthodox-lutherische Welt- und Menschenbild, ferner (II) die „Legitimation" der lutherisch-orthodoxen Lehre dar, um dann deren Umsetzung in den Predigten hinsichtlich der Dimensionen des Alltags in der Frühen Neuzeit zu beschreiben (s.u.). Hier will die Verfasserin also zunächst die theologische Grundlage (S. 51–187) anhand einer systematischen Darstellung der für den „Alltag" relevanten Themen (1. Komplex der Rechtfertigungslehre, 2. Trost der Christologie, 3. Bedeutung der Sakramente, 4. Frage nach Seelenheil und Gericht und 5. Katechismus als Summe christlicher Lehre) bieten. Eigenartigerweise greift die Verfasserin für diese theologische Grundlegung zum großen Teil auf die von ihr studierten Predigten zurück, was die Sache nicht nur schwieriger und unübersichtlicher macht, sondern auch ihrer methodischen Vorgabe widerspricht, der Transformation der Hochtheologie in die Volksreligiosität (S. 9) nachgehen zu wollen.

Im Zentrum des Buches steht die Darstellung der in den Predigten angesprochenen „Dimensionen des Alltags in der Frühen Neuzeit" (S. 187–313), wo der Leser anschaulich über die Kanzelratschläge zum Lebensbereich des Hauses (Heirat, Ehe, Bedeutung der Emotionalität, Rollenverteilung, Ehebruch, Kinder, Kinderlosigkeit, Erziehung, Schule, Gesinde), des Arbeitsverständnisses (Beruf) und des Verhältnisses zur staatlichen Obrigkeit (wo die Verfasserin leider wieder in den „Irrgarten der Zweireichelehre" gerät) unterrichtet wird, auch darüber, mit welchen Deutungsmustern die Prediger auf individuelle Bedrohung und kollektive Krisen reagierten. Es ist beeindruckend, mit welcher (biblisch geleiteten) Erfahrung und Freiheit sowie theologischen Reflexion die Prediger ihrem Hirtenamt gerecht zu werden versuchten. In einer (D) Synopse vergleicht die Verfasserin systematisch beide Bereiche des Hauptteiles, um zu allgemeinen Aussagen über die Transformation von Lehre in Leben zu kommen. Im (E) Schlußteil faßt sie den Ertrag der Synopse noch einmal zusammen.

Die Ergebnisse lassen sich wie folgt auf den Punkt bringen: 1. Die Prediger der lutherischen Orthodoxie haben nicht das ganze Spektrum lutherisch-orthodoxer Theologie auf die Kanzel gebracht (S. 314; wiederholt auf S. 318; vgl. S. 321).

2. Es war das Ziel der lutherischen Orthodoxie, wahren Glauben und rechtes Leben miteinander zu verbinden (S. 315).

3. Ihre Lehre (was immer damit im Unterschied zum Leben gemeint sein mag) brachten sie katechetisch vereinfacht in Übereinstimmung mit den maßgeblichen dogmatischen Grundlagen zur Sprache (S. 316; wiederholt S. 318. 319. 321). – So weit, so gut. Der Begriff der toten Orthodoxie (S. 7 belegt mit dem „Heussi", Hans Küng und einem praktisch-theologischen Beitrag in der TRE) ist wieder einmal widerlegt worden. Als Forschungsergebnis wird hier etwas festgehalten, was man ohnehin wissen könnte und nach der Lektüre einer lutherisch-orthodoxen Anleitung zum Theologiestudium, einer entsprechenden Predigtlehre oder auch nach der Lektüre nur weniger Predigten erwarten darf. Um so mehr erstaunt es mich, daß die Verfasserin in ihrer Arbeit, die doch die Predigt behandelt, die Homiletik der Zeit kaum und ungenau zur Kenntnis nimmt. Diese theoretische Grundlegung ist nun wirklich wichtig für einen historischen Zugang zu den Tübinger Predigten.

4. „Die Analyse der Predigten deckt auf, daß zwischen Theologie und Alltag ein Verhältnis von Reziprozität und Interdependenz besteht" (S. 372). Wirklich? Oder ist die Reziprozität nicht vielmehr die (in dieser Allgemeinheit evidente) Voraussetzung der Untersuchung (vgl. S. 13). Nachgewiesen wird das an keiner Stelle, sondern nur per Schnellschlußverfahren suggeriert (S. 75): „Er [Hafenreffer] läßt die normativen Gehalte der einzelnen Loci in einen Abschnitt über den [im übrigen von der Verfasserin ethisch enggeführten (S. 34)] usus enden. Dabei kommt es zu einer Wechselwirkung zwischen dogmatischem und ethischem Gehalt [inwiefern?]. Die ethische

Orientierung beeinflußt die dogmatischen Sätze." Damit sind wir bei der Umkehrung dessen, was der „usus" für Hafenreffer bedeutet, und können schließlich verallgemeinern und steigern (ebd.): „Die gesamte lutherisch-orthodoxe Theologie erfährt in hohem Maße ihre Prägung vom Gesetzesbegriff her."

5. Das Bemühen um die Vermittlung von Lehre (verstanden als Glaubenstheorie) und Leben (verstanden als Glaubenspraxis) „impliziert sowohl Erfolg als auch Scheitern der gepredigten Normen" (S. 372). Es konnte zur Konkurrenz der von den Predigern gebotenen Normen mit anderen Optionen kommen. Das versteht sich wohl von selbst. Die Verfasserin folgert daraus – in gewissem Widerspruch zu dem von ihr konstatierten Erfolg der orthodoxen Predigt –, daß hier die Ursache für eine immer stärkere Gesetzespredigt und eine immer stärkere Gesetzlichkeit liege.

6. Gerhard Oestreichs Vorstellung einer frühneuzeitlichen Sozialdisziplinierung wird dahingehend korrigiert, daß die Theologie durch den verstärkten Appell an das individuelle Gewissen mit diesem eine weitere richterliche Instanz neben Kirche und Staat eingeführt habe, die eine horizontale Achse der Selbstkontrolle und Eigenverantwortlichkeit öffne (S. 334. 367. 375f.).

7. Angesichts der enormen ethischen Einprägearbeit der lutherischen Orthodoxie lehnt die Verfasserin die Charakterisierung des Pietismus als einer zweiten Reformation (des Lebens) ab; der Pietismus habe nur die Erfolge der lutherischen Orthodoxie geerntet und nach den eingetretenen äußeren Erfolgen eine stärkere Verinnerlichung der Ethik betrieben (S. 376). Sie schlägt daher vor, auch für den lutherischen Pietismus den Begriff einer Frömmigkeitsbewegung (S. 376) zu übernehmen!

Es ist im übrigen nicht sehr glücklich, daß die Verfasserin sich für ihr Forschungsprogramm an das Begriffspaar Lehre und Leben (s. Untertitel) hält. Sie trägt damit eine Alternative an die lutherische Orthodoxie heran, die für diese nicht bestand. Denn die aus dem Pietismus bzw. von Johann Arndt her bekannte polemische Formel mahnt ja nicht auf dem Boden der orthodoxen Theologie ein Defizit (Praxisbezug) der (akademischen) Theologie an, sondern ist überhaupt kritisch gegen das lutherisch-orthodoxe Verständnis von Theologie gerichtet.

8. Die gesellschaftliche Funktion der Theologie bestimmt die Verfasserin anhand der Rolle des Pfarrers. Er wirkt einerseits für das System stabilisierend, wahrt andererseits kritische Distanz gegenüber der Obrigkeit. Nun gut. Auch leiste die Entwicklung von lutherischer Orthodoxie zum Pietismus als Bewegung vom äußeren Gesetz zur Appellation an das Gewissen einer Individualisierung Vorschub und biete damit einen wichtigen Beitrag zur Modernisierung der Gesellschaft innerhalb der Frühen Neuzeit (S. 362–371, bes. 365).

9. Kommen wir zu der Haupterkenntnis des Buches. Von Anfang an zieht sich durch das Buch die These, daß die lutherisch-orthodoxe Predigt das Mißverständnis einer Werkgerechtigkeit befördere. Die Bußpredigten der

lutherischen Orthodoxie riefen zur „Satisfaktion gegenüber dem zürnenden Gott“ auf, indem sie das in der Alltagswelt erfahrene Unheil als strafende Antwort Gottes auf das menschliche Vergehen darstellten (S. 3; vgl. S. 224f. 255). So werde das alttestamentliche Prinzip der Vergeltungslehre auf den Bereich der Frühen Neuzeit angewandt (S. 320). Zuerst müsse der göttliche Zorn beschwichtigt werden, bevor die göttliche Gnade in Kraft trete (S. 320). Das Verständnis, daß alle Sünde in letzter Instanz in der Erbsünde wurzelt, trete zurück (S. 320). Insgesamt werde im Widerspruch zur reformatorischen Grundlegung eine Vergesetzlichung des alltäglichen Lebens erreicht (S. 320). Letztlich argumentiert die Verfasserin mit dem alten Vorwurf einer (forensischen) Verfälschung oder Verkürzung der Rechtfertigungslehre durch die Orthodoxie: „Die reformatorische Einheit von Rechtfertigung und Heiligung war aufgebrochen, die Heiligung war nicht mehr das unverbrüchlich mit der Rechtfertigung verknüpfte Ergebnis, sondern deren erstrebenswertes Ziel“ (S. 321). Ist das bei Luther so anders, wenn er sagt, daß „der alte Adam in uns durch tägliche Reu und Buße soll ersäuft werden“? Die Verfasserin macht es sich jedenfalls zu leicht mit der Frage, die Generationen von Theologen beschäftigte, wie sich in der Rechtfertigung Gnade und Gabe zueinander verhalten.

Ferner behauptet sie (S. 64) auf Grund der „komplizierten Verflechtung von Gesetz und Evangelium, die menschlicher Vernunfterkenntnis entgegensteht“, die *Möglichkeit* eines Mißlingens der rechten Darstellung und damit die Gefahr eines „Rückfalls in eine Verdienst- und Leistungsethik“ (vgl. S. 75. 89. 102. 105 u. ö.). Was sie so in der theologischen Grundlegung als Möglichkeit vielleicht bestimmen kann, müßte doch bei der konkreten Untersuchung als *Wirklichkeit* belegt werden. Die Predigtratschläge zum Bereich des Hauses bringen jedoch keinen Hinweis darauf, daß hier im Rahmen des tertius usus legis „reglementiert“ (vgl. S. 257) würde. Hier wird gewiß christlich-evangelisches Ethos propagiert, aber doch nicht ein Verhalten unter Androhung von Sanktionen eingefordert. Einzig im Bereich der Kontingenzerfahrung kann die Verfasserin einen Anhaltspunkt für ihre These finden, indem dort die schwierige und wegen der Ambivalenz der Erfahrung unterschiedlich zu beantwortende Frage zu stellen ist, inwiefern für die lutherische Orthodoxie ein Gott wohlgefälliges Leben auch ein zeitlich und ewig gesegnetes (vgl. Röm 2, 6!) ist. Die lutherische Orthodoxie hatte jedenfalls unterschiedliche theologische Deutungsmuster parat, die einen einfachen Tun-Ergehen-Zusammenhang ausschlossen (vgl. S. 334).

Umgekehrt meint die Verfasserin feststellen zu können, daß der evangelische Trost verkürzt zur Sprache gekommen bzw. ganz ausgeblieben sei (S. 294. 296). Die Menschen seien über ihren Heilszustand ungewiß geblieben (S. 107; vgl. S. 280. 309. 312).

Im Ergebnis sieht die Verfasserin einen direkten Zusammenhang zwischen der Ausbildung eines tertius usus legis, einer Rationalisierung der reformatorischen Rechtfertigungslehre und einer zunehmenden moralischen Einprägearbeit der Theologen, die schließlich in einen immer subtileren Gesetzes- und Gewissensbegriff münde. In dieser von ihr konstatierten Entsprechung liegt offenbar das Geheimnis der von ihr thematisierten Transformation von Lehre in Leben.

Ich denke, der Verfasserin werden zwei Mißverständnisse zum Verhängnis. Zum einen vermag sie nicht zwischen dem usus paedagogicus/elenchticus (der wird, soweit ich sehe, überhaupt nur einmal, S. 83, genannt) und dem tertius usus legis zu unterscheiden. Sie mißversteht daher die Aufforderung zur Buße, die nicht eine bessere Welt zum Ziel hat, sondern die Heillosigkeit der Welt und ihre Heilsbedürftigkeit rekapitulieren will. Nur so ist zu erklären, daß die Verfasserin Bußpredigt und Gesetzespredigt (im Sinne des tertius usus legis) einfach verbindet (vgl. S. 84 bei Anm. 69). Zum anderen bedenkt sie nicht hinlänglich, daß „strafen" in der theologischen Terminologie des 17. Jahrhunderts auch anklagen, warnen und züchtigen konnotiert, nicht nur bestrafen in unserem heutigen Sinn (vgl. S. 243. 324). Deshalb ist auch ihre Kritik an Heinz Schillings Unterscheidung von Sündenzucht (Kirchenzucht) und Strafzucht (Justiz) verfehlt (S. 333f.). So sieht die Verfasserin in der Gesetzespredigt der lutherischen Orthodoxie das Korrektiv zu der reformatorischen Wiederentdeckung der reinen Gnade. Also doch wieder die alte Vorstellung von dem verlorenen Rechtfertigungserlebnis bei den „Epigonen"?

Indem ich die nicht eben wenigen „Druck-" und Sachfehler übergehe, komme ich zu meinen methodischen Vorbehalten:

1. Die Predigten der Tübinger Theologen werden als Quellen für besonders geeignet gehalten, weil sich hier der „Themenkomplex der Transformation von theologischer Lehre in sozialethische Norm gewissermaßen auf höchster Ebene" untersuchen läßt (S. 1). Warum das ein Vorzug sein soll, will mir nicht einleuchten. Wäre die Transformation theologischer Lehre vom Universitätskatheder über den Theologiestudenten und späteren Landpfarrer sozialgeschichtlich nicht aussagekräftiger, weil dem Alltag näher und im Blick auf eine Verallgemeinerung eher repräsentativ? Der Vorzug des Quellenmaterials besteht objektiv nur darin, daß die Tübinger Predigten eine besonders gelungene Transformation erwarten lassen. Aber was ist eigentlich an der Transformation von Lehre in Leben sozialgeschichtlich so interessant? Hätte es nicht genügt, aus dem Material zu erheben, was und wie gepredigt wurde? So hat es den Anschein, als erfüllten die Theoretisierung im Blick auf die Lehre und die Vorstellung von der Transformation die Funktion, den Predigten einen bestimmten und generalisierbaren Gedanken abzugewinnen.

2. Wären nicht Postillen (Jahrgangspredigten) oder etwa die Württembergischen Summarien, als Einheiten betrachtet, für die Untersuchung geeigneter, weil man hier zeigen könnte, welche Stichworte und Themen auf Dauer mit bestimmten Bibeltexten/Perikopen verbunden wurden?

3. Die Verfasserin überspringt meines Erachtens den entscheidenden Ort

der Transformation von Dogmatik in (sozial-) ethische Normen, nämlich die ganze moraltheologische Literatur (Ethiklehrbücher, kasuistische Literatur, Pastoraltheologien), etwa die Schriften des auf diesem Feld wichtigen Erasmus Sarcer(ius).

4. Problematisch ist, daß die Verfasserin mit einem von den konkreten Predigten völlig isolierten, thematisch geordneten Material arbeitet. Sie isoliert die Aussagen damit nicht nur von ihrem historischen Ort (Zeit, Sprache, Anlaß, Prediger, Drucklegung etc.), sondern nimmt die Predigt nicht als das wahr, was sie sein will, eben Rede.

5. Angesichts des großen Gewichtes, das die Verfasserin auf die sozialethischen Normen der lutherischen Orthodoxie legt, erstaunt es mich, daß sie weder die vielfältigen Formen ethischer Aussagen (Ratschläge, Ermahnungen, Gebote, Verbote) noch den Einfluß anderer ethischer Quellen (aristotelische Ethik, Neustoizismus, Volksweisheit etc.) unterscheidet. Alles wird von ihr auf den tertius usus legis und den Dekalog als göttlich sanktioniertes Gesetz enggeführt.

Die äußerliche Gestalt der Arbeit ist sicher blendend. Sie umfaßt insgesamt 491 Seiten, davon enthalten 61 Seiten (S. 387–447) ein „Quellenverzeichnis mit den Kurzbiographien der Tübinger Theologen". In handwerklicher Solidität werden dort alle behandelten Predigten wie auch andere (J. G. Walch; Ph.J. Spener), merkwürdigerweise nicht alle Quellenschriften mit vollständiger Titelaufnahme einschließlich Zeilenwechsel aufgeführt. Sie entstammen ausschließlich der Universitätsbibliothek Tübingen und der Württembergischen Landesbibliothek Stuttgart, zum kleineren Teil auch dem Tübinger Theologischen Stift und der Herzog August Bibliothek Wolfenbüttel, sind also bibliographisch in den einschlägigen veröffentlichten Katalogen erfaßt. Auf den in den genannten Bibliotheken katalogisierten Bestand Tübinger (?) Predigten ist die „Quellenbasis von rund 1000 Predigten" (Umschlag; vgl. S. 39) zu beziehen, von denen die Verfasserin laut Quellenverzeichnis ca. 185 Titel für ihre Untersuchung heranzieht. Das ist alles, wie auch die in Anmerkung und Literaturverzeichnis sich wiederholenden, ohne jede Reihenabkürzung arbeitenden Literaturangaben, sehr aufwendig. So ist der Umfang der Arbeit offenbar auch eine Folge der Versuchungen des Computers. Gewichtiger erscheint mir, daß manche Sekundärliteratur nicht nach der neuesten (veränderten) Auflage (W. Elert, J. Wallmann) bzw. Quellen nicht nach den wissenschaftlichen Editionen (Spener, Pia Desideria) zitiert werden. Wissenschaftliche Genauigkeit sollen auch die Zitate aus den Drucken des 16. und 17. Jahrhunderts widerspiegeln. Ein Umlaut-e, also ein etwa über einem u liegendes e, wird nicht mit ü, sondern mit u[e] wiedergegeben. Ähnliches gilt für Ligaturen etc. Soll das neuer Standard werden? Was sollen eigentlich die für die Edition von frühneuzeitlichen Quellen aufgestellten Richtlinien der Transkription, wenn schon in Monographien nicht nur der Lautbestand, sondern auch die Grapheme peinlich genau imitiert werden?

Der äußere Eindruck einer profunden Gelehrsamkeit wird dadurch gestört, daß Bekanntes (z. B. S. 342 Anm. 135), zur Argumentation nichts beitragende Literaturhinweise (z. B. S. 324 Anm. 48: M. Schmidt) geboten werden, Banalitäten „belegt" (z. B. S. 1 Anm. 2) und Probleme nur sehr oberflächlich angesprochen werden (z. B. S. 5 Anm. 17 – der dort zu findende lapsus linguae ist wie die hier monierte Oberflächlichkeit kein Einzelfall; vgl. S. 75 Anm. 23; S. 78. 101). Umgekehrt bezieht die Verfasserin ihre zentralen Informationen zur orthodoxen Theologie aus einer sehr schmalen Literaturbasis, etwa einer einzigen Quellenschrift (S. 92–99: Die Frage der Buße anhand von Johann Ulrich Pregitzers Bußpredigten von 1623), der älteren, wohl auch veralteten Literatur oder eines Lexikonartikels (TRE), garniert mit Hinweisen auf ähnliche Aussagen in den Predigten. Die zu ihrem Thema gehörige theologische Literatur hat die Verfasserin zum Teil vernachlässigt (z. B. J. Hahn, Zeitgeschehen im Spiegel der lutherisch-orthodoxen Predigt nach dem Dreißigjährigen Krieg – dargestellt am Beispiel des kursächsischen Oberhofpredigers Martin Geier, Diss. Theol. Leipzig 1990 [Masch.]).

Dem Gedankengang der Verfasserin vermag ich nur schwer zu folgen. Zu häufig kommt es zu Gedankensprüngen, (z. T. wörtlichen) Wiederholungen (s. o.), undifferenzierten oder widersprüchlichen Aussagen (Problem des Heiratsalters: S. 192f., vgl. S. 210f.; der Emotionalität: S. 196, vgl. S. 197. 200), falscher Terminologie (z. B. S. 5 trotz Anm. 16; S. 10: „Sitz im Leben"; S. 82: „Das Ziel aller Gesetzespredigt ist die Buße. Ob Luther einen über diesen usus civilis oder politicus [!] hinausreichenden tertius usus legis kannte ...") oder technischen (z. B. S. 204: „emotionale Absicherung der Kinder") und paradoxen Begriffen (S. 97: das „aktive Ergriffensein des Menschen").

Fatal für eine Arbeit, die mit nicht-edierten Quellen arbeitet, ist die fehlerhafte oder unbestimmt-ungenaue Interpretation von Zitaten. Das macht auch gegenüber nicht mit Zitaten, sondern nur mit Stellenangaben belegten Aussagen mißtrauisch. Hieran hängt ein großes Stück der Glaubwürdigkeit. Beispiel (S. 211): Heerbrand schreibe die Rolle des Verführers nicht der Frau, sondern dem Mann zu. Das angeführte Zitat aus Heerbrands Predigt von der Keuschheit lautet: Die Männer

> „vermeinen / vnd dafu[e]r von ma[e]niglich gehalten werde[n] / als haben sie jhr ehr nicht verloren / da dargegen ein armes Meydlin / wan[n] es sich einmal vbersicht / vnd etwa von solchen ehrlose[n] Leckern mit vilen Verheissungen beredt werden / jhnen zu[o] willfaren / hat sie / wie war / jhr Ehr vnnd Jungfrawschafft verloren [...]".

Heerbrand geht es hier gewiß nicht um die Frage, wer wen verführt, sondern um eine gleiche Sexualmoral bei Frauen und Männern. Drastisch gesagt: Auch ein Mann kann seine Unschuld verlieren. Falsche oder zumindest die Sache nicht treffende Interpretationen finde ich auch S. 242 bei

Anm. 311, S. 194 („Allein durch den Wunsch nach Kindern ist Sexualität in der Ehe legitimiert"), S. 192 (zur Vermittlertätigkeit der Eltern bei der Verheiratung), S. 344 (Speners zurückhaltende Kritik an der Obrigkeit), S. 80 bei Anm. 46, S. 63 Anm. 70 (2. Zitat), S. 220, 222f, 241, 254.

Abschließend muß ich gestehen, daß mich obenstehende Kritik selbst erschreckt. Hat doch die Verfasserin für ihre Arbeit den erstmals verliehenen Johannes-Brenz-Preis erhalten. Ist mir vielleicht doch eine wichtige Erkenntnis des Buches entgangen?

Dreieich — Markus Matthias

Brunner, Daniel L.: Halle Pietists in England. Anthony William Boehm and the Society for Promoting Christian Knowledge (Arbeiten zur Geschichte des Pietismus, Bd. 29). Göttingen, Vandenhoeck & Ruprecht, 1993. 271 S.

Der Verfasser dieses Buches ist Pfarrer an einer lutherischen Gemeinde in Beaverton, Oregon (USA). Er hat mit seiner Arbeit 1988 den Grad eines Doktors der Philosophie (D. Phil.) an der Universität von Oxford erworben. 1990 veröffentlichte er die Dissertation als Computerausdruck, nun ist sie als Buch erschienen. Die ursprüngliche Dissertation ist für die Veröffentlichung von 1990 nur geringfügig überarbeitet worden; das Buch ist, wie ein Vergleich zeigt, mit der Veröffentlichung von 1990 identisch.

Im Vorwort berichtet der Verfasser davon, daß er es zeitweise als schwierig empfunden habe, das sperrige Quellenmaterial, verborgene Korrespondenz und Verwaltungsdetails, in eine farbige historische Darstellung zu fassen. Die aufgewendete Mühe hat sich aber gelohnt. Das Buch ist gut lesbar und nimmt den Leser durch seinen interessanten Inhalt und die weiterführenden Forschungsergebnisse gefangen. Freilich wirkt sich das verschiedenartige und thematisch weit gefächerte Quellenmaterial auch auf die Gliederung der Darstellung aus.

Brunner stellt sich für seine Untersuchung vier Ziele: Er will einmal die deutsche und die englische kirchengeschichtliche Forschung zusammenführen, um die religiöse Situation Englands an der Wende vom 17. zum 18. Jahrhundert deutlicher erfassen zu können. Dazu sieht er es zweitens als nötig an, den Einfluß des hallischen Pietismus in England, besonders in seiner Vermittlung durch Anton Wilhelm Böhme, herauszuarbeiten, um an seinem Beispiel sowohl die Hauptthemen des hallischen Pietismus zu erkennen, als auch eine nichtanglikanische Sicht auf die englische Kirche zu gewinnen. Drittens will er zu einer vertieften Erkenntnis der Society for Promoting Christian Knowledge in den ersten vier Jahrzehnten ihres Bestehens führen. Und schließlich beabsichtigt er viertens, einen kurzen Vergleich lutherischer und anglikanischer Frömmigkeit und Theologie, speziell ihrer Ekklesiologie, zu liefern, weil er in diesen Themen Elemente des modernen lutherisch-anglikanischen Dialogs angesprochen sieht (S. 12f.). An dieser Stelle zeigt sich das Erkenntnisinteresse des lutherischen Theologen, dessen Lebenskontext auch durch den Anglikanismus geprägt ist.

Die Vielzahl der Fragestellungen sowie die Fülle und weite Streuung des Quellenmaterials hinsichtlich seiner geographischen Herkunft und seiner thematischen Bezüge führen den Verfasser bei der Suche nach einer angemessenen Darstellungsform zu der Lösung, das Thema in acht Schwerpunkten oder Problemfeldern zu behandeln, die jeweils ein Kapitel bilden. In allen Kapiteln versucht Brunner, zu weiterführenden, präziseren Erkenntnissen zu gelangen. Kapitel 1 beschreibt kurz die anglikanischen Voluntary Societies, insbesondere die Society for Promoting Christian Knowledge, sowie den Pietismus, insbesondere den hallischen Pietismus, und die Begegnung beider Bewegungen, hauptsächlich durch den Einsatz Heinrich Wilhelm Ludolfs und A. W. Böhmes. Der englische und der deutsche Hintergrund kommen dabei in den Blick, und es wird deutlich, daß das Verdienst um die Fortführung der deutsch-englischen Beziehungen nicht bei A. H. Francke lag, sondern bei seinen Schülern und Freunden in England (S. 47f.)

So soll Kapitel 2 folgerichtig die hallischen Pietisten und ihre Wirksamkeit in England darstellen. Das geschieht unter dem Gesichtspunkt ihrer seelsorgerlichen Tätigkeit an den Deutschen in England und Amerika. Es ist ein weites Feld, das sich hier auftut, weil sowohl das Wirken der deutschen Pastoren an den deutschen evangelischen Kirchen in England, ihr Eingang und Einfluß am Hofe und ihre Einbindung in die politischen und konfessionellen Fragen behandelt werden als auch ihre Sorge für die deutschen Einwanderer (Pfälzer) und die lutherischen Gemeinden in Amerika. Brunner urteilt, daß die Bedeutung der lutherischen Pfarrer in London für die jungen deutsch-lutherischen Kirchen in Amerika bisher viel zu sehr unterschätzt worden ist (S. 69f).

Die Bedeutung des hallischen Waisenhauses für die Charity School Bewegung ist das Thema des Kapitels 3. Hier will Brunner aufgrund umfangreicher Quellenstudien deutlich machen, daß die Charity School Bewegung sich ohne den hallischen Einfluß nicht so entwickelt hätte, wie sie es tat (S. 71), und er betont Franckes Interesse, über die Armenschul-Bewegung in England „seine eigenen Einrichtungen und Ideen“ auszubreiten (S. 74). Eine wichtige Vermittlungsrolle hatte in diesem Zusammenhang A. W. Böhme durch Übersetzung der „Fußstapfen“ Franckes ins Englische (Pietas Halensis, 1705). Dadurch wurde das hallische Armen- und Schulwesen in England weiter bekannt und führte zu einem wichtigen Austausch zwischen Deutschland und England. Besondere Einflüsse Halles auf die englische Armenschul-Bewegung sieht Brunner in der Zielbestimmung des Unterrichts, in der Lehrerausbildung und in der Beförderung von Subskriptionen als Finanzierungsmethode (S. 93–99).

Kapitel 4 schildert den Einsatz der Society for Promoting Christian Knowledge für die Ostindien-Mission, d. h. die Zusammenarbeit und die Differenzen zwischen Kopenhagen, Halle und London in der Missionsarbeit in Tranquebar. Wieder war es A. W. Böhme, der die Tranquebarmission in England bekannt machte und damit das erste „ökumenische Dreieck" konstituierte. Brunners Interesse in diesem Zusammenhang gilt hauptsächlich der Rolle A. W. Böhmes, den Verzweigungen der Mission innerhalb der Society und dem Vergleich der verschiedenen ökumenischen und theologischen Grundhaltungen der Society und Halles (S. 101).

Kapitel 5 nimmt mit dem Thema „Druck und Verteilung christlicher Literatur" ein weiteres Feld spezifischer Aktivitäten der Society for Promoting Christian Knowledge und der hallischen Pietisten auf und versucht, die Besonderheiten beider und den Austausch untereinander zu charakterisieren (S. 129). Dadurch wird ein kleiner Ausschnitt deutsch-englischer Buchgeschichte mit interessanten Einblicken eröffnet.

In Kapitel 6 macht Brunner andere, England überschreitende Aktivitäten der Society for Promoting Christian Knowledge zum Thema und behandelt ihren Einsatz im Vorderen Orient (Psalter und Neues Testament in Arabisch) und in der Neuen Welt unter den Salzburger Emigranten in Georgia. Neben vielen Details, die er darlegt, weist Brunner auch hier darauf hin, daß alle größeren Projekte, an denen die Society sich außerhalb Englands beteiligte, direkt durch hallische Pietisten begonnen worden sind (S. 176).

Da zu beobachten ist, daß nach der Emigration der Salzburger die Society und Halle kein gemeinsames Werk mehr begannen, stellt sich die Frage nach den Gründen für Aufbruch und Niedergang ihrer Verbindungen. Ihr wendet sich Brunner in Kapitel 7 zu. Er zählt viele Gründe für das Zusammengehen der Society mit den Hallensern auf (S. 180ff.), den wichtigsten sieht er aber in den persönlichen Beziehungen, die H. W. Ludolf und A. W. Böhme als Vertreter eines allgemeinen, transkonfessionellen Christentums mit führenden Persönlichkeiten der Society verbanden (S. 185). Für den Niedergang der Verbindungen spielte der Wechsel in den Führungsequipen in London und Halle eine große Rolle. Aber es fallen auch viele andere Stichworte: Der hallische Pietismus gewinnt mehr konfessionelle Züge, der Nationalismus trocknet die emotionale Frische des Pietismus aus, die internationale Perspektive des älteren Francke verliert durch die Verbindung Halles mit Brandenburg-Preußen an Bedeutung (S. 195); und auf der anderen Seite verlieren die Laien in der Society for Promoting Christian Knowledge an Einfluß, wodurch die Society stärker an die etablierte Kirche herangeführt wird (S. 192). Dies alles und noch mehr wägt Brunner gegeneinander ab und kommt schließlich zu dem Schluß (S. 196): „The SPCK did not cool to Halle Pietism *per se*; it was the decline of Halle, and the increasing insularity on both sides of the Channel, together with the more conservative, official character of the SPCK which prevented any new ventures from forthcoming."

Die Probleme des vorangehenden Kapitels werden in Kapitel 8 unter dem Thema „Vergleich des Anglikanismus mit dem lutherischen Pietismus" weiter behandelt, denn neben den äußeren Bedingungen haben natürlich die strukturellen, in der Theologie begründeten Charakteristika das Verhältnis beider Bewegungen zueinander bestimmt. Brunner kommt zu dem Ergebnis (S. 207): „The interaction between Pietism and Anglicanism centred on praxis and mission rather than theology and doctrine."

Hier konnte auf die Fülle der vermittelten Informationen und anregenden Schlußfolgerungen nur andeutungsweise hingewiesen werden. Das Buch ist viel reicher, als in einer Besprechung gezeigt werden kann. Seine wissenschaftliche Bedeutung liegt darin, daß die gestellten Ziele auf breiter Quellengrundlage und genauer Kenntnis des Forschungsstandes bearbeitet werden. Da z. T. Quellen benutzt werden, die im Fragehorizont des Themas bisher nicht ausgewertet worden sind, bietet Brunners Arbeit immer wieder interessante Einblicke und insgesamt eine überzeugende Darstellung der deutsch-englischen religiösen Beziehungen im frühen 18. Jahrhundert. Der verbindende Schritt zwischen der englischen und der deutschen Kirchengeschichtsschreibung ist an diesem Beispiel geglückt.

Halle (Saale) — Arno Sames

Ward, W. R.: The Protestant Evangelical Awakening, Cambridge, Cambridge University Press, 1992. XVIII, 370 S.

Dieses Buch beschreitet einen neuen Weg. Es bricht mit der gängigen Beschreibung der Frömmigkeitsbewegungen im Protestantismus des 17. und 18. Jahrhunderts. Üblicherweise geht deren Darstellung entweder von „Zentren" wie Franckes Halle oder von Einzelpersönlichkeiten wie Jakob Böhme oder John Wesley aus. Auf die Schilderung tragender Elemente folgt dann die Beschreibung von „Wirkung" und „Einflüssen" sowohl auf andere Personen wie auf einzelne Landstriche. W. R. Ward überwindet dieses historiographische Korsett von „Zentrum" und „Peripherie". Statt dessen geht er konsequent vom einzelnen Territorium und von seiner besonderen politischen, sozialen und religiösen Situation aus. Darauf aufbauend, beschreibt er die wechselseitige Durchdringung von protestantischem Erneuerungsstreben und gesellschaftlichem Kontext.

Dieses Verfahren bürgt für eine ganze Reihe überraschender und überzeugender Neueinsichten. Aufs Ganze gesehen gibt es dem Bild des Protestantismus mehr Farbe und Tiefenschärfe. Der Nachteil liegt auf der Hand. Die großen Linien werden nur schwer sichtbar, und was nun das „Protestant Evangelical Awakening" in religiöser Hinsicht konstituiert und insofern von vorausgehenden oder nachfolgenden ähnlich gelagerten Bewegungen, wie Reformation oder Erweckung, unterscheidet, wird nicht recht deutlich. Der Versuch einer Gesamtschau stellt allerdings vor kaum lösbare Probleme. Schon die Terminologie bringt dies an den Tag. Für die englischen Begriffe „revival" oder „awakening" kennt die deutsche Sprache weder im 18. Jahrhundert noch heute entsprechende Ausdrücke. Das Wort „evangelikal" ist nicht weniger mißverständlich, und „pietistisch" deckt kaum das ab, was Ward in seinem Buch behandelt.

Der geographische Rahmen ist weit gespannt. Zur Sprache kommen die Erweckung unter schwedischen Kriegsgefangenen hinter dem Ural ebenso wie die Arndtdrucke im Kärntner Gailtal; behandelt werden die konfessionellen Konflikte in Schlesien wie der Labadismus in den Niederlanden; der Pietismus in Bern wird erläutert und auch dessen Unterdrückung in Bremen; man erfährt Einzelheiten über das Revival im neuenglischen Northampton und in den schottischen Highlands. Das Schwergewicht liegt bei Schlesien, Nordwestdeutschland, dem Niederrheingebiet, Grossbritannien und bei den nordamerikanischen Kolonien.

Die große Disparatheit des Materials bewältigt Ward dadurch, daß er sich bei seiner Darstellung von zwei Tendenzen leiten läßt. Zum einen pflegt er zwischen den verschiedenen Phänomenen zu vergleichen. Zum anderen stellt er bei den einzelnen Abschnitten ähnliche Fragen. Sie sind in der Regel durch die Sozialgeschichtsforschung inspiriert und umfassen etwa Themen wie: Verfolgung und Toleranz, Staatwerdung und Religion, Emigration und „revival" (S. 160). Ich widerstehe der Versuchung, einen Griff in die Sammlung meiner Lesefrüchte zu tun. Der Reichtum von Wards Beobachtungen ließe sich doch nicht illustrieren. Zwei zusammenfassende Bemerkungen mögen genügen.

Wie erwähnt treten die durchgehenden Linien in Wards Darstellung zurück. Erst auf den zweiten Blick wird doch ein roter Faden sichtbar. Obwohl der Verfasser generalisierende Äußerungen scheut, läßt er doch deutlich werden, daß in allen Gebieten eine Bedingung zur Auslösung eines religiösen Neuaufbruchs erfüllt sein mußte. Überall stand am Beginn eine tatsächliche oder vermeintliche Bedrängung des absolutistischen Staates, die als religionsgefährdend erfahren wurde. Die religiösen Aufbrüche wollten der identitätsbedrohenden Erfahrung von Nivellierung und Assimilierung begegnen. Aus keinem anderen singulären Ereignis dieser Epoche schöpften die Frommen größeren Mut als aus der Glaubensstärke der 1731/1732 vertriebenen Salzburger. Diese einfachen Leute schienen nämlich zu beweisen, daß auch ohne Kirche und ohne Pfarrer Religion gelebt und weitergegeben werden könne. Grundlegend für eine solche Weitergabe war keineswegs „das" Buch, sondern die Familie oder die Sippe (S. 113). Sie werden zum

„Träger" von Religion. Insofern kündigt sich eine Trennung von religiösem und kirchlichem Leben an.

Ward schreibt mit Temperament und mit Humor, zwar in einem keineswegs immer leicht zugänglichen Englisch, aber auf jeder Seite anregend und wohl dokumentiert. Die Auseinandersetzung mit ihm lohnt.

Basel

Ulrich Gäbler

Die Bibelsammlung der Württembergischen Landesbibliothek Stuttgart, 2. Abteilung, Bd. 2. 1. Teil: Deutsche Bibeldrucke 1601–1700; 2. Teil: Deutsche Bibeldrucke 1701–1800; 3. Teil: Anhang. Beschrieben von *Stefan Strohm* unter Mitarbeit von *Peter Amelung* u. a. Stuttgart-Bad Cannstatt, fromann-holzboog, 1993. 1394 S.

Die Württembergische Landesbibliothek Stuttgart besitzt eine der größten und vollständigsten Bibelsammlungen in Europa, zustandegekommen durch den Erwerb der Sammlungen des Pfarrers Josias Lorck, Kopenhagen (1784) und des Pfarrers Georg Wilhelm Panzer, Nürnberg (1786), sowie von Säkularisationsgut. Überdies wurde sie bis in die Gegenwart ständig ergänzt. Seit 1984 erscheint die moderne Verzeichnung dieser Sammlung durch den Theologen Stefan Strohm u. a., von der hier der aus drei Teilen bestehende zweite Band der Abteilung Deutsche Bibeldrucke angezeigt wird, weil er nicht zuletzt die deutschen Bibeleditionen des Pietismus und damit eine von dessen gewichtigsten theologischen Leistungen in großer Vollständigkeit dokumentiert.

Die Verzeichnung bietet zunächst eine präzise Aufnahme des Titels und des Umfangs des Drucks. Es wird gegebenenfalls unterschieden zwischen Verleger und Drucker. Herausgeber und Veranlasser werden genannt. Bei den deutschen Bibeln muß der Übersetzer ausgewiesen werden. Zumeist ist dies Luther; aber mit der Frage, welche Vorlage benutzt wurde, öffnet sich ein weites Feld der Verbreitungsgeschichte der Bibel. Der versierte Bearbeiter versteht es, die Eigentümlichkeiten der Übersetzung und Textformen der einzelnen Drucke rationell vorzuführen. Der Umfang der Ausgaben und die Reihenfolge der biblischen Bücher müssen jeweils angegeben werden. Ein gewiß noch nicht zureichend erschlossenes Gebiet sind die Widmungsvorreden, die wichtige Beziehungsgeflechte erkennen lassen. Davon unterschieden wird der ganze Komplex sonstiger Vorreden und Nachworte, der von der Forschung keineswegs zureichend aufgearbeitet sein dürfte. Verwandt mit den Vorreden sind die Argumenta zu einzelnen biblischen Büchern. Zur Ausstattung von Bibeln können ferner Summarien, Marginalien, Kommentare und verschiedene Indices, gelegentlich sogar textkritische Apparate gehören. Nicht selten sind diese Stücke wieder besonderen Familien zuzuordnen. Wo möglich, werden die Bearbeiter namhaft gemacht. Eigens ausgewiesen werden die Druckprivilegien. Gesonderte Beachtung finden die Illustrationen samt den Künstlern. Abgebildete nichtbiblische Personen werden eigens aufgeführt. Ausdrücklich nachgewiesen werden auch Zutaten fremder Texte wie Lieder, Gesangbücher, Gebete, Katechismen und Bekenntnisse. Vom Aspekt der Benutzung her ist auffällig, wie häufig Bibel und Gesangbuch in einer Ausgabe vereinigt waren. Nicht vergessen ist die Beschreibung der Einbände, und schließlich werden noch die Vorbesitzer registriert.

Mit all dem wird der Forschung reiches Material offeriert. Zudem lassen sich selbst Bibeln, die nicht in der Württembergischen Landesbibliothek vorhanden sind, zumindest eingrenzend bestimmen. Einige charakteristische, einflußreiche oder sonst interessante Editionen seien ausdrücklich genannt. Von 1617 an sind die Ausgaben der Gebrüder Stern, Lüneburg, vorhanden. Lazarus Zetzners Erben, Straßburg, hatten in ihrem theologisch auffallenden Programm nicht nur J. V. Andreae, sondern auch Bibeln, darunter die Merian-Bibel von 1625. Auch der wegen Vertriebs heterodoxer Bücher verurteilte Tübinger Drucker Eberhard Wild hat von 1627 an Bibeln herausgegeben, die möglicherweise J. V. Andreae betreut hat. Eines der bedeutenden Produkte des Nürnberger Buchdrucks (Endter) ist die Kurfürstenbibel ab 1641, veranlaßt durch Herzog Ernst den Frommen. Heinrich Ammersbach, Halberstadt (1666), Johann Fischer, Riga (1677), und Johann Ludwig Hartmann, Rothenburg o.T. (1681), sowie Johann Kaspar Sandhagen, Lüneburg (1683), haben sich auch als Herausgeber von Bibeln betätigt. Speners Frankfurter Verleger Johann David Zunner brachte ab 1687 auch Bibeln heraus. Spener selbst tritt erst 1694 mit einer Vorrede zum Neuen Testament in Erscheinung. Selbstverständlich manifestiert sich ab 1690 die große Bedeutung der Stader Bibel Johannes Dieckmanns. Man begegnet der Übersetzung von Johann Henrich Reitz (1703). Aus dem Jahre 1704 liegen die Revisionsversuche für die Luther-Übersetzung von Johann Reinhard Hedinger vor. Im selben Jahr brachte auch Heinrich Georg Neuß eine Bibel für Wernigerode heraus. 1710 setzen die Lemgoer Ausgaben ein, die A.H. Franckes Unterricht, die Heilige Schrift erbaulich zu lesen, enthalten, aber in ihrer wörtlichen Revision eigene Wege gehen. Zu einem einflußreichen Standardtext sind ab 1713 die Halleschen Ausgaben der Cansteinischen Bibelanstalt geworden. Die Mindener Ausgaben ab 1718 enthalten eine Vorrede von Johann Franz Buddeus. Aus dem radikalen Pietismus seien die Marburger Mystische und Profetische Bibel von 1712, die Berleburger Bibel (1726–1742) und die Neuen Testamente Johann Kaysers von 1733 an genannt. 1727 setzen die Herrnhuter Ausgaben ein, 1753 Johann Albrecht Bengels Neues Testament. Auch die Ausgaben der kleineren württembergischen Pietisten sind vorhanden. Aus der exemplarischen Auswahl dürfte sichtbar werden, daß sich in der Stuttgarter Sammlung über die Geschichte der gedruckten Bibel hervorragend forschen läßt und daß der Katalog dabei eine wertvolle Anleitung bietet.

Der dritte Teil stellt dazu noch besondere Hilfsmittel bereit. Wie schon im 1. Band der 2. Abteilung werden aus den Summarien jeweils die zu ausgewählten Psalmen und zum Römerbrief angeführt. Damit lassen sich bestimmte Bibelausgaben einordnen. Gleichzeitig erhält man einen Eindruck von der Fülle und der Eigenart der Summarien sowie ihrer Wirkung. Bei Leonhard Hütters Psalmensummarien erwartet man einen Hinweis auf die Benutzung von Luthers Summarien. Unter den Autoren begegnet beispielsweise auch J. V. Andreae. Der größte Erfolg war von 1630 an den Zusammenfassungen des nicht weiter bekannten Benedikt Groß (Straßburg?) nicht zuletzt über die Canstein-Bibeln beschieden. Ein wertvolles Hilfsmittel für die Bestimmung und Charakterisierung von Lutherbibeln ist ferner das Lesartenverzeichnis, das auch die Glossen berücksichtigt. Die Einleitung beschreibt u. a., wie in bestimmten Ausgaben geändert worden ist. An den Wörtern Sünde(n) und Werk(e) des Gesetzes wird die Oszillation der Orthographie eindrücklich demonstriert.

Der Katalog macht einen imposanten Quellenbestand zugänglich. Eine Auswertung wäre eine Grenzüberschreitung des Beschreibers, obwohl dieser sichtlich über außerordentliche Kompetenz auf seinem Feld verfügt. Lediglich in der Einleitung (IX–XXXVI) gibt er an einem Punkt zu erkennen, daß sich sein Geschäft wesentlich über die Registrierung hinaus erstreckt. Er präsentiert sich als hochreflektierter Experte in Sachen Revision der Lutherbibel, die bekanntlich vor einem Jahrzehnt mühsam eine neue Station erreicht hat. Die wissenschaftliche Argumentation und Behauptungen der Forschung über die Bibelrevisionen des Pietismus werden dabei erheblich relativiert, indem das widersprüchliche Vorgehen der einstigen Revisoren durchsichtig gemacht wird, das sich an manchen Stellen bis heute auswirkt. Hinsichtlich des Urtextbezugs, unverstandener deutscher Wörter, der Distinktheit und des orthographischen Wandels bestehen auch in der letzten Revision nach wie vor Probleme fort, wie an luziden Beispielen demonstriert wird, ohne daß in allen Fällen auch eine Lösung angeboten wird. Es wäre gut, wenn dieses aus größter Quellennähe resultierende Problembewußtsein erhalten bleiben würde.

Münster/Westf. Martin Brecht

Bél, Mátyás: Bél Mátyás levelezése. Sajtó alá rendezte *Szelestei N. László* (Commercia litteraria eruditorum Hungariae III). Budapest, Balassi kiadó, 1993. 686 S. [Korrespondenz von Matthias Bél, hg. v. Nagy László Szelestei].

Matthias Bél war ohne Zweifel die erfolgreichste und wichtigste Gestalt jener Bestrebungen im Karpatenbecken, die zum Großteil dazu beitrugen, daß der hallische Pietismus Fuß faßte und gleichzeitig echte frühaufklärerische Bestrebungen verwirklicht wurden. Für die Erschließung und Bewertung seiner gesamten Tätigkeit wäre eine zusammenfassende Darstellung der Publikationen slowakischer und ungarischer Forscher angezeigt und nutzbringend. Jetzt aber möchten wir uns darauf beschränken, auf einen unlängst erschienenen und als Quelle außerordentlich bedeutsamen Band aufmerksam zu machen.

Lassen Sie uns unseren einzigen Einwand vorausschicken: Diese imposante Sammlung enthält fast ausschließlich lateinische und deutschsprachige Briefe und Dokumente (mit den in den Anmerkungen publizierten Schriften zusammen etwa 1000 Stück), jedoch ohne jede Orientierungshilfe für einen Interessenten, der die ungarische Sprache nicht beherrscht. Selbst ein Resümee in irgendeiner Weltsprache fehlt. So scheint es daher nicht unnütz zu sein, in dieser Buchbesprechung ein längeres Zitat aus dem Vorwort des Herausgebers über die Sammlung und Publikation der Bél-Korrespondenz in deutscher Übersetzung zu bieten:

> „Matthias Bél (1684–1749) kehrte 1708 aus Halle in seine Heimat zurück. Einige Jahre war er in Bistritz, ab 1714 in Preßburg als Schulmeister bzw. Seelsorger der deutschen Gemeinde tätig. Er gab in fünf Sprachen Schulbücher, Bibelübersetzungen und Frömmigkeitsliteratur heraus. Über dreieinhalb Jahrzehnte hindurch erforschte er die Vergangenheit und die Gegenwart seiner Heimat. Besonders für diese warb er Mitarbeiter, und mit ihrer Hilfe publizierte er Komitatsbeschreibungen und historische Quellen ... Uns gelang es nur, einem Bruchteil seiner Korrespondenz auf die Spur zu kommen. Wir wissen über einen regen Briefwechsel mit fast einem halben Dutzend Zeitgenossen (Christoph Matthäus Pfaff, Daniel Ernst Jablonski, Sámuel Köleséri d. J., Daniel Burius, Georg Buchholtz d. J.), ohne über die Briefe an und von Bél selbst zu verfügen.
>
> Bereits Bél trug sich mit dem Gedanken, seine Korrespondenz herauszugeben, und so entstand sein Epistolarium von 191 Briefen. Alle anderen Briefe der vorliegenden Sammlung stammen aus Familienarchiven und Spezialsammlungen der heutigen Slowakei bzw. Ungarn, bis auf einige aus der sog. Ungarischen Bibliothek der ULB Halle. Neben den Privatbriefen enthält dieser Band auch als offizielle Dokumente zu betrachtende Schriften, wie z. B. Projektplanungen zu den Komitatsbeschreibungen".

Bereits die Hinweise auf die Komitatsbeschreibungen und ähnliche Dokumente machen uns darauf aufmerksam, daß das vorliegende Material der Bél-Korrespondenz die Pietismus-Forschung im engeren Sinne bezüglich der Proportionen enttäuschen könnte: Im Vergleich mit den die ungarische geographische und historische Sammelarbeit widerspiegelnden Schriften wird die Frömmigkeitsbewegung eigentlich recht spärlich behandelt. Gerade deshalb verdienen *diese* Stücke des Bandes seitens der deutschen Forschung besondere Aufmerksamkeit, denn es scheint möglich, daß die besten Kenner der ausländischen, vor allem der Halleschen Handschriften und Archivalien dabei behilflich sein könnten, die nach Halle führenden Fäden zu entwirren. Eine elementare, technische Vorbedingung dafür wäre aber eine baldige Neuausgabe der Bél-Korrespondenz, bei der die Anmerkungen und die Register auch für den ausländischen, d.h. die ungarische Sprache und Geschichte weniger beherrschenden Interessenten zugänglich wären.

Gewiß wird eine solche Zusammenarbeit auch für die Aufarbeitung von Quellen, die über die Bél-Korrespondenz hinaus die Rolle Béls und seiner Zeitgenossen erhellen, nötig und nützlich sein. Einerseits denken wir hier an eine andere grundlegende Arbeit des Herausgebers, den Katalog der Bél-Manuskripte (László Szelestei Nagy: Bél Mátyás kéziratos hagyatékának katalógusa, Budapest, 1984), andererseits an die Reihe Commercia litteraria eruditorum Hungariae, deren Band III hier zur Rezension vorliegt. Diese Veröffentlichungen versprechen Projekte, die in Zukunft die kulturellen Tendenzen der 1720er und 1730er Jahre im Karpatenbecken untersuchen, deren wichtigste Zielsetzung es war, die Region in den Kreislauf der europäischen Wissenschaft und Literatur einzubinden. Um ein einziges Beispiel zu nennen: Die in naher Zukunft erscheinende Publikation der wissenschaftlichen Korrespondenz von Sámuel Köleséri breitet den Wirkungskreis der Wissenschaftsorganisation mit dem Zentrum in Preßburg in beachtlichem Maße aus: in Richtung Siebenbürgens und sogar nach Moldavien.

Szeged — Bálint Keserü

Ackva, Friedhelm: Johann Jakob Heß (1741–1828) und seine Biblische Geschichte. Leben und Werk des Zürcher Antistes (Basler und Berner Studien zur historischen und systematischen Theologie, Bd. 63). Frankfurt a. M., New York u. a., Peter Lang, 1992. 345 S.

Mit dieser Monographie hat Johann Jakob Heß (1741–1828), einer der „lesenswürdigsten religiosen Schriftsteller“ (Lavater, Physiognomische Fragmente, 3. Bd., Leipzig und Winterthur 1777, S. 248) und jahrzehntelanger Antistes der Zürcher Kirche, endlich seine erste wissenschaftliche Darstellung gefunden. In einem einleitenden Kapitel über „Forschungsgeschichte und Arbeitsvorhaben“ (S. 9–22) konstatiert Friedhelm Ackva mit Recht, daß eine ausführliche Heß-Biographie bislang ebenso fehlt wie eine Untersuchung über sein literarisches Werk. Er kann jedoch auf einige recht divergierende theologiegeschichtliche bzw. systematisch-theologische Urteile über Heß hinweisen: Die theologiegeschichtlichen Kategorisierungen reichen von Franz Delitzsch, der Heß den gemäßigten Aufklärern zuordnete, über Gottlob Schrenk, der Heß als „entscheidendes Bindeglied zwischen der coccejanischen Föderaltheologie und der heilsgeschichtlichen Schule des 19. Jahrhunderts" (S. 15f.) ansah, und Paul Wernles Urteil über Heß als „erste[n] Reichgottestheologe[n]" (S. 17) in der Schweiz bis hin zu Emanuel Hirsch. Für diesen war Heß – wie Lavater – ein „frommer Außenseiter" (S. 20), dessen theologische Kenntnisse und Einsichten die Höhe seiner Zeit nicht erreichten und der deshalb auch keine größere Wirkungsgeschichte erlangt hat.

Angesichts dieser Forschungslage stellt sich Ackva die Aufgabe, das schriftstellerische und kirchenleitende Werk von Heß als eines „Heilsgeschichtler[s] des 18. Jahrhunderts" (S. 13) unter Beachtung des biographischen, theologie- und philosophiegeschichtlichen Kontextes zu untersuchen und seiner Wirkungsgeschichte nachzugehen.

Methodisch folgerichtig wird zunächst (Kap. 2) unter Einzeichnung der wichtigsten biographischen Daten aufgezeigt, welchen frömmigkeitsgeschichtlichen, philosophischen und theologischen Strömungen Heß während seiner Jugend und seines Theologiestudiums am Collegium Carolinum in Zürich begegnet ist. Dabei wird deutlich, in welch erstaunlichem Umfang Aufklärungsliteratur hier während der ersten Hälfte des 18. Jahrhunderts verbreitet war und wie nachhaltig Heß von der gemäßigten, auf der Leibniz-Wolffschen Schulphilosophie basierenden Aufklärungstheologie geprägt wurde. Darüber hinaus geht Ackva auch auf die Literatur ein, die Heß während seiner vieljährigen Exspektantenzeit bis zu seiner Wahl als Diakon am Fraunmünster (1777) und als Pfarrer am Großmünster bzw. als Antistes der Zürcher Kirche (1795) gelesen hat. Lektüreschwerpunkt bildeten demnach eindeutig englische antideistische Werke (u. a. von Squire, Lardner, West und Sherlock), während die französische Aufklärungsliteratur von ihm kaum zur Kenntnis genommen wurde. Aber auch die Werke deutscher Aufklärer hat Heß offensichtlich nur eklektizistisch und letztlich ohne systematische Auseinandersetzung wahrgenommen.

Nach dieser historischen und theologiegeschichtlichen Grundierung wendet sich der Verfasser erstens der Untersuchung des umfangreichen literarischen Werkes von Heß zu. Er beginnt dabei mit den ersten beiden Teilen der „Geschichte der drey lezten Lebensjahre Jesu" (1768). Mit dem methodischen Rüstzeug seiner Lehrer Bodmer und Breitinger versehen, ging es Heß darum, Reden und Tun Jesu Christi mittels der „pragmatischen Geschichtsschreibung", also unter Einbeziehung von Geschichte und Geographie, von Kultur und psychologischen Konstitutionsbedingungen, darzustellen und zu erklären. Dabei rückte, wie anhand einiger Beispiele gezeigt wird, zwangsläufig der Mensch Jesus als „Individuum in den Mittelpunkt der Betrachtung" (S. 64). Allerdings habe dieser durch Taufe und Proklamation

– quasi als göttliches superadditum zu seinen „guten Charaktereigenschaften“ – die „Bevollmächtigung zum Wundertun und zur Aufrichtung eines neuen Liebesverhältnisses“ (S. 59) zwischen Gott und den Menschen erhalten. Während Heß aber im Sinne der frommen Aufklärungstheologie letzteres akzentuierte, reduzierte er ersteres auf die „außerordentlichen, echten Wunder“, die er „zu dem Wunder der Schöpfung“ (S. 67) rechnete.

Im Jahre 1768/69 kam es nach Ackva bei Heß „zur entscheidenden theologischen Entdeckung“ (Kap. 3, S. 37), nämlich zur Einsicht in die geschichtliche Dimension der „Theokratie“ oder des „Reiches Gottes“. Diesen neuen methodischen Zugang zur biblischen Gesamtgeschichte habe er nicht unter dem Einfluß der coccejanischen Föderaltheologie gewonnen, sondern hierfür die „natürliche Philosophie der Zeit als Erkenntnisinstrumentarium benutzt“ (Kap. 4, S. 77). Diesen weder föderaltheologisch noch christologisch fokussierten Zugriff bezeichnet Ackva als „pragmatisch-heilsgeschichtliche Geschichtsschreibung“, was meines Erachtens sowohl terminologisch als auch theologisch nicht unproblematisch ist. Unter Anwendung dieser neugewonnenen Methode beschäftigte sich Heß nun (Kap. 5) mit der Fortsetzung seiner „Geschichte der drey lezten Lebensjahre Jesu“, mit der redaktionellen Überarbeitung der „Biblischen Erzählungen für die Jugend“ (1772/1774), an denen auch Lavater eifrig mitgearbeitet hatte, und mit dem Entwurf einer biblischen Gesamtgeschichte, die 1774 zweibändig unter dem Titel „Von dem Reiche Gottes. Ein Versuch über die göttlichen Anstalten und Offenbarungen“ erschien. Ackva zeigt, wie Heß in diesem Werk Gottes planvolle Geschichte mit dem „Reiche Gottes“ identifizierte, wobei er dieses anthropologisierte, spiritualisierte und pädagogisierte. Diesem „pragmatisch-heilsgeschichtlichen“ Zugriff auf die biblische Gesamtgeschichte und deren Darstellung sind die orthodoxen Theologen ablehnend begegnet. Dagegen stimmten die Vertreter der Neologie, nicht zuletzt wegen der anthropozentrischen, psychologischen Interpretation, den Arbeiten von Heß weitgehend zu (Kap. 6). Spätaufklärerische Theologen, wie z.B. Johann Gottfried Eichhorn oder Johann Philipp Gabler, die sich der mythischen Auslegung der Bibel verpflichtet fühlten, haben sie entschieden zurückgewiesen. Heßens Beschäftigung mit dieser „mythischen Schule“, auf die Ackva eingeht (Kap. 7), kann wohl schwerlich als „Auseinandersetzung“ bezeichnet werden, da er deren eigentliches Anliegen nicht verstanden hat.

Nach der Darstellung des literarischen Werkes von Heß untersucht Ackva zweitens dessen Wirksamkeit als Antistes. Hierbei wird anhand von vier Fallbeispielen seine Lehraufsicht illustriert, sein ökumenisches Anliegen beleuchtet und sein Interesse an der Bibelverbreitung aufgezeigt. Da seine Amtstätigkeit in eine Zeit großer politischer Umwälzungen fiel (Französische Revolution, Helvetik und Napoleonische Herrschaft), sah er sich aufgrund seines „pragmatisch-heilsgeschichtlichen“ Zuganges zur biblischen Geschichte veranlaßt, hierzu Stellung zu nehmen. Obgleich er auch dem ancien régime nicht kritiklos gegenüberstand, beurteilte er die Französische

Revolution und die sich daraus entwickelnde Herrschaft Napoleons aufgrund der Johannesapokalypse negativ. Allerdings hat sich Heß, wie Ackva überzeugend nachweist, auf „keine Endzeitdatierung festgelegt" (S. 244), obgleich er im Manifest der Heiligen Allianz die von ihm „sehnlich erwartete Theokratie nahezu hergestellt" (S. 248) sah.

Im letzten Teil seiner Monographie geht Ackva noch der Wirkungsgeschichte der „pragmatischen Heilsgeschichte" von Heß nach. Der von Ackva konstatierte Einfluß auf die „Erlanger heilsgeschichtliche Schule" (S. 251) dürfte von ihm formal und material überschätzt worden sein. Heß hat nämlich nachweislich nur direkt auf den reformierten Pfarrer und Professor Christian Krafft eingewirkt und nur indirekt auf Johann Christian K. Hofmann; „die Erlanger heilsgeschichtliche Schule" war aber wesentlich weiter und in sich viel differenzierter. Vor allem ist aber sachlich zu bemerken, daß die Erlanger Theologie – im Gegensatz zu Heß – durch ein christologisch zentriertes Verständnis der Heilsgeschichte gekennzeichnet ist. Dagegen überzeugen Ackvas Nachweise über den Einfluß der Heß-Schriften und ihrer Reich-Gottes-Idee auf die katholische Reich-Gottes-Theologie.

Im ergebnissichernden Schlußkapitel setzt sich Ackva nicht nur kritisch mit Heßens Verständnis der Heiligen Schrift und seiner „Biblischen Geschichte", sondern auch mit dem Theologumenon „Heilsgeschichte" und mit der Konzeption „Offenbarung als Geschichte" des „Pannenberg-Kreises" auseinander. Er kommt zu dem Ergebnis, daß sich die biblische Geschichte Heßens „letztlich als eine philosophische und geschichtstheologische Konstruktion" (S. 273) erweist. Hierfür macht er mit Recht nicht nur exegetische, sondern vor allem auch systematisch-theologische Gründe namhaft.

Friedhelm Ackva kommt also das Verdienst zu, erstmals das Oeuvre von Johann Jakob Heß und dessen Tätigkeit als Antistes der Zürcher Kirche auf solider Quellengrundlage in extenso dargestellt zu haben. Hierbei hat er sich schwerpunktmäßig mit dessen literarischem Werk auseinandergesetzt, zumal dieses bis ins erste Drittel des 19. Jahrhunderts eifrige Leser gefunden hat; dafür bieten auch die zahlreichen Auflagen bzw. Nachdrucke seiner Schriften sowie auch deren Übersetzungen ein Indiz. Da eigentlich seine sämtlichen Arbeiten dem Verständnis der „Biblischen Geschichte" gewidmet sind, hat sich Ackva zu Recht mit dem Methodenproblem befaßt. Obgleich Heßens pastorale Leistung seiner literarischen unzweifelhaft nachzuordnen ist, hätte in dieser Monographie seine Tätigkeit als Antistes doch etwas detaillierter dargestellt werden sollen. Immerhin fiel diese in eine politisch und gesellschaftlich für die Schweiz hochbrisante Zeit, die höchste Anforderungen an ein kirchenleitendes Amt stellte. In diesem Zusammenhang hätte der Verfasser dann auch unter Auswertung des reichen handschriftlichen Heß-Nachlasses (vgl. S. 11, Anm. 5) detaillierter auf den Freundes- und Mitarbeiterkreis von Heß eingehen können und müssen. Diese Anmerkungen sollen aber den Wert dieser Einzelarbeit keineswegs schmälern. Verwiesen sei abschließend auf die sehr sorgfältig erstellte Heß-Bibliographie (S. 286–299). Man wird sie umso dankbarer benutzen, als jedem Werk – neben der Zentralbibliothek Zürich – mindestens ein Besitzstandsnachweis in deutschen bzw. niederländischen Bibliotheken beigefügt ist.

Bamberg

Horst Weigelt

Ünlüdağ, Tânia: Mentalität und Literatur. Zum Zusammenhang von bürgerlichen Weltbildern und christlicher Erziehungsliteratur im 19. Jahrhundert am Beispiel der Wuppertaler Traktate (Schriften des Vereins für Rheinische Kirchengeschichte, Bd. 108). Köln, Rheinland-Verlag 1993. VIII, 431 S.

Von der 1814 gegründeten Wuppertaler Traktatgesellschaft, die es sich zum Ziel setzte, „kleine religiöse Schriften unter der ärmeren Volksklasse zu verbreiten", um „dadurch auf die Wirkung und Belebung des religiösen Sinnes bei dem gemeinen Mann wohlthätig zu wirken", so § 1 der Statuten, wurden bis zum Jahre 1891 insgesamt 699 Traktate publiziert, im Jahresdurchschnitt also knapp 10 Traktate. Dieses Material wurde von Tânia Ünlüdağ in ihrer 1991 von der Bergischen Universität-Gesamthochschule Wuppertal angenommenen Dissertation sorgfältig und gründlich ausgewertet. Es ist freilich schwierig, ihrer Arbeit in einer Rezension gerecht zu werden. Denn neben offensichtlichen Stärken besitzt sie erhebliche Schwächen, die nicht verschwiegen werden können. Gehen wir jedoch der Reihe nach vor.

Wie die Verfasserin einleitend darlegt, versteht sie ihre Arbeit als einen mentalitätsgeschichtlichen Beitrag (S. 20); deshalb scheint es ihr sinnvoll, „das Quellenmaterial dieser Untersuchung im Zusammenhang der theoretischen Überlegungen zu Sprache und Mentalität und Sprechen und Handeln vorzustellen" (S. 21). Resultat dieser Bemühungen sind längere, theoretisch ambitionierte einleitende Abschnitte, in denen die Verfasserin sich zu Fragen der „Mentalitätsgeschichte und Mentalität" äußert, zu „Mentalität und Klasse", zu „Mentalitätsgeschichte als umfassende Kulturgeschichte", zu „Kontextualisierung und Konfrontation" als den „Prinzipien der mentalitätsgeschichtlichen Verfahrensweise" sowie zu „Sprache, Text und Mentalität" und „Regionalgeschichte und Mentalitätsgeschichte". Was sie dabei ausführt, ist zwar alles wohlfundiert, zugleich jedoch umständlich formuliert und, wie mir scheint, nur von begrenztem Wert für die folgenden Untersuchungen. Denn daß sie eine regionalgeschichtliche Arbeit vorlegt, ist ebenso klar wie ihre Absicht, nicht die dichterische Qualität der vielen Traktate zu beschreiben, sondern deren politische Ziele, deren ideologischen Normen, deren moralische Wertungen, kurz: deren Mentalität.

Im zweiten großen Kapitel schildert die Verfasserin die Entstehung der Traktatgesellschaft und in diesem Zusammenhang auch die Bedeutung der Erweckungsbewegung. Auf instruktive Weise schildert sie, wie schon bei der Gründung der Londoner Religious Tract Society im Jahre 1799 religiöse und politisch-moralische Motive zusammenkamen und wie bei der Gründung der Wuppertaler Traktatgesellschaft 1814 religiöse Impulse und – in der Zeit der Befreiungskriege durchaus naheliegend – politische Absichten sich gegenseitig bestärkten. Die Befreiung von Fremdherrschaft und die Befreiung vom Unglauben nennt sie das harmonische Ineinanderfallen von religiösem und profanem Erfahrungsbereich (S. 112ff.). Außerdem legt sie in diesem Kapitel dar, wie von der Erweckungsbewegung „der individuelle Erweckungsakt als Paradigma gesamtgesellschaftlicher Umwälzung" angesehen wurde (168–201). Deutlich arbeitet sie den starken englischen Einfluß heraus, gut die Anfänge der Arbeit jener Wuppertaler, die aufgrund der sie zutiefst bewegenden Erfahrungen nicht mehr „im Stillen" verharren, sondern durch ihre Arbeit einen Beitrag zur Bekehrung ihrer nicht bekehrten Zeitgenossen leisten wollten.

Einige Desiderata seien hier jedoch angemerkt. Gut wäre es auch im Hinblick auf ihre eigenen Zielsetzungen gewesen, wenn die Verfasserin sich auch zur sozialen und ökonomischen Entwicklung in Wuppertal seit 1780/1800 und in diesem Zusammenhang zu Besitz und Vermögen der Initiatoren der Traktatgesellschaft sowie auch zu deren religiösen und politischen Ansichten geäußert hätte. Diese „Gründungsväter" bleiben seltsam blaß. Gut wäre es gewesen, wenn die Verfasserin sich außerdem eingehender mit dem Transfer von einschlägigem Material für Traktate von London nach Wuppertal befaßt hätte: Wer waren die Autoren, wer hat übersetzt, wie wurde übersetzt? Was bedeutete es, wenn bestimmte Aussagen aus dem englischen in den deutschen Kontext transferiert wurden? Fast nichts erfahren wir über die deutschen Autoren: Inwiefern waren diese alle Repräsentanten jener „gründerzeitlichen" Mentalität, die nach Ansicht der Verfasserin das Wuppertal des 19. Jahrhunderts auszeichnete (S. 48ff.). Waren die Traktate, wie es aufgrund der vorliegenden Arbeit scheint, tatsächlich ein einheitliches und somit auch einheitlich zu verstehendes Corpus, oder nicht doch eher ein Konglomerat aus verschiedenen Interessen, deren Hintergrund und Ziele es zu unterscheiden gilt und zu erfassen lohnte? Schon in diesem Kapitel stört, wie die Verfasserin bei bestimmten Beweisführungen Quellenbelege aus verschiedenen Jahrzehnten verwendet, so als ob es zwischen 1814 und 1830 und dann bis 1848, 1870 und weiter kaum eine signifikante Entwicklung gegeben hätte.

Eher beiläufig weist sie darauf hin, daß nach der Revolution 1848/49 viele Traktateschreiber ihre bis dahin eher quietistische Haltung aufgaben und politisch eindeutig Stellung nahmen. Schließlich fehlt schon in diesem Kapitel ein Abschnitt, in dem die Verfasserin darlegt, daß wir in diesen Traktaten mit einer „Eigensprache" konfrontiert werden, mit der Redeweise von „Insidern", mit deren Metaphern, Anspielungen, Zitaten, die teilweise aus der puritanisch-pietistischen Tradition, teilweise auch direkt aus der Bibel entnommen wurden und die Dritten, Außenstehenden, nicht unmittelbar verständlich sind. War diese „Eigensprache" eine Stärke, weil sie deutlich machte, daß es in den Augen der Frommen einen unübersehbaren Unterschied gab zwischen dem „Reich Gottes" und den „Reichen dieser Welt", oder war sie eine Schwäche, weil diejenigen, für die diese Traktate bestimmt waren, diese Sprache möglicherweise nicht wirklich verstanden? Gerne hätte man etwas über die Arbeit der Kolporteure erfahren, über die geographische Verbreitung der Wuppertaler Produkte, über deren Rezeption bei denen, für die sie bestimmt waren, dem einfachen Volk, und bei denen, die diese möglicherweise häufiger „konsumierten", den noch christlich gebundenen Angehörigen der mittleren bürgerlichen Schicht.

Die „Beschreibung von Lebensbereichen", die „Wertung von Verhaltensweisen und Einstellungen" sowie die „Vermittlung von Handlungsmaximen" in den Wuppertaler Traktaten, die die Verfasserin in ihrem großen dritten Kapitel vornimmt, gehört zu den zentralen und besten Stücken ihrer Untersuchung. Zwar stört gelegentlich, daß sie nicht zeigt, daß eine ganze Anzahl von Wertungen und Handlungsmaximen, die sie herausarbeitet, auch schon im älteren Puritanismus und im älteren Pietismus zu finden sind und daß das, was sie feststellt, im Zusammenhang einer längeren und älteren Tradition steht. Wichtiger ist jedoch, daß die Verfasserin in diesem Kapitel, um das Weltbild der frommen Traktatschreiber und das Weltbild jener Nichtbekehrten, denen deren Bemühungen galten, darzustellen, ihre exzellente Kenntnis der von ihr erschlossenen Texte voll einsetzen kann. Scharfsinnige Analysen und anschauliche Zitate ergänzen sich dabei aufs beste und machen dieses Kapitel eigentlich zur Pflichtlektüre für alle, die mehr über die aus der Erweckungsbewegung heraus entstandene Weltsicht der Inneren und der Äußeren Mission wissen wollen. Aus der Bekehrung resultieren bei Arm und Reich Zufriedenheit, Wohlstand, Segen, Lohn im Diesseits und danach. Nichtbekehrte verfallen dagegen dem Alkohol, sind unzufrieden und aufrührerisch; sie verarmen und werden kriminell. Das von einem frommen Hausvater geleitete Haus wird kontrastiert mit dem Wirtshaus als dem Treffpunkt jener, die dem Alkohol und der Sünde verfallen und die dann 1848 selbstverständlich an vorderster Front der Revolutionäre stehen. Wichtig ist die Beobachtung, daß von den Traktatschreibern sowohl die Adligen wie die Proletarier „verbürgerlicht" werden (ein Motiv, das Carl Hinrichs schon vor einer Generation bei August Hermann Francke beobachtet hatte). Richtig sind ihre Ausführungen über die konsequente Desavouierung aller konkurrierenden „Realitätskonzepte", Liberalismus wie Sozialismus gleichermaßen. Höchst aufschlußreich sind ihre Anmerkungen über die Leselisten, von empfohlener guter Literatur und von „schlechter" Literatur, vor der gewarnt wird, wobei zu letzterer neben Voltaire, Paine und

Casanova auch David Friedrich Strauß und Goethe und ganz allgemein „Romane“ zählen (S. 319). Ebenso lassen sich aus den Traktaten höchst instruktive „Tugend“- und „Sünden“-Kataloge zusammenstellen (S. 327).

Ziel des vierten und letzten Abschnitts der vorliegenden Arbeit ist es schließlich, deren Ergebnisse in die „gegenwärtige Bürgertumsdiskussion in der Geschichtswissenschaft“ einzubringen, die „wiederum eng mit den auch für diese Arbeit zentralen Begriffen der Klasse und Kultur als Vergegenständlichung von Mentalität in Dinglichkeit und Verhalten“ zusammenhängen (S. 329). Damit wählt die Verfasserin zur Auswertung ihrer Ergebnisse einen Weg, der sich zwar konsequent an ihr erstes Kapitel anschließt, der aber deshalb besonders problematisch ist, weil bei den Autoren, die sie als Stimmen der „gegenwärtigen Bürgertumsdiskussion“ zitiert, wenig Verständnis für spezifisch religiöse Themen vorhanden ist und weil sie sich dadurch der Möglichkeit beraubt, die Specifica ihrer Arbeit in den Kontext zu stellen, in den diese eigentlich gehören. Um es noch deutlicher zu sagen: Es wäre, wie mir scheint, besser gewesen, wenn die Verfasserin versucht hätte, ihre Ergebnisse nicht im Verhältnis zu den Arbeiten von Jürgen Kocka zum Bürgertum des 19. Jahrhunderts zu diskutieren, sondern im Verhältnis zu den Arbeiten von Ulrich Gäbler zur Erweckungsbewegung. Zwar ist lohnend und lesenswert, wie sich die Verfasserin mit Jürgen Kocka auseinandersetzt; indem sie einen falschen Bezugspunkt wählt, entgehen ihr aber Möglichkeiten der Interpretation, zu denen ein besserer Bezugspunkt (wie z. B. Ulrich Gäbler) sie angeregt hätte. Auch die neuere Literatur über den Fundamentalismus (wie z. B. Martin Riesebrodt) hätte mehr lohnende Anregungen für eine vergleichende Einordnung geboten.

Eine Liste der Wuppertaler Traktate (Nr. 1 – Nr. 699), eine (freilich nicht vollständige, aber doch hilfreiche) Liste karitativer und religiöser Gesellschaften in England (1691–1883) sowie von Traktat- und Schriftvereinen im deutschen Raum (1802–1880), ein Verzeichnis der Gründungsmitglieder der Londoner Religious Tract Society sowie der Wuppertaler Traktatgesellschaft (samt einer sehr lückenhaften Liste der späteren Mitglieder dieser Gesellschaft), eine Chronik der wichtigsten Entscheidungen und Aktivitäten in der Geschichte der Wuppertaler Traktatgesellschaft sowie deren verschiedene Statuten, ein alphabetisches Verzeichnis der Autoren der ausgewerteten Traktate sowie schließlich ein Verzeichnis der eingesehenen Quellen und der einschlägigen älteren und neueren Literatur runden die vorliegende außergewöhnliche Arbeit ab. Deren eigentlicher Ertrag liegt, wie mir scheint, nicht in den „theoretischen“ Teilen, die für die Verfasserin offensichtlich im Zentrum ihres Interesses stehen, sondern in den materialgesättigten Analysen, die sie vorlegt und die ihrer Intention nach ihren theoretischen Aussagen eine gute Fundierung geben sollen.

Göttingen — Hartmut Lehmann

Die Geschichte der Evangelischen Kirche der Union. Hg. im Auftrag der Evangelischen Kirche der Union von *J. F. Gerhard Goeters* und *Joachim Rogge*. Bd. 1: Die Anfänge der Union unter landesherrlichem Kirchenregiment (1817–1850), hg. v. *J. F. Gerhard Goeters* und *Rudolf Mau*. Leipzig, Evangelische Verlagsanstalt, 1992. 457 S. – Bd. 2: Die Verselbständigung der Kirche unter dem königlichen Summepiskopat (1850–1918), hg. v. *Joachim Rogge* und *Gerhard Ruhbach*. Leipzig, Evangelische Verlagsanstalt, 1994. 546 S.

Über das auf drei Bände angelegte Projekt informiert das Vorwort zum ersten Band von J. Rogge. Um dem dringenden Desiderat einer neuen und umfassenden Geschichtsdarstellung der Kirche der (altpreußischen) Union abzuhelfen, wurde bereits in den 60er Jahren ein Arbeitskreis von Kirchenhistorikern konstituiert. Eine Arbeitsgruppe in der damaligen DDR und eine solche in der Bundesrepublik arbeiteten im Auftrag des Rates der Evangelischen Kirche der Union zusammen. Die Darstellung wurde einer größeren Anzahl von Autoren übertragen. Dank intensiver Koordination ist dennoch eine gewisse Geschlossenheit erreicht worden, freilich, wie unter diesen Bedingungen zu erwarten, mit einer eher ausgeglichenen als profilierten Konzeption. Ausdrücklich bemerkt ist, daß sich ein gewisser Überarbeitungsbedarf ergeben kann, nachdem das ehemalige Zentralarchiv der DDR in Merseburg nunmehr allgemein zugänglich ist.

Das Werk bezeichnet sich als „Handbuch", obwohl die einzelnen Darstellungen durchaus lesbar gehalten sind, auch wenn ein historiographischer Wurf nicht möglich war. Den einzelnen Abschnitten sind ausführliche Bibliographien vorangestellt. Am Ende jedes Bandes werden Listen der führenden Amtsträger, ausgewählte Biogramme (aufgrund allgemeiner Nachschlagewerke), Personen-, Orts- und Sachregister geboten. Das Gesamtwerk gliedert sich in lediglich acht große Epochenkapitel, die ihrerseits in abfolgende oder sachlich nebeneinanderstehende Abschnitte geteilt sind. Abgesehen von geringfügigen Überschneidungen wird man diese Disposition des Stoffes als geglückt bezeichnen können. Das Unternehmen insgesamt legt eine Geschichte der größten deutschen Landeskirche im 19. und 20. Jahrhundert vor. Seine Bedeutung liegt damit auf der Hand, denn es gibt an neuen Gesamtdarstellungen oder auch an entsprechender Territorialkirchengeschichtsschreibung wenig Vergleichbares. Aus diesem Grund scheint es auch angebracht zu sein, sich in dieser Zeitschrift zu vergegenwärtigen, welche Bedeutung dem Pietismus in Preußen seit dem 19. Jahrhundert beigemessen wird.

Das erste Kapitel des ersten Bandes beschreibt die Vorgeschichte und Voraussetzungen der Union. Beherrschend sind dabei die starke Prägung der preußischen Landeskirche durch die Aufklärung und die Rolle des Königs im Kirchenregiment. Andere Impulse sind bei der Reformdiskussion während der napoleonischen Kriege eigentlich nicht vorhanden. Das 2.

Kapitel schildert „Die Entstehung der Evangelischen Landeskirche unter Friedrich Wilhelm III. (1817–1840)". Für den Außenstehenden ist auffällig, wie stark beim Zustandekommen der Union das Bekenntnis aus politischer und theologischer Opportunität relativiert wird. Dies gilt auch für Schleiermacher. Die Einführung von Synoden wurde vom König in der Reaktionszeit aus antidemokratischen Aversionen sistiert. Umgekehrt stieß die Einführung der Unionsagende des Königs auf nicht geringen Widerstand, nicht zuletzt in den beiden westlichen Provinzen. An dieser Stelle wird zunächst auf die Erweckungsbewegung eingegangen. Die Betrachtungsweise setzt sehr allgemein an, benennt aber dann die regionalen Zentren. Die Einschätzung des Gewichts der Erweckungsbewegung bleibt vage. Dies mag jedoch mit daran liegen, daß die Frömmigkeitsgeschichte, zumal in ihrer regionalen Verschiedenheit, in der ganzen Darstellung nicht sonderlich stark berücksichtigt ist und daß, von markanten Ausnahmen abgesehen, eine teilweise auch sachlich bedingte Konzentration auf die Hauptstadt sowie einige wenige andere Plätze stattfindet. Der anfangs an den preußischen Universitäten noch herrschende Rationalismus wird, ausgehend von Schleiermacher, durch eine Vermittlungs- und Unionstheologie abgelöst, die den Bedürfnissen der neuen Landeskirche erstaunlich angemessen erscheint und deshalb auch später ihre Entsprechung hat; hingegen endet der theologische Hegelianismus im Fiasko. Die lutherische Separation in Schlesien (1834) und darüber hinaus wird offen „zu den dunkelsten und zugleich interessantesten Kapiteln in der Geschichte der preußischen Union" gerechnet. Die gewaltsame Kirchenpolitik der Regierung verstieß hier gegen hergebrachte Maximen; außerdem stellte sich die Frage nach dem Bekenntnis in aller Schärfe. Die Entstehung einer lutherischen Kirche neben der unierten wird als unvermeidbar bezeichnet. Hingegen wurde 1835 den synodalen Interessen in der Rheinisch-Westfälischen Kirchenordnung Rechnung getragen, auch wenn Spannungen zum konsistorialen Prinzip fortbestanden. Diese Entwicklung ist zweifellos zu den positiven Errungenschaften der Unionskirche zu zählen. Unbehagen verursachte dann wiederum der Mischehenstreit zwischen dem Staat und der katholischen Kirche, in dem sich ein größerer Konflikt ankündigte.

Das 3. Kapitel präsentiert „Die Evangelische Landeskirche auf dem Weg zur verfassungsmäßigen Selbständigkeit (1840–1850)". Friedrich Wilhelm IV. war einerseits nicht blind für die ihm überkommenen Härten der Kirchenpolitik, blieb aber andererseits in romantischen, konservativ-restaurativen Vorstellungen befangen. Welcher Einfluß dabei der Erweckungsbewegung zukam, würde man gerne genauer wissen. Weitgehend scheint sie für die Beibehaltung der autoritären Strukturen optiert zu haben. Dagegen löste die Religions- und Kirchenkritik im Vormärz eine Reformdiskussion aus. In diesem Zusammenhang kam es zur Verdrängung der dem Rationalismus entstammenden, freiprotestantischen Lichtfreunde aus der Kirche. Auf der Generalsynode von 1846 war die Partei der Vermittlungstheologie gegenüber der orthodox-pietistischen Gruppierung in der Mehrheit. Unter Federführung des Vermittlungstheologen Carl Immanuel Nitzsch bemühte man sich um eine Lehrunion. Hinsichtlich der Kirchenverfassung ließ sich das synodale Prinzip nicht konsequent durchsetzen. Beeinflußt durch die Konservativen setzte der König die Beschlüsse jedoch nicht in Kraft. Zu einer Lehrunion kam es darauf nicht mehr. Lediglich die Umwandlung der evangelischen Abteilung des Ministeriums der geistlichen Angelegenheiten in die selbständige Behörde des Evangelischen Oberkirchenrats wurde verwirklicht, was immerhin ein Schritt zur Unabhängigkeit der Kirche vom Staat war. Mehr gestand der König der Kirche nicht zu. Der Wittenberger Kirchentag von 1848 führte nicht zu einem evangelischen Kirchenbund. Immerhin kam es durch Wichern zur Gründung des Zentralausschusses für Innere Mission. Leider wird nicht namhaft gemacht, welche Kräfte die Innere Mission getragen haben.

Auch das Thema des 2. Bandes ist auf das Verhältnis der Kirche zum königlichen Summepiskopus bezogen. Bedingt durch die chronologische Anlage werden sachliche Zusammenhänge mehrfach auseinandergerissen. Die Überschrift des 4. Kapitels „Der Weg der Evangelischen Landeskirche im Zeichen konfessionell gegliederter Einheit" läßt bereits etwas von dem fortbestehenden „Widerstreit der kirchlichen Parteien und Bewegungen" ahnen, den das 5. Kapitel dann ausdrücklich anspricht. Eingeführt wird mit einem Abschnitt „Union und Konfession", der für den Anfang der 50er Jahre die konservative Behauptung der Konfessionen konstatiert. Die antirevolutionären Konservativen sind zunächst bestimmend. Inwiefern in dieser Gruppe neben den Lutheranern auch pietistischer Einfluß eine Rolle spielt, wird nicht ausgewiesen. Gewiß kein Ruhmesblatt war die rückständige, unzureichende und bigotte Volksschulpolitik. Nach langjährigen Vorverhandlungen kam es 1853 zu einer begrenzten Revision der Rheinisch-Westfälischen Kirchenordnung, bei der u. a. die Vertreter der Erweckungsbewegung das Profil der Konfessionen, freilich innerhalb der Union, herausstellten. Interessanterweise erweckte auch die Versammlung der Evangelischen Allianz 1857 das Mißtrauen der Konservativen, weil sie dem Unionismus Vorschub zu leisten schien. Das Erbe der Aufklärung und des Rationalismus, auch das Schleiermachers, übernahm nach der Revolution die zahlenmäßig kleine Gruppierung des kirchlichen Liberalismus, dem an einer möglichst offenen, „fortschrittlichen" Union gelegen war und der sich als Exponent des Protestantismus verstand. Die Reichsgründung brachte dem deutschen Protestantismus freilich faktisch keinen Zugewinn; die Pläne einer gesamtevangelischen Konföderation scheiterten an den Lutheranern. Der Kulturkampf war ein Rückfall in die längst problematische Reglementierung der Kirche durch den Staat. Bezeichnenderweise wurde er auch ohne Rücksicht auf die evangelische Kirche geführt.

Bei der Generalsynode von 1875, die das Synodalwesen umfassend regelte, wurde die Formation der bestehenden kirchlichen Parteien sichtbar.

Zwischen den Lutherisch-Konfessionellen und den Liberalen gab es mit der Evangelischen Vereinigung wieder eine Mittelpartei, die sich um den Ausgleich der Interessen in der Union bemühen mußte. Sie wurde dann allerdings zunächst überholt durch die konservativere Positive Union. Ein eigener Abschnitt ist der Christlich-sozialen Bewegung und ihren Ausläufern sowie dem Engagement des Zentralausschusses der Inneren Mission an der sozialen Frage gewidmet. Hier wäre mehr Auskunft über die tragenden Kreise interessant. Etwas später wird auf den Evangelisch-sozialen Kongreß eingegangen. Die Erweckungsbewegung fand in der Gemeinschaftsbewegung eine neue Ausprägung, die auch ein gewisses Selbständigkeitsbewußtsein gegenüber der Kirche entwickelte. Durch das Aufkommen der Pfingstbewegung geriet sie in eine Krise, die mit der Berliner Erklärung von 1909 geklärt wurde, wobei die Gemeinschaftsbewegung ihre biblisch-reformatorische und kirchliche Orientierung beibehielt. Der Apostolikumsstreit führte zum harten Zusammenstoß zwischen Positiven und Liberalen; dennoch gab es für die differenzierte Bekenntnisverpflichtung der reformierten Agende von 1894 einen breiten Konsens. Instruktiv wird das zerklüftete Panorama der Theologie in den letzten Jahrzehnten des 19. Jahrhunderts vorgeführt, aus dem sich dann das liberale und das positive Lager herausbilden. Neben diesen signalisierten die religionsgeschichtliche Schule und die modern-positive Theologie neue Aufbrüche, ohne sich jedoch selbst in der Breite durchzusetzen. Hinsichtlich der Äußeren Mission wird, durchaus interessant, vor allem ihr Zusammenhang mit dem Kolonialismus thematisiert, obwohl damit zugestandenermaßen nur ein Aspekt erfaßt ist. Über die Bedeutung der Äußeren Mission für die sie tragenden Kreise in der Heimat erfährt man wiederum wenig.

Insgesamt vermittelt die bisherige Darstellung Wesentliches über die sich durchhaltenden Strukturen und Gesetze der Geschichte der Unionskirche. Dankbar ist man auch für die Bearbeitung der zahlreichen Teilthemen auf dem neuesten Stand der Forschung. Interessant ist, wo und wie der Pietismus in Erscheinung tritt oder auch, kaum abhebbar vom Konfessionalismus oder Konservativismus, im Hintergrund bleibt. Ein selbständiges Thema war er in der Unionskirche kaum, sondern er blieb eher beiläufig. Dennoch gehörte er zu den starken unterschwelligen Kräften.

Münster/Westf. Martin Brecht

Meyer, Matthias: Feuerbach und Zinzendorf. Lutherus redivivus und die Selbstauflösung der Religionskritik (Theologische Texte und Studien, Bd. 1). Hildesheim, Zürich und New York, Georg Olms Verlag, 1992. XX, 242 S.

Die hier anzuzeigende Arbeit geht zurück auf eine 1991 im Fachbereich Evangelische Theologie der Eberhard-Karls-Universität Tübingen angenommene, von Jürgen Moltmann betreute Dissertation. Feuerbachs kaum zwanzig Seiten lange Spätschrift aus dem Jahre 1866 „Zinzendorf und die Herrnhuter", die Feuerbach auf Bitten seines Freundes Friedrich Kapp verfaßte, steht im Mittelpunkt der Arbeit von Matthias Meyer. Die Aufgabe seiner Arbeit sieht der Verfasser im „Nachvollzug der Interpretation Feuerbachs" hinsichtlich Zinzendorfs „und in deren Kritik" (XVII). Der Verfasser mißt der Zinzendorf-Schrift Feuerbachs große Bedeutung bei. Sie enthielte „in nuce die gesamte Feuerbachsche Religions-, Theologie- und Idealismuskritik" (XVIII). Der „gezielte Rückgriff auf das philosophische Gesamtwerk" Feuerbachs, den der Verfasser selbst zu Recht als notwendig für das Verständnis dieser Schrift ansieht, wird allerdings vom Verfasser nicht befriedigend geleistet. Sein „Eklektizismus" wird besonders den wichtigen philosophischen Fundamentalsetzungen, wie sie sich in Feuerbachs kleineren philosophischen Schriften finden, wenig gerecht. Besser gelingt dem Verfasser dagegen der Bezug auf das Werk Zinzendorfs.

Zu Recht hebt der Verfasser immer wieder hervor, daß Feuerbach Zinzendorf als eingefleischten Lutheraner, ja als Lutherus redivivus kennzeichnet. Feuerbach selbst verstand sich – wie bei Wilhelm Bolin überliefert – als „Luther II", oder – nach Ansicht des Verfassers – als „Luthers Testamentsvollstrecker" (S. 197), dem es um „die Konstituierung einer enttheologisierten lutherischen Anthropologie" (S. 198) geht. Aus seiner Sicht hält Feuerbach die eigene Lutherrezeption für die entscheidende Grundlage seiner philosophischen Wertung der Sinnlichkeit als Wirklichkeitskategorie (vgl. Ludwig Feuerbach, Gesammelte Werke [= GW], hg. v. Werner Schuffenhauer, Berlin 1967 ff., Bd. 10, S. 188). Dies wird vom Verfasser auch konstatiert. Er interpretiert es als grobes Mißverständnis Luthers und widerspricht Feuerbach heftig. Dabei gelingt es ihm nur teilweise, die philosophische Bedeutung der Sinnlichkeit herauszuarbeiten, die nach Feuerbachs eigener Definition die „existierende Einheit des Materiellen und Geistigen, ... ebensoviel wie Wirklichkeit" ist (GW, Bd. 6, S. 19).

Zinzendorf und die Herrnhuter dienten Feuerbach laut Verfasser als entscheidende Faktoren eines enttheologisierten Luthertums, im Sinne einer „lutherische(n) Anthropologie in ihrer sensualistischen Vollendung" (S. 198). Die Zinzendorf-Darstellung Feuerbachs werde aber – wie die historisch-kritische Analyse seiner Zitierweise ergebe – schief, weil Feuerbach aus den Werken einen Zinzendorf konstruiere anstelle dessen, der in Jesus Christus, dem Gekreuzigten, Gott erkennt und an ihn glaubt. Zinzendorf sei letztlich für Feuerbach ein Mittel zu seiner atheistischen Christentumsdemontage. Feuerbach werde weder Luther noch Zinzendorf gerecht, da er beide gegen ihre eigentliche theologische Intention „zu Theologen erhebe(n), die die Gottwerdung des Menschen proklamieren“ würden (S. 40). Er meine Luthers Theologie, die sich seiner Ansicht nach aus der menschlichen Natur Jesu Christi deduziere, sensualistisch, anthropologisch, idealismuskritisch verwerten zu können. Noch konsequenter und weitreichender sei aber für Feuerbach der „Lutherus Lutheranissimus Zinzendorf“. Feuerbach übernehme die Aussage Zinzendorfs „Christus als konzentrierter Gott“; und indem er diese – ebenfalls infolge manipulierten, fehlerhaften Zitierens von Schriften Zinzendorfs – onto-theologisch mißverstehe, interpretiere er äquivok. Diese onto-theologische Konzentration entlarve sich durch ihre Verortung im Menschen als anthropologische Konzentration. Auch Zinzendorfs „Sensualismus der Kindlichkeit“, der diesem „gleichnishaft“ „die dem christlichen Glauben entsprechende ganzheitliche Lebensform“ sei (S. 109), beraube Feuerbach illegitimerweise seiner Gleichnishaftigkeit und stelle ihn in den Dienst seines philosophisch-anthropologischen Sensualismusverständnisses. Der Verfasser zitiert Feuerbach aus dessen Zinzendorf-Schrift: „In der That: der Herrnhutianismus ist das im Blute Christi, im Blute des Menschen concentrirte, aber auch aufgelöste und zersetzte Christentum“ (S. 130). Hier finde sich laut Feuerbach die Glaubensreduktion in ihrer konsequentesten Gestalt.

Im Blick auf Feuerbachs Werk spricht der Verfasser von „assertorischem Nihilismus“ (S. 129, passim), der dadurch charakterisiert sei, daß er „in perversen Aussagen mehr behauptet, als mit gesundem Menschenverstand gedacht werden kann“ (S. 117). Diese Sichtweise wird Feuerbach nicht gerecht: Sein Denken einschließlich seiner Religionsphilosophie ist nicht in diesem Bereich anzusiedeln und kann mit der Kategorie eines assertorischen Nihilismus nicht erfaßt werden. Es geht Feuerbach nicht um nihilistische „Todsetzung.“ Auch behauptet er nicht, wie der Verfasser meint, „einen Willen im Menschen, der sich in der vollständigen Identifizierung mit einem Toten selbst auflöst“ (S. 117). Ebensowenig kann Feuerbachs Interpretation des Kreuzes als Vorwegnahme von „Nietzsches nihilistischer Deutung des Christentums“ (S. 137) bezeichnet werden. (Merkwürdigerweise scheint der Verfasser weder die Arbeiten von Matthias Petzold noch die des Rezensenten zu Feuerbach zu kennen.)

Zu Recht weist der Verfasser darauf hin, daß Feuerbachs Charakterisierung Zinzendorfs: „ein ... *religiöser* Freigeist: ja er ist ein *christlicher* Atheist“ (S. 151), zu widersprechen ist. Zinzendorf habe das Problem des Atheismus prophetisch erkannt, aber für ihn sei Atheismus nicht „die Behauptung, daß kein Gott sei“ (S. 167). Entscheidend für die Gotteserkenntnis sei für ihn das Verhältnis zum Gekreuzigten. Sachlich gesehen sei Zinzendorf der Urheber des Wortes: „Ohne Christus wäre ich Atheist“, und nicht erst, wie gemeinhin angenommen, der Ritschlianer Johannes Gottschick. Zinzendorf sagt:

„Ich faßte den firmen Schluss, und hab ihn noch, daß ich entweder ein Atheiste seyn, oder an JEsum gläuben muste“ (S. 169). Er diagnostiziere den Atheismus als Verkennung des Gekreuzigten. Die Überwindung des Atheismus sei ihm nur möglich durch das Wort vom Kreuz. Gut arbeitet der Verfasser Zinzendorfs weites und zukunftweisendes Verständnis des Atheismusproblems heraus. Im Entwurf von Zinzendorfs Religionsschrift heißt es: „Der Atheismus theoreticus ist nur eine recht sehr tiefe Melancholi. Der practicus ist ein Brutales Ding.“ „... der Atheismus [ist] unter die Religionen zu rechnen. Weil er sein Lebtag nicht ohne Anbetung einer falschen Gottheit ist denn es macht die Natur die Vernunfft zu Gott sie opfern ihrem Geiste“ (S. 173).

Rostock

Udo Kern

Pietismus-Bibliographie

Von Udo Sträter und Christel Butterweck

unter Mitarbeit von: Archiv der Brüder-Unität Herrnhut, Reinhard Breymayer, Renate Fuckert, Paul Martin Peucker.
Anschrift für den Bibliographie- und Rezensionsteil des Jahrbuchs:
Prof. Dr. Udo Sträter, Interdisziplinäres Zentrum für Pietismusforschung, Franckeplatz 1, Haus 26, 06110 Halle (Saale).

Gliederung der Bibliographie:

Es gelten die Abkürzungen der TRE. Im folgenden bedeutet:

AGP	=	Arbeiten zur Geschichte des Pietismus
APH	=	Acta Poloniae Historica
BBKL	=	Biographisch-Bibliographisches Kirchenlexikon
BWKG	=	Blätter für Württembergische Kirchengeschichte
CTJ	=	Calvin Theological Journal
DNR	=	Documentatieblad Nadere Reformatie
EHS	=	Europäische Hochschulschriften
ELThG	=	Evangelisches Lexikon für Theologie und Gemeinde
EVA	=	Evangelische Verlagsanstalt
EuA	=	Erbe und Auftrag
JBLG	=	Jahrbuch für Brandenburgische Landesgeschichte
JEH	=	Journal of Ecclesiastical History
JETh	=	Jahrbuch für Evangelische Theologie
JGNKG	=	Jahrbuch der Gesellschaft für Niedersächsische Kirchengeschichte
JWKG	=	Jahrbuch für Westfälische Kirchengeschichte
LThK	=	Lexikon für Theologie und Kirche
MennQR	=	Mennonite Quarterly Review
MethH	=	Methodist History
OGE	=	Ons geestelijk erf
PH	=	Paedagogica Historica
PTh	=	Pastoraltheologie
PuN	=	Pietismus und Neuzeit
PuN.Bibl	=	Pietismus und Neuzeit. Pietismus-Bibliographie
RU	=	RU. Zeitschrift für die Praxis des Religionsunterrichts
ThBeitr	=	Theologische Beiträge
ThR	=	Theologische Rundschau
TTK	=	Tidsskrift for teologi og kirke
WThJ	=	Westminster Theological Journal
ZfG	=	Zeitschrift für Geschichtswissenschaft
ZHF	=	Zeitschrift für Historische Forschung
ZOF	=	Zeitschrift für Ostforschung
ZThK	=	Zeitschrift für Theologie und Kirche
ZWLG	=	Zeitschrift für Württembergische Landesgeschichte

I. Allgemeines

I.01 Bibliographien, Forschungsberichte

1) Bibliographie 1992 zur Geschichte der Freikirchen (m. Nachträgen). In: Freikirchenforschung [s. Nr. 10], 119–141.
2) Biographisch-Bibliographisches Kirchenlexikon. Begr. u. hg. v. Friedrich Wilhelm Bautz. Fortgef. v. Traugott Bautz. Herzberg: Selbstverlag. – Bd. 1, 1990, XXXIX S., 1600 Sp. – Bd. 2, 1990,

XXXIX S., 1600 Sp. – Bd. 3, 1992, XXXVIII S., 1598 Sp. – Bd. 4, 1992, XXXVIII S., 1600 Sp. – Bd. 5, 1993, XXXIX S., 1598 Sp. – Bd. 6, 1993, XXXIX S., 1600 Sp. – Bd. 7, 1994, XXXIX S., 1598 Sp. – [enthält Nr. 37, 49, 63, 66, 69, 75, 78, 84–87, 106, 126, 127, 130, 140, 151, 205]

3) Evangelisches Lexikon für Theologie und Gemeinde. Hg. v. Helmut Burkhardt u. U. Swarat i. Zus.-arb. m. Otto Betz, M. Herbst, G. Ruhbach u. T. Sorg. Wuppertal [u. a.]: Bd. 1, 1992; Bd. 2, 1993; Bd. 3, 1994. – [enthält Nr. 95, 199, 204]

4) Field, Clive D.: Anti-Methodist publications of the eighteenth century. A revised bibliography. Manchester 1991 (Bulletin of the John Rylands University Library of Manchester, 73/2).

5) Peucker, Paul Martin: Bibliographische Übersicht der 1990 erschienenen Veröffentlichungen über die Brüdergemeine. In: Unitas Fratrum 29/30, 1991, 271–279. – [zur Literatur 1991 s. PuN.Bibl 19, Nr. 9]

6) Ders.: Bibliographische Übersicht der 1992 erschienenen Veröffentlichungen über die Brüdergemeine [mit Nachträgen]. In: Unitas Fratrum 34, 1993, 109–124.

7) Spurensuche. Vorwiegend neuere Veröffentlichungen von Professor Dr. Hansmartin Decker-Hauff (1917–1992) [Bibliographie]. In: ZWLG 52, 1993, 547–574. – [enthält Pietistica]

8) Sträter, Udo, u. Christel Butterweck: Pietismus-Bibliographie. In: PuN 19, 1993, 230–257.

I.02 Sammelwerke, Festschriften

9) Basileia. FS Eduard Buess. Hg. v. Hans Dürr u. Christoph Ramstein. Lörrach: Wolfgang Simson Verlag 1993. – 515 S. – [enthält Nr. 56, 203]

10) Freikirchenforschung 1993. Hg. im Auftrag des Vereins zur Förderung der Erforschung freikirchlicher Geschichte und Theologie an der Universität Münster v. Günter Balders. Münster: Selbstverlag 1993. – 141 S. – [m. Bibliographie; enthält Nr. 1, 90, 93, 97, 101, 119, 220, 225, 269]

11) Lessico Intellettuale Europeo 58 (Direzione scientifica): Bibliothecae selectae da Cusano a Leopardi. A cura di Eugenio Canone. Firenze: Leo S. Olschki Editore 1993. – XXXII, 631 S.; 15 Tfln. – [enthält Nr. 55, 315, 316]

12) Lexikon für Theologie und Kirche. Begr. v. Michael Buchberger. 3. völlig neu bearb. Aufl. Hg. v. Walter Kasper m. Konrad Baumgartner [u. a.]. Bd. 1. Freiburg [u. a.]: Herder 1993. – 15* S., 1406 Sp. – [enthält Nr. 29, 52, 80]

13) Pietismus und Neuzeit. Ein Jahrbuch zur Geschichte des neueren Protestantismus. Im Auftrag der Historischen Kommission zur Erforschung des Pietismus hg. v. Martin Brecht, Friedrich de Boor,

Rudolf Dellsperger, Ulrich Gäbler, Hartmut Lehmann, Arno Sames, Hans Schneider u. Johannes Wallmann. Bd. 19. Göttingen: Vandenhoeck & Ruprecht 1993. – 272 S. – [enthält Nr. 57, 73, 89, 96, 99, 249, 252, 279]

14) Schriftenreihe der Stadt Vaihingen an der Enz. Beiträge zur Geschichte, Kultur- und Landschaftskunde. Bd. 5. Hg. im Auftr. d. Stadtverwaltung Vaihingen a. d. Enz v. Ernst Eberhard Schmidt. [Vaihingen: Stadtverwaltung] 1987. – 176 S.; Abb. – [zu Johann Valentin *Andreae*, Incendii Vaihingensis ... recitatio (dt.): S. 83–118; enthält Nr. 27]

15) Vaihinger Köpfe. Biographische Porträts aus fünf Jahrhunderten. Hg. v. Lothar Behr [u. a.]. Vaihingen a. d. Enz: Selbstverlag 1993 (Schriftenreihe der Stadt Vaihingen a. d. Enz, 8). – 288 S. – [enthält Nr. 136, 137, 144, 158, 159, 162, 163, 177, 178]

16) Wegscheiden der Reformation. Alternatives Denken vom 16. bis zum 18. Jahrhundert. Hg. v. Günter Vogler. Weimar: Verlag Hermann Böhlaus Nachfolger 1994. – 542 S. – [enthält Nr. 34, 82, 98, 167, 227, 270, 318]

I.03 Gesamtdarstellungen, Gesamtwürdigungen

17) Boer, Dick: Protest tegen een verkeerde wereld: een geschiedenis van de protestantse theologie van de 19e en 20e eeuw in Europa. Voorburg: Publinorm 1991. – 256 S.

18) Europa und der Protestantismus. Ein Arbeitsheft m. Dokumenten u. Beitr. v. Eberhard Jüngel, Reinhard Frieling u. Lothar Ullrich. Hg. v. Beatus Brenner. Göttingen: Vandenhoeck & Ruprecht 1993 (Bensheimer Hefte, 73). – 291 S.; Ill.

19) Goertz, Hans-Jürgen: Religiöse Bewegungen in der Frühen Neuzeit. München: Oldenbourg 1993 (Enzyklopädie deutscher Geschichte, 20). – IX, 149 S.

20) Große illustrierte Kirchengeschichte. Die Erfahrung von 2000 Jahren. Hg. v. Roland Fröhlich. – [Neuausg., im Text teilw. überarb. u. erg., durch Ill. erw.]. – Freiburg [u. a.]: Herder 1992. – 279 S.

21) Handbuch. Die Geschichte des Christentums. [Red.] Tim Dowley. Rev. Ausg. – Wuppertal: Brockhaus 1992. – 688 S.; Ill.

22) Moeller, Bernd: Geschichte des Christentums in Grundzügen. 5. verb. u. erw. Aufl. – Göttingen: Vandenhoeck & Ruprecht 1992 (UTB Wissenschaft, 905). – 423 S.

23) Oftestad, Bernt T.: Luthertum und Pietismus – Synthese oder Konflikt. In: Luther im Widerstreit der Geschichte. Hg. v. Joachim Heubach. Erlangen 1993 (Veröffentlichungen d. Luther-Akademie Ratzeburg, 20), 83–96.

24) Ward, W. R.: Faith and Faction. London: Epworth Press 1993. – viii, 404 S. – [zu *Spener*: S. 3–16. – *Zinzendorf*: S. 130–153. – J. *Wesley*: S. 249–264. – G. *Arnold*: S. 377–385]

25) Ders.: German Pietism, 1670–1750. In: JEH 44, 1993, 476–505.
26) Wilson, John E.: Max Goebels „Geschichte der wahren Inspirationsgemeinden" (1854–1857). Eine hermeneutische Untersuchung. In: PuN 19, 1993, 143–168.

II. Vorgeschichte, begleitende Strömungen

27) Behr, Lothar: Ausstellungen und Veröffentlichungen zum *Andreae*-Jahr 1986. In: Schriftenreihe der Stadt Vaihingen [s. Nr. 14], S. 167. – [zu Johann Valentin *Andreae*]
28) Corsetti, Jean-Paul: Histoire de l'ésotérisme et des sciences occultes. Paris: Larousse 1992. – [S. 335–343: u. a. zu J. V. *Andreae*, J. *Böhme*, F. Chr. *Oetinger*]
29) Edighoffer, Roland: Art. „*Andreae*, Johann Valentin". In: LThK 1 [s. Nr. 12], 1993, 624–625.
30) Frommel, Wolfgang [Pseud.: F. W. L'Ormeau]: Templer und *Rosenkreuz*. Ein Traktat zur Christologie Stefan Georges. Amsterdam: Castrum Peregrini Presse 1991. – 314 [I] S. – [zu den Rosenkreuzern: S. 32–57; auch zu J. V. *Andreae*]
31) Hofacker, Hans-Georg: ‚... sonderliche hohe Künste und vortreffliche Geheimnis'. Alchemie am Hof Herzog Friedrichs I. von Württemberg – 1593 bis 1608. Sonderveröffentlichung zum 80. Geb. – Tag v. Manfred Flad. M. e. Vorw. v. Otto Krätz (limit. Aufl. hg. v. Verein d. Freunde d. Chem. Inst. Dr. Flad). Stuttgart: Wegrahistorik-Verlag (Eberhard Hartenstein) 1993. – 76 S. – [zu J. V. *Andreae*: S. 42–44 u. 66 (Anm. 77–82)]
32) Kulf, Eberhard: Der Marbacher Lateinschullehrer Simon Studion (1543–16?) und die Anfänge der Württembergischen Archäologie. In: Ludwigsburger Geschichtsblätter 42, 1988, 45–68. – [zu Studion als Apokalyptiker im Umfeld d. jungen J. V. *Andreae*]
33) Voßkamp, Wilhelm: Von der Staats- zur „Bildungs"-Utopie. Johann Valentin *Andreaes* „Christianopolis". In: Innovation und Originalität. Tübingen 1993, 196–205.
34) Brecht, Martin: Der Beitrag des Spiritualismus der Reformationszeit zur Erneuerung der lutherischen Kirche im 17. Jahrhundert. In: Wegscheiden der Reformation [s. Nr. 16], 369–380.
35) Erdmann-Pandzi, Elisabeth von: Panaugia. Zur Herkunft des Begriffs bei Patricius und *Comenius*. In: Slavistische Studien zum XI. Internationalen Slavistenkongreß in Preßburg/Bratislava. Hg. v. Karl Gutschmidt, Helmut Keipert [u. a.]. Köln [u. a.] 1993 (Bausteine zur slavischen Philologie und Kulturgeschichte. Reihe A: Slavistische Forschungen. N. F., 11), 113–125.
36) Valka, Josef: Die „Studia *Comeniana* et historica" und die Kolloquien über Comenius in Ungarisch-Brod. In: Bohemia 33, 1992, 354–361.

37) Bautz, Traugott: Art. „*Comenius*, Johann Amos“. In: BBKL 1 [s. Nr. 2], 1990, 1107–1112.
38) Dupuy, Bernard: *Comenius*, témoin de l'esprit européen. In: Istina 38, Paris 1993, 9–15.
39) Groenendijk, L. F., u. J. C. Sturm: *Comenius* in Nederland. Kampen: J. H. Kok 1992. – 96 S.
40) Henkys, J.: Pädagogik und Theologie in der „Pampaedia“ des Johann Amos *Comenius*. Miniaturen – Strukturen. In: PTh 82, 1993, 72–79.
41) Pánek, Jaroslav: *Comenius*. Lehrer der Nationen. Übers. v. Dagmar Bìlkova. Prag 1991. – 108 S.
42) Lochman, Jan Milič: Jan Amos *Komensky*. Ein Theologe der Sehnsucht und der Hoffnung. In: Unitas Fratrum 32, 1992, 5–17.
43) Kunna, Ulrich: Das „Krebsgeschwür der Philosophie“. *Komenskys* Auseinandersetzung mit dem Cartesianismus. St. Augustin 1991. – 304 S.
44) Seehase, Ilse: Zum Autorensubjekt in *Komenskys* „Labyrint sveta a ráj srdce“. In: Slavistische Studien [s. Nr. 35], 525–538.
45) Schmidt, Albert: Innehalten und Standhalten. Paul *Gerhardts* Lied „O Haupt voll Blut und Wunden“. In: EuA 69, 1993, 128–133.
46) Faivre, Antoine: Toison d'Or et Alchimie. [Milano:] Archè 1990. – 174, [II] S. – [zu den *Rosenkreuzern*: S. 13–56]
47) Ders.: The Golden Fleece and Alchemy [Toison d'Or et Alchimie (engl.)]. Albany, NY: State University of New York Press 1993 (Series in Western Esoteric Traditions). – ix, 140 S. – [zu den *Rosenkreuzern*: S. 9–31]
48) Wallmann, Johannes: Bucer und der Pietismus. In: Martin Bucer and Sixteenth Century Europe. Actes du colloque de Strasbourg (28–31 août 1991). Ed. by Christian Krieger and Marc Lienhard. Leiden [u. a.]: E. J. Brill 1993, 715–732.

[s. auch Nr. 14, 309]

III. Deutschland

III.01 Frömmigkeitsbewegung seit Johann Arndt

49) Bautz, Traugott: Art. „*Arndt*, Johann“. In: BBKL 1 [s. Nr. 2], 1990, 226 f.
50) Hoeppke, Hans-Jürgen: Johann *Arndt* – der Vater des Pietismus. In: ThBeitr 24, 1993, 212.
51) Mager, Inge: Spiritualität und Rationalität. Johann *Arndt* und Georg Calixt in Norddeutschland im 17. Jahrhundert. In: JGNKG 90, 1992, 31–42.
52) Ruhbach, Gerhard: Art. „*Arndt*, Johann“. In: LThK 1 [s. Nr. 12], 1993, 1017–1018.

53) Kelly, Robert A.: True Repentance and Sorrow: Johann *Arndt's* Doctrine of Justification. In: Consensus 16, 1990, 47–69.

54) Mager, Inge: Gottes Wort schmecken und ins Leben verwandeln. Johann *Arndts* Schriftverständnis. In: Bibelauslegung und Gruppenidentität [Makarios-Symposium: Vorträge]. Hg. v. H. O. Kwist. In: Jahrbuch für Finnisch-deutsche Literaturbeziehungen 24, 1992, 149–158.

III.02 Philipp Jakob Spener

55) Breymayer, Reinhard: Der „Vater des deutschen Pietismus" und seine Bücher: Zur Trivialbibliothek Philipp Jakob *Speners* (1635–1705). In: Lessico Intellettuale Europeo [s. Nr. 11], 299–331.

56) Kulosa, Christfried: Philipp Jakob *Speners* Beitrag zur Reform des Theologiestudiums. In: Basileia [s. Nr. 9], 197–212.

57) Matthias, Markus: Collegium pietatis und ecclesiola. Philipp Jakob *Speners* Reformprogramm zwischen Wirklichkeit und Anspruch. In: PuN 19, 1993, 46–59.

58) Petersen, Ernst: Dulce – amarum. Labsal in Trübsal. Die Leichenpredigten-Sammlung in der Sakristei-Bibliothek von St. Johannis – Schweinfurt. In: Streiflichter auf die Kirchengeschichte in Schweinfurt 1992, 179–211. – [Anhang: Ein Epicedium Philipp Jacob *Speners*. Marginalie zur Frage: Pietismus in Schweinfurt: S. 212–213]

59) Launhardt, Karl: Grosse Namen – kurz skizziert. Bd. 2: Lebensbilder von der Reformation bis zur Gegenwart. Lahr: Verlag der Liebenzeller Mission 1992 (Telos-Bücher, 689). – 136 S.

60) Protestanten. Von Martin Luther bis Dietrich Bonhoeffer; Portraits. Hg. v. Klaus Scholder u. Dieter Kleinmann. 2. durchges. u. erg. Aufl. – Frankfurt/M.: Hain 1992. – 411 S.; Ill.

[s. auch Nr. 24, 177, 309]

III.03 August Hermann Francke und der hallische Pietismus

61) Arnoldi, Udo: Pro Iudaeis. Die Gutachten der hallischen Theologen im 18. Jahrhundert zu Fragen der Judentoleranz. Berlin: Institut Kirche u. Judentum 1993 (Studien zu Kirche und Israel, 14). – 286 S.

62) Brunner, Daniel L.: Halle Pietists in England: Anthony William *Boehme* and the Society for Promoting Christian Knowledge. Göttingen: Vandenhoeck & Ruprecht 1993 (AGP 29). – 271 S. – [zuvor u. d. T.: The role of Halle Pietism in England with special reference to the S. P. C. K. Oxford, Univ., Diss., 1988; s. PuN.Bibl 18, Nr. 136]

63) Bautz, Traugott: Art. „Francke, August Herrmann". In: BBKL 2 [Nr. 2], 1990, 85–90.

64) Deppermann, Klaus: Protestantische Profile von Luther bis *Francke*. Sozialgeschichtliche Aspekte. Göttingen: Vandenhoeck & Ruprecht 1992. – 111 S.
65) Lehmann, Hannelore: Pietismus in Potsdam im Spiegel von Briefen an August Hermann *Francke* (1663–1727) und seinen Sohn Gotthilf August (1696–1769). In: Potsdam – Brandenburg – Preussen. Beiträge der Landesgeschichtlichen Vereinigung zur Tausendjahrfeier der Stadt Potsdam. Hg. v. Wolfgang Neugebauer. Berlin 1993 (JBLG 44), 43–52.
66) Bautz, Traugott: Art. „*Francke*, Gotthilf August“. In: BBKL 2 [s. Nr. 2], 1990, 90.
67) Wilson, Renate: Pietist Universal Reform and Care of the Sick and the Poor: The Medical Institutions of the *Francke* Foundations as a Case Study of the Development of 18th-century Voluntary Institutions. In: The Prerogative of Confinement: Social, Cultural, Political and Administrative Aspects of the History of Hospitals and Carceral and Penal Institutions in Western Europe and North America 1500–1900. A conference held at the German Historical Institute in Washington (June 6 – June 9 1992.) 1992. – XVIII, 25 S.
68) Mühlpfordt, Günter: Die *Franckesche* Schulstadt. Werden und Weltwirkung eines geistigen Zentrums. In: ZfG 40, 1992, 281–285.
69) Bautz, Traugott: Art. „*Freylinghausen*, Johann Anastasius“. In: BBKL 2 [s. Nr. 2], 1990, 120–122.
70) McMullen, Dianne M.: The Geistreiches gesangbuch of Johann Anastasius *Freylinghausen*: A German Pietist Hymnal. Diss., Univ. of Michigan, Ann Arbor 1987. – [Microfilm]
71) Mehlow, Michael: Lausitzer Studenten und die Universität Halle im 18. Jahrhundert. In: ZOF 42, 1993, 338–357.
72) Schröder, Konrad: Heinrich *Milde*. In: Biographisches und bibliographisches Lexikon der Fremdsprachenlehrer des deutschsprachigen Raumes. Spätmittelalter bis 1800. Bd. 3. Augsburg 1992 (Augsburger Schriften, 63), 215–221.
73) Sträter, Udo: Überlegungen zu Projekten der Halleschen Pietismusforschung. In: PuN 19, 1993, 196–202.
74) Voigt, Karl Heinz: Heinrich Melchior *Mühlenberg* (1711–1787). Seine frühe Begegnung mit methodistischer Frömmigkeit. In: Mitteilungen der Studiengemeinschaft für Geschichte der EMK 13, 1992, 31–40.
75) Wesseling, Klaus-Gunther: Art. „*Rambach*, Johann Jacob“. In: BBKL 7 [s. Nr. 2], 1994, 1299–1307.
76) Gremels, Georg: Die Trinitätslehre Johann August *Urlspergers* dargestellt nach seiner Schrift „Kurzgefaßtes System“. Frankfurt/M. [u. a.]: Lang 1993 (EHS, Reihe 23: Theol., 488). – 223 S.
77) Von Halle nach Jerusalem. Halle – ein Zentrum der Palästinakunde im 18. und 19. Jahrhundert. [Ausstellungskatalog] Hg. v. Hendrik Budde u. Mordechay Lewy. Halle 1994. – 125 S.

[s. auch Nr. 83, 264–267, 270, 292, 309]

78) Bautz, Traugott: Art. „*Arnold*, Gottfried". In: BBKL 1 [s. Nr. 2], 1990, 239f.
79) Erb, Peter C.: Defining „Radical Pietism": The Case of Gottfried *Arnold*. In: Consensus 16, 1990, 29–45.
80) Wagner, Harald: Art. „*Arnold*, Gottfried". In: LThK 1 [s. Nr. 12], 1993, 1025.
81) Breymayer, Reinhard: Addenda zu Gerhard Dünnhaupts Bibliographie der Werke Gottfried *Arnolds*. In: Wolfenbütteler Barock-Nachrichten 20, 1993, 18.
82) Härtwig, Christiane: Gottfried *Arnolds* Müntzerbild – eine Alternative zu früheren Müntzerdarstellungen. In: Wegscheiden der Reformation [s. Nr. 16], 463–478.
83) Ward, W. R.: Johann Christian *Edelmann*: A Rebel's Pilgrimage. In: Modern Religious Rebels. Pres. to John Kent. Ed. by Stuart Mews. London: Epworth Press 1993, 14–35.
84) Breymayer, Reinhard: Art. „*Müller*, (Johann) David". In: BBKL 6 [s. Nr. 2], 1993, 255–267. – [auch zu Daniel *Müller*, radikal pietist. Wanderprediger]
85) Wesseling, Klaus-Gunther: Art. „*Petersen*, Johann Wilhelm". In: BBKL 7 [s. Nr. 2], 1994, 267–273.
86) Ders.: Art. „*Petersen*, Johanna Eleonora". In: BBKL 7 [s. Nr. 2], 1994, 273–275.
[s. auch Nr. 24, 255]

III.05 Reformierter Pietismus

87) Köster, Beate: Art. „*Labadie*, Jean de". In: BBKL 4 [s. Nr. 2], 1992, 905–907.
88) Ward, W. R.: Mysticism and Revival: The Case of Gerhard *Tersteegen*. In: Revival and Religion since 1700. Essays for John Walsh. Ed. by Jane Garnett and Colin Matthew. London/Ronceverte: Hambledon Press 1993, 41–58.
89) Kemper, Hans-Georg: Vielsinnige ‚Blumen'-Lese. Zum literarhistorischen Standort Gerhard *Tersteegens*. In: PuN 19, 1993, 117–142.

III.06 Zinzendorf und die Herrnhuter Brüdergemeine

90) Gill, Theodor: Die *Brüdergemeine* als Freikirche. In: Freikirchenforschung Nr. 3. [s. Nr. 10], 1–12.
91) Meerdink, J.: Friedrich Renatus Früauf (Neudietendorf 1764 – *Herrnhut* 1851). Hernhutter paedagoog, werkzaam in Zeist van 1817 tot 1836. In: Markante Zeistenaren. Levensschetsen van personen die in en voor Zeist iets hebben betekend. Zeist 1991, 24–37.

92) Tollefsen, Randall H.: Tagebuch einer Reise von sechs Kindern von Zeist nach *Herrnhut* im Jahr 1755. In: Unitas Fratrum 34, 1993, 7–48.
93) Balders, Günter: Die deutschen Baptisten und der *Herrnhuter* Pietismus. In: Freikirchenforschung [s. Nr. 10], 26–39.
94) Finze-Michaelsen, Holger: Die *Herrnhuter* in Graubünden – Streit um die kirchliche Erneuerung im 18. Jahrhundert. In: Unitas Fratrum 33, 1993, 5–34.
95) Fobel, Hartmut: Art. „Brüder-Unität, *Herrnhuter* Brüdergemeine". In: ELThG 1 [s. Nr. 3], 1994, 312f.
96) Fogleman, Aaron S.: *Herrnhuter* Frauen auf dem Weg von Pennsylvania nach North Carolina. Das Reisejournal der Salome Meurer, 1766. In: PuN 19, 1993, 98–116.
97) Meyer, Dietrich: Johann Gottfried Scheibel (1783–1843) und die *Herrnhuter* Brüdergemeine vor der Frage von Union und Agende. In: Freikirchenforschung [s. Nr. 10], 76–103.
98) Modrow, Irina: „Dienstgemeine des Herrn". Die *Herrnhuter* als alternative Gemeinschaftsbildung im Pietismus. In: Wegscheiden der Reformation [s. Nr. 16], 503–512.
99) Obst, Helmut: Wilhelm von Kügelgen. Sein Glaubensleben auf dem Hintergrund der religiösen Strömungen seiner Zeit, insbesondere des *Herrnhuter* Pietismus. In: PuN 19, 1993, 169–182.
100) Poldmäe, Rudolf: Der *Herrnhuter* Christoph Michael Königseer und sein Gerichtsprozeß im Jahr 1767. In: Unitas Fratrum 33, 1993, 58–79.
101) Voigt, Karl Heinz: *Herrnhuter* und Methodisten in Bremen. In: Freikirchenforschung [s. Nr. 10], 40–64.
102) Wessel, Carola: ‚Messet die Seelen nicht mit der *Herrnhuter* Elle'. Die Herrnhuter Brüdergemeine und ihre Mission in Nordamerika. In: Amerikastudien 38, 1993, 399–413.
103) Winkler, Klaus: Entstehung und Ausbreitung der Bläsermusik bei der *Herrnhuter* Brüdergemeine im 18. Jahrhundert. In: Musikgeographie. Weltliche und geistliche Bläsermusik in ihren Beziehungen zueinander und zu ihrer Umwelt. Bochum 1991 (Abhandlungen zur Geschichte der Geowissenschaften und Religion/Umwelt-Forschung, 6/2), 123–175.
104) *Hölterhof*, Franz: Zwölf Jahre gefangen in St. Petersburg. Das Leben des Franz Hölterhof (1711–1805), von ihm selbst erzählt. Hg. v. Theodor Gill. Herrnhut 1991 (Lebensbilder aus der Brüdergemeine, 1). – 23 S.
105) Oel, Menno van: Die Brüdergemeine zu Haarlem im 18. Jahrhundert. In: Unitas Fratrum 27/28, 1990, 7–22.
106) Raupp, Werner: Art. „*Mack*, Johann Martin". In: BBKL 5 [s. Nr. 2], 1993, 531–533.
107) „Ein vergnügter Herrnhuter". Johann Martin *Mack*, Württembergs erster evangelischer Missionar. Eine Erinnerung an die 250jährige Wiederkehr seiner ersten Aussendung. In: BWKG 92, 1992, 97–118.
108) Rollmann, Marcella: The Role of Language in the *Moravian* Missions

to Eighteenth-Century Labrador. In: Unitas Fratrum 34, 1993, 49–64.
109) Vogt, Peter: The Shakers and the *Moravians*: A Comparison of the Structure and the Architecture of their Settlements. Bethlehem, Pa.: Moravian Theological Seminary 1993. – 22 Bl.; Ill. – [masch.]
110) Schwarz, Ralph G.: Bethlehem on the Lehigh. Bethlehem, Pa., 1991.
111) Stoffer, Dale R.: Background and development of Brethren doctrines. 1650–1987. – Philadelphia, Pa., 1989 (Brethren encyclopedia monograph series, 2). – 327 S.
112) Verbeek, William: Lebenslauf des Pädagogisten William Verbeek beim Austritt aus dem Pädagogium in *Niesky* im Jahr 1842. Niesky 1991. – 16 S.
113) Knothe, Joachim: *Nieskyer* Traditionen im Ansturm einer neuen Zeit. Das Pädagogium zu Niesky und der Anspruch des Nationalsozialismus. In: Unitas Fratrum 34, 1993, 65–108.
114) Weber, Gontrude: Theodor *Schmidt* als Prediger der Brüder-Sozietät in Bern (1904–1914). In: Unitas Fratrum 29/30, 1989, 221–235.
115) Dies.: Zwischen Zinzendorf und Ragaz. Die Mitarbeit des Herrnhuter Pfarrers Theodor *Schmidt* (1870–1960) in der religiös-sozialen Bewegung der Schweiz bis 1914 und seine gesellschaftspolitische Arbeit in Deutschland. In: Unitas Fratrum 29/30, 1991, 199–220.
116) Betz, Otto: Graf *Zinzendorf* – Engel der Ökumene. In: RU 23, 1993, 125.
117) Dellsperger, Rudolf: *Zinzendorf* und die Herrnhuter Brüdergemeine zwischen Berner Patriziat und Heimberger (Oberländer) Brüdern. In: Unitas Fratrum 29/30, 1991, 128–156.
118) Hauss, Friedrich: Väter der Christenheit [Kurzbiographien]. Neu hg. v. Silvio Spahr. Wuppertal u. Zürich 1991. – IX, 580 S. – [u. a. zu *Zinzendorf*, John u. Charles Wesley]
119) Heinz, Hans: Nikolaus Ludwig Graf von *Zinzendorf* – Wertschätzung und Auseinandersetzung aus adventistischer Sicht. In: Freikirchenforschung [s. Nr. 10], 65–75.
120) Modrow, Irina: Dienstgemeine des Herrn. Nikolaus Ludwig von *Zinzendorf* und die Brüdergemeine seiner Zeit. Hildesheim [u. a.]: Olms 1994 (Theologische Texte und Studien, 4). – VI, 208 S.
121) Saxer, Ernst: *Zinzendorf* und der Berner Synodus. In: Unitas Fratrum 29/30, 1991, 157–175.
122) Vogt, Peter: ‚Feminist aspects' in the Theology of *Zinzendorf* and in the life of the Early Brüdergemeine. Bethlehem, Pa.: Moravian Theological Seminary 1992. – 24 Bl. – [masch.]
123) Holzhalb, Beat: Brief des Beat Holzhalb von *Zinzendorfs* Heimreise aus der Schweiz im Dezember 1735. In: Unitas Fratrum 33, 1993, 35–57.
124) Reichel, Hellmut: Versuche in der Brüdergemeine zur ökumenischen Sammlung der Christen. Die Aufnahme von *Zinzendorfs* Diasporagedanken und die Herrnhuter Predigerkonferenz (1750–1800). In: Unitas Fratrum 29/30, 1991, 176–198.

125) Weigelt, Horst: The emigration of the Schwenkfelders from Silesia to America. Pennsburg, Pa., 1987. – 19 S.
126) Wesseling, Klaus-Gunther: Art. „Kölbing, Paul". In: BBKL 4 [s. Nr. 2], 1992, 258–259.
127) Wolf-Dahm, Barbara: Art. „Mirbt, Carl". In: BBKL 5 [s. Nr. 2], 1993, 1569–1573.
[s. auch Nr. 5, 6, 24]

III.07 Württembergischer Pietismus

128) Ausländische anglikanische, evangelische & orthodoxe Kirchengemeinden in Württemberg [Anschriften & Informationen]. Hg. v. Diak. Werk Württemberg. Red.: Dieter Kießling. – Stuttgart 1991. – 31 S. – [Nebent.: Ausländische Kirchengemeinden in Württemberg]
129) Raff, Gerhard: Hie gut Wirtemberg allewege. 2. Das Haus Württemberg von Herzog Friedrich I., bis Herzog Eberhard III. Mit den Linien Stuttgart, Mömpelgard, Weiltingen, Neuenstadt am Kocher, Neuenbürg und Oels in Schlesien. Waiblingen a. d. Rems 1993. – XIX, 804 S. – [zu Herzogin *Antonia* v. Württemberg: S. 331–355]
130) Bautz, Traugott: Art. „*Bengel*, Johann Albrecht". In: BBKL 1 [s. Nr. 2], 1990, 497–499.
131) Stoll, Claus-Dieter: Unter dem Wort leben – Johann Albrecht *Bengel* als Seelsorger. In: JETh 7, 1993, 40–72.
132) *Blumhardt*, Christoph: ... damit Gott kommt. Gedanken aus dem Reich Gottes. Hg. v. Wolfgang J. Bittner. Giessen, Basel: Brunnen-Verlag; Metzingen: Franz & Sternberg Verlag 1992 (TVG Allg. Reihe, 538). – 224 S.
133) „Treibt Dämonen aus!" Matthäus-Evangelium 10,8. Von [Johann Christoph] *Blumhardt* bis [Adolf] Rodewyck. Vom Wirken katholischer und evangelischer Exorzisten. Hg. v. Lisl Gutwenger. Vorw.: Ingo Dollinger. Nachw.: Josef Lieball. Stein a. Rhein: Christiana Verlag 1992, 17–71. – [S. 20–70: J.Chr. Blumhardt: Authentischer Bericht (Möttlingen, den 11. Aug. 1844). – S. 71: J.Chr. Blumhardt: Nachschrift (Möttlingen, den 31. Juli 1850)]
134) Maulbronn. Von Pietisten, Zechern, Bürgerfreunden. Streifzüge durch die Maulbronner Ortsgeschichte. Hg. v. Martin Ehlers. M. e. Beitr. v. Siegfried Strobel. Maulbronn: Stadtarchiv; Horb a. Nekkar: Geiger Verlag 1993. – 112 S.; Ill. – [zur Dichterin Magdalena Sibylla Rieger: S. 94–99]
135) Fritz, Eberhard: Die Kirche im Dorf. Studien und Beobachtungen zur kirchlichen Situation in der ländlichen Gemeinde des Herzogtums Württemberg. In: ZWLG 52, 1993, 155–178. – [zum Pietismus: S. 168–171]
136) Wischmeyer, Wolfgang: Friedrich Carl *Fulda* 1724–1788. Dorfpfarrer und Universalgelehrter. In: Vaihinger Köpfe [s. Nr. 15], 107–112. – [auch zu *Bengel*: S. 108]

137) Elias, Otto-Heinrich: Karl Friedrich (von) *Gerok* 1815–1890. Hofprediger und Dichter. In: Vaihinger Köpfe [s. Nr. 15], 175–206.
138) *Hahn*, Michael: Gotteserkenntnis und Heiligung. Aus seinen Briefen, Betrachtungen und Liedern. Hg. v. Gerhard Schäfer. Metzingen: Franz & Sternberg Verlag 1993 (Zeugnisse der Schwabenväter, 14/15). – [IV], 283 S.
139) Hahn, Philipp Matthäus: In Erwartung der Königsherrschaft Christi. Aus den Tagebüchern von Philipp Matthäus *Hahn*. Hg. v. Rudolf F. Paulus, i. Verb. m. Gerhard Schäfer. Metzingen: Franz & Sternberg Verlag 1989. – 264 S.
140) Bautz, Traugott: Art. „*Hahn*, Philipp Matthäus“. In: BBKL 2 [s. Nr. 2], 471 f.
141) Krätz, Otto (u. Mitw. v. Helga Merlin u. Ludwig Veseley): „... daß ich erkenne, was die Welt im Innersten zusammenhält ...“ Goethe und die Naturwissenschaften. München: Callwey 1992. – 236, [II] S. – [zu Ph.M. *Hahn*: S. 64–71]
142) Leiter, Ernst: Die Pforzheimer Uhrenmanufaktur von 1767–1790. Neue Erkenntnisse durch Publikationen von Philipp Matthäus *Hahn* 1739–1790. Kornwestheim: Minner-Verlag 1993. – 300 S.
143) *Hiller*, Philipp Friedrich: Geistliches Liederkästlein. 16. Aufl. Metzingen: Franz & Sternberg Verlag 1994. – XVI, 874 S.
144) Wischmeyer, Wolfgang: Philipp Friedrich *Hiller* (1699–1769). Ein Dichtertheologe der Empfindsamkeit. In: Vaihinger Köpfe [s. Nr. 15], 89–106.
145) Hayden-Roy, Priscilla: New and Old Histories: The Case of Hölderlin and Württemberg. In: Clio 21, 1992, 369–379.
146) Breymayer, Reinhard: Zum Gedenken an Jakob Friedrich *Klemm* [Vortr. am 17. Okt. 1993 in d. Kreuzkirche in Nürtingen]. Hg. v. Evangel. Dekanatamt Nürtingen. Nürtingen: Evangel. Dekanatamt 1993. – 10 S. – [zu Klemm als *Oetinger*-Schüler]
147) Schmitt, Günter: Nürtinger Chronik in Daten und Bildern. Nürtingen: Verlag Senner-Druck 1993. – 342 S. – [zu den piet. Dekanen Johann Philipp Burk: S. 150. – [Immanuel] Gottlob Brastberger: S. 180–182. – Jakob Friedrich *Klemm*: S. 188 f.]
148) McCardle, Arthur William: Friedrich Schiller and Swabian Pietism. New York u. a.: Lang 1986. – XI, 224 S. – [zuvor Diss. [masch.] Columbia Univ., New York 1971. – II, 3, 255 S.]
149) Michel, Hanspeter: Dr. Hermann Gundert. Missionar, Sprachforscher und Verleger. In: Der Landkreis Calw 11, 1993, 133–149.
150) *Oetinger*, Friedrich Christoph: Selbstbiographie. Genealogie der reellen Gedanken eines Gottesgelehrten. 3. Aufl. Metzingen: Franz & Sternberg Verlag 1990. – 148 S. [2. Aufl. s. PuN.Bibl 4, Nr. 139]
151) Dienst, Karl: Art. „*Oetinger*, Friedrich Christoph“. In: BBKL 6 [s. Nr. 2], 1993, 1156–1158.
152) Gutekunst, Eberhard: Eine Gottesleuchte im Gäu. Friedrich Christoph *Oetinger* als Dekan in Herrenberg 1759–1765. In: Die Stiftskirche in Herrenberg 1293–1993. Im Auftr. d. Stadt u. in Verb. m. d. Evangel. Kirchengemeinde hg. v. Roman Janssen u. Harald Müller-

Baur. Herrenberg 1993 (Herrenberger Historische Schriften, 5). – S. 179–208.

153) Kemp, Friedhelm: La recherche de la sagesse chez Friedrich Christoph *Oetinger* piétiste souabe du 18e siècle. In: Institut Collégial Européen: Les sagesses du monde. Un colloque interdisciplinaire sous la direction de Gilbert Gadoffre. Paris: Editions Universitaires 1991, 127–134.

154) Schoberth, Wolfgang: Geschöpflichkeit in der Dialektik der Aufklärung. Zur Logik der Schöpfungstheologie bei Friedrich Christoph *Oetinger* und Johann Georg Hamann. Neukirchener Verlag 1994 (Evangelium und Ethik, 3). – 302 S.

155) Weyer-Menkhoff, Martin: Friedrich Christoph *Oetinger*. Metzingen: Franz & Sternberg Verlag 1990 (Brockhaus-Bildbiogr., 1107). – 176 S.; Ill.

156) Zwink, Eberhard: Die Neue Kirche im deutschsprachigen Südwesten des 19. Jahrhunderts. Johann Friedrich Immanuel Tafel. Friede/ Gustav Werner. Liebe/Johann Gottlieb Mittnacht. Lehre. [Erw. Fass. e. Vortr. bei d. Schwed. – dt. Arb. – Gespr. „Emanuel Swedenborg" i. d. Herzog August Bibliothek Wolfenbüttel, Mai 1988.] Stuttgart: Tempelgesellschaft 1993. – 40 S. – [auch zu *Oetinger*, Ph. M. *Hahn, Oberlin*]

157) Hayden-Roy, Priscilla: Sensate Language and the Hermetic Tradition in Friedrich Christoph *Oetinger's* Biblisches und Emblematisches Wörterbuch. In: Subversive Sublimities: Undercurrents of the German Enlightenment. Camden House 1992, 58–69.

158) Mahal, Günther: Friedrich Theodor *Vischer* 1807–1887. Gastspiele an der Enz. In: Vaihinger Köpfe [s. Nr. 15], 147–164.

159) Scheck, Manfred: Johann Georg *Weller* 1766–1826. Schulmeister und Kirchenmusiker. In: Vaihinger Köpfe [s. Nr. 15], 113–120. – [Komponist der Weise zum Choral „O Gottes Sohn, du Licht und Leben" von Karl Heinrich von Bogatzky.]

160) Sorg, Theo: Pietismus und Kirche, dargestellt am Beispiel Württemberg. In: Ders.: Auf weitem Raum. Stuttgart 1993, 59–74.

161) Von Gottes Gnaden: 250 Jahre Württembergisches Pietisten-Reskript 1743–1993. Bearb. v. Klaus Hägele. Hg. i. Auftr. d. Evangel. Oberkirchenrats d. Evangel. Landeskirche Württemberg v. Theo Sorg u. Hermann Ehmer. Stuttgart 1993. – 56 S.; Ill.

162) Grieb, Walter: Matthäus *Ziegler* 1800–1877. Tierarzt und Streiter Jesu Christi. In: Vaihinger Köpfe [s. Nr. 15], 139–146. – [zu einem Anhänger d. Pietisten Christian Gottlob *Pregizer*]

163) Aker, Gudrun: Johann Jakob *Zimmermann* (1642–1693). Ein Prophet des Tausendjährigen Reiches. In: Vaihinger Köpfe [s. Nr. 15], 71–88.

[s. auch Nr. 14, 15, 28, 106, 107, 188]

164) Bubenheimer, Ulrich: Christen und wahre Christen. Verwehte Spuren nebenkirchlicher Frömmigkeit in Herrenberg zwischen Reformation und Pietismus. In: Die Stiftskirche in Herrenberg 1293–1993. Im Auftr. d. Stadt u. in Verb. m. d. Evangel. Kirchengemeinde hg. v. Roman Janssen u. Harald Müller-Baur. Herrenberg 1993 (Herrenberger Historische Schriften, 5), 99–130.

165) Deventer, Jörg: Ein Zion im 18. Jahrhundert. Die Gründungsgeschichte von Wuppertal-Ronsdorf. In: Geschichte in Wuppertal 1, 1992, 4–34.

166) Hutter-Wolandt, Ulrich: Die evangelische Kirche Schlesiens im Wandel der Zeiten. Studien und Quellen zur Geschichte einer Territorialkirche. Dortmund: Forschungsstelle Ostmitteleuropa 1991 (Veröffentlichungen d. Forschungsstelle Ostmitteleuropa an d. Univ. Dortmund, Reihe B, 43). – 295 S.; Ill.

167) Lehmann, Hannelore: Pietisten im Ringen um die „Gott wohlgefällige Ordnung“ in der Residenzstadt Potsdam 1713–1740. In: Wegscheiden der Reformation [s. Nr. 16], 479–502.

168) Niederbremer, Heinrich: Erweckung, Erweckungsbewegung und Erweckungsprediger im Bereich der unteren Werra. In: Beiträge zur Kirchengeschichte [s. Nr. 183], 24–43.

169) Laube, Hans Jürgen: Die Erweckungsbewegung in Minden-Ravensberg. In: Beiträge zur Kirchengeschichte [s. Nr. 183], 7–23.

170) Patzelt, Herbert: Die Geschichte der evangelischen Kirche in Österreich-Schlesien. Hg. Stiftung Haus Oberschlesien 1989 (Schriftenreihe Stiftung Haus Oberschlesien Ratingen-Hösel, 5). – 500 S.

171) Quellenbuch zur Geschichte der evangelischen Kirche in Schlesien. Hg. v. Gustav A. Benrath, Ulrich Hutter-Wolandt, Dietrich Meyer [u. a.]. München: Oldenbourg 1992 (Schriften d. Bundesinstituts f. ostdeutsche Kultur und Geschichte, 1). – XXVI, 558 S.

172) Rehder, Frauke [u. a.]: Volksleben, Kirche und Obrigkeit in Schleswig-Holstein von der Reformation bis ins 19. Jahrhundert. Neumünster: Wachholtz 1989 (Studien zur Volkskunde und Kulturgeschichte Schleswig-Holsteins, 21). – 452 S.

173) Schick, Hermann: Pietismus und Separatismus im 18. Jahrhundert. Streiflichter aus der Kirchengeschichte des Landkreises Ludwigsburg. In: Ludwigsburger Geschichtsblätter 47, 1993, 79–85.

174) Schlesische Kirche in Lebensbildern. Hg. v. Johannes Gröger. Sigmaringen: Thorbecke 1992. – 377 S.; Ill.

175) Warns, Eberhard: Zur Geschichte der Schülerbibelkreise Westfalen und des Zingsthofes. In: JWKG 87, 1993, 161–246.

176) Windhorst, Christof: Kirchengeschichte in Löhne. In: 1000 Jahre Löhne. Beiträge zur Orts- und Stadtgeschichte. Hg. v. Heimatverein Löhne u. d. Stadt Löhne. Löhne: Hermann Brackmann 1993, 323–346.

[s. auch Nr. 14, 15, 58, 65, 101, 134, 296]

177) Aker, Gudrun: Johann Adam *Osiander* 1622–1697. Ein Gelehrtenleben in unruhiger Zeit. In: Vaihinger Köpfe [s. Nr. 15], 57–61. – [zu Spener: S. 61]

178) Ludwig, Walther: Ein außergewöhnliches Porträt des Johann Adam *Osiander*. Georg Andreas Wolfgangs Kupferstich. Dürers Porträt des Erasmus und der Stuttgarter Hofpoet Johann Ulrich Erhard. In: Vaihinger Köpfe [s. Nr. 15], 62–70.

179) Gericke, Wolfgang: Theologie und Kirche im Zeitalter der Aufklärung. Berlin: EVA 1989 (Kirchengeschichte in Einzeldarstellungen; III, 2). – 139 S.

180) Holtz, Sabine: Theologie und Alltag. Lehre und Leben in den Predigten der Tübinger Theologen 1550–1750. Tübingen: Mohr 1993 (Spätmittelalter und Reformation. Neue Reihe, 3). – XII, 479 S. – [zugl.: Tübingen, Univ., Diss., 1991]

181) Ritterhoff, Claus: Friedrich Leopold Graf Stolberg und Gerhard Anton von Halem. Positionen fundamentalistischer und „aufgeklärter“ Religiosität um 1800. In: JGNKG 90, 1992, 105–116.

[s. auch Nr. 154]

III.10 Übergang zur Erweckungsbewegung

182) Ackva, Friedhelm: Johann Jakob *Hess* (1741–1828) und seine Biblische Geschichte. Leben, Werk und Wirkung des Zürcher Antistes. Bern [u. a.]: Peter Lang 1992 (Basler und Berner Studien zur historischen und systematischen Theologie, 63). – 345 S.

183) Beiträge zur Kirchengeschichte des 19. und 20. Jahrhunderts. Erweckungsbewegung und Kirchenkampf. Hg. v. Heimatverein Löhne u. v. Arbeitskreis für Heimatpflege d. Stadt Bad Oeynhausen 1987 (Beiträge zur Heimatkunde der Städte Löhne und Bad Oeynhausen, 12). – [enthält Nr. 168, 169, 198]

184) Brunnert, Clemens: Noch einmal: *Lavater* an Stolberg. I Drei zeitgenössische Kopien des Lavaterbriefes zu Friedrich Leopold Stolbergs Konversion. II Meditationen zu Gedanken des Lavaterbriefes. Abtei Königsmünster, Meschede 1991. – 120, [IV] S.

185) Das Antlitz Gottes im Antlitz des Menschen: Zugänge zu Johann Kaspar *Lavater*. Hg. v. Karl Pestalozzi u. Horst Weigelt. Göttingen: Vandenhoeck & Ruprecht 1994. (AGP, 31) – 355 S.

186) Ebeling, Gerhard: Johann Caspar *Lavaters* Glaubensbekenntnis. In: ZThK 90, 1993, 175–212.

187) Flick, Andreas: Johann Caspar *Lavaters* Aufenthalt in Celle am 8. und 9. Juli 1786. In: JGNKG 90, 1992, 273–278.

188) Burckhardt, Friedmann: Das Winnender Kirchspiel um 1830 – Ein Mikrokosmos der Württembergischen Erweckungsbewegung. Zum 160jährigen Bestehen methodistischer Gemeinschaften in

Deutschland (1831–1991). In: Mitteilungen der Studiengemeinschaft der EMK 12, 1991/2, 13–38.
189) Burkhardt, Helmut: Einige Briefe die Lehre des Herrn Dr. u. Professor De Wette in Basel betreffend. 1825. In: Zur Initiative befreit [s. Nr. 196], 43–75.
190) Albietz, Karl: Was *Spittler* heute der Pilgermission zu sagen hätte. In: Zur Initiative befreit [s. Nr. 196], 90–93.
191) Burkhardt, Helmut: C. F. *Spittler* und der Basler Theologe W. M. L. de Wette. In: Zur Initiative befreit [s. Nr. 196], 35–42.
192) Frische, Reinhard: Den Glauben wirksam weitergeben. Chr.F. *Spittler* und die Ausbildung eines missionarischen Laienstandes. In: Zur Initiative befreit [s. Nr. 196], 82–89.
193) Graf, Marianne: Christian Friedrich *Spittler* und die Diakonie. In: Zur Initiative befreit [s. Nr. 196], 76–81.
194) Haag, Klaus: „Wohin er mich ruft, dahin gehe ich". Christian Friedrich *Spittler* – „Handlanger" im Reiche Gottes. In: Zur Initiative befreit [s. Nr. 196], 1–18.
195) Orde, Klaus vom: Eine Freundschaft für das Reich Gottes. Christian Friedrich *Spittler* und Carl *Mez*. In: Zur Initiative befreit [s. Nr. 196], 19–26.
196) Zur Initiative befreit: C. F. *Spittler* und unser Auftrag heute. Hg. v. Reinhard Frische. Giessen: Brunnen-Verlag 1994. – VII, 93 S. – [enthält Nr. 189–195, 197]
197) Hagedorn, Eckhard: C. F. *Spittlers* Beziehungen zur Badischen Erweckung. In: Zur Initiative befreit [s. Nr. 197], 27–34.
198) Rösche, Gerhard: Superintendent Theodor Schmalenbach – Prediger, Seelsorger und Politiker in der Spätzeit der Erweckungsbewegung. In: Beiträge zur Kirchengeschichte [s. Nr. 183], 44–84.
199) Ruhbach, Gerhard: Art. „Erweckungsbewegung". In: ELThG 1 [s. Nr. 3], 1994, 531–536.

III.11 Strömungen und Entwicklungen nach 1830 (in Auswahl)

200) Braun, Thomas: Die Rheinische Missionsgesellschaft und der Missionshandel im 19. Jahrhundert. Erlangen: Verl. d. Ev. – Luth. Mission 1992 (Erlanger Monographien aus Mission und Ökumene, 17). – 208 S.; Ill. – [zugl.: Kiel, Univ., Diss., 1991]
201) Giese, Ernst: Und flicken die Netze. Dokumente zur Erweckungsgeschichte des 20. Jahrhunderts. Mit einer Einordnung in die Kirchengeschichte v. Ernst Benz. Eingel. u. hg. v. Otto S. v. Bibra. 3. Aufl. Metzingen: Franz & Sternberg Verlag 1988. – 228 S. – [2. Aufl. s. PuN.Bibl 13, Nr. 296]
202) Lauber, Rosmarie: Professor Dr. theol. Carl Friedrich Paulus. Ein Lebensbild. In: Rundbrief d. Familiengemeinschaft Gebhardt – Paulus – Hoffmann 35, Stuttgart 1994, 19–24. – [Paulus (1843–1893) war Angehöriger d. dt.spr. Bischöfl. Methodisten in d. USA.]

203) Lim, Hee-Kuk: Naherwartung des Reiches Gottes bei Christoph *Blumhardt*. In: Basileia [s. Nr. 9], 221–232.

204) Orde, Klaus vom: Art. „*Mez*, Carl (1808–1877)". In: ELThG 2 [s. Nr. 3], 1993, 1338f.

205) Ders.: Art. „*Mez*, Carl Christian". In: BBKL 5 [s. Nr. 2], 1993, 1431–1443.

206) Ders.: Carl *Mez*. Ein Unternehmer in Industrie, Politik und Kirche. 2. Aufl. Giessen, Basel: Brunnen-Verlag 1994. – VI, 330 S. – [zugl.: Diss. theol. Marburg 1991; s. PuN.Bibl 18, Nr. 346]

207) Ders.: Christliche Verantwortung in Politik und Gesellschaft dargestellt an der Wirksamkeit von Carl *Mez* (1808–1877). In: Das Markgräferland. Beiträge zu seiner Geschichte und Kultur. Hg. v. Geschichtsverein Markgräferland, Heft 2, 1993, 104–111.

IV. Andere Länder

IV. 01 England und Schottland

208) Beeke, Joel R.: Personal Assurance of Faith: The Puritans and Chapter 18.2 of the Westminster Confession. In: WThJ 55, 1993, 1–30.

209) Charles *Wesley* (1707–1788): Tagebuch 1738. Übers. u. kommentiert. Stuttgart 1992 (Beiträge zur Geschichte der EMK, 42). – 162 S.

210) Charles *Wesley* – Poet and Theologian. Ed. by S. T. Kimbrough. Nashville 1992. – 250 S.

211) Kupsch, Martin: Krieg und Frieden – Die Stellungnahmen der methodistischen Kirchen in den Vereinigten Staaten, Großbritannien und Kontinentaleuropa. Diss. theol. Bonn 1991. – [auch zum 18. Jh., bes. zu John *Wesley*]

212) Maris, J. W.: Geloof en ervaring, van *Wesley* tot de Pinksterbeweging. Diss. Univ. Christelijke Gereformeerde Kerken, Apeldoorn 1992. – 309 S.

213) Reed, Rodney L.: Calvin, Calvinism, and *Wesley*: The Doctrine of Assurance in Historical Perspective. In: MethH 32, 1993, 31–43.

214) Collins, Kenneth J.: John *Wesley's* Relationship with His Wife as Revealed in His Correspondence. In: MethH 32, 1993, 4–18.

215) Sackmann, Dieter: *Wesleys* Klassen: Ein Modell für verbindliche Gemeinschaft vom Evangelium her. In: Theologie für die Praxis 16, 1990, 10–25.

216) The Church of England 1689–1833. From Toleration to Tractarianism. Ed. by John Walsh, Colin Haydon and Stephen Taylor. Cambridge [u. a.]: University Press 1993. – 360 S. – [enthält Nr. 217, 222, 224]

217) Elbourne, Elizabeth: The foundation of the Church Missionary Society: the Anglican missionary impulse. In: The Church of England [s. Nr. 216], 247–264.

218) Manley, Kenneth R.: Origins of the Baptists: The Case For Development of Puritanism – Separatism. In: Faith, Life and Witness. The Papers of the Study and Research Division of The Baptist World Alliance 1986–1990. Ed. by William H. Brackney. Birmingham, Alabama, 1990, 56–69.

219) Miles, Roger B.: Science, religion, and belief. The clerical virtuosi of the Royal Society of London, 1663–1687. New York [u. a.]: Lang 1992 (American university studies). – 207 S.

220) Mohr, Helmut: Die Evangelisch-methodistische Kirche. In: Freikirchenforschung [s. Nr. 10], 11–15.

221) Pago, Annegret: „Behold, he comes with clouds". Untersuchungen zur eschatologischen Dichtung in der englischen Literaturgeschichte des 17. und 18. Jahrhunderts. Frankfurt/M. [u. a.]: Lang 1992 (Münsteraner Monographien zur englischen Literatur, 9). – 355 S. – [zugl.: Münster (Westfalen), Univ., Diss., 1992]

222) Rose, Craig: The origins and ideals of the SPCK 1699–1716. In: The Church of England [s. Nr. 216], 172–190.

223) Southgate, Beverley C.: „Covetous of truth". The life and work of Thomas *White* 1593–1676. Dordrecht [u. a.]: Kluwer Academic Publ. 1993 (Archives internationales d'histoire des idées, 134). – XI, 189 S.

224) Spurr, John: The Church, the societies and the moral revolution of 1688. In: The Church of England [s. Nr. 216], 127–142.

[s. auch Nr. 4, 24]

IV. 02 Niederlande

225) Augustijn, Cornelis: Reformierte Kirche und Freikirchen in den Niederlanden in der zweiten Hälfte des achtzehnten Jahrhunderts. In: Freikirchenforschung [s. Nr. 10], 13–25.

226) Beeke, Joel R.: The Dutch second Reformation (Nadere Reformatie). In: CTJ 28, 1993, 298–327.

227) Blok, Lodewijk: Die Reformierte Öffentlichkeitskirche und die anderen Religionsgemeinschaften in den Niederlanden im 17. Jahrhundert. In: Wegscheiden der Reformation [s. Nr. 16], 381–398.

228) Boone, A. Th.: „Tot verbreydinge van het rijcke onses Heeren Jesu Christi". Een inleiding tot de zendingsgedachten binnen het gereformeerd Piëtisme in Nederland. In: DNR 17, 1993, 1–17.

229) Brienen, T. [u. a.]: Theologische aspecten van de Nadere Reformatie. Zoetermeer: Boekencentrum 1993. – 315 S.

230) Duinkerken, W.: Sinds de reductie in Stad en lande van Groningen. Biografisch-genealogisch lexicon van de predikanten, die sinds 1594 de Gereformeerde en (sinds 1816) de Hervormde gemeenten tussen Eems en Lauwers hebben gediend. Bedum: Profiel 1992, 311–600.

231) End, Gijsbert van den: Guiljelmus Saldenus: (1627–1694); een praktisch en irenisch theoloog uit de Nadere Reformatie. 2. dr. Leiden: Groen 1991. – 319 S.; Ill. – [zugl.: Utrecht, Rijksuniv., Diss. 1991]

232) Estié, Paul: Geschiedenis van de evangelisch-lutherse gemeente te Edam 1636–1992. Amsterdam/Atlanta, Ga.: Rodopi 1993. – 248 S. – [zu Pieter van *Aengelen*: S. 13–16; zu Hermann *Jung*: S. 16]

233) Fahner, Chr.: „De vrome omgang onzer natie". Nadere Reformatie, zending en de WIC. In: DNR 17, 1993, 18–32.

234) Graafland, Cornelius: Van Calvijn tot Comrie. Oorsprong en ontwikkeling van de leer van het verbond in het Gereformeerd Protestantisme. Zoetermeer: Boekencentrum 1992. – 224 S.

235) Hof, W. J. op't: De betekenis van de gedrukte commerciele oeuvrelijsten van Willem *Teellinck* (I). Een nog onbeschreven boekhistorisch verschijnsel. In: DNR 17, 1993, 75–89.

236) Ders.: Willem *Teellinck* in het licht zijner geschriften 38. In: DNR 16, 1992, 28–34.

237) Ders.: Willem *Teellinck* in het licht zijner geschriften 40. In: DNR 17, 1993, 47–54.

238) Hoogstraten, Monique van: Een wonder van de Gouden Eeuw. Op zoek naar Anna Maria van *Schurman*. In: Skript 14, 1992, 170–174.

239) Joosse, L. J.: Zierikzee en de Walcherse zendingsactiviteiten rond 1620 en 1628. In: DNR 17, 1993, 33–46.

240) *Kemp*, Johannes van der: Drie bevindelijke brieven over de rechtvaardigmaking. Übers. u. eingel. v. C. R. van den Berg. Kampen: De Groot Goudriaan 1991. – 83 S.

241) Lieburg, F. A. van: Een opwekking onder gereformeerde meisjes in Oud-Beijerland in 1802. In: Holland 25, 1993, 243–256.

242) Meesters, Harm: Opschudding rond de (her)uitgave van een stichtelijk boek. Een bladzijde uit de geschiedenis van het bevindelijk gereformeerd volksdeel uit de achttiende eeuw. In: De Hoeksteen 20, 1991, 18–24.

243) Rooijen, R. P. van: Leven en geschriften van de „ernstige coccejaan" Frederik van *Houten*. In: DNR 17, 1993, 55–74.

244) Spijker, W. van't: Albert *Pigge* over het geloofsbegrip van Calvijn. In: ThR 36, 1993, 347–369.

245) Vree, J.: „Reveil" en het „neo-calvinisme" in hun onderlinge samenhang (1856–1896). In: DNK 38, 1993, 24–54.

246) Vrouwen en mystiek in de Nederlanden (12de – 16de eeuw): Lezingen van het Congres „Van Hadewijch tot Maria Petyt", Antwerpen, 5–7 september 1989. Onder red. van Th. Mertens. Antwerpen: Univ. Fac. Sint-Ignatius 1992 (OGE 66 1/2). – 144 S.

247) Wielema, M. R.: „De gehele Schrift voor de gemene man": de gereformeerde beweging der Hebreeën in Leiden (1684–1693). In: Holland 25, 1993, 221–242.

[s. auch Nr. 39, 91, 105]

IV. 03 Schweiz

248) Reichel, Hellmut: Die Anfänge der Brüdergemeine in der Schweiz

mit besonderer Berücksichtigung der Sozietät in Basel. In: Unitas Fratrum 29/30, 1991, 9–127.

249) Zurschmiede, Urs: Neue Individualität und soziale Unberechenbarkeit. Ein Beitrag zur Geschichte des Pietismus in der ländlichen Bevölkerung Berns in der ersten Hälfte des 18. Jahrhunderts. In: PuN 19, 1993, 60–69.

[s. auch Nr. 94, 114, 115, 117, 121, 123, 182]

IV. 04 Skandinavien

250) Jorgensen, Theodor: *Grundtvig* und Luther – Welche Bedeutung hatte Luther für Grundtvig? In: Luther im Widerstreit der Geschichte. Hg. v. Joachim Heubach. Erlangen 1993 (Veröffentlichungen d. Luther-Akademie Ratzeburg, 20), 197–208.

251) Kasbo, T. H. F.: „Hauges Venner". En gammelpietistisk bevegelse i det 20 arhundre. [Die „Freunde von Hauge". Eine altpietistische Bewegung im 20. Jahrhundert.] In: TTK 63, 1992, 271–285.

252) Laasonen, Pentti: Die Anfänge des Chiliasmus im Norden. In: PuN 19, 1993, 19–45.

IV. 05 Nordamerika

253) Brinck, Andreas: Die deutsche Auswanderungswelle in die britischen Kolonien Nordamerikas um die Mitte des 18. Jahrhunderts. Stuttgart: Steiner Verlag 1993 (Studien zur modernen Geschichte, 45). – 295 S.

254) Brock, Peter: The Quaker peace testimony: 1660 to 1914. New York: Sessions Book Trust 1990. – VIII, 387 S.

255) Clutter, Ronald Thomas: Law and Gospel in the Brethren Tradition. In: Grace Theological Journal 12, 1991, 215–232. – [zum radikalen Pietismus d. „*Church of the Brethren*" in den USA]

256) Oliver, Robert: „Grace Abounding". Imputed Righteousness in the Life and Work of John *Bunyan*. In: The Churchman 107, 1993, 70 ff.

257) Butler, Jonathan M.: Softly and Tenderly Jesus is Calling: Heaven and Hell in American Revivalism 1870–1920. Brooklyn: Carlson Publishing Inc. 1991 (Chicago Studies in the History of American Religion, 3). – xxii, 197 S.

258) Clarkson, George E.: The mysticism of William *Law*. New York [u. a.]: Lang 1992 (American university studies). – 194 S.

259) Durnbaugh, Donald F.: Nineteenth-century Dunker ... of River Brethren. In: The MennQR 67, 1993, 133–151.

260) *Edwards*, Jonathan: Sermons and discourses: 1720–1723. Ed. by Wilson H. Kimnach. New Haven [u. a.]: Yale Univ. Pr. 1992 (The works of Jonathan Edwards, 10). – XV, 670 S.

261) Gembicki, Dieter: Vom kairos zum chronos. Zeitauffassung im pennsylvanischen Bethlehem. In: Unitas Fratrum 33, 1993, 80–99.

262) Gründer, Horst: John *Eliot* und die „Praying Indians". Vom Scheitern einer puritanischen Mission in Neuengland. In: Kirchliche Zeitgeschichte 5, 1992, 210–222.

263) Kuenning, Paul P.: The Rise and Fall of American Lutheran Pietism. The Rejection of an Activist Heritage. Macon, Ga.: Mercer University Press 1988. – 271 S.

264) *Mühlenberg*, Heinrich Melchior: The Correspondence of Heinrich Melchior Mühlenberg. Volume I. 1740–1747. Ed. and transl. by John W. Kleiner and Helmut T. Lehmann. Camden, Maine: Picton Press 1993. – 750 S. [engl. Übers. d. Briefe 1–69 d. Mühlenberg-Briefausgabe]

265) Kleiner, John W.: Henry Melchior *Muhlenberg* and Pietism: A Case Study. In: Consensus 16, 1990, 71–89.

266) Müller, Thomas J.: Die Kirche zwischen zwei Welten. Die Obrigkeitsproblematik bei Heinrich Melchior *Mühlenberg* und die Kirchengründung der deutschen Lutheraner in Pennsylvania. Stuttgart: Franz Steiner Verlag 1994 (Transatlantische Historische Studien, 2). – 302 S.

267) Strohmidel, Karl-Otto: Turning Confessionalist: Heinrich Melchior *Mühlenberg* und das Luthertum im pluralistischen Pennsylvania. In: Amerikastudien 38, 1993, 383–398.

268) Richey, Russell E.: Early American Methodism. Bloomington [u. a.]. 1991.

269) Walton, Robert C.: Amerika und der Protestantismus. In: Freikirchenforschung [s. Nr. 10], 104–117.

270) Wilson, Renate: Die Stadt auf dem Berge. Eine außereuropäische Replikation des Halleschen Waisenhauses. In: Wegscheiden der Reformation [s. Nr. 16], 513–540.

[s. auch Nr. 96, 102, 108–110, 125]

IV. 06 Sonstige

271) Dini, Pietro U., u. Saulius Ambrazas: Heinrich Johann *Lysius*, Mazasis Katekizmas [H. J. Lysius, Kleiner Katechismus] 1993. – 282 S. – [Handschrift eines dt. Textes u. d. litauischen Übers. d. Kleinen Katechismus v. M. Luther aus d. Jahr 1719]

[s. auch Nr. 104]

V. Übergreifende Themen

V. 01 Theologie und Frömmigkeit

272) Armogathe, Jean-Robert: Die Bibelstudien im 18. Jahrhundert.

Vom buchstäblichen zum figürlichen Schriftsinn. In: Concilium 27, 1991, 51–56. – [auch zu *Bengel*, *Francke*: S. 52]
273) Daiber, Karl-Fritz, u. Ingrid Lukatis: Bibelfrömmigkeit als Gestalt gelebter Religion. Hg. v. d. Deutschen Bibelgesellschaft. Bielefeld: Luther Verlag 1991 (Texte und Arbeiten zur Bibel, 6). – 208 S. – [zum Pietismus: S. 32–36]
274) Evangelischer Gottesdienst: Quellen zu seiner Geschichte. Hg. v. Wolfgang Herbst. 2. völlig neubearb. Aufl. Göttingen: Vandenhoeck u. Ruprecht 1992. – 344 S. – [1. Aufl. u.d.T.: Quellen zur Geschichte des evangelischen Gottesdienstes]
275) Gründler, Otto, u. Ulrike Strasser: Die Emotionalisierung der Religion von Bernhard von Clairvaux bis zum Pietismus. In: Empfindsamkeiten. Hg. v. Klaus P. Hansen. Passau: Wissenschaftsverlag Richard Rothe 1990 (Passauer Interdisziplinäre Kolloquien, 2), 15–32.
276) *Heermann*, Johann: Sontags- und Fest-Evangelia durchs gantze Jahr auff bekandte Weisen gesetzt. Neudr. d. Ausg. Leipzig: Köhler 1636. Hg. u. eingel. v. Irmgard Scheitler. Frankfurt/M.: Keip 1992 (Texte der frühen Neuzeit, 6). – L, 312 S.
277) Kreslins, Janis: Dominus narrabit in scriptura populorum. A study of early seventeenth-century Lutheran teaching on preaching and the Lettische langgewünschte Postill of Georgius *Mancelius*. Wiesbaden: Harrassowitz 1992 (Wolfenbütteler Forschungen, 54). – 280 S.
278) Modler, Peter: „Gott nimmt dich zu einer larven". Die religiöse Symbolik der Fasnet zwischen Aufklärung und Puritanismus. In: Wort und Antwort 35, 1994, 19–26.
279) Moore, Cornelia Niekus: Praeparatio ad Mortem. Das Buch bei Vorbereitung und Begleitung des Sterbens im protestantischen Deutschland des 16. und 17. Jahrhunderts. In: PuN 19, 1993, 9–18.
280) Nevile, Donald: Pietism and Liturgical Worship: An Evaluation. In: Consensus 16, 1990, 91–106.
281) O'Malley, J. Steven: The Role of Pietism in the Theology of Jürgen Moltmann. In: Asbury Theological Journal 48, 1993, 121–127.
282) Religious creeds: A compilation of more than 450 creeds, confessions, statements of faith, and summaries of doctrine of religious and spiritual groups in the United States and Canada. Ed. by J. Gordon Melton. Detroit, Mich.: Gale 1998 (The encyclopedia of American religions). – XXIII, 838 S.
283) Scheffbuch, Rolf: „Pietistisch" = „bekenntnistreu"/„evangelikal"/ „konservativ"/„kirchlich"? Eine Hilfe zur Begriffserklärung. In: Martyria. FS z. 60. Geb.-Tag v. Peter Beyerhaus am 1. 2. 1989. Hg. v. Jörg Kniffka. Wuppertal 1989, 191–197.
284) Schüling, Hermann: Katalog einer Sammlung von Gesang- und Gebetbüchern. Giessen: Universitätsbibliothek 1992 (Berichte u. Arbeiten aus d. Universitätsbibliothek u. d. Universitätsarchiv Giessen, 44). – IV, 476, XXV S.
285) Seifert, Arno: Der Rückzug der biblischen Prophetie von der neueren Geschichte. Studien zur Geschichte der Reichstheologie des

frühneuzeitlichen deutschen Protestantismus. Wien/Köln: Böhlau 1990 (BAKG 31). – VIII, 207 S.
286) Tod und Unsterblichkeit. Texte aus Philosophie, Theologie und Dichtung vom Mittelalter bis zur Gegenwart. Ausgew. u. eingel. v. Erich u. Annemarie Ruprecht. Bd. 1: Von der Mystik des Mittelalters bis zur Aufklärung. Stuttgart: Urachhaus 1992. – 491 S.
287) Wainwright, Geoffrey: A Changing of the Christian God. The doctrine of the Trinity in the seventeenth century. In: Interpretation 45, 1991, 133–146.
288) Wallmann, Johannes: Vom Katechismuschristentum zum Bibelchristentum. Zum Bibelverständnis im Pietismus. In: Die Zukunft des Schriftprinzips. Hg. v. Richard Ziegert. Stuttgart: Deutsche Bibelgesellschaft 1994 (Die Bibel im Gespräch, 2), 30–56.

V. 02 Sozial- und Staatslehre, Pädagogik

289) Doerfel, Marianne: Aristokratische und demokratische Erziehung im 18. Jhdt.: Das „Adelspädagogium" in Uhyst/Spree. In: Staat und Erziehung in der Aufklärungsphilosophie und Aufklärungszeit. Hg. v. Fritz P. Hager u. Dieter Jedan. Bochum: D. Winkler 1993, 33–41.
290) Dülmen, Richard van: Kultur und Alltag in der frühen Neuzeit. Bd. 2: Dorf und Stadt, XVI–XVIII. Jht. München: C. H. Beck 1992. – 373 S.
291) Gawthrop, Richard: Lutheran Pietism and the Weber Thesis. In: German Studies Review 12, 1989, 237–247.
292) Ders.: Pietism and the Making of Eighteenth-Century Prussia. Cambridge: Cambridge University Press 1993. – 305 S.
293) Groenendijk, Leendert F.: Die reformierte Kirche und die Jugend im 17. und 18. Jahrhundert: Eine Untersuchung von Predigten und anderer erbaulicher Literatur. In: PH 29, 1993, 205–228.
294) Kittsteiner, Heinz-Dieter: Gewissen und Geschichte. Studien zur Entstehung des moralischen Bewußtseins. Heidelberg: Manutius-Verlag 1990. – 203 S.; Ill.
295) La Vopa, Anthony J.: Grace, Talent, and Merit. Poor students, clerical careers, and professional ideology in eighteenth-century Germany. Cambridge [u. a.]: Cambridge University Press 1988. – viii, 412 S.
296) Mentzel, Friedrich-Franz: Pietismus und Schule. Die Auswirkungen des Pietismus auf das Berliner Schulwesen 1691–1797. Baltmannsweiler: Schneider-Verlag Hohengehren 1993 (Materialien und Studien zur Geschichte der Berliner Schule, 11). – 218 S.
297) Wehler, Hans-Ulrich: Deutsche Gesellschaftsgeschichte. Bd. I: Vom Feudalismus des Alten Reiches bis zur defensiven Modernisierung der Reformära 1700–1815. 2. Aufl. München: Beck 1989. – X, 676 S.

[s. auch Nr. 68, 91, 266]

298) „An ihre Brüder jeder Gemeinde in Deutschland, welche unsern Herrn Jesum Christum aufrichtig lieben". In: JGNKG 90, 1992, 279–285. – [zu einem wiederaufgefund. Traktat d. London Miss. Society von 1798]

299) Franz, Andreas: Mission ohne Grenzen: Hudson *Taylor* und die deutschsprachigen Glaubensmissionen. Gießen, Basel: Brunnen 1993. – IX, 357 S.

300) Mit Kreuz und deutscher Flagge: 100 Jahre Evangelium im Süden Tanzanias. Zum Wirken der Berliner Mission in Ostafrika. Beiträge der historischen Konsultation am 31. Mai und 1. Juni 1991 in Berlin. Im Auftrag des Berliner Missionswerkes. Hg. v. Winfried Brose u. Ulrich van der Heyden. Münster, Hamburg 1993 (Beiträge zur Missionswissenschaft und Religionsgeschichte, 3). – 179 S.; Abb.

301) Musomba, Mchungaji Angetile Yesaya: Historia fupi ya kanisa la *Moravian* kusini Tanzania 1891–1976. Daressalaam: University Press 1990. – 178 S.

302) Weitnauer, Christian: Die lutherische Gemeinde „Schlesien"/Morogoro (Tanzania) von 1908 bis 1960: Mission unter ungünstigen Bedingungen und Gemeindeaufbau in großer Verschiedenheit. Diss. [masch.] Neuendettelsau 1993. – 349 S.

[s. auch Nr. 102, 108, 116, 124, 190, 192, 200, 217, 262]

V. 04 Die Bedeutung des Pietismus für Philosophie, Literatur und Kunst

303) Beck, Wolfgang: Protestantische Beispielerzählungen und Illustrationsmaterien: Ein Katalog aufgrund der Erbauungsbücher von Johann Jacob Otho. Mit Registern von Claudia Selheim. Würzburg: Bayerische Blätter für Volkskunde; München: Bayerisches Nationalmuseum 1992 (Veröffentlichungen zur Volkskunde und Kulturgeschichte, 39). – 179 S.

304) Braun, Reiner: Vom Heimweh getrieben: *Jung-Stilling*, eine Darstellung seines Lebens. In: Dillenburger Blätter 7, 1990, 61–81.

305) Merk, Gerhard: Johann Heinrich *Jung-Stilling* als Landwirt. In: Land, Agrarwirtschaft und Gesellschaft 7, 1990, 239–259.

306) Schwinge, Gerhard: *Jung-Stilling* als Erbauungsschriftsteller der Erweckung. Eine literatur- und frömmigkeitsgeschichtliche Untersuchung seiner periodischen Schriften 1795–1816 (AGP, 32). Göttingen: Vandenhoeck & Ruprecht 1994. – 372 S.

307) Zwischen Straßburg und Petersburg. Vorträge aus Anlaß des 250. Geburtstages von Johann Heinrich *Jung-Stilling*. Hg. v. Peter Wörster. Siegen: Selbstverlag d. J. G. Herder-Bibliothek Siegerland 1992 (Schriften d. J. G. Herder Bibliothek Siegerland, 25). – 152 S. – [auch zur *Herrnhuter* Brüdergemeine: 97–120]

308) Büttner, Manfred: Bethlehem (USA) und der älteste noch heute existierende ‚richtige' Posaunenchor. In: Musikgeographie. Weltli-

che und geistliche Bläsermusik in ihren Beziehungen zueinander und zu ihrer Umwelt. Bochum 1991 (Abhandlungen zur Geschichte der Geowissenschaften und Religion/Umwelt-Forschung, 6,2), 253–259.

309) Handbuch zur Kinder- und Jugendliteratur: Von 1570 bis 1750. Hg. v. Theodor Brüggemann in Zus.arb. m. Otto Brunken. Stuttgart: J. B. Metzlersche Verlagsbuchhandlung 1991. – XXXI, 2489 S. – [zu Johann Jakob *Rambach*: Erbauliches Handbüchlein für Kinder: S. 259–279. – zu Philipp Jakob *Spener*: Tugend=Spiegel Christlicher Jungfrauen, Das ist: Heilsame Lebens=Regeln, Wie sich Eine Gott=liebende Jungfrau Christlich und tugendlich im ledigen Stande zu verhalten habe: S. 280–289. – zu Johann Amos *Comenius*: Orbis Sensualium Pictus: S. 433–452. – zu Johann Amos *Comenius*: Spielschule oder Lebendiger Künsten=Kreis: S. 453–479]

310) Harasimowicz, Jan: Der Einfluß von Glaubenskonflikten auf die schlesische Kunst des 16. und 17. Jahrhunderts. In: APH 61, 1990, 117–139.

311) *Hesse*, Hermann: Personen und Schlüsselfiguren in seinem Leben. Ein alphabetisches annotiertes Namensverzeichnis mit sämtlichen Fundstellen in seinen Werken und Briefen. Hg. v. Ursula Apel. Suppl. A-Z. München [u. a.]: Saur 1993. – XXVII, 512 S.

312) Hurlebusch, Klaus: Art. „*Klopstock*, Friedrich Gottlieb (1724–1803)“. In: TRE 19, 1990, 271–275.

313) Irwin, Joyce L.: Neither Voice nor Heart Alone. German Lutheran Theology of Music in the Age of the Baroque. New York [u. a.]: Peter Lang 1993 (American University Studies). – XI, 207 S.

314) Mennecke-Haustein, Ute: Art. „Erbauungsliteratur“. In: Literaturlexikon. Hg. v. Walther Killy. Bd. 13: Begriffe, Realien, Methoden. Hg. v. Volker Meid. Gütersloh/München: Bertelsmann 1992, 233–239. – [zum Puritanismus: 236. – Pietismus: 237]

315) Petrone, Giuseppe Landolfi: La Bibliotheca *Herder*. In: Lessico Intellettuale Europeo [s. Nr. 11], 613–621.

316) Ders.: La Biga Bibliothecarum di Johann Georg *Hamann*. In: Lessico Intellettuale Europeo [s. Nr. 11], 599–606.

317) Schrader, Hans-Jürgen: Art. „Pietismus“. In: Literaturlexikon. Hg. v. Walther Killy. Bd. 14: Begriffe, Realien, Methoden. Hg. v. Volker Meid. Gütersloh/München: Bertelsmann 1993, 208–216. – [mit Bibliographie: 213–216]

318) Wollgast Siegfried: Grundlinien oppositionellen weltanschaulich-philosophischen Denkens in Deutschland zwischen 1550 und 1720. In: Wegscheiden der Reformation [s. Nr. 16], 337–368.
[s. auch Nr. 134, 143–145, 148, 221, 293]

Register der Autoren, Bearbeiter und Herausgeber

Register der Personen und Orte

Personen- und Ortsregister

Erstellt von Martin Sallmann

Geschichte des Pietismus

Herausgegeben von Martin Brecht, Klaus Deppermann, Ulrich Gäbler und Hartmut Lehmann

---

Band 2: Der Pietismus im 18. Jahrhundert

In Zusammenarbeit mit Friedhelm Ackva, Johannes van den Berg, Rudolf Dellsperger u.a. herausgegeben von Martin Brecht und Klaus Deppermann. 1995. Ca. 748 Seiten mit ca. 76 Abb., Leinen. ISBN 3-525-55347-1

Im 18. Jahrhundert erreicht der Pietismus bereits seine volle Ausbreitung in den protestantischen Regionen Deutschlands, dazu in Skandinavien, in der Schweiz, in den Niederlanden, in England und Nordamerika. Dies wird in diesem Band umfassender als je zuvor dargestellt. Schwerpunkte bilden das Herrnhutertum, der radikale Pietismus und immer noch der hallische Pietismus sowie der aufkommende württembergische Pietismus. Einen eigenen, länderübergreifenden Typ stellen der reformierte Pietismus und der Methodismus dar.

Der Pietismus insgesamt präsentiert sich als eine der bedeutendsten und faszinierenden Bewegungen im damaligen Protestantismus von beachtlichem Reichtum und großer Vielfalt, die sich dann, wenn auch nicht unangefochten, selbst gegenüber der Aufklärung zu behaupten vermag und so die Voraussetzungen bereitstellt für die Erweckungen des 19. Jahrhunderts.

Band 1: Der Pietismus vom siebzehnten bis zum frühen achtzehnten Jahrhundert

In Zusammenarbeit mit Johannes van den Berg, Klaus Deppermann, Johannes Friedrich, Gerhard Goeters und Hans Schneider herausgegeben von Martin Brecht. 1993. XII, 584 Seiten mit 49 Abbildungen, Leinen. ISBN 3-525-55343-9

In Vorbereitung:

Band 3: Neunzehntes und zwanzigstes Jahrhundert

Hrsg. von Ulrich Gäbler

Band 4: Motive und Wirkungen des Pietismus

(Arbeitstitel). Hrsg. von Hartmut Lehmann

V&R
Vandenhoeck
& Ruprecht